공익과인권 19

혼인, 섹슈얼리티(Sexuality)와 법

서울대학교 법학연구소 공익인권법센터·한국젠더법학회

양현아·김용화 편

景仁文化社

서 문

본 서는 2010년 6월 26일 서울대학교 법과대학에서 개최된 학술회의에 바탕하고 있다. 이 학술회의는 한국젠더법학회(http://www.genderlaw.or.kr)와 서울대학교 공익인권법센터(http://lawi.snu.ac.kr)의 공동주최로 진행되었다. 인간의 기본적 욕망이자 사회제도인 섹슈얼리티(sexuality; 이하 '성성'으로도 표기함)는 한국에서 다소 생경한 개념이다. 더구나, 한국 문화에서 부부의 섹슈얼리티는 혼인 속에 자연스럽게 구현되는 것으로 전제할 뿐 이를 표면화하거나 성찰하는 기회는 많지 않았다고 본다. 단지 그 자연스러운 전제가 파기되는 계기, 예를 들어 혼인을 빙자한 간음이나 배우자 이외의 이성과 성관계를 맺은 행위가 발생했을 경우, 혼인 내에 안전하게 담겨 있을 것으로 기대되던 성성의 '불안정'이 외면화되고 당사자들이 이를 문제화하면 사법체계는 이에 개입하게 되는 것이다. 성희롱이나 성폭력이 혼인관계 바깥에서 발생하는 성성관련 불법행위라면 혼인빙자간음죄나 간통은 혼인관계의 맥락에서 발생하는 범죄행위라고 할 때 전자들에 비해 후자에 대해 '불편함'이 더한 것은 편자들만의 생각인가. 상기 두 범죄에 대한 사회적 논란과 법의 판단은 한국에서 혼인관계에서의 성성의 의미를 네거니브 하게나마 드러낸다는 점에서, 이를 통해 혼인의 섹슈얼리티와 법에 대한 담론 형성의 기회를 마련하고자 하였다.

주지하다시피, 혼인빙자간음죄와 간통죄는 헌법재판소에서의 위헌심사 대상이 되었던 조문으로서, 혼인빙자간음죄에 대해서는 2009년 11월 26일 위헌 결정이 내려졌고, 간통죄는 이제까지 모두 4차례 한국에서 가장 많이 위헌심사 대상이 된 조문이다. 한편 2008년 간통죄에 관한 형법 제241조는 합헌 결정을 받기는 하였으나, 5:4 결정(4명의 위헌 의견, 1명의 헌법불합치 의견, 4명의 합헌 의견)이라는 결과에서 볼 때, 조만간 위헌 결정이 내려질 수도 있는 상태라고 할 수 있다. 이와 같은 전개 상황에서 여러 질문이 제기된다. 한국 법제에서 혼인관계에 전제되는 성성이란 어떤 성격의 것이며 법은 이를 어떻게 제도화해 왔을까. 혼인 내외에서 여성과 남성의 성성의 특성은 무엇이라고 알려져 있는가. 위 헌법소원 사건에서 대한민국 헌법재판소의 위헌과 합헌의 논지는 무엇이었는가. 페미니즘 법학은 이상에 대해 어떻게 해석하고 개입해야 하는가. 이와 같이 본 서는 혼인 관련 섹슈티 범죄에 대한 여성주의적 논리 찾기라는 또 하나의 '가지 않은 길'에 대해 고민하고 있다. 이 책의 내용을 간략히 소개하면 아래와 같다.

제1장에서 이호중 교수(서강대 법학전문대학원)는 혼인빙자간음죄와 간통죄폐지 논의를 중심으로 실천으로서의 섹슈얼리티 그리고 섹슈얼리티가 구성되고 변화하며 제약되는 문화담론이 성적 자기결정권이라는 권리테제를 중심으로 구성되는 성형법담론의 장에 어떻게 수용될 수 있는지 성형법담론의 장과 문화담론의 장은 어떻게 영향을 주고받는지의 문제에 대하여 논하고 있다. 특히 본 연구에는 혼인빙자간음죄와 간통죄의 진정한 문제점인 임신과 출산, 낙태, 자녀양육, 이혼의 문제가 여성 섹슈얼리티의 관점으로 통합되어야하고 이는 문화적 담론영역에서 작동되는 쾌락과 욕망의 주체로서의 여성의 전복적 에너지와 결합되어야 함을 주장한다. 이에 대한지정토론은 이나영 교수(중앙대)가 맡았다.

제2장은 정계선 판사(헌법재판소 연구관)가 간통죄와 혼인빙자간음죄 관련 헌법소원사건 등에 대한 헌법재판소의 결정 내용과 논란이 되는 부분 등을 정리하고 헌법재판소의 결정이 사회에 미친 영향, 간통죄 조항의 형벌적 기능의 약화, 형벌의 대체수단 등을 실증적 자료를 통하여 살펴보고, 혼인빙자간음죄에 대한 헌법재판소의 판단을 간통죄와 비교분석하였다. 간통죄

폐지에 대한 논쟁이 끊임없는 가운데 헌법재판 과정에서 논의된 다양한 관점들을 실증적, 종합적으로 고찰함으로써 세대정신에 맞는 법, 인간다운 법, 합리적이고 실용적인 법의 필요성을 주장한다. 이에 대한 토론은 박은정 검사(서울 서부지방검찰청)가 맡았다.

제3장은 원혜욱 교수(인하대 법학전문대학원)가 간통죄의 입법적 검토라는 주제로 간통죄가 혼인 및 가족제도를 보호할 수 있는지, 간통죄를 개인의 성적 자기결정권을 침해하는 범죄유형으로 볼 수 있는지, 간통죄가 성도덕을 향상시키고 간통을 억제하는 예방적 기능을 수행하는지, 민사적으로도 해결할 수 있는 문제를 징역형만을 규정하고 있는 형법에 의해 해결하는 것이 정당한가에 대한 문제점을 우리나라와 외국의 간통죄에 대한 법제사적 고찰을 통하여 살펴보면서 간통죄 존폐의 논의에 대한 근거를 객관적으로 제시하고 있다. 이에 대한 토론은 박소현 위원(한국가정법률상담소)이 맡았다.

제4장에서 이명숙 변호사(법무법인 나우리)는 간통죄와 이혼소송을 둘러싼 제문제를 실무중심으로 살펴보면서 간통죄 폐지보다는 혼인의 해소나 이혼소송을 제기하지 않고도 고소할 수 있도록 형사소송법의 개정과 벌금형 도입 등의 다양한 양형마련을 대안으로 제시하고 있다. 이에 대하여 이현곤 판사(서울가정법원)가 맡아 실제 간통죄와 이혼소송에 대한 법원의 입장을 토론하였다.

마지막으로 제5장에서는 정춘숙 상임대표(한국여성의 전화)가 간통죄 존폐에 대한 논의에 앞서 우리 사회의 성차별적인 여성의 현시, 여성을 둘러싼 섹슈얼리티의 제도적 요인인 혼인과 가족, 외도와 간통죄, 이혼과정에 대한 고찰이 우선되어야 한다고 주장한다. 그러면서 대분의 여성문제가 문제해결의 본질은 모든 측면에서 성평등이라고 하며, 성평등의 본질에 접근해 가는 과정에서 혼인과 가족관계에서 아직까지 상대적 약자의 지위에 있는 여성을 실질적으로 지지하면서 개인의 선택을 존중할 수 있는 현실적인 방안 모색이 필요하다는 입장을 밝히고 있다. 이에 대한 토론은 조국 교수(서울대 법학전문대학원)가 맡았다.

이어서 제2부에서는 지정토론과 자유토론의 내용이 실려져 있으며, 제3부는 본 서에서 다루어진 사건과 관련된 헌법재판소 결정문, 대법원 및 하급심의 판결문이 수록되어 있다.

이상과 같이 본 서에 수록된 논문이나 토론문은 특정한 입장을 지지하거나 동일한 결론으로 수렴되어 있지 않다. 앞서 언급한대로 헌법재판소는 2009년 11월 재판관 6:3의 의견으로, 형법 제304조 중 "혼인을 빙자하여 음행의 상습 없는 부녀를 기망하여 간음한 자" 부분이 헌법 제37조 제2항의 과잉금지 원칙을 위반하여 남성의 성적자기결정권 및 사생활의 비밀과 자유를 침해하는 것으로 헌법에 위반한다는 결정을 선고했다. 그간 학계와 시민사회에서도 본 조문에는 '음행의 상습이 있는 여성'과 순결한 여성이라는 이분법이 내재하며, 여성의 성적 자기 결정권이 혼인 여부에 좌우되는 것으로 바라보는 가부장적 시각이 녹아 있다고 지적되어 왔다. 이 조문에 대한 위헌 결정에 따라 한국 여성들의 성적 자기결정권의 고양에 도움이 될 수 있는지 좀 더 논의가 필요하다.

보다 어렵고 일반적인 문제들은 간통죄를 둘러싸고 존재한다. 본 서의 논문들에서 다루어지고 있는 문제 지점들을 정리해 보면 아래와 같다.

첫째, 한국사회와 결혼제도의 맥락에서 자유주의적 성성 담론을 어떻게 볼 것인가의 문제가 있다. "성과 사랑은 법으로 통제할 사항이 아닌 사적인 문제라는 인식이 커져 가고 있으며 전통적 성도덕의 유지라는 사회적 법익 못지않게 성적 자기 결정권의 자유로운 행사라는 개인적 법익이 더 한층 중요시 되는 사회로 변해가고 있다"는 혼인빙자간음죄에 대한 헌재 결정문의 다수 의견과 같이 성과 사랑이 한국에서 대체로 개인의 선택과 의지의 사항이 된 것인가. 이호중 교수가 지적하듯이, 성성이란 개인의 자유로운 욕구의 총합이 아니라 복합적 권력관계의 산물이자 역사·문화 구성체라고 한다면 자유주의적 성성 담론은 자칫 현실의 관계를 포섭하지 못하고 괴리될 수 있다. 특히 성과 사랑의 관계에서 보다 쉽게 피해자가 되는 여성에게 자유주의적 성담론은 구조화된 성성제도의 차별과 억압을 말하기 어렵게 만들 수 있음에 유의해야 한다. 예컨대 많은 비혼 여성들의 성적 자기 결정이 혼인할 사람하고 성관계를 가지는 것을 원칙으로 하고 있다면 자유주의적 성담론에서는 이를 사회제도와 권력이 차원이 아니라 단지 '개인의 의지'로만 설명하지 않겠는가. 자유주의적 성담론은 또한 배우자의 외도와 같은 문제는 법이 아니라 도덕으로 처리할 문제라고 한다. 간통하는 아내의 처벌에 그 목적이 있었던 식민지 시기 간통죄가 대한민국 형법에서 남성에의 적용 확대는 무엇보다 남성의 축첩의 근절을 위한 목적을 가졌다고 한다면, 남성의 축첩과 혼외관계가 만연하였다는 사실은 이에 대한 공동체 규범이 혼란스럽다는 것을 반영하는 것이 아닐까 한다. 마찬가지 논리로, 현금의 한국 사회에서 남성과 여성의 외도에 대한 도덕적 기준과 공동체 제재가 확립되어 있는지도 의문이다. 이런 점들이 의문시 된다면 혼인내의 성성은 도덕과 윤리가 판단할 문제라는 자유주의 성담론의 인식은 너무 안이하다 할 수 있다.

둘째, 관련하여 권력관계로서의 성에서 당당할 수 있는 여남의 평등이라는 사회조건, 그리고 혼인에서의 양성 평등을 기할 수 있는 제도가 마련되었는가. 양성평등의 사회구조가 개선되긴 하였으나 위의 질문에 쉽게 긍정하긴 어렵다. 그 이유는 경제력, 정치력 등 공식적 힘의 관계에서 대한민국은 여전히 남성에게 권력이 집중되어 있는 국가이기 때문이다. 성성이 단지 개인적 취향의 문제가 아니라 사회구조의 문제라는 것은 여남의 간통죄 고소 패턴에서도 나타난다. 우리사회에서 남성이 혼외 성관계를 가질 확률이 압도적으로 많음에도 불구하고 간통죄 고소자의 성비가 남녀 비슷한 현상이 나타나는데, 이는 기혼 여성들은 배우자의 외도를 용인하는 정도가 남성보다 훨씬 높다는 것을 나타낸다. 반면, 남성은 여성에 비해 더 경미한 배우자의 혼외 성관계도 참지 않고 간통죄 고소를 감행한다는 사실을 드러낸다. 요컨대 우리사회에서 혼인관계에서의 성적 충실함에 대한 남녀의 역할기대는 '다르다.' 그것도 권력이 개입된 형태로 다르다. 여성에게 요청되는 혼인의 순결의 정도가 남성에 비해 훨씬 더 높고, 그녀들이 혼인의 순결에 반했을 때 가해지는 낙인 역시 훨씬 강하며 이혼의 효과도 차별적이다. 이상과 같이 본다면 여성주의의 견지에서 기본적 어젠다는 간통죄 자체가 아니라, 여성과 남성의 성성에 대한 역할기대에 작용하는 권력관계에 있다. 이 점에서 간통죄의 폐지나 존치가 아니라 양성평등의 조건 마련이 필요하다는 정춘숙 대표의 발언이 울림이 있다. 간통죄의 폐지냐 존치냐의 이분법적 선택이 아니라 왜 어째서 간통죄가 폐지되거나 존치되어야 하는가라는 근거와 가치의 형성이 중요하다. 또한, 폐지와 존치의 상황에서 마련되어야 하는 다른 제도적 장치들이 중요하다.

셋째, 그동안 간통죄의 법익은 '건전한 성풍속' '내지 성도덕' '부부간의 성적 성실의무' '일부일제처의 혼인제도' 등으로 말해졌고 2008년 헌법재판소는 산통죄에 대한 결정문에서 "선량한 성풍속을 보호하고 일부일처제 하의 가정 또는 가정의 기초가 되는 제도로서의 혼인 및 부부간의 성적 성실의무를 보호하기 위해 규정된 것"이라고 간통죄의 보호법익을 설명하고 있다. 흔히 거론하듯이, 간통죄는 '일부일처제 혼인제도'를 보호하고 있고 혼인관계에서 부부의 성적 요구가 실현되는 상태를 건전한 성풍속으로 바라보고 있는 것이다. 이렇게 간통죄의 보호법익이 일부일처제 혼인제도에 있다면 여성주의는 이런 가치에 어떻게 비판적으로 개입할 것인가. 일부일처제 혼인제도에 대한 비판이라는 담론은 흔히 한국의 남성들에게 용인되는 성의 자유를 정당화하는 세련된 근거가 되어 왔다는 점에서 일부일처제 혼인제도 비판이 지칭하는 것은 다의적이다. 편자들은 인간의 보편적 성의 자유를 인정한다는 것은 하나의 가치요, 혼인에서의 신의와 정의의 구현은 또 다른 가치라고 생각한다. 현재 가정의 유지나 부부간 성적 성실의무와 같은 가치가 주로 남성적 관점에서 만들어진 잣대이기에 여성적 친밀성과 성과 사랑의 관점으로 그 기존을 새로 바라볼 필요가 있다. 인간간의 신뢰관계로서의 혼인에 대한 윤리나 공동체 규칙 등에 대해 가부장적 시각이 아니라 여성주의적 시각에서 가치론과 윤리를 정립해야 하는 것으로 사료된다. 여성주의적으로 일부일처제 혼인을 비판한다는 것은 구체적으로 무엇을 뜻하며 무엇을 귀결하는 것인지, 그 대안적 가치와 제도적 장치들에 대한 좀더 차분한 논의가 필요하다고 생각한다.

넷째, 간통죄의 폐지를 예상한다고 할 때, 어떤 제도들의 보안이 필요한가. 현재와 같이 간통제의 제재방식에 있어서 형사상 자유형에 국한할 것이 아니라 벌금형 및 민사적 손해배상 등과 같은 제도들에 의해 보완되어야 할 것이다. 김명숙 변호사가 지적하듯이, 실무에서 간통죄 고소와 이혼시 위자료간에는 실제로 별 상관관계가 없으므로 세간에서 생각하듯이, 재산적 이익을 노려서 간통죄 고소를 한다는 인식은 별로 설득력이 없다고 한다. 오히려, 배우자와 그 상간자의 처벌 그 자체가 목적인 간통죄 고소가 주류를 이룬다는 지적이다. 생각건대, 혼인한 배우자라도 인간으로서 가지는 기본적 성적 자유를 인정한다는 가치 위에서 간통죄를 폐지하고 이에 대한 민사상 손해배상이나 위자료 지급 제도를 강화하고자 한다면, 현행의 가정법원의 태도보다는 훨씬 더 적극적으로 혼인의 '위험'을 가져다 혼외관계의 유책 배우자에 대해 금전적 책임을 지워야 할 것이다. 법원은 이혼 후의 자녀에 대한 양육권자 지정이나 양육비 지급에 대해서도 유책성을 고려하고 자녀 이외 취약한 가족에 대한 보살핌의 책임 분배에 대한 기준도 마련해야 할 것이다. 또한 간통죄 규정을 두지 않은 일본 등 외국의 사례에서처럼 중혼죄 규정을 형법에 둘 것인지도 고려해야 한다. 이렇게 혼인한 사람이라도 누려야 할 성적 자기 결정권과 배우자와의 신뢰를 파탄당한 상대 배우자와 자녀 등 무고한 가족들이 겪게 될 피해를 형량하여 이에 대한 법의 복원적 수단(restorative measure)이 마련되어야 한다. 배우자의 간통으로 인한 부부관계의 파탄은 "이혼제도를 통해 충분히 해결할 수 있는 정도로" 이혼 제도가 정비되어 있다는 것이 법원의 생각이라면 이는 매우 안이하다고 본다. 간통죄의 폐지란 대안적인 법제의 마련과 정비 그리고 법원 실무의 태도 교정 속에서 진행되어야 할 것이다. 보다 근본적으로는, 그동안 부부관계 속에서 안정된 것으로 추정되던 부부의 성관계에 대한 보다 개방된 담론이 필요하다. 특히 혼인을 준비하는 여성과 남성의 성에 관한 솔직한 시도와 가치관의 교류가 필요하다고 본다.

마지막으로, 여성 주체의 입장에서 혼인관계에서의 성적 자기결정권을 다시 생각하고, 혼인의 의미에 대해서도 다시 논의해야 하지 않는가. 간통죄나 성폭력범죄에서 대다수 피해가 여성이라는 점이 여성의 성성을 단지 피해자성으로만 말하는 것이 정당화되지 않듯이, 혼인의 안과 밖에서 여성들의 성성의 가치관과 성적 취향에 대한 긍정적 담론을 형성해야 한다. 그것은 남성적 시각을 취향을 그저 뒤집는 형태가 아니라, 여성(주의)적으로 재전유하는 것이어야 한다. 재생산권(Reproductive Rights) 논의에서 지적되듯이 여성의 성성이란 임신, 출산, 낙태, 보살핌 등과 같은 통합된 경험의 연속선상에 있고, 남성과 다른 여성의 친밀성과 성성의 욕구의 차이는 아직 쓰이지 않은 상태에 있다고 본다. 간통죄의 존치의 근거가 여성을 보호하는 것이 아니라 남성의 관점에서 바라보는 혼인제도의 보호에 있다면 여성의 눈으로 다시 보는 혼인제도의 가치와 성성의 취향은 이 논의에서 어디에 있었는가. 간통죄의 폐지나 존치의 가치가 여성의 입장과는 멀찌감치 떨어진 어떤 곳에서 진행되어 온 것처럼 보인다.

요청되는 것은 혼인의 성성과 관계에 대한 여성주의적 윤리의 전유이며, 사실혼과 동거, 이혼 등에 대한 차별적 인식을 넘어서 여성과 남성이 성적 자기 결정권을 누릴 수 있는 제도적 기초를 마련하는 일이다. 또한 간통과 같은 일이 발생할 때는 대비한 보완적 장치 마련이다. 이렇게 배우자의 간통과 성의 규범에는 이혼제도, 남녀의 경제력과 같은 요소들이 서로 뫼비우스의 띠처럼 얽혀 있다. 한국의 만연한 성매매와 여성의 성의 상품화, 여남의 경제력과 정치력의 차이 등에서 볼 때, 한국의 혼인제도가 섹슈얼러티의 측면에서도 얼마나 '위험한 제도'인지를 말하고 있다. 따라서 단지 간통죄를 존치한다고 해서 그 위험이 결정적으로 감소되는 것도 아니지만, 간통죄를 그저 폐지만 한다는 것은 그 위험을 방치하는 일에 해당한다고 생각해 본다. 이상의 견지에서 본 서가 한국사회의 간통죄에 대한 고민이 폐지 대 존치라는 이분법적 사안이 아니라 우리사회가 별로 준비하지 않은 복합적 문제 영역임을 일깨울 수 있기를 희망한다. 이를 위해 본 서가 필요한 정보나 아이디어, 혹은 영감을 조금이나마 제공할 수 있다면 편자들로서는 큰 보람이 될 것이다. 마지막으로, 한국젠더법학회의 학술행사 및 본 서의 출간에 아낌없는 지원을 해 주신 서울대학교 공익인권법센터 한인섭 센터장님과 관련자들께 감사를 드린다.

2011. 3. 봄을 기다리며
공편자 양현아·김용화 識

차 례

제3부 관련판례

제1부

연구논문

제1장

성형법 담론에서 섹슈얼리티(Sexuality)의 논의지형과 한계
- 혼인빙자간음죄와 간통죄 폐지논의를 중심으로 -

이 호 중*

I. 서론

최근 들어 성형법의 영역에서 주목할 만한 헌법재판소의 결정과 대법원의 판결이 잇따르고 있다. 2009.11.26. 헌법재판소는 혼인빙자간음죄(형법제304조)에 대한 위헌결정[1]에서 성적 자기결정권에 대한 국가형벌권의 통제는 엄격한 요건 하에서 예외적으로만 정당화될 수 있다는 입장을 분명히 하였다. 성적 자기결정권은 개인들이 은밀한 사적 공간에 행하는 성적 자유의 문제라고 하면서 이에 대한 국가(법률)의 통제는 그러한 성적 자유가 특별히 다른 중대한 법익에 대한 명백한 해악이나 위험을 수반하지 않는 한 성적 자기결정권에 대한 국가적 통제는 정당화될 수 없다는 것이다. 특히 혼인빙자간음죄에 대한 이번 위헌결정은 종래 헌법재판소가 형벌권의 개입여부에 관하여 '입법형성의 자유'를 폭넓게 인정하였던 종래의 태도를 변경한 것

---

* 서강대학교 법학전문대학원 / 교수
1) 헌재 2009.11.26. 선고 2008헌바58, 2009헌바191 병합결정.

이기 때문에 비슷한 문제 지대를 형성하고 있는 성형법의 다른 영역들에 대한 형법담론에도 많은 영향을 미칠 것으로 예상된다. 가장 직접적으로 탄력을 받을 영역은 아마도 간통죄 폐지론이 될 가능성이 매우 높다.[2] 그 외에 성매매라든가 포르노그래피에 대한 자유화 논의에도 이번 헌재의 위헌결정의 영향력이 미칠 것이다. 아마도 혼인빙자간음죄의 위헌결정은 우리나라 형법담론에서 주류적 입장을 점하고 있는 자유주의 형법담론에 대한 강력한 지지대의 역할을 톡톡히 할 것이다.

그런데 개인의 성적 자기결정권과 그 실천은 개인 주체의 독립적 행위라기보다는 사회의 다양한 권력관계부터 구성되면서 동시에 제약되는 것이다. 섹슈얼리티라는 개념은 성적 욕망, 성적인 정체성 그리고 성적인 실천과 그 과정에서 맺어지는 다양한 관계들을 포괄하는 개념으로 사회학과 페미니즘의 영역에서 "성을 다양한 사회문화적 맥락들 내에서 모든 사회관계들과의 작용을 통해 구성되는 것"[3]으로 바라보는 핵심개념으로 자리잡고 있다. 섹슈얼리티는 성적 자기결정권의 실천이다. 그리고 동시에 성적 자기결정권이 (형)법담론의 개념이라면 섹슈얼리티는 성적 자기결정권이 실천되는 사회문화적 맥락과 그것에 작용하는 다양한 층위의 권력관계를 드러내주는 문화담론의 개념이다.

이 글은 실천으로서의 섹슈얼리티, 그리고 섹슈얼리티가 구성되고 변화하며 제약되는 문화담론이 성적 자기결정권이라는 권리테제를 중심으로 구성되는 성형법담론의 장에 어떻게 수용될 수 있는지, 성형법담론의 장과 문화담론의 장은 어떻게 영향을 주고받는지의 문제를 탐색하기 위한 시론적 시도이다. 그러기 위하여 이 글이 소재로 삼은 것은 형법담론의 혼인빙자간

---

2) 이용식, 「판례를 통해서 본 성에 대한 법인식의 변화」, 형사법연구 제21권 제4호, 한국형사법학회, 2009, 307-309면.
3) 조영미/한국성폭력상담소 엮음, 「한국 페미니즘 성연구의 현황과 전망」, 섹슈얼리티 강의, 동녘, 1999, 24면.

음죄와 간통죄의 폐지론이다. 그리고 이 글이 주안점으로 삼고자 하는 것은 섹슈얼리티의 담론적 구성에 영향을 미치는 다양한 권력관계 중 젠더권력의 문제이다.

II. 형사법담론에서 혼인빙자간음죄와 간통죄 폐지론의 논증방식

1. 혼인빙자간음죄 위헌론·폐지론의 논증구도

혼인방지간음죄 폐지론은 형법학계에서 압도적인 지지를 받고 있다. 폐지에 반대하는 견해는 좀처럼 찾아보기 힘들다.[4] 폐지론의 논거는 논자에 따른 차이가 거의 없으며, 이미 2009년 헌법재판소의 위헌결정 속에 집약되어 있다. 헌법재판소의 위헌결정문을 중심으로 혼인빙자간음죄 폐지론의 핵심적인 논증구도를 살펴보면 다음과 같다.

1) 남성의 성적 자기결정권 v. 여성의 성적 자기결정권

헌법재판소는 누누이 헌법 제10조에서 규정한 개인의 인격권과 행복추구권에는 성적 자기결정권이 포함된다고 선언한 바 있다. 여기에서 성적 자기결정권이란, 2002년 합헌결정[5]의 설명에 의하면, "각인 스스로 선택한 인생관 등을 바탕으로 사회공동체 안에서 각자가 독자적으로 성적 관(觀)을 확립하고, 이에 따라 사생활의 영역에서 자기 스스로 내린 성적 결정에 따라 자

---

4) 형법교과서 중에서 혼인빙자간음죄의 존치를 주장하는 문헌은, 김일수, 「형법각론」, 2000, 160면 ; 김성천/김형준, 「형법각론」, 2006, 270면 정도이다.
5) 헌재 2002.10.31. 선고 99헌바40, 2002헌바50 병합결정.

기책임 하에 상대방을 선택하고 성관계를 가질 권리를 의미하는 것이다."6)

혼인빙자간음죄의 위헌여부의 쟁점은 이 처벌조항이 헌법상 과잉금지원칙을 위반하여 남성의 성적자기결정권을 침해하는 것인가 여부였다. 헌재는 혼인빙자간음죄의 형사처벌로 침해되는 기본권은 '남성의 성적 자기결정권'이라는 점을 분명히 하였다.7) 한편, 혼인빙자간음죄의 보호법익은 "음행의 상습없는 부녀의 성적 자기결정권"이다.8) 이처럼 침해되는 기본권으로서 '남성의 성적 자기결정권'과 보호법익으로서 '여성의 성적 자기결정권'이 대비되는 가운데 헌법재판소는 남성과 여성의 성적 자기결정권의 행사에 대해 다음과 같은 흥미로운 대비를 만들어낸다.

우선 남성의 성적 자기결정권 행사에 관하여 헌재는 다음과 같이 말한다 : 「이성 간에 성행위를 함에 있어 미성년 또는 심신미약의 부녀를 상대로 한다거나, 폭행이나 협박 등 폭력을 수단으로 한다거나, 여성을 매매의 대상 또는 흥정의 미끼로 삼는다거나, 그 장면을 공중에게 노출시킨다거나, 또는 그로 인하여 위험한 질병이 상대방에게 전염되게 한다거나 하는 등의 해악적 문제가 수반되지 않는 한 이성 관계 자체에 대하여 법률이 직접 개입하는 것은 성적 자유에 대한 무리한 간섭이 되기 쉽다. 따라서 남성이 위와 같이 해악적 문제를 수반하지 않는 방법으로 여성을 유혹하는 성적행위에 대해서 국가가 개입하는 것은 억제되어야 한다. 그리고 남성의 여성에 대한 유혹의 방법은 남성의 내밀한 성적자기결정권의 영역에 속하는 것이고, 또한 애정행위는 그 속성상 과장이 수반되게 마련이다.」9) 그리고 여성의 성적 자기결

---

6) 헌재 2002.10.31. 선고 99헌바40, 2002헌바50 병합결정, 판례집 제14권 2집, 397면.
7) 헌법재판소는 형법 제304조 혼인빙자간음죄의 처벌로 헌법 제10조에 근거한 성적 자기결정권 외에 헌법 제17조에서 보장하는 사생활의 비밀과 자유도 제한되는 기본권이라고 보고 있다. 이는 간통죄의 경우에도 동일하다. 헌재1009.9.10. 선고 89헌마82 결정.
8) 여기에는 '음행의 상습성'에 따른 차별의 문제가 내재되어 있다. 이는 위헌판단의 중요한 쟁점 중 하나이지만, 지금은 이 문제는 일단 보류하기로 한다.

정권 행사에 대해서는 다음과 같은 입장이 나타난다 :

「여성이 혼전 성관계를 요구하는 상대방 남자와 성관계를 가질 것인가의 여부를 스스로 결정한 후 자신의 결정이 착오에 의한 것이라고 주장하면서 국가에 대하여 상대방 남성의 처벌을 요구하는 것은 여성 스스로가 자신의 성적자기결정권을 부인하는 행위이다. 남성이 결혼을 약속했다고 하여 성관계를 맺은 여성만의 착오를 국가가 형벌로써 사후적으로 보호한다는 것은 '여성이란 남성과 달리 성적자기결정권을 자기책임 아래 스스로 행사할 능력이 없는 존재, 즉 자신의 인생과 운명에 관하여 스스로 결정하고 형성할 능력이 없는 열등한 존재'라는 것의 규범적 표현이다. 그러므로 이 사건 법률조항은 남녀평등의 사회를 지향하고 실현해야 할 국가의 헌법적 의무(헌법 제36조 제1항)에 반하는 것이자, 여성을 유아시(幼兒視)함으로써 여성을 보호한다는 미명 아래 사실상 국가 스스로가 여성의 성적자기결정권을 부인하는 것이 되는 것이다. 나아가 개인 스스로 선택한 인생관·사회관을 바탕으로 사회공동체 안에서 각자의 생활을 자신의 책임 아래 스스로 결정하고 형성하는 성숙한 민주시민이 우리 헌법이 지향하는 바람직한 인간상이라는 점에 비추어 볼 때, 결국 이 사건 법률조항이 보호하고자 하는 여성의 성적자기결정권은 여성의 존엄과 가치에 역행하는 것이라 하지 않을 수 없다.」[10][11]

헌법재판소는 결국 혼인빙자간음죄의 처벌을 통하여 추구하는 목적 - 즉, 혼인약속에 관한 착오로부터 여성의 성적 자기결정권의 보호 - 자체가 헌법상 정당화될 수 없다고 보았다. 보호받아야 할 가치가 있는 성적 자기결정권의 침해는 존재하지 않는다는 것이다.

---

9) 헌재 2009.11.26. 선고 2008헌바58, 2009헌바191 병합결정, 판례집 제21권 2집 하, 520, 530면.
10) 헌재 2009.11.26. 선고 2008헌바58, 2009헌바191 병합결정, 판례집 제21권 2집 하, 520, 530면.
11) 또한 이 같은 취지의 논거는 조 국, 「혼인빙자간음죄 위헌론 소고」, 형사법연구 제21권 제3호, 한국형사법학회, 2009, 255-256면.

2) 개인의 자유 v. 국가통제

대부분의 과잉금지원칙 심사가 그러하듯이, 혼인빙자간음죄의 위헌여부를 심사하는 핵심적인 논증은 개인의 내면의 자유로서 성적 자기결정권에 대한 국가의 통제를 정당화할 만한 반대이익이 존재하는가 여부로 귀착된다.

헌법재판소는 「최근의 우리 사회는 급속한 개인주의적·성 개방적인 사고의 확산에 따라 성과 사랑은 법으로 통제할 사항이 아닌 사적인 문제라는 인식이 커져 가고 있으며, 전통적 성도덕의 유지라는 사회적 법익 못지 않게 성적자기결정권의 자유로운 행사라는 개인적 법익이 더한층 중요시되는 사회로 변해가고 있다.」고 언급하면서, 혼인을 빙자하여 상대방 여성으로 하여금 성교에 응하게 하는 행위는 도덕적 비난을 받을 만한 행동이지만 성도덕의 유지는 형법의 개입을 정당화하는 근거가 아니라고 한다. 남성의 그와 같은 성적 자기결정권 행사가 다른 중대한 법익에 대하여 명백한 해악의 위험을 수반하는 경우에만 성적 자기결정권에 대한 형벌권행사가 허용될 수 있지만, 혼인빙자간음죄에서는 상대방 여성의 성적 자기결정권이나 다른 중대한 공익에 어떠한 해악도 초래하지 않는 것이라고 한다. [개인의 성적 자기결정권 v. 국가의 통제]라는 논증구도에서 헌법재판소의 입장은 다음과 같은 판시에서 분명하게 드러나고 있다 :

「우리의 생활영역에는 법률이 직접 규율할 영역도 있지만 도덕률에 맡겨두어야 할 영역도 있다. 법률을 도덕의 최소한이라 하듯이 법률규범은 그보다 상층규범에 속하는 도덕규범에 맡겨두어야 할 영역까지 함부로 침범해서는 안된다. 법률이 도덕의 영역을 침범하면 그 사회는 법률만능에 빠져서 품격있는 사회발전을 기약할 수 없게 되는 것이다. 따라서 성인이 어떤 종류의 성행위와 사랑을 하건, 그것은 원칙적으로 개인의 자유 영역에 속하고, 다만 그것이 외부에 표출되어 명백히 사회에 해악을 끼칠 때에만 법률이 이를 규제하면 충분하다. 혼인을 빙자하여 간음한 자는 가정, 사회, 직장 등 여러 방면에서 윤리·도덕에 의한 사회적 비난과 제재를 받을 것이므로 본질적으로 개인 간의 사생활에 속하는 이러한 행위까지 일일이 추적하여 형법이 간섭할 필요는 없다. … 그러므로 성인 부녀자의 성적인 의사결정에 폭행·협박·위력의 강압적 요인이 개입하는 등 사회적 해악을 초래할 때에만 가해자를 강간죄 또는 업무상 위력 등에 의한 간음죄 등으로 처벌받게 하면 족할 것이고, 그 외의 경우는 여성 자신의 책임에 맡겨야 하고 형법이 개입할 분야가 아니라 할 것이다.」[12]

2. 간통죄 폐지에 관한 형사법담론의 논증구도

간통죄에 대하여 헌법재판소는 4차례에 걸쳐 합헌결정을 내린 바 있다. 그렇지만 가장 최근의 결정인 2008년 결정[13]에서 위헌의견 5(헌법불합치 1명 포함) : 합헌의견 4로 나타나 간통죄 폐지여부는 팽팽한 쟁점을 형성한 바 있다. 한편 형법학계에서는 - 혼인빙자간음죄의 폐지에 대한 압도적인 지지 정도는 아니지만 - 간통죄폐지론이 다수의 지지를 받고 있다. 간통죄폐지를 주장하는 입장의 논증은 기본적으로 혼인빙자간음죄의 논증구도와 거의 같다.

1) 건전한 성풍속 v. 개인의 성적 자기결정권

간통죄는 폭행이나 협박과 같은 폭력성을 수반하지 않고 상호 합의하에 이루어지는 성교행위를 규제하는 대표적인 법규정이다. 간통죄 규정이 간통 행위를 한 자의 성적 자기결정권을 침해하는 것이라는 점에는 이견이 없다.

---

12) 헌재 2009.11.26. 선고 2008헌바58, 2009헌바191 병합결정, 판례집 제21권 2집 하, 520, 533면.
13) 헌재 2008.10.30. 선고 2007헌가17·21, 2008헌가7·26, 2008헌바21·47 병합결정.

다만, 형법담론에서는 간통의 규제로서 보호하고자 하는 법익이 무엇인가는 다소간 문제되고 있다. 형법학계에서는 "건전한 성풍속 내지 성도덕",[14] "부부간의 성적 성실의무",[15] "일부일처제의 혼인제도"[16] 등이 거론된다. 헌법재판소는 구체적인 특정 없이 "선량한 성풍속을 보호하고, 일부일처제하의 가정 또는 가정의 기초가 되는 제도로서의 혼인 및 부부간의 성적 성실의무를 보호하기 위하여 규정된 것"[17]이라고 설명하고 있다.

2) 개인의 자유 v. 국가통제

간통죄 폐지론의 핵심적인 쟁점도 소위 '건전한 성풍속' 내지 '일부일처제의 혼인제도'의 보호를 위하여 형벌로써 개인의 성적 자기결정권을 제한하는 것이 정당한가의 문제로 집약된다. 간통죄폐지론의 기본적인 논거는, 성풍속 내지 성도덕의 보호는 도덕의 영역에서 달성할 문제이지 형법에 의하여 강제될 성질의 것이 아니라는 점, 그리고 간통으로 인한 부부관계의 파탄은 이혼제도를 통하여 충분히 해결할 수 있기 때문에 형법이 개입해야 할 필요가 없다는 점이다.[18] 그 외 간통죄가 여성배우자가 이혼시 위자료를 받아내기 위한 수단으로 혹은 사적인 복수의 수단으로 악용되기도 하는데 이

---

14) 박상기, 「형법각론」(제7판), 571면 ; 오영근, 「형법학론」, 2005, 773면 ; 이주희, 「간통의 형사처벌과 그 헌법적 정당성」, 법과 정책연구 제8집 제2호, 동광문화사, 2008, 331면.

15) 박기석, 「협의이혼 후 간통죄 처벌 여부 : 대법원 2007.1.23. 선고 2006도7939 판결에 대한 평석」, 한양법학 제22집, 한양법학회, 2008, 231면.

16) 이재상, 「형법각론」, §36/8 ; 송기춘/이정원, 「간통죄 폐지 여부에 관한 헌법적·형사법적 고찰」, 헌법학연구 제10권 제2호, 한국헌법학회, 2004, 354면.

17) 헌재 2008.10.30. 선고 2007헌가17·21, 2008헌가7·26, 2008헌바21·47 병합결정, 판례집 제20권 2집 상, 706면.

18) 류화진, 「성적 인식변화에 따른 형사법의 전망」, 법학연구 제47권 제2호, 부산대학교 법학연구소, 2007, 15면 ; 이주희, 앞의 글, 337면 등 참조.

는 국가형벌권의 정당한 행사라고 볼 수 없다는 점도 거론된다.

Ⅲ. 혼인빙자간음죄/간통죄의 영역에서 들여다본 섹슈얼리티 - 보수적 성담론이 작용하는 맥락

형법담론에서 혼인빙자간음죄와 간통죄의 폐지론은 '성적 자기결정권'이라는 개인의 권리테제를 중심으로 하여 그에 대한 국가적 통제를 축출하고자 한다. 이러한 입장은 근대 법담론에서 섹슈얼리티에 대한 국가적 통제에 대한 저항담론으로 일찌감치 성장해 왔으며 전형적인 성해방의 담론에 속한다.

사실 성적 자기결정권이라는 자유주의 법담론의 권리테제는 개인을 성적 욕망과 쾌락의 주체로 분명히 승인한다는 상징적인 의미가 있기 때문에, 성해방의 담론에서 뿐만 아니라 반성폭력 운동을 주도한 페미니즘 진영에서 성폭력을 더 이상 정조에 대한 침해가 아니라 여성의 성적 자기결정권에 대한 침해로 바라보아야 한다고 주장하면서 성폭력에 대한 성 인지적 접근을 강조한 핵심적인 개념도구이기도 하였다. 그렇지만, 우리 사회의 페미니즘 진영에서는 성적 자기결정권을 중심으로 하여 성폭력 피해여성의 경험을 젠더의 범주를 통해 드러내는데 치중한 반면에, 성해방론에서 관심을 둔 '성적 욕망과 쾌락의 주체'로서의 여성에 대한 관심은 상대적으로 덜한 상황이다. 그래서인지, 필자가 보기에 지금까지 성해방의 자유주의 담론이 공격지점으로 설정한 혼인빙자간음죄나 간통죄 등이 여성의 섹슈얼리티를 억압하는데 상당한 영향을 미치는 요소임에도 불구하고 이에 대한 연구나 관심은 상대적으로 매우 미미하다.

아래에서는 짤막하게나마 혼인빙자간음죄와 간통죄의 영역에서 젠더권력, 그리고 남성지배의 성담론이 여성의 섹슈얼리티를 어떻게 규정짓고 억압하는지를 조명해 보고자 한다.

1. 혼인빙자간음죄

흔히 혼인빙자간음죄의 보호법익은 '(음행의 상습없는) 부녀의 성적 자기결정권'이라고 설명되지만, 법규정의 문언이나 입법연원에 비추어 보면 혼인빙자간음죄 규정이 가부장제 정조이데올로기를 지탱해 주는 하나의 법형식이라는 점은 어렵지 않게 파악할 수 있다.

첫째, 혼인빙자간음죄는 여성만을 대상으로 한 범죄이며 남성은 대상이 아니라는 점, 그리고 간음과 추행을 함께 규율하는 성폭력의 영역과는 달리 혼인빙자간음죄는 간음만을 규정하고 있다는 점에서 그러하다.

둘째, 음행의 상습없는 부녀만이 혼인빙자간음죄의 객체가 된다는 점에서 그러하다. '음행의 상습'은 불특정 다수인과 성관계를 갖는 습성을 밀하는 것으로, 음행의 상습있는 여성이 혼인빙자간음죄의 객체에서 제외된다는 것은 이 규정이 '정숙한 여성'과 '문란한 여성'이라는 여성 섹슈얼리티의 분류에 기반하여 '정조를 지닌 여성'만을 보호대상으로 상정하고 있음을 의미한다. 정조는 남성지배의 담론이 여성에게 부여한 일종의 가치이며, 여성들은 그러한 가치체계에 따라 분류되면서 통제되고 있는 것이다.[19] 오늘날 성적 자기결정권의 관점에서 보면 '음행의 상습없는 부녀'와 '음행의 상습있는 부녀'를 구별하여 형법적 보호를 달리 하는 것은 헌법상 명백한 차별에 해당하는 것이다.[20] 그럼에도 불구하고 이 규정이 정당화될 수 있다면 '정조라는

---

19) 정희진/변혜정 엮음, 「성적 자기결정권을 넘어서」, 섹슈얼리티 강의 두 번째, 동녘, 2006, 243면 참조.
20) 조 국, 앞의 글, 263면.

가치'가 이 규정이 진짜 보호하고자 하는 법익이라는 점을 전제하지 않는 한 불가능하다.

2. 간통죄

1) 간통의 섹슈얼리티

현행 형법의 제정 당시에 간통죄 규정이 쌍벌주의 형태로 도입되기 이전에 간통죄는 혼인한 여성과 그 상간자(相姦者)에게만 적용되는 것이었고 혼인한 남성은 간통죄의 규제로부터 자유로웠다.[21] 전통적으로 간통죄의 기능은 남성 중심의 부계혈통을 보장하는데 있었다. 현재의 간통죄 규정은 소위 '남녀평등처벌주의'를 채택하여 남편의 간통과 아내의 간통을 법적으로는 평등하게 취급하고 있다. 그래서 간통죄는 흔히 '일부일처제 혼인제도의 보호'를 목적으로 하여 혼인 외에서 이루어지는 성교행위를 금지하는 것이라고 설명된다. 하지만, 그 이면을 보면 간통죄 처벌은 여전히 남성 중심의 섹슈얼리티 통제장치로서 기능하고 있다. 이는 다음의 몇 가지 차원에서 엿볼 수 있다.

첫째, 남편의 간통과 아내의 간통은 다른 도덕규범이 적용된다. 무엇이 불륜인가는 성별에 따라 매우 다르게 규정되기 때문이다. 가부장제의 전통이 강하게 남아있는 우리 사회에서 남성에게 -혼인 여부와 무관하게- 많은 여성과의 섹스는 사회적 능력의 상징이 되는 경우가 많다(혹은 반대로 자본과 권력을 가진 남성일수록 많은 여성을 성적으로 거느릴 수 있다). 반면에

---

21) 1905. 4. 20. 대한제국 법률 제3호로 공포된 형법대전에서 유부녀가 간통한 경우 그와 상간자를 6월 이상 2년 이하의 유기징역에 처했고(같은 법 제265조), 일제시대인 1912. 4. 1. 시행된 제령 11호 조선형사령으로 의용한 일본의 구 형법 제183조에서도 부인 및 그 상간자의 간통에 대하여 2년 이하의 징역형으로 처벌하였다.

여성의 경우 한 번의 외도만으로도 이미 불륜의 딱지가 붙는다. "남성의 계급과 정체성은 섹슈얼리티가 아니라 경제력이나 사회적 지위에 따라 결정되지만, 여성의 성과 몸은 여성의 지위를 구분하는 기준으로 작동한다."[22]

둘째, 우리 사회에서 남성에게는 쾌락으로서의 성과 가정의 성을 얼마든지 분리할 수 있다는 점이다. 때로는 아내의 섹슈얼리티에 이 두 가지 차원이 중첩적으로 나타나기도 하지만, 여전히 우리 사회에서는 남성들이 '가정 바깥에서' 쾌락적 성을 추구하는 것을 용인하는 문화가 팽배해 있다. 이처럼 '쾌락적 성'과 '가정 안의 성'을 이원화할 수 있는 남성 사회의 재주는 여성에 대한 섹슈얼리티 통제가 간통의 영역에서도 '정숙성' 내지 '정조'의 이데올로기에 의하여 이원화되고 있음을 보여준다.

2) 간통죄에서 친고죄의 기능

간통죄는 친고죄인데, 배우자의 고소는 혼인관계의 해소를 전제로 해서만 가능하도록 되어 있다. 이것은 간통의 문제를 혼인관계에 있는 남편과 아내의 성적 실천에 관한 '사적인 갈등'의 수준으로 격하시킨다는 것을 의미한다. 간통죄는 그와 같은 고소 규정으로 인하여 [건전한 성풍속 v. 개인의 성적 자기결정권]이라는 공적인 담론영역에서 이탈하게 된다. 간통은 사실상 성풍속에 관한 공적 관심사라기보다는 섹슈얼리티의 사적 주체간의 지극히 개인적인 갈등의 문제로 전환된다. 간통은 혼인관계의 해소를 전제로 해서만 공적 처벌의 대상이 될 뿐이다. 부부간의 실질적인 혼인관계가 유지되고 있는 한 간통은 부부간에 서로의 섹슈얼리티에 대한 상호적 통제의 맥락에서만 의미를 갖는다.

---

22) 정희진, 앞의 글, 242면.

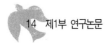

3) 간통과 아내강간

(1) 아내강간에 관한 형법담론의 문제 지대

형법은 법률상의 아내를 강간죄나 강제추행죄 등 성폭력범죄의 객체에서 명시적으로 제외시키고 있지 않지만, 형법학계에서는 '아내강간'의 처벌 여부를 둘러싸고 첨예한 대립과 논쟁이 전개되고 있다. 아내강간의 처벌을 주장하는 견해는 소수설이고,[23] 형법학계의 다수설은 법률상의 처는 강간죄 및 강제추행죄의 객체가 되지 않는다고 해석하고 있다.[24] 부정설은 부부관계의 특수성을 고려해야 하고, 부부간의 프라이버시에 형법에 깊숙이 개입하는 것은 바람직하지 않는다는 점을 근거로 하고 있다.

대법원은 부부관계의 실체가 존재하는가에 따라 구별하는 입장이다 : "혼인관계가 존속하는 상태에서 남편이 처의 의사에 반하여 폭행 또는 협박으로 성교행위를 한 경우 강간죄가 성립하는지 여부는 별론으로 하더라도, 적어도 당사자 사이에 혼인관계가 파탄되었을 뿐만 아니라 더 이상 혼인관계를 지속할 의사가 없고 이혼의사의 합치가 있어 실질적인 부부관계가 인정될 수 없는 상태에 이르렀다면, 법률상의 배우자인 처도 강간죄의 객체가 된다."[25] 또한 이미 1970년 판결에서도 "처가 다른 여자와 동거하고 있는 남편을 상대로 간통죄고소와 이혼소송을 제기하였으나 그 후 부부간에 다시 새 출발을 하기로 약정하고 간통죄고소를 취하하였다면 그들 사이에 실질적인 부부관계가 없다고 단정할 수 없으므로 설사 남편이 강제로 처를 간음하

---

23) 김성돈, 형법각론, 157면 ; 오영근, 형법각론, 11/9 ; 김성천/김형준, 형법각론, 221면 ; 백형구, 형법각론, 313면 ; 박상기, 형법각론, 149면 ; 조국, 앞의 책, 31면 ; 이호중, 「성폭력 처벌규정에 대한 비판적 성찰 및 재구성」, 형사정책 제17권 제2호, 동성출판사, 2005, 100면.
24) 이재상, 형법각론, §11-8 ; 김일수/서보학, 형법각론, 158면 ; 임웅, 형법각론, 162면 ; 정성근/박광민, 형법각론, 159면 ; 배종대, 형법각론, §47-4 ; 이정원, 형법각론, 197면.
25) 대법원 2009.2.12, 2008도8601

였다 하여도 강간죄는 성립되지 아니한다."26)

대법원의 해석론에 따르면 '혼인관계가 실질적으로 파탄에 이른 경우에' 법률상의 배우자에 대한 강간죄가 성립할 수 있다. 정상적인 혼인관계가 지속되는 경우에도 배우자에 대한 강간죄를 인정할 것인가에 대해서는 대법원의 입장은 명확하지는 않지만, 아직까지는 부정적 태도에 가깝다고 볼 수 있다.

아내강간의 성립을 부정하는 형법학계 다수설의 논리를 집약하면 다음과 같다 : "부부 간에는 동거의무가 있다. 동거의무에는 성생활을 함께 할 의무가 포함된다. 그러므로 혼인한 동안 부부는 상대방에 대하여 성적 자기결정의 자유를 포기한 것으로 보자. 이것이 형법의 보충성원칙에 합치하는 해석이다."

그러나 부정설의 이러한 논리는 혼인계약(그리고 그것에서 연유하는 동거의무)에 기초하여 부부는 서로에 대하여 성적 자기결정의 자유를 "포괄적으로 유보"하기로 하였다는 관념에 기초하고 있는 바, 이에 대해서는 정조권과 가부장권에 기반하여 아내의 남편에 대한 성권력적 종속을 정당화해주는 논리라는 비판이 가능하다.27) 성생활에 응하지 않는 것이 이혼사유가 될 수 있음은 별론으로 하고, 부부간의 동거의무가 곧바로 상대방의 성적 자기결정의 자유를 억압할 수 있는 권한으로 연결되는 것은 성적 자기결정권의 인격권적 속성과 양립할 수 없음은 자명하다.

(2) 아내강간과 간통

아내강간과 간통은 모두 혼인관계에서의 성적 자기결정권의 문제와 관련되어 있기는 하지만 아내강간은 전형적인 성폭력범죄의 문제인 반면에 간통은 성풍속에 관한 범죄이기 때문에 양자는 연관성이 별로 없어 보이기도

---

26) 대법원 1970.3.10, 70도29.
27) 이호중, 앞의 글, 100면 ; 조 국, 「형사법의 성편향」, 박영사, 2004, 27면.

한다. 그러나 섹슈얼리티에 관한 통제의 양태에서 볼 때 아내강간과 간통은 매우 유사한 방식으로 구조화되어 있다. 대법원이 아내강간을 처벌하기 위한 요건으로 설정한 기준은 "실질적인 부부관계의 파탄 유무"이다. 아내에 대한 성폭력은 실질적인 부부관계가 파탄에 이르지 않는 한 형법적 통제의 대상으로 가시화되지 않는다. 간통의 경우에도 이와 유사하게 배우자의 간통이 처벌대상으로 포착되는 것은 실질적인 혼인관계가 파탄난 경우에 비로소 가능하다. 현재의 형법체계는 아내강간과 간통 모두에 있어서 형사법적 개입의 기준은 '실질적인 부부관계의 존속 여부'라는 점에서 공통적이다. 형사법의 영역에서 혼인은 부부간의 성적 자기결정권과 섹슈얼리티에 대한 상호적 통제를 용인하는 공간이자, 성적 욕망의 주체성이 공식적으로 승인되는 유일한 공간이라는 점에서는 아내강간과 간통을 같은 맥락 속에 위치해 있다.

IV. 자유주의 형법담론의 한계를 넘어서

1. 성적 자유와 책임의 문법

자유주의 법담론은 언제나 자유와 책임을 쌍둥이처럼 언급한다 : '성숙한 민주시민으로서 자유의 행사에는 책임이 따르는 법이다!'. 성적 자기결정권의 행사에 어떠한 폭력적·강압적 요소도 없다면 그 자유의 실천에 따라 자신의 운명이 바뀌더라도 그것은 전적으로 성적 자기결정권을 행사한 주체가 감수해야 할 몫이라는 사고가 혼인빙자간음죄 및 간통죄의 위헌론(혹은 위헌은 아니더라도 폐지론)을 이끌어내는 강력한 논거가 되고 있다.

예를 들어, 혼인빙자간음죄의 경우 "혼인에 대한 약속을 포함한 상대 남성의 인격과 품성, 그리고 그의 구애의 진의를 자기 책임 하에 면밀히 검토한 후 성교 여부에 대한 선택을 해야 한다. 만약 그러한 주의의무를 다하지 않고 성교를 하였다면 그 결과에 대한 책임은 여성이 부담해야 한다."[28]고 하거나 "부녀를 미성년자 심신미약자 등과 같이 자신의 성적 자기결정권을 제대로 행사할 수 없는 미숙한 존재로 비하"[29]하는 것이라는 비판이 가해진다. 이러한 주장은 결국 혼인빙자간음행위를 통하여 침해되는 성적 자기결정권이라는 것이 도대체 존재하지 않는 것이라는 논리로 연결된다.[30] 그런데 단순명쾌해 보이는 이러한 논증은 우리 사회에서 섹슈얼리티의 구성과 실천에 영향을 미치게 마련인 다양한 권력적 맥락에 대한 비판적인 성찰의 여지를 원천적으로 봉쇄해 버릴 뿐만 아니라, 오히려 가부장제 사회의 젠더권력에 의하여 남성과 여성의 섹슈얼리티가 차별적으로 규정되는 현실을 암묵적으로 승인하고 있기도 하다.

위헌론은 다음과 같은 이야기를 한다. 남성의 구애는 "필연적으로" 과장과 기망을 내포하게 마련이다. 그렇지만 여성은 그 과장과 기망 속에서도 남성의 진의를 파악해야 할 '책임'이 있다. 혼인빙자간음죄에 관한 2002년 결정에서 위헌의견을 낸 권성 재판관은 다음과 같이 말한다 : "애정의 자유는 우선 상대선택의 자유를 의미하거니와 이 선택권 행사의 주체에 대하여는 보다 냉정하고 깊은 본태적(本態的) 통찰이 우선 필요하다. 선택의 주체는 일견 남자로 보이지만 심층적 분석에 의하면 실은 여자가 그 주체임을 인류

---

28) 조국, 앞의 글, 256면.
29) 오영근, 「형법각론」(제2판), 2009, 198면. 그리고 위에서 인용한 헌법재판소의 2009 위헌결정문에서 보듯이, 이러한 주장은 혼인빙자간음죄 규정에 대한 위헌론의 주요 논거로 차용되고 있다.
30) 그리하여 헌법재판소는 혼인빙자간음죄에 대한 2009 위헌결정에서 과잉금지원칙의 위배여부를 판단함에 있어 "결국 이사건 법률조항이 보호하고자 하는 여성의 성적 자기결정권은 여성의 존엄과 가치에 역행하는 것이라 하지 않을 수 없다"고 판시하여 동 규정의 "입법목적의 정당성" 자체를 부인하는 논지를 전개하고 있다.

학적 통찰은 암시하고 있다. 본태적 측면에서 볼 때 남자는 다수 후손의 확보에 때로 더 크게 이끌리는 본성적 경향이 있음에 반하여, 여자는 우수한 후손의 출산에 대한 기대와 그 양육에 대한 부담으로 인하여 생계와 안전을 보장할 상대의 능력도 함께 고려하게 되고 이 때문에 상대와의 거리를 좁힌 뒤 신중하게 생각하고 상대를 선택하는 본성적 경향을 가진다. 그러므로 혼인의 약속이나 빙자뿐만 아니라 그 밖의 모든 정황을 함께 고려하여 여자는 선택을 하는 것으로 보아야 한다."[31]

이러한 설명은 다분히 성본능에 관한 본질주의적 입장을 대변하는 듯하다. 남녀간의 성적 본능의 본질적 차이를 주장하는 이론의 옳고 그름의 문제는 별론으로 하고, 여기에서 중요한 것은 개인들의 성적 실천 양식에 관하여 문화담론에서 지배적으로 작동하는 특정의 섹슈얼리티 담론이 '성 중립성을 가장하여' 작동하고 있다는 점이다. 그 효과는 다음의 두 가지로 나타난다. 첫째는 자유의 책임의 분리인데, 남성은 성적 욕망을 위한 자유와 책임의 지점이 동일한 반면에 여성의 경우에는 성적 쾌락의 자유와 '책임'으로서 다가오는 영역이 서로 다르다는 점이다. 임신과 출산, 결혼, 낙태 등의 문제는 성적 쾌락을 선택한 대가로 오로지 여성이 책임져야 할 문제로 남겨져 있다. 둘째, 이러한 섹슈얼리티 담론에서는 성적 자기결정권은 오직 성적 행동의 자유, 즉 성적 욕망과 쾌락의 자유라는 맥락에서만 지극히 협소하게 규정되고 있다는 점이다. 이는 자유주의 법담론의 기초가 되는 성적 자기결정권이라는 것이 사회의 다양한 층위에서 작동하는 권력관계, 특히 젠더권력의 영향으로 왜곡되고 억압된다는 점을 전혀 포착하지 못하게 한다.

---

31) 헌재 2002.10.31. 선고 99헌바40, 2002헌바50 병합결정, 판례집 제14권 2집, 402면.

2. 자유주의 형법담론을 넘어서

1) 성해방을 이끈 자유주의 법담론의 핵심논거

형법학계의 주류인 자유주의 법담론이 취하는 전형적인 논증구도는 [개인의 자유 v. 국가통제]이다. 인격적·성적 주체로서 개인이 가지는 성적 자기결정권은 인격형성의 권리로서 그리고 프라이버시에 속하는 내면을 스스로 규율하는 권리로서의 위상을 지니기 때문에 헌법상 강력한 보호를 받아야 한다는 공감대가 형성되어 있다.[32]

혼인빙자간음죄, 간통죄, 성매매, 포르노그래피 등 형법에서 섹슈얼리티와 관련된 영역에서는 끊임없이 비범죄화의 주장이 전개되어 왔으며, 형법이론상 그 핵심적 논거는 대체로 다음의 두 가지로 집약될 수 있다 : '성도덕과 성형법의 분리', 그리고 '형법의 보충성원칙'.

자유주의 형법담론이 수위 '성형법'의 비범죄화를 위한 논기로서 공동직으로 인용하는 논거는 바로 성도덕과 성형법이 분리되어야 한다는 점이다. 국가의 형벌권은 국가적 제재 중 최후수단으로 행사되어야 하기 때문에 성도덕 또는 성풍속의 보호라고 하는 목적만으로는 국가형벌권의 행사가 정당

---

32) 헌법재판소는 엄격한 비례성심사 "어떠한 행위를 범죄로 규정하고 어떠한 형벌을 과할 것인가에 관하여는 원칙적으로 입법자의 광범위한 형성권이 인정되지만, 법률이 특히 사생활의 영역을 규율하는 경우에는 그렇지 아니한 직업영역, 재산권영역 등을 규율하는 경우와는 달리 인정되는 입법자의 형성권이 상대적으로 제한될 수밖에 없다. 개인의 성행위와 같은 사생활의 내밀영역에 속하는 부분에 대하여는 그 권리와 자유의 성질상 국가는 간섭과 규제를 가능하면 최대한으로 자제하여 개인의 자기결정권에 맡겨야 하며, 국가형벌권의 행사는 중대한 법익에 대한 위험이 명백한 경우에 한하여 최후수단으로서 필요한 최소한의 범위에 그쳐야 하기 때문이다. 따라서 다른 생활영역과는 달리 사생활 특히, 성적 사생활 영역에서 형법적 보호의 필요성과 형벌의 필요성을 판단함에 있어서는 보다 엄격한 기준을 적용해야 하는 것이다."

화되지 않으며, 일정한 법익의 침해 혹은 침해위험이 존재하는 경우에만 형법의 개입을 정당화할 수 있다고 한다.[33] 어떠한 행위가 부도덕한 것, 저속한 것, 건전한 성풍속을 해치는 것 혹은 국민의 성도덕 관념에 반하는 것을 이유로 곧바로 성적 행위에 대한 형법적 통제 필요성이 인정되는 것은 아니라는 것이다.

2) 젠더/섹슈얼리티의 구성을 고려한 형법담론의 아젠다 설정

"성도덕과 성형법의 분리"라는 사고방식이 당연하게 받아들여지는 이면에는 성도덕 자체가 사회구조적 성차별과 성적 억압의 이데올로기적 표현이라는 사실, 성도덕이 성적 억압의 사회구조를 지속시키는데 기여한다는 사실이 애써 외면되고 있다. 물론 이에 대해서는 그러한 불평등한 사회구조와 사회적 담론을 변화시키는 것은 형법의 몫이 아니라는 반론이 제기될 수도 있겠다. 그러나 보충성원칙을 근거로 하여 형법의 자제가 요청되는 경우는 개인의 자율성과 시민사회의 자율적 문제해결능력을 최대한 존중한다는 이유에서이지 단지 도덕적 영역의 문제이기 때문에 그러한 것은 아니다.[34]

따라서 우리가 사회구조적 차원, 문화적 차원에서 섹슈얼리티에 관한 억압장치로 기능하는 지배적 담론권력에 주목해야 한다는 점에 동의한다면 정작 고민해야 할 지점은 문화담론의 장과 법담론의 장의 역할분담의 문제일 것이다. 섹슈얼리티에 관한 형사법적 규제에 대하여 자유주의 법담론이 설정한 [개인의 자유 v. 국가통제]라는 아젠다는 [전복의 장을 어디에 마련할 것인가] 내지는 [(형)법담론에서 섹슈얼리티 지배담론에 대항한 저항담론의 창출은 가능하고 또 유용한 것인가]의 차원에서 새롭게 설정되어야 한다.

---

33) 임웅, 앞의 책, 73면.
34) 윤영철, 「형사입법론으로서 형법의 최후수단성원칙에 대한 고찰」, 형사정책 제13권 제2호, 한국형사정책학회, 2001 , 166면 참조.

3) 혼인빙자간음죄 폐지논의에 대한 대안적 아젠다 설정

(1) 혼인빙자간음죄는 '혼인을 빙자한 성관계'를 범죄로 취급한다는 점만을 놓고 보면 코미디같은 규정이라는 느낌을 가질 수 있다. 혼전순결 이데올로기는 이미 진부해진 지 오래기 때문이다. 그러나 법규정상 '혼인빙자'는 '위계'의 예시일 뿐이며, 형법 제304조는 근본적으로 성인여성을 대상으로 한 '위계에 의한 간음'을 처벌하는 규정이다.[35] 형법은 미성년자와 심신미약자(형법 제302조), 그리고 업무상 보호감독관계에 있는 자(형법 제303조)에 대하여 위계에 의한 간음 및 추행을 성폭력 범죄로 규율하고 있다. 형법 제304조는 이 규정들과의 연장선에 있지만, 장애인이 아닌 성인여성(그 중에서도 '음행의 상습없는 여성')을 대상으로 한다는 점에서 위 두 규정과는 차이가 있다.

여기에서 한 가지 주의해야 할 것은 '위계'의 개념에 대한 해석이다. 대법원은 "위계라 함은 행위자가 간음의 목적으로 상대방에게 오인, 착각, 부지를 일으키고는 상대방의 그러한 심적 상태를 이용하여 간음의 목적을 달성하는 것을 말하는 것이고, 여기에서 오인, 착각, 부지란 간음행위 자체에 대한 오인, 착각, 부지를 말하는 것이지, 간음행위와 불가분적 관련성이 인정되지 않는 다른 조건에 관한 오인, 착각, 부지를 가리키는 것은 아니다."[36]라고 하여 위계는 간음행위 자체에 대한 것이어야 함을 요구하고 있다.[37] 이에 따르면, 성교의 대가로 돈을 주겠다고 거짓말을 하는 등 성교에 이르게 된 조건이나 동기에 대하여 상대방의 착오를 유발한 경우는 '위계'에 해당하지 않는다. 이처럼 '위계'를 '간음 자체에 대한 위계'로 한정하는 해석의 근거는 명

---

35) 2009년 헌법재판소의 위헌결정의 주문을 보면 형법 제304조 전체에 대하여 위헌결정을 한 것이 아님이 분명하다. 헌재가 위헌결정을 내린 부분은 형법 제304조의 구성요건 중 "혼인을 빙자하여 음행의 상습없는 부녀를 기망하여 간음한 자" 부분이다.
36) 대법원 2002.7.12, 2002도2029.
37) 학설로는, 이재상, 형법각론, §11//42 ; 박상기, 형법각론(제7판), 167면 등 참조.

확하지 않은데, 아마도 성폭력범죄의 보호법익인 성적 자기결정권을 기껏해야 '성행위에 대한 결정권' 정도로 협소하게 파악하는 논리가 이러한 해석의 배경이 아닌가 생각된다. 즉, 성적 자기결정권은 '성행위를 하거나 하지 않을 자유'이므로 '위계'로 성적 자기결정권이 침해되는 것은 성행위 자체가 위계의 대상이 된 경우에만 한정된다는 식의 해석이 도출될 수 있다.[38] 이러한 해석의 옳고 그름을 떠나서, 형법제302조와 제303조의 '위계에 의한 간음'을 이처럼 협소하게 해석하는 것은 당장 형법 제304조(혼인빙자간음죄)에서 '혼인빙자'를 위계의 한 방법으로 규정한 것과 마찰을 일으킨다. 역으로 위와 같은 '위계'의 해석론은 혼인빙자간음죄의 폐지를 뒷받침하는 근거로 작용하는 측면도 있다. 아무튼 자유주의 형법담론이 성폭력을 성적 자기결정권이라는 권리테제를 통하여 재편하는 과정에서 특징적으로 나타나는 현상이 바로 '성'과 '폭력'의 분리라는 점이 중요하다. '위계'는 자유주의 형법담론에서는 성폭력의 개념범주에서 추방되고 있다.

(2) 성적 자기결정권을 누구와 성행위를 할 것인가를 결정할 자유 정도로 이해한다면 상대방의 거짓된 혼인약속을 믿고 잠자리를 같이 한 여성은 성적 자기결정권 행사에 어떠한 장애나 침해도 없었다고 말할 수 있다. 그러나 성적 자기결정권의 주체들이 형성하는 성적 실천으로서의 섹슈얼리티는 사회의 다양한 층위에서 작동하는 권력적 관계로부터 결코 자유롭지 않다.

형법담론에서 성적 자기결정권과 섹슈얼리티가 논의되는 지형은 다음의 두 가지로 구분해 볼 수 있다. 하나는 성적 자기결정권에 대한 침해를 성폭력범죄로 규제하는 방향이며 다른 하나는 성적 실천의 자율성과 다양성을 위하여 섹슈얼리티에 대한 형법적 통제를 포기하는 방향이다. 아마도 혼인빙자간음죄는 그 경계선 상에 놓여있는 문제가 아닌가 생각한다.

---

38) 이러한 해석은 실제에 있어 '위계에 의한 간음·추행죄'가 인정되는 범위를 매우 협소하게 만들어버린다.

앞서 지적한 것처럼, 자유주의 형법담론은 성폭력을 다룸에 있어 '성'과 '폭력'을 구별하는 경향을 지니고 있다.39) 성폭력에서 "성적인 것"이 문제화 되기 보다는 "폭력"을 문제화하는 경향이 그것이다.40) 성적인 것은 폭력이 가해지는 대상(객체)으로서만 존재한다. 개인의 자율성과 자유의지를 전제 로 하는 자유주의적 형법담론 속에서 성폭력은 개인의 성적 욕망과 성적 자 율성이 폭력적인 방법으로 침해되는 것을 의미할 뿐이다. 이에 의하면, 성폭 력에 대한 형법의 통제는 성적인 것에 가해진 폭력에 의하여 성적 자기결정 권의 침해가 인정될 때에만 정당화된다. 그러나 필자는 성적 자기결정권이 젠더권력에 의한 섹슈얼리티 억압의 문제를 제대로 포착하지 못한다는 점을 지적하면서, 형법담론에서 성적 자기결정권은 성적 실천에 관계하는 사람들 간의 민주적인 의사소통의 차원에서 정의되어야 한다고 주장한 바 있다 :

「성폭력에 대한 형법정책의 문제는 성적 자기결정권이라는 추상적 권리 의 차원에서가 아니라 그 권리가 실현되고 동시에 제약되는 상호주관적인 이해의 차원에서 다루어져야 한다. 형법에서 성적 자기결정권이라는 법익은 자유주의적 관점과는 다르게 구성되어야 한다고 생각한다. 성적 자기결정권 은 추상적인 개인의 권리로서 단지 "성 중립적인 방식으로만" 이해되어서는 안 된다. 성관계로 맺어지는 남성과 여성이 그 성관계의 상호작용 속에서 향 유하는 성적 자기결정권의 가치는 결코 동일하지 않다. 성적 자기결정권은 개인의 인격 및 성적 정체성과 연관된 사적 자율성의 영역에 속하지만, 그것 은 동시에 사회적인 관계 속에서 구성되는 것이며 따라서 성적 욕망과 자기 결정권은 일상적으로 작용하는 다양한 권력관계, 특히 성별로 구조화된 권 력관계로부터 항상 부당한 해석적 권력에 노출되어 있다(여성의 언어는 남 성의 성적 욕망의 언어로 해석된다). 이로부터 성적 자기결정권은 적극적인

---

39) 이점은 이호중, 앞의 글, 90-91면 참조.

40) 변혜정, 「성폭력 개념, 놓을 것이냐? 다시 잡을 것이냐?」, 반성폭력운동의 성과와 과 제 : 성폭력특별법 시행 10주년 기념토론회 자료집, 2004, 50면.

차원에서는 성적 욕망을 자유롭게 발현할 권리이며, 소극적인 차원에서는 원치 않는 성적 관계와 행위를 강요당하지 않을 권리를 포괄할 뿐만 아니라, 상호주관적인 의사소통의 맥락에서 그것은 성적 욕망의 다름을 상호 인정하는 민주주의적 의사소통규칙으로 이해되어야 한다. 그렇기 때문에 성적 자기결정의 자유는 폭행이나 협박과 같은 강제력의 행사에 의해서만 침해되는 것이 아니라, 다양한 성적 관계에 있는 개인들 간의 관계에서 성적 욕망에 관한 해석이 공유되지 않음으로써도 침해될 수 있다.

성적 자기결정권의 개념을 이렇게 이해하면, 성적 자기결정권은 "민주주의적 상호이해에 기초한 개인의 동의"에 의하여 실천되는 것이 된다. 뒤집어 말하면 성적 자기결정권의 침해는 강제력의 행사에만 초점이 맞추어져서는 안 된다. 성적 자기결정권의 침해의 핵심은 동의의 문제에 놓여 있다. 그러므로 필자는 성폭력을 동의와 상호이해에 기초하지 않은 성적 자기결정권의 침해라고 정의하고자 한다. 적나라하게 행해지는 폭력은 바로 성적 행위가 동의와 상호이해에 기반하지 않았음을 명백히 보여주는 것일 뿐이다.[41]

성적 실천을 둘러싸고 당사자들 간의 의사소통에서 발생하는 위계의 요소는 민주적 소통의 기반위에서 자신의 섹슈얼리티를 구성할 수 있는 권리로서 성적 자기결정권을 침해하는 측면을 충분히 지닐 수 있다. 요컨대, 위계에 의한 성행위를 애당초 성폭력의 개념범위에서 반드시 제외시켜야 할 필연적인 이유는 없다. 그러므로 혼인빙자간음죄의 폐지에 직면하여 다음의 질문을 해 볼 필요가 있다 : '자유주의 법담론은 위계의 요소를 성폭력 개념에서 추방하고 있지만, 형법담론의 장에서 주체의 자율적 섹슈얼리티 형성에 가해지는 부당한 젠더권력의 영향력을 제어하기 위하여 위계를 성적 자기결정권에 대한 침해의 하나로 규정짓는 것이 바람직하고 유용한가?'

---

41) 이호중, 앞의 글, 92면.

(3) 위계에 의한 성행위를 성적 자기결정권에 대한 침해의 하나로 규정짓는다는 것은 그 안에서 다양하게 나타날 수 있는 섹슈얼리티를 '범죄피해'의 언어로 규정짓는 것을 의미한다. 급진적 페미니즘은 여성이라는 젠더권력에 의하여 차별화된 여성의 경험을 '성적 자기결정권에 대한 피해'를 주장하는 근거로 원용한다.

형법담론에서 어떠한 행위를 범죄로 규정하기 위해서는 보호법익에 대한 침해를 '객관화'할 수 있어야 한다. 그런데 지금까지 형법의 성폭력규정을 해석하고 적용하는 기준과 개념들은 철저하게 섹슈얼리티에 대한 남성중심의 이해가 반영되어 왔다. 성별 권력은 여성의 섹슈얼리티와 성적 욕망에 대한 사회적 정의(定義)에서 남성중심적 해석 틀을 공고하게 만들어왔다. 여성의 성적 언어와 행동은 남성의 시각에서 해석된다. 예를 들어, "우리 사회에서 정숙한 여성은 강간을 당하지 않는다거나 정숙한 여성이라면 강간에 대하여 필사적으로 저항할 것이라는 잘못된 통념"42)은 강간죄의 적용에 있어서 폭행·협박 여부를 피해자의 저항여부와 연계시키는 해석론을 정당화하는 배경이 되고 있다.

이러한 지배적 담론에 대항하여 성폭력이라는 범주를 통해 '성적 자기결정권에 대한 피해'의 맥락에서 여성의 성차별적 경험을 재구성해 내는 것은 여성이 성적 자율성의 주체임을 천명함과 동시에 여성의 섹슈얼리티를 통제하는 남성지배의 담론을 해체·전복시키는데 커다란 기여를 할 수 있다. 형법담론의 장은 성적 자기결정권에 대한 침해를 젠더화된 여성의 경험과 언어로 정립함으로써 담론투쟁이 일어나는 훌륭한 공간이 될 수 있다.

(4) 한편, 성적 자기결정권에 대한 침해를 말하기 위하여 동원된 젠더 범주가 여성들이 경험하고 구성하는 섹슈얼리티의 차이와 다양성을 시야에서

---

42) 이유정, 「법여성학적인 관점에서 본 성폭력특별법 10년」, 반성폭력운동의 성과와 과제 : 성폭력특별법 시행 10주년 기념토론회 자료집, 2004, 25면.

지워버린다는 문제점도 페미니스트들은 분명히 인식하고 있는 듯하다. 형법 규정과 담론은 '일반화'라는 법규범의 요청 때문에 어쩔 수 없이 '피해'의 객관화를 요구하는데, 급진주의 페미니즘이 성폭력에서의 성차별을 드러내고 그것에 저항하기 위하여 여성의 공통성을 강조하는 젠더 개념에 지나치게 의존하였으며, 결과적으로 '합리적 여성의 경험'이라는 - 남성의 경험이 형법의 성폭력담론에서 객관화되는 것에 대항하여 - 또 다른 객관화된 피해 범주가 만들어진다. 이것은 젠더 권력뿐만 아니라 계급, 인종, 연령 등 다양한 권력적 관계에 의하여 구성되고 제약되는 여성 주체들의 다양한 섹슈얼리티의 경험을 동일한 것으로 환원해 버릴 위험성이 있다는 것이다.[43]

페미니즘 안에서 이러한 문제의식은 급진주의 페미니즘 진영과 포스모더니즘 계열의 페미니즘 진영 간의 첨예한 대립이 형성되고 있는 지점으로 연결되고 있는 듯하다. 그것은 아주 단순하게 표현하면, '섹슈얼리티 주체의 전복적 성찰의 힘'의 문제이다. 서구 페미니즘의 역사에서 80년대와 90년에 걸쳐 포르노그래피 논쟁이 진행되어 왔는데, 급진주의 성정치학의 일부에서는 포르노그래피는 섹스를 소재로 하여 남성지배와 여성의 종속성을 유지하고 통제하는 메커니즘이라는 인식 하에 포르노그래피에 대한 국가 형벌권의 강력한 개입과 통제를 요구하기도 하였다. 반면에, 포스트페미니즘 진영에서는 반-포르노그래피 담론이 외부로부터의 통제와 감시를 요구하는 것은 결국에는 국가의 통제의 의한 개인 주체의 억압을 야기할 뿐이라고 비판한다. 주디스 버틀러(Judith Butler)는 욕망의 주체로서 여성의 주체적·수행적 실천을 통해 남성지배의 특권화된 문화담론을 '내적으로' 해체하고 전복시킬 수 있다는 전망을 내놓았다.

결국 우리가 고민해야 할 지점은 혼인빙자간음죄가 가부장적 남성지배

---

43) 이러한 지적을 하는 대표적인 문헌은, 정희진, 앞의 글, 237-238면 ; 변혜정, 「성폭력 개념에 대한 비판적 성찰 : 반성폭력운동단체의 성정치학을 중심으로」, 한국여성학 제20권 제2호, 한국여성학회, 2004, 47-54면 참조.

를 지지하는 법담론의 생산기지로 기능하는 것을 차단함과 동시에, 위계에 의하여 성적 자기결정권이 침해되는 지대를 형법담론의 피해의 담론장과 문화담론의 장 중에서 어디에서 담론공간을 마련할 것인가의 문제여야 한다고 생각한다. 이것은 지극히 어려운 선택인 것은 분명하다.

4) 간통죄 폐지논의에 대한 대안적 아젠다 설정

간통죄의 경우에는 아젠다 설정의 차원이 조금 달라진다. 앞서 언급한 것처럼, 현행 형법의 간통죄 규정이 작동하는 메커니즘은 '건전한 성풍속 v. 개인의 성적 자기결정권'이라는 법형식적 논증구도와는 달리, 실제로는 섹슈얼리티에 대한 통제와 억압의 문제를 '아내의 성적 자기결정권 v. 남편의 성적 자기결정권'이라는 부부간의 개인적 갈등의 차원에 위치지우고 있다. 그렇기 때문에 간통죄의 폐지는, 여성을 남성과 같은 수준에서 성적 욕망의 주체로서 승인한다는 상징적 기능에도 불구하고, '불륜'이라는 레테르가 이중적 성윤리에 의하여 차별적으로 작용하는 상황에서 남성이건 여성이건 간에 젠더권력에 의하여 편향적으로 지지되고 있는 부부 간의 상호적 섹슈얼리티 통제의 현실에 전향적인 변화를 기대하기 어렵다.

그러므로 문제는 간통죄의 폐지 자체에 있지 않다. 간통죄 폐지는 문제는 남성의 섹슈얼리티가 성적 욕망의 차원에서 협소하게 그러나 폭발적으로 정의되는 대신에 여성의 섹슈얼리티는 이와는 전혀 다른 차원에 존재한다는 점에 있다. 이는 여성의 섹슈얼리티를 구성하고 제약하는 다양한 층위의 문제들이 섹슈얼리티 담론을 통해 통합되어야 할 필요성을 시사해 준다. 법담론의 차원에서는 임신과 출산, 낙태, 자녀양육, 이혼의 문제가 여성 섹슈얼리티의 관점으로 통합되어야 하며, 이는 다시금 문화적 담론영역에서 작동하는 '쾌락과 욕망의 주체로서의 여성의 전복적 에너지'와 결합되어야 한다. 이것이 간통죄의 폐지를 앞둔 우리가 직면해야 할 진정한 문제지대일 것이다.

참고문헌

[단행본]

김성돈, 「형법각론」, 성균관대학교 출판부, 2009.
김성천/김형준, 「형법각론」, 동현출판사, 2006.
김일수/서보학, 「형법각론」, 박영사, 2007.
박상기, 「형법각론」, 박영사, 2008.
배종대, 「형법각론」, 홍문사, 2010.
백형구, 「형법각론」, 청림출판, 2002.
오영근, 「형법각론」, 박영사, 2009.
이재상, 「형법각론」, 박영사, 2010.
이정원, 「형법각론」, 법지사, 2003.
임 웅, 「형법각론」형법각론, 법문사, 2009.
정성근/박광민, 「형법각론」, 삼지원, 2008.

[논 문]

류화진, 「성적 인식변화에 따른 형사법의 전망」, 법학연구 제47권 제2호, 부산대학교
　　　법학연구소, 2007.
박기석, 「협의이혼 후 간통죄 처벌 여부 : 대법원 2007.1.23. 선고 2006도7939 판결에
　　　대한 평석」, 한양법학 제22집, 한양법학회, 2008.
변혜정, 「성폭력 개념, 놓을 것이냐? 다시 잡을 것이냐?」, 반성폭력운동의 성과와 과
　　　제 : 성폭력특별법 시행 10주년 기념토론회 자료집, 2004.
변혜정, 「성폭력 개념, 놓을 것이냐? 다시 잡을 것이냐?」, 반성폭력운동의 성과와 과
　　　제 : 성폭력특별법 시행 10주년 기념토론회 자료집, 2004.
송기춘/이정원, 「간통죄 폐지 여부에 관한 헌법적·형사법적 고찰」, 헌법학연구 제10
　　　권 제2호, 한국헌법학회, 2004.
윤영철, 「형사입법론으로서 형법의 최후수단성원칙에 대한 고찰」, 형사정책 제13권
　　　제2호, 한국형사정책학회, 2001
이용식, 「판례를 통해서 본 성에 대한 법인식의 변화」, 형사법연구 제21권 제4호, 한

국형사법학회, 2009.

이유정, 「법여성학적인 관점에서 본 성폭력특별법 10년」, 반성폭력운동의 성과와 과제 : 성폭력특별법 시행 10주년 기념토론회 자료집, 2004.

이주희, 「간통의 형사처벌과 그 헌법적 정당성」, 법과 정책연구 제8집 제2호, 동광문화사, 2008.

이호중, 「성폭력 처벌규정에 대한 비판적 성찰 및 재구성」, 형사정책 제17권 제2호, 동성출판사, 2005.

정희진/변혜정 엮음, 「성적 자기결정권을 넘어서」, 섹슈얼리티 강의 두 번째, 동녘, 2006.

조 국, 「혼인빙자간음죄 위헌론 소고」, 형사법연구 제21권 제3호, 한국형사법학회, 2009.

조영미/한국성폭력상담소 엮음, 「한국 페미니즘 성연구의 현황과 전망」, 섹슈얼리티 강의, 동녘, 1999.

제 2 장

간통죄와 혼인빙자간음죄 관련 헌법소원 사건 등에 대한 헌법재판소의 입장
-판례를 중심으로-

정 계 선*

I. 서론

지금까지 네 차례에 걸쳐 합헌결정이 내려졌다. 간통죄를 규정한 형법 제 241조에 대한 헌법재판소의 판단1)이다.

* 헌법재판소 연구관 / 판사
1) 간통죄 관련 헌법재판소 결정을 개관하면 다음과 같다.

	사건*	주문	재판부*	합헌:위헌	비고
1차	1990.9.10. 89헌마82	합헌	1기	6:3	위헌의견 중 2인은 징역형 일원주의에 대하여만 위헌
2차	1993.3.11. 90헌가70	합헌	1기	6:3	1차 결정을 그대로 인용
3차	2001.10.25. 2000헌바60	합헌	3기	8:1	합헌의견도, 입법자의 간통죄 폐지에 대한 진지한 접근을 요구
4차	2008.10.30. 2007헌가17등	합헌	4기	4:5	위헌의견이 다수이나, 위헌결정 정족수 미달*로 합헌결정

* 이하 차수에 따라 '간통죄 1차 결정' '간통죄 2차 결정' 등으로 부른다.
* 헌법재판소는 1988. 9. 15. 9인의 초대 헌법재판관들이 함께 임명되었기 때문에 다수의

한편, 헌법재판소는 2002. 10. 31. 99헌바40 등 사건2)에서 형법 제304조 혼인빙자간음죄에 대하여 합헌결정을 하였다. 재판관 2인의 위헌의견 외에 7인의 재판관이 합헌의견을 내었는데, 합헌의견도 입법자에게 '혼인빙자간음죄를 앞으로도 계속 존치할 것인지 여부에 관한 진지한 접근'을 권고하였다. 그 후 불과 7년여 후인 2009. 11. 26. 2008헌바58 등 사건3)에서 4기 재판부는 6인의 위헌의견으로 혼인빙자간음죄에 대하여 위헌결정을 하였다. 2차 결정 당시 여성부장관이 혼인빙자간음죄에 대하여 남녀평등의 원칙에 위배된다고 하여 위헌의견을 개진한 바 있고, 위헌결정 후에도 여성계는 대부분 찬성하는 분위기라는 보도가 이어졌다4).

이러한 상반되는 결론이 헌법재판소에서 단기간 내에 나올 가능성이 있음이 입증되었기 때문일까. 혹은, 여성을 보호하는 입법이라고 통상 인식되고 있었던 점, 은밀한 사생활의 영역을 통제하고 있다는 점에서 양자가 유사한 측면이 있는데 혼인빙자간음죄에 대하여 입법권고를 포함한 합헌결정 후 얼마 지나지 않아 위헌결정을 하였으니, 머지않아 간통죄에 대하여도 헌법재판소가 같은 결론을 내지 않을까 하는 기대감 때문일까. 단일 조항으로는 최다 판단을 받았고5), 헌법재판소는 일관되게 합헌의견을 고수하였음에도

재판관들의 임기가 겹치게 된다. 이에 6년의 재임기간에 따라 1988.9.부터 1994.9. 까지를 제1기, 1994.9.부터 2000.9.까지를 제2기, 2000.9.부터 2006.9.까지를 제3기, 그 이후부터 현재까지를 제4기로 대체로 분류하고 있다. 다만, 제4기 재판부의 이강국 헌법재판소장은 2007. 1. 22. 임명되었다.

* 헌법재판소법 제23조(심판정족수) ① 재판부는 종국심판에 관여한 재판관의 과반수의 찬성으로 사건에 관한 결정을 한다. 다만, 다음 각호의 1에 해당하는 경우에는 재판관 6인 이상의 찬성이 있어야 한다.

1. 법률의 위헌결정, 탄핵의 결정, 정당해산의 결정 또는 헌법소원에 관한 인용결정을 하는 경우

2) 이하 '혼빙간 1차 결정'이라 한다.

3) 이하 '혼빙간 2차 결정'이라 한다.

4) 여성부, 한국성폭력상담소, 한국여성민우회 등, 뉴시스, 2009. 11. 26. 인터넷 기사 참조

5) 헌법재판소법 제39조는 "헌법재판소는 이미 심판을 거친 동일한 사건에 대하여는 다

불구하고 논란은 수그러들지 않고 위 조항의 위헌여부를 판단하여 달라는 헌법소원도 끊이지 않고 있다6). 헌법재판소는 다시한번 간통죄 조항에 대하여 판단하여야 할 상황을 맞고 있으며, 일각에서는 간통죄 조항의 폐지 움직임도 감지된다. 이에, 그간의 간통죄 조항과 관련한 헌법재판소의 결정 내용과 논란이 되는 부분 등을 정리하고, 헌법재판소의 결정이 사회에 미친 영향, 간통죄 조항의 형벌적 기능의 약화, 형벌의 대체수단 등을 실증적 자료를 통해 살펴보아 앞으로의 논의에 보탬이 되고자 한다. 혼인빙자간음죄에 대한 헌법재판소의 판단은 간통죄 논의와 비교가능한 한도에서 살펴보기로 한다.

II. 간통죄 일반론

1. 간통죄 관련 규정

형법(1953. 9. 18. 법률 제293호로 제정된 것) 제241조(간통) ① 배우자있는 자가 간통한 때에는 2년 이하의 징역에 처한다. 그와 상간한 자도 같다.
② 전항의 죄는 배우자의 고소가 있어야 논한다. 단 배우자가 간통을 종용 또는 유서한 때에는 고소할 수 없다.
형사소송법 제229조(배우자의 고소) ① 「형법」 제241조의 경우에는 혼인이 해소되거나 이혼소송을 제기한 후가 아니면 고소할 수 없다.
② 전항의 경우에 다시 혼인을 하거나 이혼소송을 취하한 때에는 고소는

시 심판할 수 없다."는 일사부재리에 관한 규정을 두고 있으나, 당사자가 달라질 경우 '동일한 사건'이라고 볼 수 없기 때문에 같은 조항에 관하여도 다시 심판할 수 있다.
6) 2008. 10. 30. 합헌결정이 있은 후 2009헌바17(서울중앙지방법원 2007고단7366, 여자 고소), 2009헌바205(수원지방법원 2009노33, 남자 고소의 상간자), 2010헌바194(대법원 2009도14965, 여자 고소) 사건이 접수되어 현재 심리 중이다.

취소된 것으로 간주한다.

형사소송법 제230조(고소기간) ① 친고죄에 대하여는 범인을 알게 된 날로부터 6월을 경과하면 고소하지 못한다. 단, 고소할 수 없는 불가항력의 사유가 있는 때에는 그 사유가 없어진 날로부터 기산한다.

② 「형법」 제291조의 죄로 약취, 유인된 자가 혼인을 한 경우의 고소는 혼인의 무효 또는 취소의 재판이 확정된 날로부터 전항의 기간이 진행된다.

형사소송법 제232조(고소의 취소) ① 고소는 제1심 판결선고전까지 취소할 수 있다.

② 고소를 취소한 자는 다시 고소하지 못한다.

형사소송법 제327조(공소기각의 판결) 다음 경우에는 판결로써 공소기각의 선고를 하여야 한다.

5. 고소가 있어야 죄를 논할 사건에 대하여 고소의 취소가 있은 때

2. 간통죄 개관

간통죄는 음행매개, 음서유포, 음화제조, 공연음란 등의 죄와 함께 형법 제22장 '성풍속에 관한 죄'의 하나로 규정되어 있다. 간통죄의 주체인 '배우자 있는 자'의 배우자는 법률상의 배우자를 말한다. '간통' 및 '상간'행위는 합의에 의한 성교를 의미하는데, 이 때 간통자의 경우 자신이 배우자있는 자라는 것과 배우자 이외의 자와 성교한다는 것을 인식해야 하고, 상간자의 경우 배우자있는 자와 성교하는 것임을 인식하고 있어야 한다. 간통 및 상간행위는 성교 시마다 1개의 죄가 성립한다.

간통죄는 배우자의 고소가 있어야 공소를 제기할 수 있는 친고죄로 배우자가 간통을 종용 또는 유서한 때에는 고소할 수 없다(형법 제241조 제2항). 한편, 고소를 할 수 있는 경우에도 그 고소는 혼인이 해소되거나 이혼소송을

제기한 후에만 유효하며, 적법하게 간통고소를 한 후에도 다시 혼인을 하거나 이혼소송을 취하한 때에는 고소가 취하된 것으로 간주된다(형사소송법 제229조). 고소는 제1심판결선고 전까지 취소할 수 있으며, 고소를 취소한 자는 다시 고소하지 못한다(형사소송법 제232조).

3. 간통죄의 연혁

간통죄에 관한 처벌규정은 우리 민족 최초의 법인 고조선의 8조법금(八條法禁)에서부터 존재했을 것으로 보는 견해가 통설이며, 그 후 현재까지 그 내용상 다소 변화는 있지만 처벌규정 자체는 계속 존재해 왔다[7]. 1905. 4. 20. 대한제국 법률 제3호로 공포된 형법대전에서 유부녀가 간통한 경우 그와 상간자를 6월 이상 2년 이하의 유기징역에 처했고(같은 법 제265조), 일제시대인 1912. 4. 1. 시행된 제령 11호 조선형사령으로 의용한 일본의 구 형법 제183조에서도 부인 및 그 상간자의 간통에 대하여 2년 이하의 징역형으로 처벌하였다.[8] 이 당시 간통죄는 남성중심사회에서 남편의 권위와 가문혈통의 순수성을 보호하기 위한 규정으로 이해된다.

위 일본 구 형법의 규정은 대한민국 정부수립 후 최초의 형법 제정 당시까지도 적용되었는데, 형법제정당시 법전편찬위원회는 간통하는 부녀만 처벌하는 위 규정이 봉건적이자 반민주적 법규정이라고 하여 이를 폐지하기로 잠정 결론을 내렸으나, 당시 정부가 간통죄의 존치를 포함한 형법안을 제2대 국회에 제출함으로써 격렬한 논란 끝에, 현재와 같이 간통죄를 남녀평등쌍벌주의와 친고죄로 하는 안이 국회의원 출석 의원수(110명)의 과반수를 가

---

7) 간통 4차결정 참조. 한편, 일본은 1947년 형법개정으로 위와 같은 간통죄를 폐지하였다.
8) 간통 4차결정 참조.

까스로 넘은 57표의 찬성으로 통과되었다.

4. 간통죄의 입법례

간통죄를 비교법적으로 고찰해 보면 첫째 남녀불평등처벌주의가 있고, 둘째 남녀평등처벌주의가 있으며, 셋째 남녀평등불벌주의가 있다. 먼저 남녀불평등처벌주의에는 예컨대 개정 전 프랑스형법이나 이탈리아의 구형법과 같이 남편과 부인의 간통에 대하여 처벌을 달리하는 경우9)와, 1947년 폐지되기 전의 일본의 구형법이나 이를 의용한 우리나라 구 형법과 같이 부인의 간통만을 처벌한 예가 있다. 다음으로 남녀평등처벌주의는 우리나라의 현행 형법과 미국의 몇몇 주에서 이를 채택하고 있다. 마지막으로 남녀평등불벌주의는 간통에 대하여 형사적 제재를 하지 않는 입법례로서 덴마크는 1930년, 스웨덴은 1937년, 일본은 1947년, 독일은 1969년, 프랑스는 1975년, 스페인은 1978년, 스위스는 1989년, 아르헨티나는 1995년, 오스트리아는 1996년에 각 간통죄 규정을 폐지하였다10). 한편, 위 국가들의 대부분은 중혼죄를 처벌하고 있으며, 중혼한 자의 상대방도 처벌하고 있다11).

---

9) 개정전 프랑스 형법에서는 부인의 간통은 언제나 처벌되지만(징역형), 남편의 간통은 그가 첩을 가정에 데리고 와서 살게 한 때 처벌하였다(벌금형). 이탈리아 형법 제559조는 간통한 처를 상간자와 함께 1년이하의 징역에 처하는 한편, 제560조는 남편이 부부동거의 가옥이나 기타 公然의 장소에 첩을 두었을 때 그 첩과 함께 2년이하의 징역에 처하고 있었는데, 이탈리아 헌법재판소는 1961. 11. 23. 위 형법 제559조에 대하여 합헌판결을 하였으나, 그 후 1968. 12. 19. 동조에 대하여 위헌판결을, 1969. 12. 3. 에는 위 560조에 대하여도 위헌판결을 내렸다. 한편, 우간다 헌법재판소도 유부녀만 처벌하던 간통죄 처벌규정이 평등원칙에 위배된다는 이유로 2007년 위헌결정을 하였다(Law advocacy for women in Uganda v. Attorney General, constitutional petitions nos. 13/05/&/05/06 [2007] UGCC1 (5 April 2007)).

10) 간통 4차결정; 허일태, 「간통죄의 위헌성 : 헌재(2001. 10.25. 2000헌바60 전원재판부)의 결정문을 중심으로」, 저스티스 통권 제104호, 한국법학원, 2008, 119-120면.

위와 같은 입법례를 살펴보면, 간통죄는 다수의 나라에서 입법화하였으나, 근래에는 폐지하는 추세이며, 간통죄 규정에 대하여 위헌결정을 한 국가도 있으나, 이는 남녀불평등처벌주의를 취하고 있던 나라의 경우이고, 남녀평등처벌주의를 취한 간통죄 규정에 대하여 위헌결정을 한 사례는 없음을 알수 있다. 또한, 간통죄를 폐지한 나라의 대부분은 중혼죄를 유지하고 있어 일부일처주의 혼인제도를 보호하는 형벌규정을 가지고 있다.

Ⅲ. 위헌 여부의 논증 구조

1. 형벌법규의 위헌성 여부를 판단하는 논증구조 및 심사기준

어떠한 형벌법규가 헌법에 반하여 위헌이라고 하기 위해서는 첫째, 죄형법정주의, 평등원칙, 자기책임원칙 등 입법자가 준수하여야 할 기본적인 헌법원리 헌법상 보장되는 제도를 위반한 경우이거나, 둘째, 헌법에서 보장하고 있는 구체적 기본권을 침해한 경우여야 한다. 그리고 어떠한 국가작용이 헌법에 규정된 구체적 기본권을 침해하여 위헌인지 여부에 관해서는 우선적으로 그 국가작용에 의하여 제한[12]되는 기본권을 파악하고, 그 기본권 제한의 합헌성 여부를 판단하는 심사기준을 결정하여야 한다. 기본권의 제한은 헌법적으로 정당화될 때만 수용될 수 있는데, 이를 정당화하는 요건에는 형식적 요건과 실질적 요건이 있다. 기본권을 헌법이 정하는 법규범의 형식을

---

11) 예컨대 일본형법 제184조, 오스트리아 형법 제192조, 독일형법 제171조, 스위스 형법 제215조 등, 허일태, 앞의 글, 124면.
12) 기본권의 제한이란 기본권의 내용이나 효력의 범위를 헌법이 인정하는 바에 따라 합법적으로 축소하는 것을 의미한다.

통해서만 제한할 수 있다는 것을 형식적 요건이라고 하고, 제한의 목적이 정당하여야 하고, 제한의 한계에 해당하는 과잉금지원칙과 본질적 내용침해금지원칙을 충족시킬 때만 제한할 수 있다는 것을 실질적 요건이라 한다. 헌법 제37조 제2항13)은 기본권이 제한에 있어서 정당화의 형식적 요건과 실질적 요건을 정하고 있다. 헌법재판소는 위 조항에 근거를 둔 과잉금지원칙을 기본권제한의 합헌성을 가늠하는 대표적인 도구로 사용하고 있으며, 입법목적의 정당성까지 포함하는 개념으로 보아 입법목적의 정당성, 수단의 적합성, 피해의 최소성, 법익의 균형성을 그 내용으로 한다. 이를 간통죄에 관하여 도표화하면 다음과 같다.

2. 과잉금지원칙의 구체적 내용14)

1) 입법목적의 정당성

법률에 의한 기본권제한의 합헌 여부가 문제되면 헌법재판소는 먼저 입법자가 어떠한 목적을 추구하는지를 확인한다. 이론적으로는 입법자의 의사 또는 법률에 명시된 목적 내지 법률에 의해 객관적으로 추구되는 목적이나 법률에 의해서 사실상 달성된 목적을 심사의 대상으로 삼을 수도 있다. 일반적으로 법률의 목적은 법률의 문구나 법률의 작용방식 또는 입법자료 등으로부터 객관적으로 밝혀지고 있는 것으로 분석된다. 입법자는 입법목적의 선택과 관련하여 광범위한 자유를 가지는 것이 원칙이다. 일반적으로 승인

---

13) 헌법 제37조 ② 국민의 모든 자유와 권리는 국가안전보장·질서유지 또는 공공복리를 위하여 필요한 경우에 한하여 법률로써 제한할 수 있으며, 제한하는 경우에도 자유와 권리의 본질적인 내용은 침해할 수 없다.

14) 이 부분 내용은 헌법재판소, 「기본권 영역별 위헌심사의 기준과 방법」, 헌법재판연구 제19권, 2009, 헌법재판소의 내용을 참조하였다.

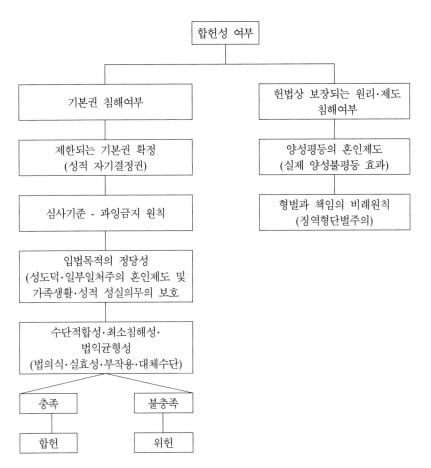

된 공동체적 가치만이 아니라 입법자의 특별한 경제·사회적 목표로부터 나
오는 공동체적 가치도 정당성을 띨 수 있다.

　우리 판례에서 입법목적이 지닌 가치가 헌법이 요구하는 정도의 중대성
을 갖고 있지 않다고 해서 입법목적의 정당성이 부인된 사례가 일부 발견되
지만[15] 이는 예외적 현상에 머무르고 있다.

---

15) 헌재 2006. 5. 25. 2003헌마715, 헌재 2002. 10. 31. 99헌바40, 2002헌바50(병합) 등.

2) 수단의 적합성 요건

입법자가 신택한 수단이 입법목적의 실현을 용이하게 하거나 촉진하게 하는 경우 그 수단은 적합성을 띤다. 적합성심사와 관련하여 입법자에게 유리한 제한이 가해진다. 먼저 입법목적의 최적실현을 요구하지 않는다. 따라서 수단이 "전혀 부적합한지" 또는 "그 수단에 의하여 원하는 결과의 실현을 촉진할 수 있는지 여부"만을 통제하는 것이 보통이다. 따라서 적합성이 부정되는 경우는 예외적인 경우에 한한다. 적합성판단의 기준시점과 관련하여 우리 판례에서는 독일과는 달리 아직까지 원칙적으로 입법당시를 기준으로 적합성 여부를 판단한다는 명시적인 입장을 찾아볼 수 없다.[16)

3) 최소침해성 요건

필요성요건으로도 지칭되는 이 요건은 입법자가 투입한 수단이 기본권을 제한하지 않거나 덜 제한하면서도 같은 정도로 입법목적을 실현하게 할 수 있는 다른 수단이 없는 경우에 충족된다. 기본권을 최소한 제한하는 수단을 확정하는 기준은 무엇인가? 기본권제한조치의 경우에는 그 제한이 관련자에게 미치는 효과를 중심으로 판단하되 일반에 미치는 불이익의 정도도 함께 고려해야 한다. 복수의 필요한 수단들이 있을 수 있기 때문에 일반적으로 필요성 요건의 판단과 관련해서도 입법자에게 평가의 여지가 주어지며, 따라서 보통의 경우에는 기본권을 적게 제한하는 다른 수단들이 있다는 것이 '명백히' 확인될 때에만 그 법률적 규율은 필요 이상으로 기본권을 제한하는 것으로 위헌이라고 할 수 있다.

---

16) 헌법재판소, 앞의 책, 84면.

4) 법익의 균형성요건

입법자가 촉진하려는 목적의 가치가 기본권을 통해 보호된 법익에 대한 제한의 강도와 비례관계에 있어야 한다. 그러므로 이 심사에서는 목적과 수단 사이의 법익형량이 행해지게 된다. 헌법재판소는 원칙적으로 입법자의 형량이 "현저하게 균형을 잃었거나" "헌법의 가치질서에 모순될 때에만" 입법자의 결정을 수정할 수 있다고 보아야 한다. 형량주체의 주관성이 개입할 수 있는 가능성이 높다는 사정에 비추어 볼 때 이 요건에 내포된 남용의 위험성을 최소화할 필요가 있기 때문이다.

IV. 헌법재판소 결정의 검토

1. 제한되는 기본권

간통 1차 결정에서는 간통죄가 제한하는 기본권으로 개인의 성적자기결정권을 들고 있다.

[헌법 제10조는 "모든 국민은 인간으로서의 존엄과 가치를 가지며, 행복을 추구할 권리를 가진다. 국가는 개인이 가지는 불가침의 기본적 인권을 확인하고 이를 보장할 의무를 진다."라고 규정하여 모든 기본권을 보장의 종국적 목적(기본이념)이라 할 수 있는 인간의 본질이며 고유한 가치인 개인의 인격권과 행복추구권을 보장하고 있다. 그리고 개인의 인격권·행복추구권에는 개인의 자기운명결정권이 전제되는 것이고, 이 자기운명결정권에는 성행위여부 및 그 상대방을 결정할 수 있는 성적자기결정권이 또한 포함되어 있으며 간통죄의 규정이 개인의 성적자기결정권을 제한하는 것임

은 틀림없다.]

이는 헌법 제10조의 '인간으로서의 존엄과 가치'로부터 유래하는 주관적 권리로서의 '인격권'을 인정한 첫 결정으로서, 이후 인격권 침해를 인정한 다수 판결17)의 시발점이 되었다는 점에서 그 의의가 있으며, 간통죄의 규정이 개인의 성적자기결정권을 제한한다는 결론은 간통 4차 결정까지 이어진다.

간통 3차 결정의 해당부분 설시는 보다 간략하다.

[헌법 제10조에서 보장하는 개인의 인격권에는 개인의 자기운명결정권이 전제되는 것이고 이 자기운명결정권에는 성행위여부 및 그 상대방을 결정할 수 있는 성적 자기결정권이 포함되어 있으며, 간통행위를 처벌하는 형법 제241조의 규정이 개인의 성적자기결정권을 제한하는 것은 틀림없다]

한편, 성적자기결정권에 대한 내용은 혼빙간 1차 결정에도 나타난다.

[헌법 제10조에서 보장하는 인격권 및 행복추구권, 헌법 제17조에서 보장하는 사생활의 비밀과 자유는 타인의 간섭을 받지 아니하고 누구나 자기운명을 스스로 결정할 수 있는 권리를 전제로 하는 것이다. 이러한 권리내용 중에 성적자기결정권이 포함되는 것은 물론이다.]

또한 혼인빙자간음죄 2차 결정과 간통죄 4차 결정에서는 간통죄 1차 결정의 표현을 그대로 가져오면서 [나아가 이 사건 법률조항은 개인의 성생활이라는 내밀한 사적 생활영역에서의 행위를 제한하므로 우리 헌법 제17조가 보장하는 사생활의 비밀과 자유 역시 제한하는 것으로 보인다]고 하여 간통죄나 혼인빙자간음죄 규정에 의하여 개인의 성적자기결정권 외에 사생활의 비밀과 자유도 제한된다고 덧붙인다. 위 각 판시 내용을 보면, 성적자기결정권이 인격권과 행복추구권 양자로부터 도출되는 것으로 보다가(간통 1차 결정), 인격권으로부터만 유래하는 것으로 설시하였다가(간통 2차 결정), 인격권과 행복추구권, 그리고 사생활의 비밀과 자유로부터 나온다고 하였다가

---

17) 예컨대, 헌재 2001. 7. 19. 2000헌마546, 헌재 2002. 7. 18. 2000헌마327, 헌재 2003. 12. 18. 2001헌마163 등.

(혼빙간 1차 결정), 성적 자기결정권과 별도로 사생활의 비밀과 자유도 제한한다고 하는(간통 4차 결정 및 혼빙간 2차 결정) 등 그 내용이 조금씩 다르다.

이에 대하여는 헌법에서 명문으로 인간으로서의 존엄과 가치와 행복추구권 규정과 사생활의 비밀과 자유 규정을 별도로 둔 취지에 비추어 이를 엄밀히 구분하여 보호하는 것이 바람직하다는 비판이 있다.[18]

연혁적으로 볼 때 인격적 보호법익에 관하여 독일은 기본법 제1조 제1항에 규정된 인간의 존엄성 보호조항과 제2조 제1항에 규정된 인격의 자유발현권 조항을 근거로 일반적 인격권을 구성하여 보호하고, 미국은 헌법전에 명문의 규정이 없는 상태에서 판례법으로 프라이버시권(Right of Privacy)을 발전시켜 보호하고 있는데, 우리 헌법은 1962년 "인간으로서의 존엄과 가치" 규정을, 1980년 "사생활의 비밀과 자유" 규정을 각각 신설함으로써 각 규정의 보호영역을 획정하는데 어려움이 있지만[19], 당사자의 인격 그 자체를 형성하는 것에 가까우면 일반적 인격권으로, 인격형성적이라고 보기보다는 생활형성적이라고 볼 수 있다면 사생활보호로 일응 구분하여 보호하여야 할 것이고, 개별 사안에 따라 이를 구분하려는 노력이 집적되어 유형화를 가능하게 하면 장차 일반적 인격권에 의한 인격보호와 사생활의 비밀과 자유에 의한 사생활보호 사이에 어느 정도 예측가능한 경계선이 그어질 수 있다는 것이다.[20]

이러한 관점에서 보면, 간통 4차 결정에서 적절하게 지적하고 있듯이, 간통죄나 혼인빙자간음죄에서 제한하고 있는 것은 '개인의 성생활이라는 내밀한 사적 생활영역에서의 행위' 이어서, 인격형성적이라고 보기보다는 생활형성적이라고 볼 수 있으므로 사생활의 비밀과 자유에 의하여 보호되는 영

---

18) 김선택, 「헌법상 인격권의 보장체계와 보호법익-헌법재판소 판례를 중심으로」, 헌법논총 제19집, 헌법재판소, 2008, 526면.
19) 김선택, 앞의 글, 491면, 493면.
20) 김선택, 앞의 글, 526면.

역에 있다고 하여야 한다.

헌법재판소도 사생활의 비밀과 자유에 관하여 [사생활의 비밀은 국가가 사생활영역을 들여다보는 것에 대한 보호를 제공하는 기본권이며, 사생활의 자유는 국가가 사생활의 자유로운 형성을 방해하거나 금지하는 것에 대한 보호를 의미한다. 구체적으로 사생활의 비밀과 자유가 보호하는 것은 개인의 내밀한 내용의 비밀을 유지할 권리, 개인이 자신의 사생활의 불가침을 보장받을 수 있는 권리, 개인의 양심영역이나 성적 영역과 같은 내밀한 영역에 대한 보호, 인격적인 감정세계의 존중의 권리와 정신적인 내면생활이 침해받지 아니할 권리 등이다.21)]라고 밝힌 바 있다. 그렇다면, '개인의 성생활이라는 내밀한 사적 생활영역에서의 행위'는 사생활의 자유로운 형성을 방해하거나 금지하는 것을 보호하는 사생활의 자유에 의하여 보호 받는 영역에 있다고 할 것이다.22)

한편, 간통죄 조항이 징역형만을 규정한 것은 위헌이라는 의견을 개진한 송두환 재판관은 [개인의 '자기결정권'은 원하는 것은 언제든, 무엇이든 할 수 있다는 의미에서의 무제한적 자유를 포함하는 것은 아니다. 개인의 자기결정이 타인과의 관계를 결정하거나 타인에 대하여, 또는 사회에 대하여 영향을 미치게 되는 때에 타인과의 공존을 부정하는 자기결정은 사회적 존재로서 자신의 인격을 발현시키고 자아를 실현하기 위한 자기결정권의 순수한

---

21) 헌재 2003. 10. 30. 2002헌마518 등.

22) 김경제, 「간통처벌규정에 대한 합헌결정이 가지는 헌법적 문제점」, 헌법학연구 제15권 제2호, 한국법철학학회, 2009, 140면 ; 일반적 인격권이 주관적 개성실현, 혹은 명예, 위신 등과 같은 "정신적, 질적"인 것을 보장대상으로 삼는 것이고 구체적인 "행위"는 보장대상으로 포섭하지 않는 한편, 헌법 제17조의 의미는 "개인은 사적인 영역에서 모든 행위를 자유롭게 수행(형성)할 수 있다"는 것으로, 헌법 제17조가 보장하는 행위는 개인이 사적인 영역에서 행하는 모든 행위1)이므로, 형법 제241조가 규율하는 성교행위(간통행위) 역시 사생활에 포섭될 수 있는 행위이고, 따라서 형법 제241조는 헌법 제17조가 보장하는 사생활의 자유와 관련성을 갖는다는 견해도 같은 맥락에 서 있다고 할 수 있다.

보호영역을 벗어나게 된다. 이는 성적자기결정권에 있어서도 마찬가지로, 성적 공동생활을 포함한 공동의 삶의 목적과 가치를 실현하기 위하여 일부일처제에 기초한 혼인이라는 사회적 제도를 선택하는 자기결단을 한 자가 배우자에 대한 성적 성실의무에 위배하여 간통행위로 나아가거나 또는 그러한 점을 알면서 상간하는 것은 간통행위자의 배우자 및 사회적·법적 제도로서의 혼인을 보호하는 공동체에 대한 관계에서 타인과의 공존을 부정하는 것이라는 점에서 '성적 자기결정권'의 보호영역에 포섭될 수 없다고 볼 것이다. 따라서 개인의 성적자기결정권이라는 개념은 일반적인 성폭력범죄, 성희롱 등의 문제 및 배우자 상호간에 있어서도 일방통행적인 성관계는 허용될 수 없다는 등의 문제에 관련하여서는 핵심적 개념이 될 것이지만, 배우자의 고소를 전제로 간통행위를 처벌함으로 인하여 침해되는 주된 기본권으로 삼는 것은 적절하다고 보기 어렵다.]고 한다.[23)]

2. 과잉입법금지 위배 여부

1) 간통죄의 입법목적과 그 정당성

형벌조항의 입법목적은 그 형벌조항이 보호하려는 법익과 밀접한 관련이 있다. 간통죄의 보호법익에 관하여는 부부간의 성적 성실의무라는 견해, 가정의 기초가 되는 혼인제도라는 견해, 성적 성실의무와 혼인제도 양자라고 보는 견해, 건전한 성풍속 내지 성도덕으로 보는 견해, 성도덕과 일부일처의 사회적 혼인제도라는 견해 등 다양한 견해가 대립하고 있고, 간통죄 조항이 형법 제22장 "성풍속에 관한 죄"에 규정되어 있다는 것을 근거로 하여 보

---

23) 김일수, 「간통죄 존폐논의에 비추어 본 헌재의 형법 질서관」, 헌법논총 제19집, 헌법재판소, 2008, 288-293면은 이 견해에 찬성한다.

호법익을 건전한 성풍속 내지 성도덕으로 보는 견해가 다수설이다.[24)]

간통 1차 결정은 위 견해들을 모두 망라하여 선량한 성도덕, 일부일처주의 혼인제도 및 가족생활, 성적성실의무의 보호를 모두 간통죄의 입법목적으로 보고 있다.

[배우자 있는 자가 배우자 아닌 제3자와 성관계를 맺는 것은 선량한 성도덕이나, 일부일처주의의 혼인제도에 반할뿐더러, 혼인으로 인하여 배우자에게 지고 있는 성적성실의무를 위반하는 것이 되어 혼인의 순결을 해치게 되는 것이다. 그리하여 간통행위는 국가사회의 기초인 가정의 화합을 파괴하고 배우자와 가족의 유기, 혼외 자녀문제, 이혼 등 사회에 여러 가지 해악을 초래하게 되는 것이 엄연한 현실이다. 그러므로 선량한 성도덕과 일부일처주의 혼인제도의 유지 및 가족생활의 보장을 위하여서나 부부간의 성적성실의무의 수호를 위하여, 그리고 간통으로 인하여 야기되는 사회적 해악의 사전예방을 위하여서는 배우자 있는 자의 간통행위를 규제하는 것은 불가피]하다.

간통죄가 형법상 위치하는 부분을 고려하면, 선량한 성도덕 내지 건전한 성풍속을 간통죄의 보호법익이라고 할 수 있다. 그런데 간통죄의 보호법익이 선량한 성도덕이라고 보는 입장에서는, 비록 간통행위가 비윤리적·비도덕적 행위로서 비난받는다고 해서 형벌을 통해 국가가 개입해서는 아니 되므로 건전한 성도덕의 보호는 정당한 입법목적이 될 수 없다는 취지로 주장한다.[25)]

간통 4차 결정의 재판관 김종대, 재판관 이동흡, 재판관 목영준의 위헌의

---

24) 이주희, 「간통의 형사처벌과 그 헌법적 정당성」, 법과 정책연구 제8집 제2호, 동광문화사, 2008, 331면.

25) 이주희, 앞의 글, 337면. 반면, 성윤리·성도덕의 보호는 우리의 동양적·한국적 전통관념에 일치한다고 할 수 있고, 따라서 간통죄를 통해 건전한 성윤리·성도덕 형성을 계도하는 것은 정당한 입법이라는 견해도 있다. 이수성, 「형법적 도덕성의 한계에 관하여」, 법학 제18권 제1호, 서울대학교법학연구소, 1977, 13면.

견에서도 [성인이 쌍방의 동의 아래 어떤 종류의 성행위와 사랑을 하건, 그것은 개인의 자유 영역에 속하고, 다만 그것이 외부에 표출되어 사회의 건전한 성풍속을 해칠 때에만 비로소 법률의 규제를 필요로 하는데, 성도덕에 맡겨 사회 스스로 자율적으로 질서를 잡아야 할 내밀한 성생활의 영역을 형사처벌의 대상으로 삼아 국가가 간섭하는 것]은 정당한 입법목적이 될 수 없다는 취지로 판시하였다.26) 이러한 주장은 일응 국가는 개인의 사생활에 관여해서는 안된다는 자유주의 원칙에 충실한 것처럼 보이고, 근래에 들어서는 점점 많은 지지를 받고 있지만, 입법 당시로 되돌아가 보면, 실제로는 가족의 구조와 재산소유 면에 있어서 불리한 위치에 있던 여성의 처지를 반영하지 못하고, 개인의 존엄성 및 양성평등에 기초한 일부일처주의 혼인제도 및 가족생활을 위협하는 축첩과 외도를 묵인하겠다는 것에 다름 아니었다.

형법 제정 당시인 1950년대 초반에는 결혼을 하고도 혼인계를 제출하지 못했거나 아들을 낳을 때까지 혼인신고를 하지 못한 여성이 많았으며 이혼을 하여도 여성은 재산상 보상을 받을 수 없었다. 또한 당시 사회는 여성은 남성에게 순종하여야 함을 교육을 통하여 끊임없이 강조하였다. 한편, 1950년대 축첩문제는 "가정불화는 물론 전 여성의 두통거리"일 정도로 심각했는데, 여성법률상담소나 여성문제상의소의 상담내용의 대부분은 축첩과 관련된 문제였다. 사회부에서 개소한 여성문제상의소가 1954년 1월부터 9월까지 상담한 내용을 보면 전체상담자 81명 중 약 41%가 축첩문제를 상담하였으며, 1956년 8월부터 1960년 8월까지 여성법률상담소의 상담내용 가운데 이혼이나 사실혼관계의 해소와 관련된 상담이 515건이었는데 이 중 54.4%인 280건이 배우자의 부정(남성의 축첩 및 간통)이 원인이 되었다.27) 그럼에

---

26) 이 부분은 수단의 적절성 및 피해최소성 부분에서 다루어지고 있으나, 간통죄라는 형벌규정의 입법목적으로 '선량한 성도덕의 보호'라는 것이 정당하냐 하는 관점에서 보아야 한다.

27) 이임하 「간통쌍벌죄의 제정 및 적용과정에 나타난 여성관」, 사총 제56집, 역사학연구

도 불구하고, 간통雙벌죄가 입법화된 후 최초로 여성이 축첩한 남편을 고소한 소위 "500만환위자료청구소송사건"의 판결문에서 "혼인의 순결함에 있어서 여성의 역할이 중요시되고 있음은 오로지 남성의 간통이 혼인적 평화를 해함이 없이 그 처에 대하여 충실할 수 있는 반면에 처의 간통은 자연적으로 혼인적 평화를 해함이 많을 뿐 외에 자손의 혈통에 중대한 영향이 있다는 점에 있다 할 것이며..."28)라고 판시한 데서 보듯이 일부일처제 혼인제도 자체를 위협하는 봉건주의적 관념이 법조계에도 팽배하였던 것이다.

따라서, 당시 축첩이 만연한 사회에서 간통雙벌죄의 입법화는 '혼인에 있어서 여성 뿐 아니라 남성도 정절을 지켜야 한다'는 성도덕을 강제하는 선도적인 필요도 있었을 뿐 아니라, 양성평등에 기초한 일부일처제 혼인제도 및 가족제도의 정착과 가족의 붕괴에서 오는 사회적 해악을 막기 위한 목적이었던 것으로 평가될 수 있다. 당시 간통죄와 함께 논쟁의 대상이 되었던, 일부일처제 혼인제도 그 자체를 보호법익으로 하는 중혼죄가 축첩은 결국 간통행위의 누적이고, 간통죄를 雙벌죄로 규정하는 것만으로도 중혼행위를 처벌할 수 있다고 보았기 때문에 비교적 쉽게 형법에 처벌조항을 넣지 않는 것으로 합의된 점 등에 비추어 보아도,29) 이러한 입법목적은 간접적으로 확인할 수 있다. 또한, '만에 한 사람이나 일만에 한사람이나 남편 있는 여자가 간통하는 예가 더러 있을 따름'이므로 '처벌할 대상은 안해 있는 남편 뿐'이라고 한 당시 김봉조 의원의 말에서 알 수 있듯이,30) 형법제정과정에서 간통죄를 둘러싸고 벌어진 논쟁은 주로 '간통죄를 범한 남자(주로 축첩자)를 처벌

회, 2003, 136면.

28) 이임하, 앞의 글, 142면.

29) 이임하, 앞의 글, 126면.

30) 오선주, 「성도덕에 관한 죄 : 형법개정과 관련하여」, 법학논집, 청주대학교법학연구소, 1992, 53면 : '간통죄가 雙벌주의로 통과되고 보니 중혼죄의 존치가치는 박약해졌다' '축첩은 간통의 연속행위 밖에 되지 않는다'는 등의 주장 끝에 중혼죄 포함 안은 폐지되었다고 한다.

해야 하는가'라는 문제로 귀결되었으며, 따라서, 간통쌍벌죄의 제정은 남성의 축첩에 대하여 처에게 고소권을 쥐어주는 것으로 곧 여성지위의 상승으로 이해되었다.

이러한 입법목적은 [사회질서를 유지하고, 개인의 존엄과 양성평등에 기초한 혼인과 가족생활이 유지될 수 있도록 보장할 국가의 의무(헌법 제36조 제1항 참조)에 비추어 위와 같은 간통 및 상간행위에 대한 규제의 필요성은 충분히 수긍 가능하고, 바로 이 점에서 이 사건 법률조항의 입법목적의 정당성이 인정된다.]

입법목적의 정당성에 대해서 헌재 4차 결정의 재판관 김종대, 이동흡, 목영준의 위헌의견에서도 성도덕을 제외하고 [이 사건 법률조항의 입법목적이 일부일처제에 터잡은 혼인제도를 보호하고 부부간 성적 성실의무를 지키게 하기 위하는데 있다면, 이를 위하여 그 위반자를 형사처벌하는 것에는 목적의 정당성이 인정된다.]고 한다.

2) 형벌부과의 적합성

이 부분의 심사대상은 간통죄를 형사처벌하는 것이 일부일처주의 혼인제도 및 가족생활의 보호 및 성도덕의 유지라는 입법목적의 실현을 용이하게 하거나 촉진하게 하는지 여부이다. 일반적으로 성도덕을 문란하게 하고 일부일처주의 혼인제도 및 가족생활을 파괴할 가능성이 있는 행위를 금지하고 형사처벌하는 것은 그 행위로 인하여 파괴될 가능성이 있는 가치를 보호하는데 적합하다고 할 것이고, 형벌 이외의 수단이 없는지 여부는 최소침해성 부분에서 판단하여야 한다.

이에 대하여 간통죄 1, 3차 결정에서는 명시적인 설시가 없었고, 4차 결정의 법정의견은 [나아가 간통 및 상간행위가 개인의 성적 자기결정으로서 내밀한 사생활의 영역에 속하는 것이라 하더라도 성적 욕구나 사랑의 감정이 내심에 머무른 단계를 떠나 외부에 행위로 표출되어 혼인관계에 파괴적인 영향을 미치게 된 때에는 법이 개입할 수 없거나, 법적 규제가 효과를 발휘할 수 없는 순수한 윤리와 도덕적 차원의 문제만은 아니다. 따라서 이 사건 법률조항이 개인과 사회의 자율적 윤리의식의 제고를 촉구하는데 그치지 아니하고 형벌의 제재를 동원한 행위금지를 선택한 것은 입법목적 달성에 기여할 수 있는 수단으로서 적절하다.]고 판시하였다.

3) 형벌부과의 최소침해성

(1) 입법형성의 자유

간통 4차 결정은 간통 3차 결정을 인용하여,

[다만 비형벌적 제재나 가족법적 규율이 아닌 '형벌'의 제재를 규정한 것이 지나친 것인지 문제될 수 있으나, 어떠한 행위를 불법이며 범죄라 하여 국가가 형벌권을 행사하여 이를 규제할 것인지의 문제는 인간과 인간, 인간과 사회와의 상호관계를 함수로 하여 시간과 공간에 따라 그 결과를 달리할 수밖에 없는 것이고, 결국은 그 사회의 시대적인 상황·사회구성원들의 의식 등에 의하여 결정될 수밖에 없으며, 기본적으로 입법권자의 의지 즉 입법정책의 문제로서 입법권자의 입법형성의 자유에 속한다.]라고 전제한다.

이에 대해서 국가형벌권의 개입은 결코 어느 일탈행위에 대한 최초가 아니라, 언제나 최후가 되어야 한다는 점에서 어느 행위가 가벌적인가의 여부는 입법자의 광범위한 재량행위일 수가 없으며, 헌법상 기본권 보장원리, 특히 기본권의 본질적 내용의 침해금지와 비례성의 원칙 및 평등권의 침해가능성의 틀 안에서 판단되어야 한다는 비판이 있다.[31] 위와 같은 비판은 '국가형벌권의 개입 여부는 기본적으로 입법권자의 의지 즉 입법정책의 문제로

---

31) 허일태, 앞의 글, 127면.

서 입법권자의 입법형성의 자유에 속한다'는 표현에서 비롯된 것은 보이나, 위 내용이 입법권자의 입법형성의 자유가 헌법상 기본권 보장원리를 떠난, 그 밖으로까지 확장된다는 의미는 아니다. 다만, 어떠한 형벌법규의 위헌성 여부가 시간이나 공간성을 뛰어넘어 절대적으로 답이 주어지는 것이 아니라는 점을 강조하면서, 그 사회의 시대적인 상황과 사회적 제도·사회구성원들의 의식 등이 고려되어야 함을 이야기하기 위한 것이고, 이에 따른 1차적 판단은 입법권자의 몫이므로 최대한 존중되어야 한다는 것이다. 이는 헌법재판소가 이 사건에서도 기본권의 본질적 내용의 침해금지와 과잉금지의 원칙, 평등원칙의 틀을 적용하여 판단하고 있는 데서도 확인할 수 있다.

(2) 합헌의견

따라서, 간통 4차 결정의 합헌의견은 간통 3차 결정을 인용하면서 사회구성원들의 인식 등에 대하여 논한다.

[우리 사회의 구조와 국민의식의 커다란 변화에도 불구하고 우리 사회에서 고유의 정절관념 특히 혼인한 남녀의 정절관념은 전래적 전통윤리로서 여전히 뿌리 깊게 자리잡고 있으며, 일부일처제의 유지와 부부간의 성에 대한 성실의무는 우리 사회의 도덕기준으로 정립되어 있어서, 간통은 결국 현재의 상황에서는 사회의 질서를 해치고 타인의 권리를 침해하는 경우에 해당한다고 보는 우리의 법의식은 여전히 유효하다(헌재 2001. 10. 25. 2000헌바60, 판례집 13-2, 480, 486).]

[다시 말하면, 간통행위자가 속한 가정의 고유한 사정이나 간통 및 상간에 이르게 된 배경, 행위자의 의사에 비추어 배우자에 대한 가해의사나 혼인관계 및 가족생활을 파탄에 이르게 하려는 목적, 경향성이 없는 경우에도 법률상 배우자 있는 자라는 객관적인 행위자의 지위, 배우자 아닌 자와 성교한다는 고의가 인정되는 한 그러한 행위가 사회적 윤리의 상당성을 일탈한 것

으로 보며, 그에 동조한 상간자의 행위 역시 유사한 정도의 비난가능성이 존재한다고 보는 것이 현재 우리의 법의식에 부합한다는 것이다.]

합헌론을 지지하면서도, 합헌론의 논거 중 간통죄가 전통윤리로서 여전히 자리잡고 있는 정절관념과 선량한 성도덕의 유지를 위해 불가피한 제도라는 측면은 오늘날 가장 의문시되는 논거 중 하나라고 지적하는 견해가 있다.[32] 형법적 규율대상은 행위의 부도덕성이 아니라 법익위해의 사회적 유해성이므로 위와 같은 설시는 부적절할 뿐 아니라, 그와 같은 일탈행동이 평화로운 공존질서를 깨뜨릴 만큼 사회적으로 유해해서 그것을 통제하지 않고 묵인할 경우 오히려 사회심리적 갈등과 질서의 불안정을 초래할 위험이 있을 때에만 형법적 통제의 대상으로 삼아야 하는데 이에 대한 논증이 부족하다는 취지이다. 또한 합헌의견은 현재 법의식에 관하여만 중점적으로 다룸으로써 법적 평가의 문제를 국민감정이나 여론에 의해 좌우해야 한다는 의식이 저변에 깔려 있는 것으로 바람직하지 않다는 비판을 받고 있으며[33], 간통죄를 둘러싼 논란을 모두 아우르지 못하였다는 아쉬움을 남기는 것이 사실이다. 입법자가 투입한 수단에 비하여 기본권을 덜 제한하면서도 같은 정도로 입법목적을 실현하게 할 수 있는 다른 수단이 없는지 여부를 가리기 위하여는 실제 간통죄 조항이 입법목적을 실현하는데 어느 정도의 실효성이 있는지, 그 정도의 입법목적을 실현하기 위한 덜 침해적인 대체수단이 존재하는지 여부를 심리하여야 하는 것이다.

(3) 위헌의견

이에, 간통 4차 결정의 위헌의견에서는 간통죄 조항의 실효성과 대체수단을 파악할 수 있는 각 요소에 대하여 보다 상세하게 다룬다.

---

32) 김일수, 앞의 글, 285면 이하.
33) 허일태, 앞의 글, 134면.

① 국민 일반의 법감정의 변화로 간통죄의 존립기반이 근본적인 동요를 하고 있다.

[최근의 우리 사회는 급속한 개인주의적·성개방적인 사고의 확산에 따라 성(性)과 사랑은 법으로 통제할 사항이 아닌 사적인 문제라는 인식이 커지고 있다. 또한 오늘날 성도덕과 가족이라는 사회적 법익보다 성적 자기결정권이라는 개인적 법익이 더 중요시 되는 사회로 변해가고 있다. 성의 개방풍조는 막을 수 없는 사회변화이고 이젠 그것을 용인할 수밖에 없게 된 것이다.

이러한 사회환경의 변화로 간통죄의 존립기반이 이제 완전히 붕괴되었다고까지 단언하기는 어렵다고 할지라도, 적어도 그 존립기반이 더 이상 지탱할 수 없을 정도로 근본적인 동요를 하고 있음은 부인하기 어렵다.]

② 세계적으로는 간통죄를 폐지해가는 추세이며, 간통죄 처벌에 관한 검찰과 법원의 처리경향도 과거에 비해 많이 완화되었다.

[세계적으로도 간통죄를 폐지해 가는 추세에 있어 대부분의 국가들이 1970년대 이전에 간통죄를 폐지하였다. 간통죄 처벌에 관한 검찰과 법원의 처리경향도 과거에 비해 많이 완화되었다. 간통고소가 취소되지 않으면 원칙적으로 구속되고 실형을 선고받았던 종래의 관례는 불구속되고 집행유예를 선고받는 쪽으로 변해가고 있다.]

③ 일부일처제 및 가정질서를 보호하기 위한 형사처벌의 실효성이 의심스럽다.

[일단 간통행위가 발생한 이후에는 이 사건 법률조항이 혼인생활 유지에 전혀 도움을 주지 못한다. 우리 형사법상 간통죄는 친고죄로 되어 있고 고소권의 행사는 혼인이 해소되거나 이혼소송을 제기한 후에라야 가능하기 때문에, 고소권의 발동으로 기존의 가정은 이미 파탄을 맞게 되고, 설사 나중에 고소가 취소된다고 하더라도 부부감정이 원상태로 회복되기를 기대하기 어

려우므로, 간통죄는 더 이상 혼인제도 내지 가정질서의 보호에 기여할 수 없게 된다. 더구나 우리 사회에서 형벌을 받는다는 것은 사회적인 파멸을 초래하므로 간통죄로 처벌받은 사람이 고소를 한 배우자와 재결합할 가능성은 거의 없다. 또한 간통에 대한 형사처벌 과정에서 부부갈등이 심화되면서 자녀들의 상처도 더욱 커질 수 있어 원만한 가정질서를 보호할 수도 없다. 오히려 실제로는 간통행위가 없었음에도, 배우자가 상대방 배우자의 간통을 의심 또는 확신하고 이에 대한 증거를 확보하기 위하여 치밀한 뒷조사와 증거수집행위를 시도하게 되는데, 이러한 과정에서 발생하는 상호 불신이 가정을 파탄으로 이끄는 경우도 빈번히 발생하게 된다.

결국 간통행위를 형사처벌함으로써 혼인제도를 보호한다는 것은, 일방 배우자가 간통행위를 하기 이전에, 만일 간통을 하면 형사적으로 처벌된다는 두려움 때문에 간통행위에 이르지 못하게 한다는 것뿐이다. 그러나 이러한 심리적 사전억제수단에 실효성이 있는지 의문일 뿐 아니라, 혼인과 가정의 유지는 당사자의 자유로운 의지와 애정에 맡겨야지, 형벌을 통하여 타율적으로 강제될 수는 없는 것이므로, 이 사건 법률조항이 일부일처제의 혼인제도와 가정질서를 보호한다는 목적을 달성하는데 적절하고 실효성있는 수단이라고 할 수 없다.]

④ 부부간의 성적 성실의무는 형벌로서 보호하는 것이 적절치 않고, 민사상 구제수단이 있다.

[부부는 동거하며 서로 부양하고 협조하여야 하는 바(민법 제826조 제1항 전단), 그 당연한 결과로서 부정한 행위, 즉 간통행위를 하지 않을 의무가 있다. 그러므로 일방 배우자가 간통행위를 한 경우, 이는 재판상 이혼사유가 되고(민법 제840조 제1호), 그로 인한 재산상 및 정신적 손해를 배상할 의무를 진다(민법 제843조, 제806조). 또한 법원이 자(子)의 양육에 관한 사항과 자(子)에 대한 면접교섭권의 제한·배제에 관하여 자(子)의 복리를 고려하도

록 함으로써(민법 제843조, 제837조 제3항, 제4항, 제837조의2 제2항), 부정한 행위를 한 배우자에게 이에 관한 불이익을 줄 수 있도록 하였다.

물론 이러한 부부간 성적 성실의무위반행위가 부도덕하다는 데에는 이견(異見)이 있을 수 없다. 그러나 그러한 위반행위에 대하여 위와 같은 민사법상 책임 이외에 형사적으로 처벌함으로써 부부간 성적 성실의무가 보호될 수 있는지는 의문이다. 왜냐하면 이러한 성실의무는 개인과 사회의 자율적인 윤리의식, 그리고 배우자의 애정과 신의에 의하여 준수되어야 하지, 형벌로 그 생성과 유지를 강요해 봐야 아무 실효성이 없다.]

⑤ 입법 당시의 여성의 보호라는 간접적인 역할도 그 수명을 다하였다.

[과거 우리 사회에서 간통죄의 존재가 여성을 보호하는 역할을 수행하였던 것은 사실이다. 즉, 우리 사회에서 여성은 사회적·경제적 약자였고 간통행위는 주로 남성에 의하여 이루어졌으므로, 간통죄의 존재가 남성들로 하여금 간통행위에 이르지 않도록 심리적 억제작용을 하였고, 나아가 여성 배우자가 간통고소를 취소하여 주는 조건으로 남성 배우자로부터 위자료나 재산분할을 받을 수 있었다. 그러나 오늘날 우리 시대의 법적, 사회적, 경제적 변화는 간통죄의 위와 같은 존재이유를 상당 부분 상실하도록 하였다.

우선 여성의 사회적·경제적 활동이 활발하여 짐에 따라 여성의 생활능력과 경제적 능력이 향상됨으로써, 여성이 경제적 약자라는 전제가 모든 부부에 적용되지는 않는다. 또한 1990. 1. 13. 민법의 개정에 따라, 부부가 이혼을 하는 경우 각 당사자에게 재산분할청구권이 부여되는 한편, 자녀에 대한 친권도 남녀 간에 차별없이 평등하게 보장되었다. 즉, 민법상 처의 재산분할청구권이 인정되고 주부의 가사노동도 재산형성에 대한 기여로 인정되어 이혼 후의 생활 토대를 마련할 수 있는 제도가 마련되었고, 부부의 이혼 시에 위자료를 통한 손해배상청구권이 현실화되었으며, 양육비의 청구 등으로 자녀의 양육이 가능하게 된 것이다. 물론 남성 배우자가 재산명의를 제3자로 돌려놓은 경우 여성의 위자료 및 재산분할 판결의 실효성있는 집행방안이 필요하지만, 이는 입법적으로 보완할 문제이지 간통죄를 존속시킬 명분은 될 수 없다.

설사 여성 배우자의 경제적 지위가 아직 남성 배우자에 비하여 열악하다는 전제에 서더라도, 간통죄의 존재가 여성 배우자를 반드시 보호한다고 보기도 어렵다. 간통죄 고소를 위하여는 이혼이 전제되어야 하므로 경제적 및 생활능력이 없는 여성 배우자는 오히려 고소를 꺼릴 수도 있다. 2006년 한 해 동안의 간통죄 사건에서 남성 고소인과 여성 고소인의 수가 거의 동일하였는데, 간통행위의 빈도수에서 남녀 간에 현격한 차이가 있는 현실을 고려하여 보면, 간통죄가 실제로는 여성에게 상대적으로 더 불리하게 작용되는 파행성을 띠고 있음을 알 수 있다.]

⑥ 형사처벌의 예방적 기능도 효과가 별로 없다.

[간통의 유형을 보면 애정에서 비롯되는 경우와 그렇지 않은 경우로 대별할 수 있는데, 애정에서 비롯된 경우에는 어떤 의미에서 확신범 내지 양심범적인 측면이 없지 않아서 통제가 어려운 성격을 가지고 있고, 애정에서 비롯된 경우가 아닌 때에는 온갖 형태로 무수히 저질러지고 있는 남성들의 성매수에서 보듯이 그 역시 현실적으로 범죄의식이 크지 아니하므로, 이를 형사적으로 처벌한다고 하여 간통을 억지하는 효과를 기대하기 어렵다.

한편 과거에 비하여 간통행위가 적발되고 또 처벌까지 되는 비율이 매우 낮아졌다. 간통행위 중 형사사건화되는 수는 1년에 3000~4000건에 불과한 점에 비추어 볼 때, 대부분의 간통행위는 배우자에게 발각되지 않았고, 설사 발각되더라도 배우자가 고소하지 않았다고 보아야 한다. 더구나 간통죄로 구속기소되는 경우는 고소 사건의 10%에도 못 미치고, 고소 이후에도 수사나 재판과정에서 고소취소되어 공소권없음 또는 공소기각으로 종결되는 사건이 상당수에 이름으로써 형벌로서의 처단기능이 현저히 약화되었다.

간통죄를 폐지할 경우, 성도덕이 문란해지거나 간통으로 인한 이혼이 더욱 빈발해 질 것이라고 우려하는 견해도 있으나, 이미 간통죄를 폐지한 여러 나라에서 간통죄의 폐지 이전보다 성도덕이 문란하게 되었다는 통계는 없다. 결국 간통죄는 행위규제규범으로서의 기능을 잃어가고 있어 형사정책상 일반예방 및 특별예방의 효과를 모두 거두기 어렵게 되었다.]

⑦ 간통죄의 처벌은 간통행위자의 배우자의 손에 전적으로 달려 있어 형사처벌로 인한 부작용이 크다.

[간통죄가 건전한 혼인제도 및 부부간 성적 성실의무보호와는 다른 목적을 위하여 악용될 가능성도 배제할 수 없다. 간통행위자 및 상간자에 대한 고소 및 고소취소는 간통행위자의 배우자만이 할 수 있고, 간통죄는 친고죄로서 고소취소 여부에 따라 검사의 소추 여부 및 법원의 공소기각 여부가 결정되므로, 결국 간통행위자 및 상간자의 법적 운명은 간통행위자의 배우자의 손에 전적으로 달려 있게 된다. 그 결과, 이러한 간통고소 및 그 취소가, 사실상 파탄상태에 있는 부부간에 이혼을 용이하게 하려는 수단으로, 사회적으로 명망있는 사람이나 일시적으로 탈선한 가정주부를 공갈하는 수단으로, 상간자로부터 재산을 편취하는 수단으로 악용되는 폐해도 종종 발생한다.]

4) 공익과 사익간의 형량

(1) 간통 4차 결정 합헌의견

[나아가 이 사건 법률조항의 행위규제는 법률혼관계가 유지되고 있는 동안 간통할 수 없고, 법률상 배우자 있는 자라는 사실을 알면서 상간할 수 없다는 특정한 관계에서의 성행위 제한이다. 이는 간통행위자에 대하여는 스스로의 자유로운 의사에 따라 형성한 혼인관계에 따르는 당연한 의무·책임

의 내용에 불과하고, 미혼인 상간자에 대하여도 타인의 법적·도덕적 의무위반을 알면서 적극적으로 동참하여서는 아니된다는 것으로 이성과의 정신적인 교감이나, 우발적으로 일어날 수 있는 경미한 성적 접촉까지 금지하는 것은 아니므로 일반적으로 이 사건 법률조항으로 인하여 침해되는 사익은 매우 경미하다. 그에 비하여 이 사건 법률조항으로 인하여 달성되는 공익은 선량한 성도덕을 수호하고, 혼인과 가족제도를 보장한다는 것으로 높은 중요성이 인정되므로 법익균형성 역시 인정할 수 있다.]

(2) 간통 4차 결정의 위헌의견

[앞에서 본 바와 같이, 이 사건 법률조항으로 달성하려는 일부일처제에 터 잡은 혼인제도 및 부부간 성적 성실의무 보호라는 공익이 더 이상 이 사건 법률조항을 통하여 달성될 것으로 보기 어려운 반면, 이 사건 법률조항은 개인의 내밀한 성생활의 영역을 형사처벌의 대상으로 삼음으로써 국민의 성적 자기결정권과 사생활의 비밀과 자유라는 기본권을 지나치게 제한하는 것이므로, 결국 이 사건 법률조항은 법익의 균형성을 상실하였다고 할 것이다.]

3. 헌법상 제도 및 원리 위반 여부

위헌의견은 간통죄 조항이 기본권을 지나치게 제한하여 위헌이라고 보므로, 더 나아가 판단하지 아니하였다.

1) 헌법 제36조 제1항 위배 여부

헌재 4차 결정의 합헌의견은 다음과 같이 판시하였다. 이는 헌재 3차 결정과 같다.

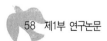

[이 사건 법률조항은 남녀평등처벌주의를 취하고 있으므로 양성의 평등이 훼손될 여지도 없다. 오히려 일부일처제를 보장하고, 건전한 성도덕을 형법상 보호함으로써 혼인과 가족생활의 유지·보장 의무이행에 부합한다고 할 것이다.]

2) 책임과 형벌 간 비례원칙 위배 여부

이 문제는 징역형만을 법정형으로 규정하고 있는 것이 책임과 형벌 사이의 비례원칙에 위배되는 것이 아닌가의 문제로, 실제 최소침해성의 부분에서 다루어질 것이나, 별도로 논의되기도 한다.

다음은 헌재의 4차 결정 내용이다.

[이 사건 법률조항은 징역형만을 규정하고 있으나, 2년 이하의 징역에 처하도록 하여 법정형의 상한 자체가 높지 않을 뿐만 아니라, 비교적 죄질이 가벼운 간통행위에 대하여는 선고유예까지 선고할 수 있으므로 행위의 개별성에 맞추어 책임에 알맞은 형벌을 선고할 수 없도록 하는 지나치게 과중한 형벌을 규정하고 있다고 볼 수 없다. 또한 간통 및 상간행위는 일단 소추가 된 때에는 행위태양에 관계없이 필연적으로 가족의 해체로 인한 사회적 문제를 야기한다는 점에서 다른 성풍속에 관한 죄와는 다른 법익침해가 문제되고, 경미한 벌금형은 기존의 혼인관계의 해소에 따른 부양이나 손해배상의 책임을 피하고자 하는 간통행위자에 대하여는 위하력을 가지기 어렵다는 점 등을 고려할 때 입법자가 이 사건 법률조항에 대하여 형법상 다른 성풍속에 관한 죄와 달리 벌금형을 규정하지 아니한 것이 형벌체계상의 균형에 반하는 것이라 할 수도 없다.]

한편, 간통죄를 형사처벌하는 것 자체는 합헌이라고 보면서도 징역형만을 규정한 것은 위헌이라는 재판관 송두환의 위헌의견이 있다.

[간통 및 상간행위에는 행위의 태양에 따라 죄질이 현저하게 다른 수많은

경우가 존재한다. 예컨대 우연한 기회의 일회적, 찰나적 일탈이 있을 수 있는 반면, 상당한 기간에 걸쳐 배우자에 대한 유기를 수반하는 지속적, 반복적인 범행도 있을 수 있다. 또한 법적으로나 사실상으로나 혼인관계를 유지하는 가운데 간통을 저지른 자와 상대방의 혼인관계가 사실상 파탄에 이른 것으로 믿고 상간한 미혼인 행위자의 경우는 그 법적 책임성이 질적으로 다르다고 평가하여야 할 것이다. 이렇듯 구체적 사례 여하에 따라 책임의 편차가 매우 넓을 것이라는 것은 일반적으로 충분히 예측 가능한 것이다. 그럼에도 불구하고 이 사건 법률조항이 간통 및 상간행위에 대하여 선택의 여지없이 반드시 징역형으로만 응징하도록 규정하고 있는 것은, 형벌의 본질상 인정되는 응보적 성격을 지나치게 과장하여 행위자의 책임에 상응하는 형벌을 부과하기 어렵게 하는 것으로 균형감각을 잃은 것이다.]

V. 헌재결정 이후의 상황과 전망

1. 소수의견의 법정의견으로의 전환

혼빙간 2차 결정의 법정의견은 혼빙간 조항의 경우 다음과 같은 이유에서 입법목적의 정당성이 인정되지 않는다고 판시한다.

[첫째, 남성이 위력이나 폭력 등 해악적 방법을 수반하지 않고서 여성을 애정행위의 상대방으로 선택하는 문제는 그 행위의 성질상 국가의 개입이 자제되어야 할 사적인 내밀한 영역인데다 또 그 속성상 과장이 수반되게 마련이어서 우리 형법이 혼전 성관계를 처벌대상으로 하지 않고 있으므로 혼전 성관계의 과정에서 이루어지는 통상적 유도행위 또한 처벌해야 할 이유가 없다. 다음 여성이 혼전 성관계를 요구하는 상대방 남자와 성관계를 가질

것인가의 여부를 스스로 결정한 후 자신의 결정이 착오에 의한 것이라고 주장하면서 상대방 남성의 처벌을 요구하는 것은 여성 스스로가 자신의 성적 자기결정권을 부인하는 행위이다[34]. 또한 혼인빙자간음죄가 다수의 남성과 성관계를 맺는 여성 일체를 '음행의 상습 있는 부녀'로 낙인찍어 보호의 대상에서 제외시키고 보호대상을 '음행의 상습없는 부녀'로 한정함으로써 여성에 대한 남성우월적 정조관념에 기초한 가부장적·도덕주의적 성 이데올로기를 강요하는 셈이 된다. 결국 이 사건 법률조항은 남녀평등의 사회를 지향하고 실현해야 할 국가의 헌법적 의무(헌법 제36조 제1항)에 반하는 것이자, 여성을 유아시(幼兒視)함으로써 여성을 보호한다는 미명 아래 사실상 국가 스스로가 여성의 성적자기결정권을 부인하는 것이 되므로, 이 사건 법률조항이 보호하고자 하는 여성의 성적자기결정권은 여성의 존엄과 가치에 역행하는 것이다.]

위와 같은 판시 내용은 혼빙간 1차 결정에서 위헌의견을 냈던 2인의 재판관 중 1인인 재판관 주선회의 의견과 거의 동일하다. 1인의 의견이 몇년 후 6인의 법정의견으로 된 것이다. 이러한 전환은 사회적 상황과 제도의 변화, 국민의 법의식의 변화에 따라서 어떠한 헌법적 쟁점에 대한 법적 평가가 달라질 수 있으며, 이는 또한 재판부 구성[35]과도 밀접한 관련이 있음을 시사한다. 그리고 비록 법정의견이 되지 못한 소수의견이라고 하더라도 사회 내에

---

34) 아직도 남녀 사이의 성의식이 차이가 나고, 유교적 윤리의식이 여전히 남아 있어 남자와 여자에게 들이대는 잣대도 동일하다고 볼 수 없는 사회적 상황에서, 혼빙간 조항에서 금하고 있는 행위를 '성관계의 과정에서 이루어지는 통상적 유도행위'라고 사소하게 취급하는 한편, '상대방 남자와 성관계를 가질 것인가의 여부를 스스로 결정한 후 자신의 결정이 착오에 의한 것이라고 주장하면서 상대방 남성의 처벌을 요구하는 것은 여성 스스로가 자신의 성적자기결정권을 부인하는 행위'라고 하여 오히려 피해자인 여성을 비난하는 듯한 설시는 비판의 소지가 있으나, 이 글에서는 다루지 않기로 한다.

35) 혼빙간 1차 결정은 3기 재판부에서, 혼빙간 2차 결정은 4기 재판부에서 각 이루어졌다.

실제로 존재하는 다양한 의견을 대표하여 법적으로 재구성해내어 헌법재판에 흡수하는 역할을 함과 아울러, 대립되는 의견의 상호 교환을 통하여 공감대적 가치를 재구성하는데 긍정적인 역할을 수행함을 보여준다.

한편, 혼빙간 2차 결정은 혼빙간 1차 결정 후 7년 남짓만에 이루어졌는데 선례를 위와 같이 변경하면서도 선례를 변경하는 이유에 대하여 1차 결정이 논증에 실패한 것인지, 아니면 사회적 상황이 변화한 것인지 등에 대하여 명시적으로 언급을 하지 아니하여 헌법재판소 스스로 자신의 결정을 존중하지 않는 듯한 인상을 줌으로써 간통죄 등 사안에 대해서도 헌재결정 후 즉각적인 심판청구를 남발하게 하는 원인을 제공한 것이 아닌가 하는 아쉬움이 남는다.

혼빙간 2차 결정의 법정의견은 위와 같이 입법목적의 정당성을 부정하면서도 수단의 적절성, 피해의 최소성과 법익균형성에 대하여 판단을 한다.

[결혼과 성에 관한 국민의 법의식에 많은 변화가 생겨나 여성의 착오에 의한 혼전 성관계를 형사법률이 적극적으로 보호해야 할 필요성은 이미 미미해졌고, 성인이 어떤 종류의 성행위와 사랑을 하건, 그것은 원칙적으로 개인의 자유 영역에 속하고, 다만 그것이 외부에 표출되어 명백히 사회에 해악을 끼칠 때에만 법률이 이를 규제하면 충분하며, 사생활에 대한 비범죄화 경향이 현대 형법의 추세이고, 세계적으로도 혼인빙자간음죄를 폐지해 가는 추세이며 일본, 독일, 프랑스 등에도 혼인빙자간음죄에 대한 처벌규정이 없는 점, 기타 국가 형벌로서의 처단기능의 약화, 형사처벌로 인한 부작용 대두의 점 등을 고려하면, 그 목적을 달성하기 위하여 혼인빙자간음행위를 형사처벌하는 것은 수단의 적절성과 피해의 최소성을 갖추지 못하였다.

이 사건 법률조항은 개인의 내밀한 성생활의 영역을 형사처벌의 대상으로 삼음으로써 남성의 성적자기결정권과 사생활의 비밀과 자유라는 기본권을 지나치게 제한하는 것인 반면, 이로 인하여 추구되는 공익은 오늘날 보호의 실효성이 현격히 저하된 음행의 상습없는 부녀들만의 '성행위 동기의 착

오의 보호'로서 그것이 침해되는 기본권보다 중대하다고는 볼 수 없으므로, 법익의 균형성도 상실하였다.]

실제 결정 내용에 들어가 보면, 최근 우리 사회의 급속한 개인주의적·성 개방적인 사고의 확산에 따라 성과 사랑은 법으로 통제할 사항이 아닌 사적인 문제라는 인식이 커져가고 있으며, 여성의 착오에 의한 혼전 성관계를 형사 법률이 적극적으로 보호해야 할 필요성은 극히 미미하여졌고, 실제 적발되고 또 처벌까지 되는 비율이 매우 낮아져(결정 전 5년간 통계를 보면, 고소되는 사건의 수는 1년에 500건 내지 700건 남짓에 불과하고 그 중에서도 기소되는 사건은 연 평균 30건 미만이라고 한다) 형벌로서의 처단 기능이 현저히 약화되었음에도 불구하고, 형사처벌로 인한 기본권 침해는 지나치게 제한적이라는 것이다. 그 논증과정 및 내용은 헌재 4차 결정 위헌의견의 그것과 매우 흡사하다. 제목만 살펴보아도, 수단의 적절성 및 피해최소성 부분에서 국민일반의 법감정의 변화/ 형사처벌의 적정성-성생활에 대한 형사처벌, 입법의 추세/ 형사처벌의 실효성-국가 형벌로서의 처단 기능의 약화, 여성의 보호/ 형사처벌의 부작용으로, 간통 4차결정의 위헌의견과 거의 같음을 알 수 있다.

위와 같은 헌재결정을 살펴보면, 비록 침해되는 법익이 개인적 법익이냐 사회적 법익이냐, 행위의 주체와 객체에서 그 차이가 있기는 하지만, 결국 국민일반의 법감정, 형사처벌의 실효성, 형사처벌의 부작용과 관련된 현실의 파악과 이에 대한 평가가 위헌판단의 저울을 움직이는 요소가 된다고 할 것이다.

2. 간통과 관련한 국민의 법감정, 형사처벌의 실효성 및 대체수단, 형사처벌의 부작용

1) 국민의 법감정

최근의 우리 사회는 급속한 개인주의적·성개방적인 사고의 확산에 따라 성(性)과 사랑은 형벌로 통제할 사항이 아닌 사적인 문제라는 인식이 커지고 있다. 간통죄 존폐여부에 관한 여론조사결과를 보면, ▷ 1991년 한국형사정책연구원의 설문조사결과 61.9%가 존치 의견을, 22.5%가 시기상조 의견을, 15.6%가 폐지의견을 제시하였고, ▷ 2007. 9. 12. 조인스 풍향계가 조사한 결과 67%가 존치의견을, 23.1%가 폐지의견을 제시하였으며, ▷ 2008. 3. 5. SBS라디오가 여론조사 전문기관 리얼미터에 의뢰해 조사한 결과, 부부관계에 국가개입은 바람직하지 않으며 민사재판으로 해결해야 한다는 의견이 35.5%였고, 52.7%는 형사처벌을 고수해야한다고 응답했으며, ▷ 2009. 12. 8. 위 리얼미터가 전국 성인남녀 1,000명을 대상으로 조사한 결과 전체 응답자의 64.1%가 간통죄 형사처벌에 찬성하며, 반대한다는 입장은 30.6%에 그쳤다고 한다.

구체적인 수치에 관한 여론조사의 신뢰성[36]이나 설문 내용의 차이에 따

---

36) 인터넷 포털사이트에서는 여론조사결과가 사뭇 다르다. 2007. 9. 24.자 연합뉴스 기사를 그대로 인용한다. [네이버에서 2007. 9. 10.부터 여론조사를 실시한 바에 의하면, 2007. 9. 22. 현재 5만 8천여명이 조사에 참여한 가운데 '간통죄 유지 찬성'이 49.63%, '반대'가 50.37%로 엇비슷했지만 '폐지해야 한다'는 견해가 약간이나마 우세했다. 야후(kr.yahoo.com)도 같은 날부터 '간통죄 위헌 여부가 또 헌법재판소 심판대에 오르게 됐다. 어떻게 생각하느냐'는 질문을 내놔 1만3천여명이 찬반 의견을 냈는데 '폐지돼야 한다'(62%)가 '유지돼야 한다'(38%)보다 훨씬 많았다. 또 엠파스(empas.com)가 11~18일 실시한 시사랭킹 투표에는 598명이 참여해 52%는 '법이 사생활에 지나치게 개입하는 것은 옳지 않은 만큼 폐지해야 한다'고 했고 48%는 '불륜이 용인되고 성 관

른 결론의 차이를 약간 옆으로 제쳐두고 보자면, 간통죄를 존치하여야 한다는 의견이 우세하기는 하지만, 간통죄를 폐지하여야 한다는 의견도 빠르게 증가하고 있는 경향을 보이고 있음을 알 수 있다. 간통죄와 같은 조항에 대하여는 불법이라는 인식이 원형적으로 존재하는 것이 아니고 이를 처벌하는 형벌조항이 이미 수십년간 존재하였다는 사실 자체로부터 나올 수도 있다는 점을 감안한다면, 형벌 조항을 폐지하여야 한다는 30%의 의견은 매우 의미 있는 것으로 보인다.

2) 형사처벌의 일반예방적 효과

간통쌍벌주의를 입법화함으로써 적어도 형법 제정당시인 1953년경 만연하였던 공공연한 남성의 외도와 축첩이 사라지고, 일부일처주의 혼인제도가 정착하였음은 인정할 수 있을 것이다. 하지만, 간통죄의 존재 때문에 일반적으로 간통에 이르지 못하게 하는 효과가 있을까? 어느 정도는 분명히 있을 것이다. 간통 4차 결정의 공개변론에서 참고인으로 의견을 개진한 가정법률상담소 소장은 "일정 수준의 사회적 지위가 있는 사람인 경우에는 형법에 간통죄가 있다는 자체만으로도 외도에 대해 부담을 느끼고 있는 경우도 자주 봤다[37]"며 경험에 근거한 답을 내놓았다고 한다. 그러나 급속한 성의식의 변화, 여성의 경제활동의 증가와 경제적 지위의 향상에 따른 여성간통의 증가,[38] 광범위한 성매수 등으로부터 우리나라의 혼인 외 성관계가 전반적으

넘 문란이 우려돼 존속해야 한다'고 했다. 리서치 전문 사이트인 폴에버(pollever.com)의 11~17일 조사에서는 응답자 509명 중 '가정을 유지하기 위해 존재해야 한다'는 견해가 50.9%로 절반을 조금 넘겼고 '사생활 문제로 폐지해야 한다'(26.5%), '비현실적인 현행법을 없애고 대체입법해야 한다'(22.6%)는 의견이 뒤따랐다.]
37) 파이낸셜 뉴스 인터넷 기사, '간통죄 공개변론 곽배희 소장 눈에 띄네', 2008. 5. 8.
38) 대법원 자료에 따르면 2006년 이혼소송을 당한 부인 8664명 가운데 절반 이상인 51.6%가 부정행위 때문에 이혼을 요구 받았다.(1999년엔 36%). 유인경, '배신을 법으

로 '간통의 천국'으로 불릴 만큼[39] 증가하여 왔다는 점은 정확한 통계가 없더라도 짐작할 수 있다[40]. 이러한 상황에서 간통죄로 입건되거나, 입건되더라도 기소되는 숫자[41]는 급격히 줄어들고 있다.

	2004년	2005년	2006년	2007년	2008년
처리	9,703명	8,720명	8,071명	7,098명	5,159명
기소	1443명	1,199명	1,200명	1,201명	938명
구속기소	569명	300명	115명	53명	9명
실형	216명	105명	68명	47명	42명

　* 위 인원은 상간자를 포함한 숫자이다. 아래 표도 같다. 따라서 아래 표의 여성피의자 숫자는 상간을 포함하여 간통사건으로 접수된 숫자를 의미하므로, 남편이 고소한 여성간통사건인지 여부는 알 수 없다.

	2004년	2005년	2006년	2007년	2008년
여성 접수	4,697명	4,102명	3,850명	3,522명	2,586명
여성 기소	721명	617명	594명	604명	471명

　위 통계를 보면, 간통죄로 접수되는 사건 수나 그 중 간통죄로 기소되는 숫자가 급격하게 줄어들고 있음을 알 수 있다. 그리고 5년 사이에 구속기소

　로 단죄하는 것은 타당한가... 간통죄 합헌 결정 그 후', 경향신문 2008. 11. 6.
39) 강준만, 「한국 간통의 역사-한국은 어떻게 '간통의 천국'이 되었는가?」 인물과 사상 통권135호, 2009.
40) Feuerbach의 심리적 강제설에 의한 심리적 위하작용을 현실적으로 형벌이 갖고 있는지는 범죄학적 측면에서 분명 의문시된다. 왜냐하면 모든 범죄자의 이성은 자신의 범행이 발각되지 않으리라는 낙관을 전제하고 있기 때문이다. 김일수, 앞의 글.
41) 이 통계는 [검찰연감] 및 2009. 7. 16.자 http://blog.joins.com/media 블로그 기사, 이철재, "사회프런트 101년 된 간통죄 '식물형벌' 되다"

나 실형은 위와 같은 사건수보다 더 큰 변화를 보이고 있는데, 이는 간통고소가 취소되지 않으면 원칙적으로 구속시키고 실형을 선고하였던 종전의 검찰과 법원의 처리경향이 과거에 비해 많이 완화되어 원칙적으로 불구속 수사를 하고 법원에서는 특별한 사정이 없는 한 집행유예를 선고하는 쪽으로 변해가고 있음을 보여준다.

	집행유예	1년 미만의 징역	1년 이상의 징역
2000년	588명(60.8%)	353명(36.5%)	26명(2.7%)
2001년	614명(61.7%)	355명(35.7%)	26명(2.6%)
2002년	686명(69.8%)	283명(28.8%)	14명(1.4%)

위 표[42])에서 보이듯이 간통 3차 결정이 내려지기 전인 2000년, 2001년에도 간통고소가 취소되지 않으면 실형을 선고하는 경우가 많았으나, 그 이후 실무경향이 달라졌음을 알 수 있다. 간통 3차 결정(비록 8:1로 합헌결정이 내려지기는 하였으나, 합헌의견은, 위헌이라고까지 볼 수는 없으나, 간통죄 조항이 많은 문제점을 안고 있고, 사회적 논란이 되고 있으므로, 입법자는 진지하게 개정을 고려하여야 할 것이라는 취지로 권고를 하였다) 이후 간통죄 조항에 대한 인식이 많이 변화하여 실무에 영향을 준 것으로 보아야 한다. 그리고 변화된 실무경향은 처벌의 실효성 뿐 아니라 고소권자의 고소여부 결정에도 영향을 주어 접수건수가 큰 폭으로 줄어들고 있는 것이다. 그렇다면, 2008. 10. 30. 간통 4차 결정 이후의 상황은 어떠한가. 아직 2009년 이후의 공식적인 통계가 나오지 않았으므로, 2009년, 2010년(2010. 6. 4.까지) 서울 지역에서 선고된 간통사건을 중심으로 살펴보도록 한다. 법원 내의 판결문 검

---

42) 대검찰청 > 검찰자료 > 법률상담 사례 「간통을 할 경우 어떻게 처벌되나요?」의 답변
   내용 중

색시스템을 통하여 검색되는 사건을 기준으로 하였으므로, 거의 기소된 사건 전부에 대한 통계라고 보이나, 고소취소에 의하여 공소가 취소됨으로써 결정으로 공소기각된 사건의 숫자는 알 수 없다. 그러나 실무관행[43]을 생각할 때 그 숫자는 극히 미미할 것으로 생각된다. 그리고 사건 수를 기준으로 한 것이므로, 극히 예외적인 경우를 제외하고는 상간자를 포함하여 각 사건당 피고인수가 2명이다. 따라서 0.5라고 표현된 부분은 피고인 1명을 가리킨다.

2009년도	선고		실형		집행유예		공소기각		무죄·선고유예	
	전체	여성간통	전체	여성간통	전체	여성간통	전체	여성간통	무죄	선고유예
서울중앙	35	16		-	20	8	14	7	1	-
서울동부	28	13	0.5	-	16.5	10	10	3	-	1
서울남부	15	7		-	12	5	3	2	-	-
서울북부	21	14	0.5	-	13.5	12	7	2	-	-
서울서부	16	10		-	10	5	6	5	-	-
총계	115	60	1	-	72	40	40	19	1	1

* 숫자는 사건 수를 기준으로 한 것이다.
* 여성간통사건이란 남편이 고소한 사건을 지칭한다.
* 실형 2명은 마약과 경합하거나 누범 중 범행으로 인한 것이다.

위 통계를 살펴보면, 첫째, 전국단위통계는 알 수 없으나, 서울지역의 인구수를 감안하면, 전체 기소된 사건수도 다시 큰 폭으로 감소했음을 알 수 있다. 서울에서 발생하는 간통사건 중 100건이 갓 넘는 사건 만이 기소되는 것

---

43) 간통죄 단일범죄로 기소되어 고소가 취소된 경우 검찰은 공소취소를 하지 않고 판결로 공소기각판결을 구하는 것이 일반적인 실무관행이다. 하지만, 필자는 2009년 서울남부지방법원에서 형사사건을 담당하였는데, 당시 일부 재판부에서는 공소취소를 하는 경우가 있었고, 그것이 위 통계에서 서울남부지방법원의 선고건수가 가장 적은 이유가 아닐까 한다.

이다. 둘째, 2009년 기소된 사건 중 고소취하로 종결된 사건은 39.5%로 기소된 이후에도 많은 경우 고소가 취하되고 75건만이 최종 판단의 대상이 되었다. 검찰에서 공소취소를 하여 결정으로 공소기각된 사건이 있음을 감안하면 고소취하로 종결되는 사건의 수는 더 많을 것이다. 셋째, 전체 선고 사건 중 남편이 고소한 여성 간통사건은 전체 115건 중 60건, 즉 54.5%로 반을 넘고 있는데, 공소 기각된 40건 중 여성 간통사건은 19건으로 50%가 되지 않는다. 표본 집단이 크지 않아 단정하기는 어려우나, 남편이 간통하는 경우가 부인이 간통하는 경우에 비하여 많을 것임이 자명한데도 여성 간통사건이 많다는 것은 여성 간통의 경우 간통죄 고소에까지 이르고 또한 고소가 취소되지 않아 형벌을 받는 비율이 높다는 것을 의미한다. 넷째, 간통죄만으로 실형을 선고하는 예는 거의 없다. 2009년 사건에서는 마약범죄와 함께 기소되어 실형을 받은 경우와 누범기간 중 상간하여 실형을 받은 경우만이 있을 뿐 간통만으로 실형을 받은 예는 없다. 이는 2008년까지의 통계에 비추어 볼 때에도 간통 4차 결정 이후에 실형을 선고하는 예는 더욱 희소해졌음을 알 수 있다.

한편, 2010년의 선고현황을 보면, 이와 같은 경향이 더욱 뚜렷해지고 있음을 알 수 있다. 다만, 서울남부지방법원에서의 실형은 자신의 지위를 이용하여 사회초년생인 상간자에게 금전과 취업을 미끼로 지속적인 성교 요구를 하여 간통에 이르게 되었고, 내연관계 유지를 위하여 가족, 친구들에게 간통 사실을 폭로하겠다고 상간자를 위협하였으며, 반성을 하지 않는 점 등에 비추어 죄질이 극히 불량하다고 판단하여 내려진 것이나, 항소심에서의 결정은 아직 나지 않았다. 또 한 가지, 무죄판결을 받은 사건 수를 보면, 법원에서 간통죄의 유죄를 판단하는데 더욱 엄격해진 것이 아닌가 하는 판단이 든다.

이러한 변화는 간통죄에 대한 사회적 인식의 변화, 여성 간통사건의 증가 및 헌법재판소의 결정으로부터 나온 것이며, 이러한 검찰 및 법원의 실무는 역으로 간통죄로 고소하는 사건 수에 영향을 미칠 것이고, 이러한 상호작용은 결국 간통죄 처벌의 실효성 약화를 급속히 가속화시킬 것이다.

2010	선고		실형		집행유예		공소기각		무죄·선고유예	
	전체	여성간통	전체	여성간통	전체	여성간통	전체	여성간통	무죄	선고유예
서울중앙	9	5	-	-	5	3	2	0	2	-
서울동부	7	4	-	-	3	2	3	2	1	-
서울남부	2	1	0.5	-	1.5	2	-	-	-	-
서울북부	9	3	-	-	3	1	6	1	-	-
서울서부	9	2	-	-	3	-	6	2	-	-
총계	36	15	-	-	15.5	8	17	5	3	-

* 2010. 6. 4.까지 검색 가능한 선고사건을 기준으로 한 것이다.
* 실형 1명은 죄질불량으로 인한 것이다.

3) 형사처벌의 부작용

위헌의견은 간통죄가 친고죄로 규정되어 있으면서, 간통행위자 및 상간자의 법적 운명은 간통행위자의 배우자의 손에 전적으로 달려 있게 되는 결과, 이러한 간통고소 및 그 취소가, 사실상 파탄상태에 있는 부부간에 이혼을 용이하게 하려는 수단으로, 사회적으로 명망 있는 사람이나 일시적으로 탈선한 가정주부를 공갈하는 수단으로, 상간자로부터 재산을 편취하는 수단으로 악용되는 폐해도 종종 발생한다. 하지만, 위와 같은 폐해가 발생한다고 하더라도 이는 간통죄가 형사범죄로 규정되어 있는 그 자체로 발생하는 문제이거나, 간통죄를 친고죄로 하는데서 오는 부득이한 현상으로서 형법상 다른 친고죄에서도 나타날 수 있는 문제이거나 친고죄로 규정한 취지에 비추어 수인하여야 하는 내용일 뿐이다. 이러한 폐해는 "간통죄가 피해자의 인내심이나 복수심의 다과 및 행위자의 경제적 능력에 따라 법률적용의 결과가 달라지는 측면이 있다"고 표현되기도 하는데, 마찬가지이다.

간통죄를 형사처벌함으로써 발생하는 실제 심각한 문제는 적발 및 수사, 재판과정에서 이루어지는 극심한 인권침해이다. 간통죄 자체가 은밀하게 이루어지는 성관계를 그 대상으로 삼고 있는데다가 그 구성요건은 '삽입'으로 해석되고, 간통 1회당 하나의 범죄로 보아 간통의 일시, 장소를 특정하도록 하며, 형사재판의 특성상 법관이 가지는 유죄의 심증 정도가 민사에 비하여 월등히 높게 형성되어야 하므로, 당사자들의 간통은 입증하기가 매우 힘들다.

이에, 통상 배우자가 오랫동안 상대방을 미행, 감시하다가 결정적인 순간이 포착되면 경찰관과 함께 그 현장을 덮치는 것이 일반적인 과정이었다. 전자기술의 발달에 따라 도청기, 캠코더, 무전기 등으로 무장하고 조사 대상자들을 24시간 미행 감시하면서 모텔 출입이나 자동차 안에서의 불륜행위 등 중요한 장면을 몰래카메라로 촬영하는 등의 활동을 업으로 하는 매체도 늘어나고 있다고 한다.44) 사회적으로 큰 파장을 일으켰던 여배우의 간통사건에서도 남편이 맞은 편 건물에서 촬영한 '결정적인 증거'가 있다는 보도가 있었다. 거기에다가 수사과정이나 재판과정에서 피고인들이 부인을 하는 경우 속옷에 묻어있는 정액의 검사, 질내의 정액 검사 등이 이루어지기도 하며, 이러한 과정은 여성에게 보다 가혹하다. 그리고 실무에서 간통죄 처벌의 요건을 강화하면 할수록 권력행사는 더욱 비인간적이 되고, 침해는 점점 치명적이 된다는 역설이 있다. 물론, 형사처벌을 하지 않고 배우자의 부정으로 민사적 해결을 하는 경우에도 배우자의 부정을 입증하기 위하여 위와 같은 과정이 이루어질 가능성이 매우 크다. 하지만, 민사와 형사는 입증의 정도가 크게 차이 날 뿐 아니라, 민사에서는 배우자의 부정행위만 입증하면 되고 '삽입'여부의 입증에까지 이를 필요는 없기 때문에 위와 같은 증거수집과

---

44) 강준만, 앞의 글, 199면.

정에서 이루어지는 사생활의 침해, 인격권의 침해 등은 상당 부분 완화될 수 있다.

4) 대체 수단

합헌의견처럼 형사처벌을 하여야 할 불법성이 있는 범죄에 대하여 민사적 해결수단이 대체수단으로 될 수는 없다. 즉, 범죄 피해자에게 민사로 손해배상을 받을 권리가 있다고 하여 형벌조항은 필요 없다는 논리는 성립되지 않는 것이다. 하지만, 실제 불법성이 크게 약화되었고, 형사처벌에까지 이르는 경우가 드물어져 형사처벌의 실효성이 없어졌으며, 그 형사처벌을 구하는 이유의 상당부분이 위자료 등의 금전적인 배상의 실질화 혹은 이혼에 따른 효과에 있어 우위를 점하기 위한 것이라면, 민사적인 수단이 대체수단이 될 수 있을 것이다.

실제, 위헌의견에서 제시하고 있듯이 1990. 1. 13. 민법의 개정에 따라, 부부가 이혼을 하는 경우 각 당사자에게 재산분할청구권이 부여되는 한편, 자녀에 대한 친권도 남녀 간에 평등하게 보장되었다. 즉, 민법상 처의 재산분할청구권45)이 인정되고 주부의 가사노동도 재산형성에 대한 기여로 인정되어 이혼 후의 생활토대를 마련할 수 있는 제도가 마련되었고, 부부의 이혼 시에

---

45) 2008. 12. 1.부터 2009. 2. 23.까지 전국의 1심법원에서 선고된 227건을 분석하면, 처를 기준으로 한 재산분할비율이 50%인 사건이 가장 많음을 알 수 있다.

처 기준	0~10%	15~20%	25%	30%	35%	40%	45%	50%	55%	60%	65~70%	80~100%	합
건수	6	15	15	24	13	56	19	60	1	10	5	3	227
%	2.64	6.6	6.6	10.5	5.72	24.6	8.37	26.4	0.44	4.4	2.2	1.32	100

위 결과에서 재산분할비율이 35% 이하인 구간의 판결은 대부분 ① 혼인 전에 취득한 재산, ② 부모로부터 증여, 상속받은 재산, ③ 혼인기간이 짧거나 재혼인 경우, ④ 가산을 주식, 도박 등으로 탕진한 경우, ⑤ 분할대상 재산규모가 수억 원에 달하는 경우 등의 사례였다.(신한미, 「이혼소송에서의 위자료 및 재산분할실무(2010)」.

손해배상청구권[46]이 어느 정도 현실화되었으며, 양육비의 청구 등으로 자녀의 양육이 가능하게 된 것이다. 한편으로는 간통이라는 법적 평가를 받을 수 있는 많은 부분의 행위가 성매수를 통하여 이루어진다는 점을 감안하면, 성매수에 대한 적발 및 처벌을 강화함으로써 간통죄 처벌이 금지하고자 하는 행위를 상당부분 해결할 수 있다.

VI. 결론

이상에서 살펴 본 바와 같이 4번에 걸친 헌재결정은 모두 합헌으로 결론이 났지만, 헌법재판소가 사회적인 변화와 간통죄 처벌로 인한 부작용 등을 심각하게 바라보고 있음을 알 수 있으며, 기본권의 제한이 과도하다는 것을 객관적인 증거를 갖다 대어 입증한다는 것이 매우 어렵기는 하지만, 사회적인 지표는 점점 위헌론을 강화시킬 것으로 보인다. 간통 3차결정에서 합헌의

---

46) 근래에 선고된 배우자와 그 상간자를 상대로 한 사건의 판결에서 인정된 위자료액은 다음과 같다.(신한미, 앞의 논문)

배우자(만원)	상간자(만원)	배우자(만원)	상간자(만원)
5000	2500	4000	2000
1000	500	5000	3000
3000	1000	3000	2000
2500	1500	2000	1000
2000	2000	4000	2000
2000	1000	3000	1000
1000	500	3000	2000
1500	500	1000	1000
5000	3000	3000	1500
7000	5000	2000	1000
3000	1500	2500	1000

견에 참여했던 주선회 전 재판관도 "5기 이후에 위헌이 될 수도 있지 않을까 싶다"는 인터뷰를 한 바 있다.47)

한편으로 4번이나 합헌결정을 한 사안에 대해서 위헌결정을 하여 형벌조항의 효력을 소급하여 상실48)시키는 것이 바람직한가 하는 문제도 있다. 재판이 재판하는 사람에 따라 결론이 달라진다면 재판의 신뢰성을 상실하게 될 것이고,49) 원칙적으로 형벌조항은 소급하여 효력을 상실하기 때문에 1953년 형법 제정 이후 간통죄로 처벌을 받은 사람들은 모두 재심을 청구할 수 있으며, 구속되었던 사람들은 형사보상까지 청구할 수 있게 되기 때문이다.50) 앞서 살펴 본 바와 같이 합헌에서 위헌으로 가는 근거는 '성도덕을 보호하기 위하여 형벌을 부과하는 것은 애초에 위헌이다'는 것보다는 사회의 변화에 따라서 형벌 본래의 기능을 상실하였고, 법익균형성도 상실하였다는 점이 될 가능성이 크다.51) 이러한 경우 과연 그 이전의 판결의 효력까지도

---

47) 이범준, 「헌법재판소, 한국현대사를 말하다」, 궁리출판, 2009, 109면.

48) 헌법재판소법 제47조(위헌결정의 효력) ② 위헌으로 결정된 법률 또는 법률의 조항은 그 결정이 있는 날로부터 효력을 상실한다. 다만, 형벌에 관한 법률 또는 법률의 조항은 소급하여 그 효력을 상실한다.

49) 최근 비판 법이론가들은 법의 적용이란 단순히 입법자가 구상했던 법문의 의미를 재인식하는 데에 그치는 것이 아니라, 오히려 해당사례에 적합한 구체적인 논거를 법을 통해 창출하는 것을 의미한다고 보고, 어떤 논증이론에 근거하더라도 자유주의 법체계 내에서는 적어도 두 개 이상의 대립적인 법논증이 가능하며, 대립적인 법논증들 상호간의 관계를 통하여 자유주의 법체계가 어떻게 유지되는가를 밝히는 데 더 큰 관심을 갖는다고 한다. 김정오, 「헌법판례에 나타난 법적 논증의 구조적·비판적 분석-간통죄의 위헌여부에 관한 헌법판례(89헌마82)를 중심으로」법철학연구 제4권 제2호, 한국법철학회, 2002, 300면.

50) 혼인빙자간음으로 유죄판결을 받았던 승려가 21년 만에 재심을 청구해 무죄선고를 받았다(매일신문 2010. 2. 11.자 인터넷 기사)는 보도가 있었다.

51) "형법을 제정하던 1953년에는 아직도 오랜 시간 우리 사회를 지배해 왔던 남성 위주의 봉건적 가족제도의 영향으로 인하여 남성의 외도, 조혼, 중혼, 축첩 등의 관습이 남아있던 시기였다. 이러한 상황에서 헌법에서 보장하고자 하는 남녀평등의 일부일처제 혼인제도를 확립하기 위해서는 간통행위를 범죄화하여 형벌로서 규율하는 것이 중요한 과제였다고 할 수 있다. 그러나 남녀평등에 기초한 혼인제도가 사회적으로 정

모두 부인하는 것이 과연 타당한가 하는 고민이 있는 것이고, 폐지론에 비하여 위헌론 판단이 더 무거울 수밖에 없는 이유다.

이러한 고민이 보태져 단순위헌결정이 아니라 헌법불합치결정을 하여야 한다는 김희옥 재판관의 의견이 있었다. [장기간 생활을 공동으로 영위하지 아니하는 등 사실상 혼인이 파탄되고 부부간 성적 성실의무가 더 이상 존재한다고 보기 어려운 상태에서 행한 간통이나 단순한 1회성 행위 등과 같이 일부일처주의 혼인제도나 가족생활을 저해하는 바 없고 선량한 성도덕에 반한다고 보기 어려워 반사회성이 극히 약한 경우] 등 [이 사건 법률조항이 단순히 도덕적 비난에 그쳐야 할 행위 또는 비난가능성이 없거나 근소한 행위 등 국가형벌권 행사의 요건을 갖추지 못한 행위에까지 형벌을 부과하는 등 국가형벌권을 과잉행사하여 헌법에 합치되지 아니]하므로, [헌법불합치결정을 하되, 이 사건 법률조항의 적용을 중지하는 경우 처벌이 요청되는 간통행위의 처벌마저 불가능해짐에 따라 이 사건 법률조항을 그대로 존속시킬 때보다 더욱 헌법적 질서와 멀어지는 법적상태가 초래될 우려가 있으므로 입법자가 합헌적 법률을 입법할 때까지 잠정적으로 적용하게 할 필요가 있다.]는 것이다.

민형기 재판관[52]은 사실상 김희옥 재판관의 헌법불합치의견에서 지적하고 있는 문제점을 공유하면서, 합헌의견에 선다. [이 사건 법률조항 중 행위의 태양과 관련하여 헌법불합치의견이 상술하는 바와 같이 반사회적 성격이

착되고, 결혼과 가족에 대한 가치관이 빠르게 변화하고 있는 오늘날, 간통행위는 일부일처제의 혼인제도를 침해한다는 의미보다는 사적 혼인계약상의 성적 성실의무의 위반이라는 의미가 전면에 부각되고 있다."는 견해(이주희, 앞의 글, 344면)도 같은 의견이다.

52) 실제 심리과정에서 위헌을 주장한 5인의 재판관은 민형기 재판관을 적극 설득했다고 한다. 과거 헌재가 여러 차례 '입법부가 간통죄 폐지 여부를 진지하게 고려해야 한다'고 지적했지만 변화가 없지 않느냐는 이유였다. 하지만 민형기 재판관은 합헌을 선택했다. 사회가 합의해 국회에서 폐지하는 것이 적절하지, 헌재에서 위헌으로 폐지하기는 어렵다는 입장이었다. 이범준, 앞의 글, 113면.

미약한 부분의 사례에 이르기까지 이를 처벌하는 것은 사실상으로나 정책적으로 부당한 결과를 초래할 우려가 있으므로, 입법자로서는 여기에 지적되는 문제점에 대하여 우리의 인습과 사회적인 합의, 국민의 법의식 등을 실증적, 종합적으로 고려하여 이를 입법적으로 개선할 수 있도록 정책적인 노력을 기울여야 할 것임을 지적해 두고자 한다.]고 하여 입법적 해결을 촉구한 것이다.

헌재 4차 결정에서 5인의 재판관이 위헌의견을 내었지만, 위 의견까지 합하면 사실상 다수의 재판관은 간통죄 조항이 폐지 내지 개선되어야 한다고 생각하고 있는 것이다. 이 사회의 헌법적 분쟁을 최종적으로 해결할 기관이 헌법재판소임은 분명하지만, 사회적인 논란이 거듭되고 실제 적용과정에서 많은 문제점을 노출하고 있는 형벌조항에 대하여 입법자가 심도있는 논의를 거쳐 합의점을 도출하고 입법적으로 해결하는 것이 가장 바람직한 방법임도 또한 분명하다.

최근, 간통죄를 폐지하려다 한번 좌절하였던 법무부가 간통죄를 폐지하는 입법안을 제출하는 것을 다시한번 진지하게 검토하고 있다는 보도가 있었다.[53] 이를 계기로 간통죄를 둘러싼 뜨거운 논의가 다시 수면위로 올라올 가능성이 있다. 헌법재판 과정에서 논의된 다양한 관점들이 실증적, 종합적으로 고찰되고 숙고되어 보다 시대정신에 맞는 법, 보다 인간다운 법, 합리적이고 실용적인 법을 향한 문이 열리기를 기대해 본다.

---

53) MBC 2010. 3. 19.자 「법무부 형사법개정특위, 간통죄 폐지 논의」이 보도에 의하면, 법무부의 자문기구인 형사법개정특위가 작년 11월 전체회의를 열어 간통죄를 폐지하는 쪽으로 의견을 모았다고 한다.

참고문헌

[단행본]

이범준, 「헌법재판소, 한국현대사를 말하다」, 궁리출판, 2009.

[논 문]

Law advocacy for women in Uganda v. Attorney General, constitutional petitions nos. 13/05/&/05/06 [2007] UGCC1.

강준만, 「한국 간통의 역사-한국은 어떻게 '간통의 천국'이 되었는가?」 인물과 사상 통권135호, 2009.

김경제, 「간통처벌규정에 대한 합헌결정이 가지는 헌법적 문제점」, 헌법학연구 제15 권 제2호, 한국법철학학회, 2009.

김선택, 「헌법상 인격권의 보장체계와 보호법익-헌법재판소 판례를 중심으로」, 헌법 논총 제19집, 헌법재판소, 2008.

김일수, 「간통죄 존폐논의에 비추어 본 헌재의 형법 질서관」, 헌법논총 제19집, 헌법 재판소, 2008.

김정오, 「헌법판례에 나타난 법적 논증의 구조적·비판적 분석-간통죄의 위헌여부에 관한 헌법판례(89헌마82)를 중심으로」법철학연구 제4권 제2호, 한국법철학 회, 2002.

신한미, 「이혼소송에서의 위자료 및 재산분할실무」, 2010.

오선주, 「성도덕에 관한 죄 : 형법개정과 관련하여」, 법학논집, 청주대학교법학연구 소, 1992.

유인경, '배신을 법으로 단죄하는 것은 타당한가... 간통죄 합헌 결정 그 후 경향신문 2008. 11. 6.자

이수성, 「형법적 도덕성의 한계에 관하여」, 법학 제18권 제1호, 서울대학교법학연구 소, 1977.

이임하, 「간통쌍벌죄의 제정 및 적용과정에 나타난 여성관」, 사총 제56집, 역사학연 구회, 2003.

이주희, 「간통의 형사처벌과 그 헌법적 정당성」, 법과 정책연구 제8집 제2호, 동광문 화사, 2008.

허일태, 「간통죄의 위헌성 : 헌재(2001. 10.25. 2000헌바60 전원재판부)의 결정문을
　　중심으로」, 저스티스 통권 제104호, 한국법학원, 2008.
헌법재판소, 「기본권 영역별 위헌심사의 기준과 방법」, 헌법재판연구 제19권, 헌법재
　　판소, 2008.

[검찰연감] 및 2009. 7. 16.자 http://blog.joins.com/media 블로그 기사, 이철재, 「사회
　　프런트 101년 된 간통죄 '식물형벌' 되다」
2008. 5. 8. 파이낸셜 뉴스 인터넷 기사 '간통죄 공개변론 곽배희 소장 눈에 띄네'

제 3 장

간통죄의 입법적 검토

원 혜 욱*

I. 들어가는 말

간통죄는 배우가 있는 자가 간통하거나 그와 상간함으로써 성립하는 범죄로서, "선량한 성도덕과 일부일처주의 혼인제도의 유지 및 가족생활의 보장을 위하거나 부부간의 성적 성실의무의 수호를 위하여, 그리고 간통으로 인하여 야기되는 배우자와 가족의 유기, 혼외자녀의 문제, 이혼 등 사회적 해악을 사전에 예방하기"[1] 위하여 '성풍속에 관한 죄'로 형법 제241조에 규정되어 있다. 법제의 역사가 오래되고 이 규정을 적용하는 사건이 적지 않음에도 불구하고 간통죄 규정에 대해서는 1953년 형법제정당시부터 많은 논란이 있었으며 여전히 진행 중이다.[2]

인류가 일부일처제를 확립한 이후 간통죄가 처벌되기 시작하였다. 다만, 그 성격에 있어서 오늘날의 혼인제도 내지 성풍속을 유지하기 위한 간통행위의 처벌과는 달리 가부장의 소유물로 파악된 부인의 간통을 처벌하여 가

---

* 인하대학교 법학전문대학원 / 교수
1) 헌재 2001.10.25. 2000헌바60.
2) 송기춘/이정원, 「간통죄 폐지 여부에 관한 헌법적·형사법적 고찰」, 헌법학연구 제10권 제2호, 한국헌법학회, 2004, 333면.

부장권의 보호에 중점을 두었다. 우리나라의 경우에도 韓末에는 여성에 대한 불평등처벌주의가 지배하여 간통죄의 경우 여자만을 처벌하는 규정을 두었다가, 현행 형법의 제정으로 평등처벌주의로 변경되었다.3)

간통죄의 존폐가 크게 문제되는 것은 기본적으로 그것이 윤리와 형법이 갈등하는 영역에 존재하기 때문이다. 따라서 윤리문제에 형법이 어느 정도 개입할 것인가에 대한 근본적인 가치결단이 필요하다. 이러한 결단을 어느 선에게 내려야 할 것인가라는 문제는 각자의 인생관과 세계관에 비추어 다양한 입장이 전개될 수밖에 없을 것이므로 간통죄의 존폐는 쉽게 결론을 내릴 수 없는 문제이다. 이에 본 논문에서는 간통죄의 존폐에 대해 의견을 제시하지 않고 우리나라와 외국의 간통죄에 대한 법제사적 고찰을 통해 존폐의 논의에 대한 근거를 객관적으로 검토해보고자 한다.

II. 한국의 간통죄 규정

1. 현행법의 해석

형법은 제22장에서 '성풍속에 관한 죄'라는 표제 하에 5개의 범죄를 규정하고 있다. 즉, 혼인제도를 지탱하는 성도덕과 관련된 범죄로서 간통죄(제241조), 성매매와 관련된 범죄로서 음행매개죄(제242조), 음란물과 관련된 범죄로서 음화반포등죄(제243조)와 음화제조등죄(제244조), 공연음란죄(제245조)가 규정되어 있다.

---

3) 신동운/최병철, 「형법개정과 관련하여 본 간통죄 연구」한국형사정책연구원 연구보고서, 한국형사정책연구원, 1991, 137면.

제241조(간통죄)

① 배우자있는 자가 간통한 때에는 2년 이하의 징역에 처한다. 그와 상간한 자도 같다.

② 전항의 죄는 배우자의 고소가 있어야 논한다. 단, 배우자가 간통을 종용 또는 유서한 때에는 고소할 수 없다.

1) 간통죄의 보호법익

간통죄의 보호법익으로는 건전한 성풍속 내지 성도덕, 일부일처의 혼인제도, 부부간의 성실의무의 3가지가 제시된다. 이 중에서 어느 것에 중점을 두는가에 따라 간통죄의 본질 및 성격, 친고죄로서의 적절성 여부에 대해 견해가 나뉘기도 하는데, 헌법재판소[4]는 3가지 모두 간통죄의 보호법익에 포함된다고 판시하고 있다.[5]

성풍속 내지 성도덕을 보호법익으로 보는 가장 주된 근거는 무엇보다도 형법이 간통죄를 "풍속에 관한 죄의 장"에 규정하고 있기 때문이다. 그런데 형법이 제정될 당시만 해도 축첩을 처벌할 필요가 있었고, 누가 간통행위를 하면 주의의 비난을 받게 되는 사회적 배경이 있었다. 그러나 오늘날에는 축첩의 방지를 간통죄가 임무로 삼을 필요성이 예전에 비해 현저히 줄어들었고 사회가 개인주의적 성향으로 가고 있는 분위기로 보아 간통죄의 보호법익을 사회적 법익인 성풍속 그 자체로만 보기는 어렵다는 주장이 제기되고 있다.[6] 간통죄의 보호법익은 사회적 법익에 그치지 않고 개인적 법익까지도 포함하는 것으로 보아야 할 것이다. 이는 간통죄가 친고죄로 규정되어 있는

---

4) 헌재 1990.09.10, 89헌마82.
5) 이승호, 「성풍속에 관한 죄 규정의 개정방안」, 형사법개정연구(IV) 형법각칙 개정안, 한국형사정책연구원, 2009, 414면.
6) 신동운/최병철, 앞의 보고서, 175면.

것에서도 인정해야 할 것이다. 즉 사회적 법익의 보호를 목적으로 풍속에 관한 범죄로 규정된 간통죄가 배우자의 고소가 있어야 공소제기할 수 있도록 하고, 간통을 종용 또는 유서한 경우에는 고소할 수 없도록 하는 등 사회적 법익에 관한 범죄의 처리가 개인의 처분에 달려 있다.7)

2) 구성요건

(1) 주체

간통죄의 주체는 배우자 있는 자와 그 상대방인 이성(異性)이다. 간통의 상대방에게도 배우자가 있는 경우에는 이중간통이 성립한다. 여기서 배우자란 법률상의 배우자를 의미한다. 그러므로 사실혼의 부부나 동거자 또는 첩 등은 간통죄의 상대방에 포함되지 않는다. 생존한 배우자에 한하며, 사실상 동거 여부는 이 죄의 성립여부에 영향이 없다. 혼인이 무효인 때에는 배우자 있는 자에 해당하지 않는다.8)

상간자란 배우자 있는 자의 간통행위의 상대방을 말한다. 상간자에게는 배우자가 있을 필요가 없지만 상대방이 배우자 있는 자라는 점에 대한 인식은 있어야 한다. 상간자에게 배우자가 있는 경우에는 이중간통이 성립한다. 이중간통의 경우 쌍방 모두 제241조 전문과 후문의 간통죄가 되고, 각 자는 두 개의 간통죄의 상상적 경합범으로 인정된다.9)

(2) 행위

행위는 간통하는 것이다. 간통이란 자기의 배우자 이외의 자와 성교하는

---

7) 송기춘/이정원, 앞의 논문, 348.면
8) 김성돈, 형법각론, 성균관대학 출판부, 2009, 636면.
9) 김성돈, 앞의 책, 636면.

것을 말한다. 간통은 법률상 배우자가 있는 자가 법률상 배우자 이외의 자와 성관계를 하는 행위를 의미하기 때문에, 그 상간자가 음행의 상습이 있는지의 여부는 강간죄 성립에 영향이 없다.[10]

(3) 소추요건

간통죄는 친고죄이므로 배우자의 고소가 있어야 공소를 제기할 수 있지만, 일반 친고죄와는 달리 간통죄 고유의 고소 요건에 관한 두 가지의 특별규정이 있다.

① 고소

간통죄의 고소는 혼인이 해소되거나 이혼소송을 제기한 후가 아니면 할 수 없다(형사소송법 제229조 제1항). 이 경우에 다시 혼인하거나 이혼소송을 취하한 때에는 고소는 취소된 것으로 간주한다(형사소송법 제229조 제2항).

간통죄를 친고죄로 할 것인가에 대해서는 견해가 대립하고 있다. 찬성론은 간통죄의 보호법익에 부부간의 성실의무가 포함되어 있으므로 이 점에 주목하여 친고죄의 토대가 마련된다고 주장한다. 덧붙여서 간통죄를 친고죄로 하지 않는다면 형사사법기관이 모든 숙박업소를 단속하여 간통죄를 수사해야 하는데, 이는 국가의 사법역량을 넘어설 뿐 아니라 현실적으로 어떤 지역과 업소는 수사하고 나머지는 그렇지 못하는 불균형이 초래된다는 지적도 제시된다. 반면 친고죄 반대론은 간통죄의 주된 보호법익을 건전한 성풍속이라는 사회적 법익으로 파악하는 한 처벌여부를 개인이 결정하는 것은 자연스럽지 못하다는 점을 주장한다.[11]

---

10) 이희훈, 「간통죄의 위헌성에 대한 연구 : 헌법재판소 2009. 10. 30, 2007헌가17 결정에 대한 비판을 중심으로」, 토지공법연구 제43집 제3호, 한국토지공법학회, 2009, 495면.
11) 이승호, 앞의 논문, 429면.

② 종용과 유서

'종용'이란 간통에 대한 사전승낙을 말하고, '유서'란 사후의 승낙을 말한다. 간통에 대한 배우자의 사전·사후 승낙은 이 죄의 성립에는 영향을 미치지 못하며, 고소권의 발생을 저지시키는 데 지나지 않는다.[12] 종용, 유서와 관련하여 대법원[13]은 "부부 당사자가 더 이상 혼인관계를 지속할 의사가 없고, 이혼의사의 명백한 합치가 있는 경우에는 비록 법률적으로 혼인관계가 지속된다고 하더라도 사전 동의 의사가 그 합의 속에 포함되어 있다"고 판시하였다. 또한 "배우자끼리 합의이혼 하기로 하고 별거상태에 들어가거나 협의이혼신고서에 서명·날인하는 등 이혼합의가 내부적으로 진정하게 성립한 때에는 비록 법률상의 혼인관계가 존속한다 하더라도 앞으로 다른 이성과 정교관계를 종용하는 의사표시도 포함되어 있다고 해야 한다"고 판시하였다.[14]

이상과 같은 대법원 판결은 비록 부부가 형식적으로 혼인관계를 유지하고 있더라도 실질적으로 혼인을 해소한 것으로 볼 수 있다면 사실상 배우자의 간통행위를 허용 또는 인정한 것으로 보아 형법상 간통죄를 인정하고 있지 않은바, 실질적 관점에서 부부의 혼인상태 여부를 판단하여 종용을 인정하는 것으로 타당한 견해라 할 것이다.[15]

2. 법제사적 고찰[16]

우리나라에서는 이미 고조선시대 8조법금(八條法禁)에서부터 간통행위를 처벌하였고, 특히 여성에 대해서는 엄격하였다. 이러한 전통은 삼국시대

---

12) 김성돈, 앞의 책, 637면.
13) 대법원 2006도1759.
14) 대법원 95도2819.
15) 이희훈, 앞의 논문, 496면.
16) 신동운/최병철, 앞의 보고서, 139면 이하 참조 ; 이희훈, 앞의 논문, 497면 이하 참조

와 통일신라시대에 이르기까지 지속되었다. 조선시대에는 大明律을 포괄적으로 수용함에 따라 경국대전을 비롯한 조선 고유의 법전과 일반법으로서의 대명률이라는 이중의 법체계를 지니게 되었다.

1) 조선시대의 규정

(1) 대명률

대명률은 간통행위에 대해 미혼, 기혼을 묻지 않고 남녀를 같게 처벌하였으나 유부녀의 간통은 일반간통보다 一等을 가중하여 처벌하였다. 또한 신분질서를 파괴하는 간통행위를 일반간통보다 엄격하게 처벌하였다. 본인이 직접 간통을 한 것은 아니지만 교사 내지 간음을 매개한 행위를 처벌하였고, 처 혹은 첩을 매매하는 행위를 처벌하였다. 절차의 면에서 간통행위가 속성상 은밀한 범죄이므로 소추에서 현장성과 동시성을 요구하였고, 임신은 간통의 증거가 되었다. 국가의 형벌권이 완비되었지만 일정한 범위에서는 사적인 복수를 허용하였으며, 간통에 대해서는 남편에게 복수를 허용하여 간통현장에서의 부인과 상간남의 살인행위에 대해 책임을 묻지 않았다. 또한 간통을 官에 고발하지 않고 사적으로 화해하는 행위를 처벌하였다.

(2) 조선 고유의 법전

조선 고유의 법전에는 간통행위에 대한 일반규정보다는 절차규정이나 특별규정이 많았다. 최초의 경국대전에는 간통에 대한 실체법적인 규정인 없고 절차규정만 있다. 경국대전에 의하면 부녀의 간통은 자손이 官員으로 임용되는 것에 제한을 가함으로써 간접적으로 간통죄를 강력하게 규율하였다. 이러한 부녀에 대한 속박은 이전 시대까지 자유로웠던 여성 활동의 규제, 나아가 여성의 사회적 지위의 저하를 의미한다고 할 것이다.

2) 1905년의 형법대전(刑法大全) - 조선형사령(朝鮮刑事令)

형법대전은 형식의 근대성에도 불구하고 내용은 대명률과 대전회통(大典會通)을 국한문체로 번역한 것이었다. 따라서 간통죄도 본질적으로 조선시대의 그것과 다르지 않았다. 그러나 일본인 법학자가 활동한 융희(隆熙) 2년(1908년)에 형법대전을 개정하여 일본형법의 간통죄에 따라 유부녀가 간통한 경우 그와 상간자를 6월 이상 2년 이하의 징역에 처함으로써 유부녀의 간통만 처벌하였다. 그 후 일제식민기에는 조선형사령에 의해 일본 형법을 의용하여 간통죄는 유부녀의 간통행위만 처벌하는 불평등주의가 우리 사회를 지배하게 되었다.[17)

3) 1953년의 제정형법[18)

(1) 1948년의 형법기초요강

1947년 조직된 법제편찬위원회에서 작성된 요강은 대한민국정부가 수립된 이후 법전편찬위원회의 검토를 거쳐 1948년 12월 11일 전부 통과되었다. 이 요강에서 간통죄는 공익을 그 죄질로 하는 풍속을 해하는 범죄이며, 남녀평등의 이념에 비추어 남녀를 동일조건으로 처벌하기로 하며 친고죄의 규정을 두었다.[19) 요강의 내용은 다음과 같다. "14. 외설(猥褻)간음 및 중혼죄의 장을 풍속을 해하는 죄 및 간음죄의 두 개의 장으로 나누고, 일반외설행위, 간통, 중혼 등은 전자의 장에, 강간을 위시하여 피해부녀의 의사에 반하는 간음행위는 후자의 장에 규정하여 전자는 공익 후자는 사익을 각각 죄질로 하

---

17) 신동운/최병철, 앞의 보고서, 141면.
18) 한국형사정책연구원, 형사법령제정자료집(I), 형법, 1990년 ; 신동운/최병철, 앞의 보고서, 139면 이하 ; 송기춘/이정원, 앞의 논문, 336면 이하 참조.
19) 송기춘/이정원, 앞의 논문, 335면.

는 것으로 할 것. 15. 간통죄는 남녀평등의 이념에 비추어 남녀를 동일한 조건으로 처벌하기로 하되 친고죄로 할 것."

(2) 제정형법

법전편찬위원회에서 형법초안을 작성할 때에는 간통죄를 폐지하기로 하였다. 그러나 간통죄의 폐지여부는 일단 조문을 규정하고 국회에서 심의하기로 하였다. 1951년 4월 13일 정부에서 국회로 이송된 정부초안은 다음과 같다. "제257조 ① 배우자 있는 자, 간통하였을 때에는 2년 이하의 징역에 처한다. 그와 상간한 자도 같다. ② 전항의 죄는 배우자의 고소가 있어야 논한다. 단 배우자가 간통을 종용 또는 유서(宥恕)하였을 때에는 고소할 수 없다."

국회에 이송된 정부초안에 대해 법제사법위원회가 국민의 자유를 최대한 보장하는 방향으로 조문을 수정하는 과정에서 간통죄는 삭제하기로 하였다. 정부초안 및 국회 수정안이 국회에 상정되자, 이에 대해서 다음과 같은 또 다른 수정안이 제출되었다. "제329조 ① 유부(有夫)의 처가 간통한 때에는 2년 이하의 징역에 처한다. 그 상간자도 같다. ② 전항의 죄는 본부(本夫)의 고소를 기다려 이를 논한다. 단 본부가 간통을 종용한 때에는 고소의 효력이 없다."

정부초안은 수정안들과 함께 제15회 정기국회 본회의에 상정되었으나, 회기가 종료되어 법제사법위원회에 재회부되었고, 법제사법위원회가 재의결하여 1953년 6월 5일 제16회 임시국회 본회의에 형법안이 다시 상정되었다. 국회에서는 형법안에 대해 존폐론이 격렬하게 대립되었다.

가. 간통죄 존치의 주장

① 정부의 주장(쌍벌주의 간통죄)

1. 남성 중심의 사회적 분위기에 의해 축첩이 횡행하던 분위기에서 특히 여자에게 고소권을 인정함으로써 혼인한 남자들의 축첩이나 외도를 막을 수 있다.

2. 세계문명국가에서 간통죄를 벌하지 않는 방향으로 나아가고 있지만 아직 교육정도가 높지 않은 나라에서 간통죄를 처벌하지 않으면 아내가 失行하는 경우 남편이 치명적인 상해는 가하는 등 부작용이 우려되지만 이 규정이 있음으로써 재판을 위해 법원에 드나들게 되고 그 과정에서 화해가 이루어져서 문제가 원만하게 해결될 수도 있다.

3. 우리나라의 정조관념은 세계제일인데 이러한 미풍양속을 지켜갈 수 있다.

② 방만수 의원의 주장

"여기서 간통죄를 「풍속을 해하는 죄」라고 했는데 이것을 「정조에 관한 죄」에 넣기 위해서 제329조로 수정안을 내었다. 우리 민족은 피의 순결을 지니고 있는데 과거 우리의 관행으로 보면 도덕의 실천이 없었다. 그래서 부녀층에 대해서는 좀 미안하지만 단벌주의로 한 것이다. 다만 쌍벌주의로 하자는데 대해서도 이의가 없는데, 요컨대 간통죄 조항만큼은 절대로 살려야 한다."

③ 김봉조 의원의 주장

"만에 한 사람이나 십만에 한 사람 여자가 간통하는 예가 있기는 하지만 극히 소수이고 실제 처벌해야 할 것은 간통행위를 많이 하는 남자이다. 혹시 남자만 처벌하자는 안이 통과되지 못한다면 쌍벌주의라고 채택해야지 전연 삭제해서는 안된다."

나. 간통죄 폐지의 주장

① 엄상섭 의원의 주장

"...법제사법위원회에서 여러 가지 각도로 보다가 결국 이것을 삭제하는 것이 좋다 이렇게 되었습니다. ... 그런데 간통문제에 있어서 일반 세계적인 입법추세를 보면 점차 벌하지 않는 방향으로 나가고 있습니다. 우리나라 형편으로 보면 종래의 간통죄 조항은 여자한테 대단히 불리하게 규정되어 있었습니다. 그러니 이것을 그대로 두면 우리 헌법상의 남녀평등의 원칙에 위반이 되겠다. 그렇다고 해서 간통죄를 전연 없애면 종래에 있든 것이 없어지고 갑자기 정조관념을 박약하게 만드는 것이 아닌가 이러한 생각도 나서 일부 보수적인 생각을 가진 사람은 간통죄를 두자고 합니다. 그러면서 보수적인 생각을 가진 사람이면서 남자측이 간통죄를 범하는 계층에 속합니다. 그러니까 간통죄를 두면서 쌍벌주의로 나가자는 용기는 없는 것입니다. 그러면서 우리나라의 남녀평등의 원칙에 비추어 본다면 간통죄를 두거나 말거나 남자를 동일조건에 두어야 되겠다. 그러면 동일조건으로 했으면 되겠는데 남성편이 견디어 나갈 수 없다 하는 것이예요. ... 법제사법위원회에서는 모든 법률을 판정할 때 그 현실 상태를 너무나 무시할 수 없다. 만일 여자를 동조건으로 처벌하게 된다면 우리나라에서는 많은 파탄이 일어나게 될 것이다. 현재 남자가 외입(外入)하는 정도는 이 다음에 고치면 그만이라고 하겠지만 이미 구례의 관습이 있어서 혹은 자손을 얻기 위해서 그 중에는 자기 본부인과 협의가 되어 소실을 얻어서 이미 아들도 낳고 딸도 낳고 그 위에다가 사회적인 여러 가지 기성사실이 벌써 형성되어 가지고 있다. 이것을 갑자기 남성의 이러한 행위도 처벌대상으로 한다고 하면 사회의 다대한 혼란이 일어나지 않을까 그러한 점이 하나이고, 결국은 법률의 관습은 남의 집 문턱안으로 들어가서는 안 된다. 이러한 입법상의 원칙에 따라서 부부간의 일은 부부 자체에 맡길 것이지 법률로 처벌해야 되어 질 것인가? 처벌한다고 해서 고쳐질 성질의 것인가? 여러 가지 생각해서 간통죄는 결국 삭제하는 것이 좋지 않은가 이렇게 해서 삭제하게 된 것입니다. 이 점 많이 생각해서 여하간 이 문제에 대해서는 우리 국민 대다수가 느끼고 있는 바를 충분히 반영시켜서 결정지을 문제라고 생각합니다."

② 조주영 의원의 주장

"법을 만드는데 있어서, 특히 간통죄에 있어서도 부부가 어떻게 해야만 평화스럽게 잘 살 수 있느냐에 주안점을 두어야 한다. 간통죄를 전연 불문에 붙이면 그렇지 않아도 윤락의 길을 걷고 있는 많은 여성들의 품행이 방정하지 못할 것이 아니냐는 염려를 하는 분이 있는데, 방정하지 못한 행위를 처벌하는 규정을 두지 않은 처녀들을 볼 때 이것은 하나의 기우에 불과하다. … 내가 생각하기에 열녀(烈女)는 여자를 남자의 소유물로 생각하고 남자만을 위하여 정조를 지킨다는 봉건적인 사상으로부터 간통죄에 있어서 여자를 처벌한다는 결정이 나온 것이라고 본다. 현재는 남녀동등이고, 여자도 학문으로 가르치고 도덕적으로 교양을 한다고 하면 하등 우리 풍속이 문란하게 될 우려는 없다고 생각한다. 현재 형법이라는 것이 죄진 사람을 보복적으로 해하지는 것이 아니라 사회가 좀 더 잘 살게 하는 것에 목적을 두고 있다. 그런데 아내가 남편을 고소하여 남편이 징역을 간다고 하면 이것이 처와 자식에게 어떠한 행복을 가져다 줄 것이며 사회에 어떠한 결과를 가져올 것인가. … 민주주의 사회에서는 부부기리 알아서 애지중지하는 데에서 가정의 평화가 오는 것이지 사내를 의심하고 고소할 자료를 장만하려고 하는 가정은 불행한 것이다."

다. 표결결과

이와 같은 토론을 거친 후 간통죄에 대한 표결이 있었던 바, 그 결과는 다음과 같다.

	재석원수(在席員數)	가	부
간통죄 폐지	110	49	16
有妻의 夫만 처벌	110	8	0
有夫의 婦만 처벌	112	0	1
경과규정	112	18	0
정부초안(쌍벌죄, 친고죄)	112	57	0

가의 표를 얻은 수가 삭제안 지지표에 비하여 8표 많기는 하지만 의결정족수의 관점에서 보면 간통죄의 조문이 단 한 표의 차이로 국회를 간신히 통과하였다는 사실을 주지해야 할 것이다. 만일 한 표가 없었더라면 가부동수로서 정부초안은 부결되었을 것이다.

라. 제정형법에 대한 평가

쌍벌주의와 친고죄를 주요한 특징으로 하는 간통죄 규정이 채택된 것은 남녀평등과 혼인의 순결을 규정한 제헌헌법 아래 남녀평등이 실현된 가족제도의 형성과 당시 문제가 되었던 축첩과 남자들의 외도에 대처하고자 하였던 점에서 긍정적으로 평가할 수 있을 것이다. 당시에는 남녀평등과 혼인의 순결을 가족제도에서 실현하여야 하는 과제를 안고 있었다는 점에서 현재 주장되는 개인의 자유라는 측면보다는 혼인제도 및 가족제도의 측면에서 국가가 보다 적극적인 태도를 취하기 위한 것이라고 볼 수 있다.[20] 그러나 제정형법에 대한 논의과정에서 존치론과 폐지론 모두 주장한 남녀평등의 원칙에 대한 논거를 살펴보면 진정한 남녀평등을 주장하고 있는 것으로 보이지

20) 송기춘/이정원, 앞의 논문, 343면.

않는다. 이는 간통죄 폐지를 주장하는 의원의 근거나 쌍벌주의를 주장하는 의원의 근거 모두 여성의 정절만을 중요하게 다루고 있다는 점에서 알 수 있다. 예컨대 폐지론자의 주장을 살펴보면, 문제되는 것은 남자의 외도로 인한 가정의 문제야기가 아니라 종래 있었던 간통죄가 삭제됨으로써 초해될 수 있는 정조관념의 타락에 근거해 주장하고 있다.

4) 1992년의 개정안[21]

1992년의 개정안이 작성되는 과정에서 간통죄에 대해서는 존폐의 논란이 상당히 치열하게 전개되었던 것으로 알려진다. 우선 소위원회에서는 간통죄를 폐지하기로 하였으나(존치 0, 폐지 8, 기권 2), 변협이 간통죄 폐지에 반대의견을 제시하였고 나아가 여성단체 및 유림 등을 대상으로 의견조사를 한 결과 존치의견이 2/3에 달했다고 한다. 그리하여 전체회의에서는 간통죄를 존치하되 법정형을 완화하는 방향으로 정리하였다.[22]

장명(章名)이 '풍속을 해한 죄'인데 '풍속'이라는 불확실한 관습상의 관념을 현행형법상 독립한 보호대상으로 삼는다는 것은 문제가 있다는 지적이 있어 처음에는 간통죄를 삭제하면서 '음란의 죄'로 변경하였다가 그 후 마지막 단계에서 간통죄를 존치시키면서 '성풍속에 관한 죄'로 변경하였다.

제325조(간통) ① 배우자 있는 자가 간통한 때에는 1년 이하의 징역 또는 500만원 이하의 벌금에 처한다. 그와 상간한 자도 같다.
② 제1항의 죄는 배우자의 고소가 있어야 공소를 제기할 수 있다. 다만, 배우자가 간통을 종용(慫慂) 또는 용서(容恕)한 때에는 고소할 수 없다.

---

21) 법무부, 형법개정법률안 제안이유서, 1992, 235면, 236면.
22) 이승호, 앞의 논문, 418면.

간통죄의 존폐문제는 1992년 형법개정작업 중 일반국민들이 가장 관심을 많이 가졌던 부분으로 매스컴도 이를 부각시켰다. 개정요강작업을 위한 소위원회에서 찬성 8, 존치 0, 기권 2로 삭제하기로 하였었다. 그 삭제이유는 다음과 같다.

1. 부부간의 혼인적 성실의무의 이행 내지 사회윤리적 제도로서의 혼인의 유지는 형벌로써 강요할 성질의 것이 아니다.

2. 간통죄에 있어서는 형사정책적으로 볼 때 형벌의 범죄억제효과가 거의 없다.

3. 간통행위는 암수가 많고 거의 사문화되다시피 하면서도 일단 고소되어 사실이 확인되면 구속되고 합의에 의하여 고소가 취소되지 아니하면 실형이 선고되는데 간통죄가 혼인이 취소되거나 이혼소송을 제기한 후가 아니면 고소할 수 없는 특수한 친고죄임을 감안할 때 간통죄의 존치는 형벌이 소망하는 위자료를 받아내기 위한 수단으로 전락한다.

4. 재력 있는 범인은 처벌되지 아니하고 재력 없는 범인만이 처벌되는 불평등을 초래한다.

5. 간통죄의 폐지가 여자측에 불리하다고 주장하지만 간통행위로 인하여 처벌되는 비율은 사실상 여자측이 많으므로 그 존치가 반드시 여자측에 유리하다고는 볼 수 없다.

6. 간통행위의 불법은 세계적인 추세이다.

그동안 존치론도 만만치 아니하여 1991년 11월 23일의 전체회의 표결 결과 재석 24명 중 삭제 16명, 존치 7명, 기권 1명이었고 여론조사결과에 의하면 3분의 2가 간통행위의 처벌을 원하고 있다는 점을 감안하여 1992년 5월 27일의 마지막 전체회의에서 간통죄는 존치하되 2년 이하의 징역을 1년 이하의 징역으로 완화하고 선택형으로 벌금형을 추가하는 절충안이 채택되었다.

<표 1> 간통죄 규정의 비교

현행규정	제241조(간통죄) ① 배우자있는 자가 간통한 때에는 2년 이하의 징역에 처한다. 그와 상간한 자도 같다. ② 전항의 죄는 배우자의 고소가 있어야 논한다. 단, 배우자가 간통을 종용 또는 유서한 때에는 고소할 수 없다.
1905년의 형법대전, 조선 형사령	유부녀가 간통한 경우 그와 상간자를 6월 이상 2년 이하의 징역에 처함.
1947년 형법요강	14. 외설(猥褻)간음 및 중혼죄의 장을 풍속을 해하는 죄 및 간음죄의 두 개의 장으로 나누고, 일반외설행위, 간통, 중혼 등은 전자의 장에, 강간을 위시하여 피해부녀의 의사에 반하는 간음행위는 후자의 장에 규정하여 전자는 공익 후자는 사익을 각각 죄질로 하는 것으로 할 것. 15. 간통죄는 남녀평등의 이념에 비추어 남녀를 동일한 조건으로 처벌하기로 하되 친고죄로 할 것
1953년 제정형법	"제257조 ① 배우자 있는 자, 간통하였을 때에는 2년 이하의 징역에 처한다. 그와 상간한 자도 같다. ② 전항의 죄는 배우자의 고소가 있어야 논한다. 단 배우자가 간통을 종용 또는 유서(宥恕)하였을 때에는 고소할 수 없다."
1992년 개정안	제325조(간통) ① 배우자 있는 자가 간통한 때에는 1년 이하의 징역 또는 500만원 이하의 벌금에 처한다. 그와 상간한 자도 같다. ② 제1항의 죄는 배우자의 고소가 있어야 공소를 제기할 수 있다. 다만, 배우자가 간통을 종용(慫慂) 또는 용서(容恕)한 때에는 고소할 수 없다.

3. 헌법재판소 결정내용

간통죄가 가정생활에서의 부부간의 성생활에 관련된다는 점을 고려할 때 간통죄 규정은 헌법 제36조와 관련이 있다는 것을 알 수 있다. 헌법 제36조 제1항은 "혼인과 가족생활은 개인의 존엄과 양성의 평등을 기초로 성립되고 유지되어야 하며, 국가는 이를 보장한다."고 규정하고 있다. 헌법규정에 따라 민법에서는 일부일처의 혼인제도를 보장하고 있는 바, 이를 침해하는 행위는 위법한 것으로서 민법상 손해배상으로 구제하고 있다. 그러나 헌법규정이 간통행위를 형벌로 처벌할 것까지 요구하는 것인가에 대해서는 보다 구체적인 검토가 요구된다고 할 것이다. 이에 현행 형법이 시행된 이후 최근에 이르기까지 간통죄에 대해 위헌심판이 청구되고 있다. 이하에서는 최근 헌법재판소에서 판단한[23] 간통죄에 대한 결정의 요지를 살펴보고자 한다.

1) 헌재 2008. 10. 30. 2007헌가17결정

(1) 위헌제청의 이유

① 간통의 본질은 부부간의 성적 성실의무위반이며 도덕위반이므로 이에 대하여 계약위반 책임 혹은 불법행위 책임을 묻거나, 이혼법정·민사법정에서 다루어야 하며, 형사법정에 세울 것은 아니다. 자발적인 성인들의 성행위를 형사처벌하여 공공목적을 달성하려는 것은 법만능주의이며, 형벌과잉이다. 외피만 남은 혼인관계에서 성적성실의무를 형사처벌로 강제한다고 혼인제도가 보호된다고 보기도 어렵다. 간통죄의 처벌실태를 보더라도 입법목적에 걸맞는 위하력을 갖추고 있다고 보기 어렵다.

② 일부일처주의 혼인제도 유지는 이중혼인 자체를 금지하는 중혼죄 등을 신설하여 처벌함으로써 이루어야 하는 법익이고, 단순히 배우자 중 일방이 타인과 성교하는 행위를 처벌하는 것은 과잉입법이자 과잉처벌이다. 간통죄는 혼인의 원상회복과는 전혀 무관하게 혼인을 파괴한 점에 대한 응징, 보복으로서의 의미만 가지는 것으로 개인의 성적 자기결정권과 프라이버시권을 현저하게 침해하며, 형법의 보충성·탈윤리화·비범죄화 요청에도 반한다. 한편 소위 '스와핑'이나 '수간', '근친상간'은 처벌하지 않으면서 간통죄만을 처벌한다는 것은 형평에도 맞지 아니한다.

---

23) 헌재 2008.10.30, 2007헌가17결정.

③ 인간의 성생활은 가장 은밀하고 원초적인 것이며, 강제하거나 금지할 수 없는 감정에 따른 것이므로 국가가 이에 개입하는 것은 적절하지 않고, 성적 성실의무와 같이 당사자의 의사에 반하여 이행이 곤란한 의무의 이행을 형벌로서 강제하는 것은 타당하지 않다. 한편 혼인제도의 보호를 위하여 기혼자의 성적 자기결정권을 전면적으로 희생시키는 것은 성적 자기결정권의 본질을 침해하는 것이 아닌지, 혼인외 정사가 만연하고 높은 이혼율을 기록하고 있는 실정에서 간통죄가 얼마나 실효성이 있는지, 간통죄의 법정형으로 벌금형을 규정하지 아니한 것은 과잉금지원칙에 반하는 것이 아닌지 의심스럽다.

(2) 합헌의 주장

이 사건 법률조항은 혼인관계를 보호하고, 사회질서를 유지하기 위하여 간통 및 상간행위를 제재하는 것으로 정당한 입법목적 달성을 위한 적절한 수단이다. 다만 '형벌'의 제재 규정이 지나친 것인지 문제되나, 이는 기본적으로 입법형성의 자유에 속한다. 간통이 사회질서를 해치고 타인의 권리를 침해하는 경우에 해당한다고 보는 우리의 법의식 및 간통 및 상간행위에 대한 사전예방의 강한 요청에 비추어 간통 및 상간행위를 형사처벌하기로 한 입법자의 판단이 자의적인 것이라 할 수 없고, 이 사건 법률조항으로 인하여 침해되는 사익은 특정한 관계에서의 성행위 제한으로 경미함에 비하여 달성되는 공익은 높은 중요성이 있어 법익균형성 역시 인정되므로 이 사건 법률조항이 과잉금지원칙에 위배하여 개인의 성적 자기결정권, 사생활의 비밀과 자유를 침해한다고 볼 수 없다. 한편 이 사건 법률조항은 법정형으로 징역형만을 규정하고 있으나 지나치게 과중한 형벌을 규정하고 있다고 보기 어렵다.

(3) 위헌의 주장

① 이 사건 법률조항은 과잉금지 원칙에 위반하여 개인의 성적(性的) 자기결정권과 사생활의 비밀과 자유를 제한하는 것으로 위헌이다. 오늘날 성(性)에 대한 국민 일반의 법감정이 변하고 있고, 도덕적으로 비난받을 만한 행위 모두를 형사처벌의 대상으로 삼는 것은 바람직하지 아니하며, 간통 및 상간행위의 형사처벌이 일부일처제와 가정보호·부부간의 성적 성실의무 보호·여성의 보호에 실효적인 기능을 하지도 못한다는 점 등을 고려할 때 이 사건 법률조항의 수단의 적절성 및 피해의 최소성을 인정하기 어렵다. 또한 이 사건 법률조항은 개인의 내밀한 성생활의 영역을 형사처벌의 대상으로 삼아 국민의 성적 자기결정권 등 기본권을 지나치게 제한하여 법익균형성을 상실한 것이다.

② 이 사건 법률조항이 간통 및 상간행위를 형사처벌하도록 한 자체는 헌법에 위반되지 아니하나, 법정형으로 징역형만을 규정한 것은 구체적 사안의 개별성과 특수성을 고려할 수 있는 가능성을 배제 또는 제한하여 책임과 형벌간 비례의 원칙에 위배되어 헌법에 위반된다.

(4) 헌법불합치의 주장

이 사건 법률조항은 단순히 도덕적 비난에 그쳐야 할 행위 또는 비난가능성이 없거나 근소한 행위 등까지 형벌을 부과하여 법치국가적 한계를 넘어 국가형벌권을 행사한 것으로 헌법에 합치되지 아니한다.

(5) 헌법재판소의 결정 내용

이 사건 법률조항에 대하여 재판관 4인이 합헌의견, 재판관 4인이 위헌의견, 재판관 1인이 헌법불합치의견으로 위헌의견이 다수이긴 하나, 법률의 위헌선언에 필요한 정족수 6인에 미달하므로 이 사건 법률조항은 헌법에 위반되지 않는다.

2) 헌법재판소의 선례[24]

헌법재판소는 이 사건 법률조항에 대하여 모두 세 차례에 걸쳐 합헌결정을 하였으며, 그 취지는 다음과 같다.

(1) 헌재 1990. 9. 10. 89헌마82 결정

다수의견인 합헌의견은 '간통죄의 규정은 헌법 제10조의 개인의 인격권·행복추구권의 전제가 되는 자기운명결정권에 포함된 성적 자기결정권을 제한한다. 그러나 선량한 성도덕과 일부일처주의 혼인제도의 유지 및 가족생활의 보장을 위하여서나 부부간의 성적성실의무의 수호를 위하여, 그리고 간통으로 야기되는 사회적 해악의 사전예방을 위하여 간통행위를 규제하는 것은 불가피하고, 그러한 행위를 한 자를 2년 이하의 징역에 처하는 것은 성적 자기결정권에 대한 필요최소한의 제한으로서 자유와 권리의 본질적 내용을 침해하는 것은 아니'라고 보았다.

이에 대하여, ① 간통죄가 사회상황·국민의식의 변화에 따라 그 규범력이 완화되었음에도 아직은 범죄적 반사회성이 있다는 재판관 2인의 보충의견, ② 간통죄 자체의 존폐는 입법정책의 문제이지만 징역형 일원주의를 유지하는 간통죄 형벌규정은 헌법에 합치되지 아니한다는 재판관 2인의 반대의견, ③ 간통의 형사처벌이 국민의 사생활은폐권을 희생시킬만큼 성질서 유지에 기여한다거나 범죄의 예방기능을 다하고 있다고 믿기 어렵고 제도외적 남용으로 인한 역기능이 크다는 점에서 헌법에 반하며, 가사 범죄화가 합헌이더라도 그에 대한 자유형은 과잉금지원칙에 반한다는 재판관 1인의 반

---

24) 헌재 2008.10.30, 2007헌가17결정.

대의견이 있었다.

(2) 헌재 1993. 3. 11. 90헌가70 결정

위 89헌마82 결정의 판시를 그대로 유지하였는데, 위 89헌마82 결정 이후 임명된 재판관 1인은 다수의견의 보충의견에 가담하였다.

(3) 헌재 2001. 10. 25. 2000헌바60 결정

다수의견은 위 89헌마82 결정의 판시를 그대로 유지하면서 입법자의 간통죄의 폐지 여부에 대한 진지한 접근을 요구하였다.

이에 대하여 간통은 성적 성실의무를 위반하는 계약위반행위이므로 그에 대한 책임추궁은 계약법의 일반원리에 따라야 하고 윤리적 비난과 도덕적 회오의 대상이 될지언정 형사처벌의 문제는 아니라는 입장에서 간통의 형사처벌은 인간의 존엄성을 보장하도록 한 헌법 제10조에 위반된다는 재판관 1인의 반대의견이 있었다.

III. 외국의 간통죄 규정[25]

1. 개요

간통을 처벌한 예는 세계 역사상 가장 오래된 성문법인 함무라비 법전에서부터 찾아 볼 수 있는데, 간통한 자들에 대해서는 익사시키는 형벌을 부과하였다. 간통행위는 모세의 십계명에서도 이를 금지하고 있다. 로마에서 간통을 처음으로 공개적 범죄로 취급한 것은 아둘레리움(Adulterium)에 관한

---

25) 신동운/최병철, 앞의 보고서, 139면 이하 ; 이희훈, 앞의 논문, 498면 이하 참조.

아우구스투스의 유리아 법이라고 한다. 여기서 아둘테리움은 간통, 음란행위, 근친상간 등을 포함하는 것으로 간통보다 상위의 개념으로 관념되고 있다. 동법에 따르면 남편의 간통은 불문에 붙이고 다만 처의 간통만이 상간자와 더불어 중하게 처벌되며, 아버지는 상간한 딸과 그 상대를 즉석에서 살해할 수 있는 권리도 갖고 있다. 남편은 이러한 살해권을 갖지는 않지만, 살해하여도 보통의 살인죄보다 경하게 처벌된다. 이 시대에는 일반의 풍속을 유지하기 위한 목적보다는 사회조직의 기본이 가정(가부장권과 남편의 지위)의 보호에 중점이 두어졌다. 간통죄에 관하여 처만을 처벌하던 로마법의 전통은 기독교, 특히 가톨릭의 영향을 받아 쌍벌주의로 나아가게 되었으며, 계몽사상의 영향으로 자유평등주의에 바탕을 둔 평등불처리(平等不處理)주의가 나타나게 되었다.

간통죄를 비교법적으로 고찰해 보면 크게 '남녀불평등 처벌주의', '남녀평등 처벌주의' 및 '남녀평등 불벌주의'로 구별할 수 있다. 먼저 남녀불평등 처벌주의로는 프랑스의 구형법이나 이탈리아의 구형법과 같이 남편과 부인의 간통에 대하여 처벌을 달리하는 경우와, 1947년 폐지되기 전의 일본의 구형법이나 이를 의용한 우리나라 구 형법과 같이 부인의 간통만을 처벌한 예를 들 수 있다. 다음으로 남녀평등 처벌주의는 우리나라의 현행 형법과 미국의 몇몇 주에서 이를 채택하고 있다. 마지막으로 남녀평등 불벌주의는 간통에 대하여 형사적 제재를 하지 않는 입법례로서 덴마크는 1930년, 스웨덴은 1937년, 일본은 1947년, 독일은 1969년, 프랑스는 1975년, 스페인은 1978년, 스위스는 1990년, 아르헨티나는 1995년, 오스트리아는 1996년에 각 간통죄 규정을 폐지하였다.[26]

---

26) 헌재 2008.10.30, 2007헌가17결정.

2. 독일

게르만법은 간통과 중혼 등을 엄하게 처벌하였다. 예컨대 작센슈피겔 주는 간통자를 사형에 처하였고 밤벨겐시스 형법전에서는 타인의 처와의 간통죄에 사형을 부과하는 규정을 두었다.

1969년 개정되기 이전 독일형법에서는 제12장 "신분, 혼인 그리고 가정에 대한 범죄"의 장 가운데 제172조에서 간통죄에 대해 다음과 같은 규정을 두고 있었다.

제172조 (간통죄) ① 간통은, 이로 인하여 이혼한 때에, 유책한 배우자 및 공동책임자를 6개월 이하의 자유형에 처한다. ② 고소에 기하여서만 기소한다.

간통죄는 1969년 6월 25일 제1차 형법개정법률에서 대체조항 없이 삭제되었다. 형법개정특별위원회는 제1차 보고서에서 간통죄의 삭제에 대한 의견을 다음과 같이 서술하고 있다.

"간통죄가 성립하기 위해서는 사전에 이혼을 하여야 하고 책임 없는 상대방 배우자가 고소를 하여야 하기 때문에 간통죄 규정은 현재의 실정으로 보아 오히려 유해한 것이다. 이혼과 고소가 실제 행하여지는 것은 그렇게 많지 않고, 정당하지 않은 동기에 의해 고소하는 경우도 적지 않다. 간통죄를 존치함으로써 부당한 대우를 경험한 상대방이 복수심을 충족하기 위해 소송을 제기할 우려가 있고 금전적인 요구를 실현시키는데 있어서 협박할 단초를 제공하고 있는 바 이는 혼인의 존엄과 그 유지에 도움이 되지 않는다. 대형법위원회가 형법적 보호를 철회하면 많은 국민들이 정부가 혼인에 대해서 이전과 같은 비중을 두지 않는구나 하는 오해를 하지 않을까 우려를 표명하는데, 이는 외국의 예를 보면 그렇지 않음을 알 수 있다."

독일 형법에는 간통죄가 규정되어 있지 않으나 그와 유사한 중혼죄가 규정되어 있다. 제171조(중혼) 혼인 중에 있는 자로서 혼인한 자 또는 기혼자와 혼인한 자는 3년 이하의 자유형 또는 벌금형에 처한다.

3. 프랑스

프랑스법계는 이러한 로마법을 계승하여 간통죄를 규정하였다. 즉 처의 간통은 남편의 간통과는 달리 '가문의 혈통'을 혼란시킨다는 점을 중시함으로써 형식적으로 처의 간통은 처이기 때문에 혹은 여자이기 때문에 처벌하는 것이 아니라, 가문의 혈통을 보호하기 위해 처벌해야 한다는 봉건적인 관념이 기초가 된 것이다. 그 후 자유평등사상에 근거하여 프랑스 혁명의 초기인 1791년의 입법에서는 간통이 범죄로 규정되지 않았다. 그러나 혁명의 반동기를 거쳐 다시 보수적인 규정으로 환원하였는데, 이는 유스티니아누스법에서 유래한 것이라고 한다. 프랑스는 나폴레옹법전의 영향 하에 부인의 간통은 언제나 징역형으로 처벌되지만, 남편의 간통은 그가 첩을 가정에 데리고 와서 살게 한 때에 벌금형으로 처벌하였다.

4. 일본

일본 형법은 간통죄를 두고 있지 않다. 일본에서 간통죄가 폐지된 것은 1947년이다. 명치 41년(1908년)부터 시행된 현행형법은 원래 간통죄에 대한 처벌규정을 두고 있었으나, 대일본제국헌법이 2차 세계대전 이후 1946년에 일본국헌법으로 변경되면서 형법의 개정으로 간통죄를 폐지하였다. 즉 헌법이 변경되면서 남녀평등조항을 두게 되자 有夫의 婦만을 처벌하는 간통죄 규정을 그대로 둘 수가 없게 됨에 따라 간통죄의 폐지가 제안되었고, 1947년 10월 26일 일본국회를 통과하였다. 1947년 개정되기 이전의 일본형법상의

간통죄는 형법 제2편 제22장 '외설, 간음 및 중혼의 장'에 규정되어 있었으며, 그 내용은 다음과 같다. 제183조(간통죄) ① 有夫의 婦가 간통한 때에는 2년 이하의 징역에 처한다. 그 상간자도 역시 같다. ② 전항의 죄는 本夫의 고소를 기다려 이를 논한다. 단 本夫가 간통을 종용한 때에는 고소의 효력이 없다.

일본에서는 간통죄는 두고 있지 않으나 그와 유사한 중혼죄는 규정되어 있는데, 그 내용은 다음과 같다. 제184조(중혼) 배우자가 있는 자가 거듭 혼인을 한 때에는 2년 이하의 징역에 처한다. 그 상대방이 되어 혼인을 한 자도 같다.

5. 소결

간통이라는 범죄현상이 하나의 국가사회에서 나타내는 양상은 서로 다르다. 더욱이 동양적인 가족윤리가 우리나라에 비슷하게 지배하였던 일본과 비교하여 보아도 간통이 갖는 사회적인 의미가 현저한 차이를 나타내고 있음을 알 수 있다. 이는 외국에서 간통죄를 폐지할 상황에서의 존폐논의가 현재의 우리나라에서의 논의에 그대로 적용될 수 없으며 독자적인 시각에서 검토하여야 할 부분이 많음을 보여 주는 것이다. 독자적인 시각에서 바라보아야 할 주된 것으로서는 우선 서양과 비교하였을 때 가정윤리 내지는 가정이 가족구성원에 대하여 갖는 역할의 차이라는 점을 들 수 있다.[27]

---

27) 신동운/최병철, 앞의 보고서, 189면.

IV. 맺음말

현행법이 근친상간, 계간, 수간, 사통 등은 처벌하지 않으면서 간통만 처벌하는 것은 간통죄가 도덕상의 문제만은 아닐 것이라는 추측을 가능하게 한다. 형법제정과정에서의 논의에서도 제기된바와 같이 간통죄는 성도덕의 보호보다는 가족제도의 보호라는 점이 강하게 작용한 것으로 보인다. 즉, 간통죄가 쌍벌주의로 성립된 배경을 보면, 우리 전통사회에 만연해 있던 중혼, 축첩과 남자의 외도를 규제하고 남녀평등에 입각한 가족제도를 수립하고자 한 의지를 엿볼 수 있다. 그렇다면 형법제정 당시의 입법취지가 오늘날에도 여전히 유효하다고 할 수 있는가가 문제될 수 있다. 오늘날 이혼율이 증가하고 있기는 하지만 일부일처제의 가족관계는 굳건한 토대를 이루었다고 할 수 있다. 그 동안 여성의 지위 향상, 법제의 정비 등을 통하여 부부간의 관계에서 나타나는 법적 이익의 침해문제를 해결할 적절한 방법들이 어느 정도 확보되었기 때문에 징역형만을 규정한 간통죄에 의해서 가족제도 보호라는 문제를 해결할 필요성은 매우 약해졌다. 이에 간통죄의 존폐에 대한 논의를 전개하면서 제정당시의 입법취지를 근거로 제시할 수는 없을 것이다. 이에 간통죄가 여전히 이혼시 여성 배우자의 권리를 확보하는 데 유용하게 이용될 가능성이 있고 위헌이라고 단정하기에 어려움이 있다고 해도 오늘날 일부일처제에 바탕을 둔 혼인제도가 확립된 현실에서는 혼인한 배우자의 간통행위는 제도의 문제이기 보다는 사적인 문제의 특면이 더욱 강하며 형벌까지 동원하여 규제하기 보다는 당사자간의 사적인 문제해결을 기대하는 것이 타당하다는 주장28)이 가능하다. 그러나 간통죄의 존폐를 제정형법의 입법취지만을 고려하여 논의하는 것은 타당하지 않다. 위에서 살펴본 형법의 개정과정과 헌법재판소의 결정과정 및 외국의 입법례에서도 나타난 바와 같이

---

28) 송기춘/이정원, 앞의 논문, 363면.

간통죄의 존폐를 논의하기 위해서는 다음과 같은 점이 검토되어야 할 것이다. 첫째, 간통죄가 혼인 및 가족제도를 보호할 수 있는가, 둘째, 간통죄를 개인의 성적 자기결정권을 침해하는 범죄유형으로 볼 수 없는가, 셋째, 간통죄가 성도덕을 향상시키고 간통을 억제하는 예방적 기능을 수행하고 있는가, 넷째, 민사적으로도 해결할 수 있는 문제를 징역형만을 규정하고 있는 형법에 의해서 해결하는 것이 정당한가 등이 고려되어야 할 것이다.

참고문헌

[단행본]

김성돈, 「형법각론」, 성균관대학교 출판부, 2009.
법무부, 「형법개정법률안 제안이유서」, 1992
송기춘/이정원, 「간통죄 폐지 여부에 관한 헌법적·형사법적 고찰」, 헌법학연구 제10권 제2호, 한국헌법학회, 2004.
한국형사정책연구원, 형사법령제정자료집(I), 형법, 1990

[논 문]

신동운/최병철, 「형법개정과 관련하여 본 간통죄 연구」 한국형사정책연구원 연구보고서, 한국형사정책연구원, 1991.
이승호, 「성풍속에 관한 죄 규정의 개정방안」, 형사법개정연구(IV) 형법각칙 개정안, 한국형사정책연구원, 2009.
이희훈, 「간통죄의 위헌성에 대한 연구 : 헌법재판소 2009. 10. 30, 2007헌가17 결정에 대한 비판을 중심으로」, 토지공법연구 제43집 제3호, 한국토지공법학회, 2009.

제 4 장

간통죄 존폐와 섹슈얼리티(Sexuality)

정 춘 숙*

Ⅰ. 시작하며

지난 3월 법무부 장관 자문기구인 형사법개정특별분과위원회가 성적(性的) 자기결정권과 사생활 침해 등으로 위헌 논란을 빚어온 형법상 간통죄 조항을 폐지하는 것으로 의견을 모았다고 한다. 조만간 또다시 간통죄가 존폐 논란에 휩싸일 전망이다.

간통죄는 그동안 성적(性的) 자기결정권과 사생활 침해 등으로 위헌 논란을 빚으면서 지난 1990년과 1993년, 2001년, 2008년 까지 여러 차례에 걸쳐 존폐가 거론 되어 왔다. 특히 지난 2008년 10월 위헌 소송에서는 위헌 및 헌법불합치 의견이 합헌 의견을 5 대 4로 앞섰지만 위헌결정 정족수인 6명을 채우지 못해 합헌 결정이 난 바 있다. 과거에 비해 최근 들어 간통죄를 폐지하자는 의견이 우세해 지고 있는 것이다. 이 같은 현실은 1992년 한국여성단체연합과 몇몇 여성단체들이 간통죄 폐지를 적극적으로 반대하여 공청회를 열었던 것에서 비해, 지난 2009년 한국여성단체연합의 소속단체들이 간통죄 폐지 의견을 법무부에 제출 했던 것에서도 단적으로 드러난다. 1992년

---

* 한국여성의전화 / 상임대표

당시 여성단체들은 '구차한 법'이라는 것에 동의하면서도 구차한 법을 가지고 있는 것을 부끄러워 할 것이 아니라, 이러한 구차한 법이라도 가지고 있을 수밖에 없게 하는 성차별적인 사회구조를 부끄러워해야 할 것이며 아직은 간통죄가 있어야 한다는 의견을 제시 했다.

그러나 지난 2009년 형법개정안에 대한 의견서에서 여성단체들은 1992년과는 상반되는 의견을 제출했다. 현재 간통죄는 기소되거나 처벌 받는 사례가 적어 법적 실효성이 낮고, 여성피의자 기소율이 평균 기소율을 웃돌며 남성의 고소유지율이 더 높아 실재로 간통죄가 여성들을 보호하지 못하고, 여성의 간통을 더욱 엄격히 처벌하는 실태이며, 다양한 외도의 방식 중에 성기 삽입만을 문제 삼는 것은 성기 중심적 사고의 한계를 보여주는 것이며, 이것을 형사처벌하는 것은 개인의 성생활에 국가가 과도하게 개입한다는 것이다. 또한 일종의 계약관계인 혼인관계에서 다른 사람과의 성기삽입 등으로 신뢰관계를 손상하고 상대에게 피해를 준 행위를 형사적으로 처벌하는 간통죄는 폐지되어야 하며, 피해자를 실질적으로 보호하고 구제할 수 있는 대안 마련의 방향으로 가는 것이 타당하다는 의견을 제출하였다. 여성단체들의 의견은 실제 현장에서 나타나는 문제들을 지적한 것이며, 매우 타당한 부분이 있다. 그러나 그럼에도 불구하고, 현재 결혼 생활을 하고 있는 여성이나, 결혼을 예상하고 있는 많은 여성들이 아직도 간통죄 폐지에 대해 부정적인 입장인 것 역시 사실이다.

필자가 이 원고를 준비하면서 한 병원의 20대 간호사들의 간통죄 존폐에 대한 의견을 물었는데, 그들은 여전히 간통죄는 있어야 하며, 간통죄를 폐지하면 '다 바람피우라는 얘기 아니냐'며 간통죄의 필요성을 강조했다. 이러한 반응은 특별한 것이 아니다. 한국경제 2009년 12월 8일자 보도에 따르면, 여론조사 기관 리얼미터의 전국 성인남녀 1000명을 대상으로 '간통죄 형사처벌'에 대한 찬반의견을 전화조사한 결과, 전체 응답자의 64.1%가 간통죄 형사처벌에 찬성한다고 답했다고 밝혔다. 반면 형사처벌을 반대한다는 입장은

30.6%에 그쳤다. 우리나라 국민 3명 가운데 2명꼴로 간통죄를 유지해야 한다고 생각하는 것으로 나타났다. 성별로 보면 여성(73.6%)이 남성(54.2%)보다 형사처벌에 찬성한다는 의견이 26.3% 가량 많았다.

간통죄 존폐 여부와 관련하여 일반대중의 정서와 여성단체나 법조계의 의견이 상당한 차이를 보이는 것이다. 이러한 차이가 혹시라도 실생활 보다 법 논리, 혹은 여성현실에 대한 이상적 접근의 결과로 실재 여성들의 삶과는 상당한 괴리가 있는 건 아닐까 매우 우려된다. 혹시라도 몇몇 전문가들에 의해 여성들의 삶에 직접적인 영향을 미치는 법률이 전문가들의 의견대로 폐지되거나 존치될까하는 두려움이다. 나를 포함한 소위 전문가라는 사람들이 진정 우리사회의 여성들의 삶의 모습, 어려운 현실을 제대로 알고 함께 하고 있는가 하는 점이 간통죄 존폐 논란 때 마다 지나칠 만큼 조심스러워지는 이유이다.

그런 까닭으로 간통죄 존폐를 얘기하는데 있어 우리사회의 성차별적인 여성현실, 여성들을 둘러싸고 있는 섹슈얼리티의 제도적 요소인 결혼과 가족, 외도와 간통죄, 이혼과정에 대한 이해가 필요하다. 이번 한국젠더법학회의 학술대회를 통해 현재의 여성현실을 기반으로 한 구체적인 논의를 통해 향후 보다 실재적이고 대안적인 제안들이 이루어지기를 기대한다.

II. 여성을 둘러싼 결혼제도 안에서 섹슈얼리티와 간통죄

섹슈얼리티를 인간의 성적 욕망이나 성적 유형을 언급하거나, 성과 관련된 사회적 규범과 제도로 이해 할 때, 간통죄 존폐 논의를 위해서는 여성들을 둘러싼 가부장적 결혼제도 안에서의 성차별적인 가족관계, 남성에겐 매우 허용적이고 여성에겐 통제적인 이중적 성윤리의 문제, 이혼녀에 대한 사회적 편견과 이혼과정의 어려움 등이 먼저 논의 되어야 한다.

간통죄[1]는 사실상 일부일처의 혼인제도를 유지해 가부장적 결혼제도를 법적으로 보장하기 위한 제도이며, 이성애에 기반하고 있는 법이라는 것에 많은 사람들이 동의하고 있다. 즉 여성 모두를 위한 법률이 아닐 뿐 아니라 유부남과 만나고 있는 미혼여성에게는 매우 불리한 법률이라는 것이다. 그러나 과연 모든 계층, 연령의 이해관계를 충분히 포괄하는 법률이 얼마나 많이 있는가? 많은 사람들의 지지를 받고 있는 영유아보육법도 그 나이 또래의 자녀를 가진 여성들에게는 매우 중요한 문제겠지만, 노인 여성들은 그 보다는 기초노령연금법에 더 관심을 가질 수 있다. 누구나 자기와 직접적 이해관계가 있는 문제에 더 많은 관심을 갖는 것은 너무나 당연한 일이다.

이성애에 기반한 일부일처제가 모든 사람들이 동의 할 수 있는 혼인 제도는 아니다. 오히려 일부일처제가 인간의 본성에 어긋나는 결혼제도 라는 의견도 상당히 많다. 그러나 우리사회의 일부일처제는 손쉽게 이루어지는 성매매의 문제 등에서도 보이듯이 제도적, 형식적 측면에 불과하다는 비판을 하더라도, 현재 우리 사회가 일부일처제를 결혼제도의 근간으로 삼고 있고, 부부간의 성적 성실성을 그 기준으로 간통죄를 처벌하고 있는 현실 속에서, 제도적 문제점과 한계를 감수한 상태에서 혼인 관계에 돌입한 사람들은 그 제도에서 요구하고, 또한 그 제도 속에 함께 하는 상대방이 기대하는 사실을 인정해야 한다고 본다. 많은 사람들이 알고 있듯이 결혼은 두 사람간의 계약을 통해 이루어지는 매우 개인적인 행위로 보이지만, 혼인은 합의한 성인 두

---

1) 제241조(간통)

　① 배우자가 있는 자가 간통한 때에는 2년 이하의 징역에 처한다. 그와 상간한 자도 같다.

　② 전항의 죄는 배우자의 고소가 있어야 논한다. 단 배우자가 간통을 종용 또는 유서한 때에는 고소할 수 없다.

사람간의 사적인 약속이라기보다 공적인 인정과 승인의 성격이 강하다.

이는 결혼에 대한 사전적 정의에서도 볼 수 있는데, 결혼이란 대부분의 사회에서 나타나는 가족을 구성하는 개인 간의 관계로, 법률적, 사회적, 종교적 요소를 포함하고 있으며, 당사자의 성적·심리적·경제적인 결합을 뜻하는 중요한 행위이지만, 사회적으로는 사회의 기초적 구성단위인 가정·가족을 형성하는 단서가 되며, 나아가서는 종족보존의 중요기능을 가진다. 그러므로 모든 사회가 어떤 형태로든지 혼인을 승인하고 이에 법적 규제를 하는데, 형태는 각 사회의 경제적·종교적·민족적 요소에 따라 다르다. 이 같은 이유로 많은 사회에서는 결혼을 제도적으로 직·간접적 보호하고, 유지하려 하는 것이며 간통죄는 그에 대한 직접적이고 강력한 형사적인 조치인 것이다.

1. 가부장적 결혼 제도와 이중적 성윤리

우리나라 여성들이 우리사회의 가부장적인 결혼제도에서 많은 고통을 겪고 있는 것은 길게 설명하지 않아도 잘 알려진 사실이다. 최근 결혼 연령이 계속 높아지고 있고, 특히 여성들이 결혼에 부정적인 태도2)를 보이고 있는데, 이는 결혼제도 안에서 여성들이 겪고 있는 수많은 차별과 폭력에 대한 반증이다.

2007년 여성부의 통계에 따르면, 우리나라 2가구 중 한 가구에서 폭력이 발생하고 있으며, 2000년 경북대학교 신성자 교수의 조사는 기혼여성의 35.8%가 남편의 강제적 성관계를 경험했다고 보고하고 있다.3) 또한 육아나

---

2) 2010, 6, 17일 [머니투데이 전혜영기자][[결혼전쟁]<4-4>미혼남녀 640명 설문조사, 여성70% "결혼 꼭 안 해도 된다"]미혼 여성 10명 중 7명은 결혼을 꼭 하지 않고 된다고 생각하는 것으로 나타났다. 반면 미혼 남성들은 60% 이상이 결혼을 꼭 해야 한다고 생각해 결혼에 대한 남녀의 달라진 인식차를 보여줬다.
3) 신성자, 「아내강간의 실태와 대책」, 여성인권과 아내강간 토론회 자료, 한국여성의전

가사노동에 대한 부담이 여성들에게 집중되어 있으며 남성의 분담은 매우 미흡하다는 보도는 어제 오늘의 문제가 아니다. 또한 늘 내밀한 개인의 문제라고 얘기되어지지만 사회적으로 규정되고 구성되어지는 여성과 남성의 성(性)에 대한 태도는 매우 차별적이다.

많은 사람들이 알고 있고, 경험하고 있는 것처럼, 우리사회의 가부장적 남성중심적 태도는 남성의 성(性에) 대해서는 축첩과 외도를 힘 있고 능력있는 남성의 한 덕목으로 칭송할 만큼 한 없이 개방적이고 수용적이었던 반면, 여성의 성(性에) 대해서는 목숨을 걸고 순결과 정절을 지킬 것을 강요하며 여성의 성을 강력히 통제하였다. 이러한 남성중심의 가부장적 결혼제도는 여성을 남성의 남성 가계의 대를 잇는 아들을 낳는 출산의 도구로 여기거나, 남성의 성적 만족을 위해 성적 도구가 되는 여성을 이분화 하였다. 이러한 가부장적 결혼과 성(性)이 애정 없는 결혼을 가능하게 하고 외도가 생겨날 수밖에 없는 구조를 만들었다는 것이다.

많은 연구 자료들은 성에 대한 여성과 남성의 차이를 이야기 한다. 남성들은 사랑 없이 성관계를 갖는 경우가 상당히 있는 반면 여성들은 사랑해서 성관계를 가지며, 남편들이 결혼 생활에 있어 성적 만족을 중요시 하나, 아내들은 남편과의 정서적 교감과 애정적 측면을 중요시 하는 경향이 많다는 것이다. 이 같은 차이는 여성과 남성이 경험하는 '외도'의 맥락에서도 다르게 나타난다. 남성들은 성적 동기로 외도하는 반면, 아내는 사랑이나 정서적 동기로 외도한다는 것이다.

우리사회에서 외도와 간통은 거의 같은 말이다. 성적인 관계가 없는 남녀 간의 '정신적으로만 하는 사랑'이 현실적으로 거의 존재하지 않기 때문이다. 간통죄와 외도의 실체는 같고 단지 그것이 그들이 구분되어 지는 것은, 고소되어 형사사건으로 진행 되는가 그렇지 않은가의 차이만 있을 뿐이다. 여성

화, 2000, 55면.

과 남성에 대한 이중적 성윤리가 강고한 우리사회에서, 남편의 외도와 아내의 외도가 어떻게 다르게 나타나고 있고, 간통죄 적용에 있어서 어떠한 차이가 있는지 살펴보자.

1) 남편의 외도

최근 방영되고 있는 한 드라마에서도 수십년간 두 집 살림을 살다 조강지처에서 돌아와 큰소리치고 사는 남편의 모습을 그리고 있어, 아직까지 우리사회에 남아 있는 남성 외도의 한 단면을 보여주고 있다. 흔히 외도를 정신적 폭력, 정신적 살인 행위라고 부른다. 그 정도로 남편의 외도 문제는 여성들에게는 심각한 사건인 것이다. 폭력피해 여성들 중에는 남편의 극악무도한 폭력 속에서도 차마 이혼을 생각지 않다가, 남편의 외도 사실을 확인하고 '정말 이제는 끝이구나'하는 생각이 들어 간통죄로 고소하면서 이혼을 시작하는 경우가 있다. 폭력 상황 속에서도 '이 남자에게는 나 밖에 없다.'라는 배타적 성관계를 기본으로 한, 여성과 남성을 특별한 관계로 묶는 기준이 해체되었기 때문이다.

한국여성의전화 가정폭력 상담소의 2009년 상담통계를 보면, 전체 1766건 중 외도 상담이 11.9%를 차지하고 있다. 이는 전체 상담 중 가정폭력, 법률문제에 이어 3번째로 높은 비중이다. 전체 상담 중 85건의 면접상담 분석을 통해 우리사회에서 발생하고 있는 외도의 특징을 살펴보면, 먼저 상담을 요청한 내담자들의 주요 호소문제가 폭력인 경우에도 25%정도의 상담에서 남편의 외도 문제가 중복적으로 나타나 있다. 즉 남편의 외도는 '외도' 단독의 문제로 나타나는 것이 아니라 아내에 대한 신체적, 경제적 폭력, 성(性)적 폭력과 성(性)의 소외, 등 여러 가지 복합적인 문제들 속에 함께 있음을 알 수 있었다. 바로 이러한 측면 때문에 여성들은 남편의 외도를 '형사적'으로 강력하게 처벌하길 원하는 것이다. 또 다른 특징은 외도를 하는 남자들의

90%이상이 반복적 상습적인 외도임을 알 수 있다. 즉 아내와의 관계에서 문제가 있거나 이혼을 할 정도의 애정을 갖게 된 새로운 사랑의 상대가 생겨서 발생한 사건이라기보다는 장기간 상대를 바꿔가며, 습관적으로 외도를 일삼는 가부장적인 외도의 전형을 보이고 있는 것이다. 이들 남성들은 자신의 외도에 대해 죄책감이 없고, '남자는 아내외의 여자들과 성관계를 할 수 있다'고 생각한다는 내담자의 이야기가 바로 우리사회에 만연해 있는 가부장적 외도의 특징을 잘 설명해 주고 있다. 우리나라는 남성들이 손쉽게 혼외 성관계를 할 수 있는 조건이다. 사회적으로 만연해 있는 향락적이고 퇴폐적인 접대문화와 2004년 여성부가 발표한 33만명에 이른다는 성매매 여성 등이 단적인 예이다. 또한 지난 2001년 3월 14일 한국일보는 타임지를 인용해 한국 남성들의 혼외정사 비율 65%로 나타났다고 보도한바 있다.4)

2) 아내의 외도

많은 여성들을 거느리고, 많은 여성들에게 성적 능력을 보이는 것이 남성성의 상징인 것처럼, 남성에게는 다양한 성적 호기심과 경험을 장려하고, 여성에게는 순결, 정절을 지킬 것을 강요해온 우리사회의 이중적 성윤

---

4) 한국은 성인 남녀 모두 혼외정사가 아시아 국가들 중 최고 수준인 것으로 나타났다고 시사주간지 타임이 13일 보도했다. 이 주간지는 최신호에서 한국, 태국, 필리핀, 싱가포르, 홍콩 등 5개국을 대상으로 조사한 결과 한국 남성의 65%, 여성의 41%가 혼외정사를 경험한 것으로 나타났다고 전했다. 남성의 경우 한국에 이어 홍콩(60%), 태국(58%), 필리핀(48%), 싱가포르(34%) 순으로, 여성은 싱가포르(35%), 홍콩(27%), 태국(26%), 필리핀(10%) 순으로 혼외정사 비율이 높았다. 혼전 성교에 대해서는 태국 남성의 93%, 여성의 82%가 상관없다는 반응을 보여 가장 관대했으며 한국(남 74%, 여 64%)은 홍콩(남 90%, 여 68%)에이어 중간 수준이었다. 신부가 숫처녀여야 하느냐는 질문에 필리핀 남성의 78%가 "그렇다"고 답한 반면 싱가포르(38%), 태국(32%), 한국(27%), 홍콩(14%) 남성들은 개방적인태도를 보였다. 또 여성이 먼저 성교를 제의하는 경우는 한국(4%)이 홍콩(1%)에 이어 두 번째로 낮아 한국 여성들은 싱가포르, 태국, 필리핀 여성에 비해 소극적인 것으로 나타났다. 홍콩=연합, 한국일보, 2001. 3. 14.

리는 위에서 예를 든 2009년 한국여성의전화의 면접상담에서도 그대로 드러나 있다.

위에서 인용한 2009년 상담통계에서 2명의 여성이 '자신의 외도'로 '쉼터'를 이용했는데, 이들 중 한 여성은 외도가 알려져 남편으로부터 10일간 감금당한 상태에서 극심한 폭력을 당하기도 했고, 주변에서도 '사람취급을 못 받았다' 고 진술하고 있으며 스스로도 깊은 죄책감을 느끼고 있었다. 또 다른 한 여성은 상대 남자와의 관계의 시작이 강간의 성격이 짙었고, 관계를 청산하고자 했을 때도 상대에 의한 협박과 폭력이 있었음에도 불구하고, 본인 당사자나 남편 모두 이를 '아내의 외도'로 간주하였다. 외도한 여성들은 자신들이 외도를 '저지르기' 전에 받아왔던 남편으로 부터의 학대나, 결혼 생활의 고립감등을 모두 잊고 오로지 '아내의 본분인 정절'을 지키지 못한 자신들의 잘못으로 인해 발생한 남편의 폭력을 수용할 수밖에 없다는 태도를 보이고 있었다.

이는 습관적으로 외도해온 남성들의 태도와 비교해 본다면 매우 다른 태도로, 여성들이 가부장제 사회가 여성들에게 일방적으로 요구해온 순결과 정절의 덕목을 그대로 내면화하고 있음을 보여주고 있다. 점차 늘어나는 추세를 보이고 있는 아내의 외도와 이에 대한 남편들의 강력한 처벌의지, 사회의 지탄은 이중적 성윤리가 간통죄에 적용되며 여성단체들이 지적한 바대로 간통죄가 오히려 여성들에게 불리하게 작동하고 있는 지점이다.

2. 누가 잘못한 것인가

간통죄의 존치를 원하는 여성들의 입장에서 볼 때 이혼시에 간통죄로 배우자를 고소할 수 있다는 것은, 막다른 골목에서 무언가 내게 실질적 도움을 줄 수 있는 가능성을 붙잡는 것과 같다. 현실적으로 간통을 입증하기 매우 어렵고 간통을 입증하는 과정에서 당사자 여성이 받을 상처가 더 깊을 수도 있는 상황에서도, 여성들이 간통죄 고소를 시도하는 것은 이혼의 책임이 누구에게 있는가를 분명히 가릴 수 있다고 보기 때문이다.

여성들이 '누가 잘못 했는가'를 분명하게 가리려는 것은, 높아져 가는 이혼율에 비해 아직까지 강하게 존재하는 이혼녀에 대한 사회적 편견과 차별 앞에서 자신의 무죄를 주장하기 위함이다. 이는 이혼에 대한 가족과 사회의 비난과 편견 속에서 자신의 정당성에 대한 입증이며, 이혼을 용인 받지는 못하더라도 이해 받거나 묵인 받기 위한 노력이다. 또한 앞에서 살펴본 바와 같이 남편의 외도는 정신적 고통뿐만 아니라 신체적·성적 폭력과 경제적 학대와 함께 발생하기 때문에 아내들은 그야말로 '지옥' 과 같은 삶을 살게 된다. 이런 속에서 아내들은 그동안의 결혼 관계를 유지하기 위해 참아 왔던 남편에 대한 '형사처벌'을 결혼관계를 청산함과 동시에 모든 형벌권을 통제하고 있는 국가에 요청하게 되는 것이다.

3. 재산분할의 문제

2006년 법무부의 이혼시 재산의 균등분할을 기본으로 하는 민법 개정안은 일반 시민들과 여성들, 여성학자, 여성운동가들의 지대한 관심을 받았고, 열띤 토론이 진행되기도 했다. 그러나 이 개정안은 17대 국회에서 통과되지 않아 폐기되었다. 그러나 법무부의 민법 개정안 발표와 2000년부터 시작된 한국여성의전화와 여성단체들의 여성의 재산에 대한 권리와 부부재산공동 명의 운동의 영향으로 법원의 재산분할의 경향이 전업 주부 여성에게도 재산분할의 비율이 점점 높아져가는 것을 알 수 있다. 그러나 아직 까지 이러한 변화는 지역적 차이와 판사 개개인의 인식에 의존하는 경향이 남아 있다. 이는 2008년 한국여성의전화가 자체 분석한 2000년과 2007년 서울과 대구·경북 지역 지방법원간의 재산분할 경향에 잘 드러나 있다[5]. 이 자료는 2007년과 2000년 당해 연도에 각각 서울가정법원 - 대구·경북지역(대구가정법원, 대구서부지원, 경주지원, 상주지원, 안동지원, 영덕지원)에서 발생한 이혼 재산분할 사건 292건을 조사대상으로 하였고, 자료 수집은 대법원의 판례검색실의 인트라넷 검색을 이용하였다. 조사의 성격상 순재산총액, 분할비율, 분할액수를 설정할 수 있는 사건(① 재산총액과 재산분할액수가 명시되어 있는 경우, ② 재산총액이 명시되어있지 않아도 각 적극재산과 소극재산의 현금가치가 명시되어있어 재산총액을 계산할 수 있는 경우, ③ 분할비율과 분할액수가 명시되어있어 재산총액을 추정할 수 있는 경우)만을 대상으로 하였다.

조사 결과, 사건 전체(292건) 재산분할에 영향을 미치는 변수로 맞벌이 여부, 재산총액이 많은 영향을 미치고 있음을 알 수 있었고, 2000년과 2007년 양 연도 간의 시기별 차이를 살펴보면, 서울은 평균 35.6%에서 평균 44.9%로 눈에 띄게 분할비율이 상승했다. 서울의 경우, t-검정 실시 결과 2000년-2007년간의 변화가 통계적으로 유의미한 차이를 나타냈다(sig.=.003, 유의수준 .05>p). 대구경북지역의 경우, 2000년-2007년간 재산분할비율의 차이는 통계적으로 유의미한 차이는 아니었으나(sig=.116, 유의수준 .05>p), 역시 33.1%에서 40%로 분할비율은 큰 폭으로 상승하였다. 지역별 변화(서울-대구·경북)를 살펴보면 2000년 서울(35.6%)-대구(33.1%)는 재산분할 비율에 있어서 유의미한 차이를 가지지 않았으나(Sig.619), 2007년에는 서울(44.9%)-대구(40%)간 통계적으로 매우 유의미한 차이를 보였다(Sig. 001).

이렇게 어디에서 이혼을 했는가, 어떤 판사를 만났는가에 따라 달라지는 재산분할과 이혼에 대한 제도적 보완이 필요하다.

---

5) 한국여성의전화, 2008.07.18.-제3차 정책 연구자료 포럼 자료집 참조.

III. 마치며

간통죄를 존치하거나, 폐지하는 것에 확정된 입장을 내기란 상당히 어려운 일이다. 그러나 많은 전문가들은 간통죄 폐지는 시간의 문제일 뿐이지 폐지될 것이라는데 의견을 같이 한다. 전문가들의 의견과 같이 간통죄가 아무런 사전 준비 없이 갑자기(?) 폐지될 때, 아직까지 결혼과 가족제도 안에서 상대적으로 약자의 입장에 처해 있는 여성들이 많은 혼란과 어려움에 처할 수 있다.

간통죄 존폐 여부 이전에 먼저 여성의 결혼과 가족제도에서의 차별적 위치를 보완 할 수 있는 조치들이 우선적으로 이루어져야 한다. 일부에서 제기하는 대로 간통죄가 여성들에게 직접적인 커다란 도움을 주는 것도 아닌 것은 사실이다. 그럼에도 불구하고 많은 여성들이 간통죄의 폐지를 걱정하고 있는 것은 간통죄 성립과 처리절차 처벌실태에 대한 정보부족과 막연한 기대감, 그리고 이혼시 재산분할과 위자료 지급에 있어서 유리한 위치에 설 것이라는 기대 때문이다.

따라서 간통죄가 성립되기 까지 고통스러운 증거 수집과 처리과정, 자신이 기대했던 것보다 미약한 처벌 속에서 여성들이 겪는 고통 등에 대한 매우 현실적인 이해를 할 수 있도록 다양한 측면에서의 정보 제공이 필요하다. 또한 여성들이 간통죄 고소를 통해 얻고자 하는 위자료나 재산분할 등에서 유리한 위치를 법적 제도적 보완을 통해 가능하도록 해야 할 것이다. 이혼시 재산분할이 현재의 청산적 성격과 함께 향후의 부양적 성격이 더해져야 할 것이며, 판사 개개인의 성향과 상관없이 균등하게 분배될 수 있도록 법적 보완이 이루어져야 한다. 특히 가족들의 최소한의 주거 안정을 보장하는 거주용 주택에 대해서는 처분을 제한하는 등의 내용을 포함하는 민법 개정이 필요하다. 뿐만 아니라 재산분할청구권이 시행된 이후 거의 명목에 가까운 위자료가 정신적 피해에 대한 손해배상의 수준으로 이루어져 현재 명목적인 위자료가 실질적 손해배상의 성격을 가져야 한다.

그렇다면 이렇게 재산을 분할하고, 상대 배우자의 간통에 대해 손해배상을 받는 것으로 충분한가? 아마 많은 여성들은 충분치 않다고 할 것이다. 그것은 재산분배나 손해 배상 정도를 가지고는 현재 간통죄가 가지고 있는 '처벌적' 요소가 드러나 보이지 않고 현재 이루어지고 있는 재산분할과 손해배상 정도로 이혼 이후 이 여성들이 감당해야 할 사회적 차별과 경제적 고통이 상쇄되지 않기 때문이다. 아직까지 우리사회에서 이혼한 여성이 이혼한 남성에 비해 더 많은 사회적 편견에 시달리며, 이런 이유로 실제 혼인이 파탄났음에도 불구하고, 가족의 형태를 유지하고자 하는 여성들이 존재하는 것이다. 사실 모든 여성문제가 그렇듯이 문제해결의 본질은 모든 측면에서의 '성평등'이다. 성평등의 본질에 접근해 가는 과정에서 혼인과 가족관계에서 아직까지 상대적 약자의 위치에 있는 여성을 실질적으로 지지하면서도, 개인의 선택을 존중할 수 있는 방안은 무엇일까에 대한 현실적인 답을 찾아 가는 것이 필요하다.

참고문헌

신성자, 「아내강간의 실태와 대책」, 여성인권과 아내강간 토론회 자료, 한국여성의전
　　화, 2000.

한국여성의전화, 제3차 정책 연구자료 포럼 자료집, 2008.

제 5 장

간통죄와 이혼소송 실태

이 명 숙*

I. 들어가며

　간통죄는 그 법이 제정된 이래 지난 53년간 이혼을 원하지 않는 부부에게 있어 심리적으로 가장 큰 혼인 유지의 수단 중 하나로 작용해 온 것이 사실이다. 그럼에도 불구하고 '성적 자기결정권'이니 '위자료를 받기 위한 수단으로의 전락' 등 여러 가지 논거를 앞세운 폐지론자들에 의해 4차례나 위헌소송이 제기된 끝에 2008년 10월 위헌 의견이 정족수에 1명 부족한 5대 4로 가까스로 합헌을 유지하게 되었는가 하면, 지난 3월에는 법무부 산하 형법개정위원회에서 폐지하기로 결정했다는 소식까지 전해지면서 지난 세월 동안 간통죄가 지녀온 그 화려한 위력(?)이 거의 다 사라져 버리게 되었다. 하지만, 최근 '청와대 비서관이 간통죄로 고소되어 그 직을 사퇴하였다'[1]는 사실이 알려지면서 간통죄가 아직은 종이호랑이가 아니라 국민 대다수의 지지를 받고 있는, 비난받아 마땅한 범죄행위로서 건재함을 보여주고 있는 바, 이하에서는 간통죄와 이혼소송을 둘러싼 제문제에 대하여 살펴보기로 하겠다.

---

* 법무법인 나우리 / 변호사
1) 문화일보 2010.6.18. '前청와대비서관 간통혐의 피소'

참고로, 민법 제 840조 제1호에서 규정하고 있는 이혼사유로서 하나인 '배우자의 부정한 행위'란 형법상 간통은 물론 간통에 이르지 않은 이성간의 교제까지 모두 포함하는 넓은 의미이지만, 실제로 이혼을 생각할 정도의 '부정한 행위'란 입증이 어려울 뿐 사실상 대부분이 간통을 전제로 하고 있다 할 것이다. 따라서 이혼소송에서 주장되는 '부정한 행위'는 대부분 '간통'을 의미한다고 보아도 큰 문제는 없어 보이며, 이하에서도 이를 전제로 함을 미리 밝혀 둔다.

II. 이혼과 간통죄 고소 비율

1. 이혼 및 간통고소 건수의 비교

대검찰청 2009 검찰연감[2])과 통계청 이혼통계에 따르면, 간통죄로의 형사고소가 접수된 건수 및 이혼 건수는 아래와 같다.

연도	간통사건 처리수	이혼건수
2000	12,762	119,455
2001	12,497	134,608
2002	11,329	144,910
2003	11,038	166,600
2004	9,911	138,932
2005	8,720	128,035
2006	8,071	124,524
2007	7,301	124,072
2008	5,346	116,000

---

2) 대검찰청 2009 검찰연감 제6장 제1절 제1항 20년간의 추이, 사건처리, 전체사건 등

위 통계자료에 따르면, 2000년경까지 전체 이혼건수의 10% 상당에 이르던 간통고소건수가 점점 줄어들어 2008년경에 이르러 5% 상당에 불과함을 확인할 수 있다. 뿐만 아니라, 지난해 간통죄로 재판을 받은 1,157명 중 실형이 선고된 사람은 34명(2.93%)에 그쳤다. 2년 전(2007년)엔 실형선고 비율이 4.13%에 불과하여, 간통죄로 고소하더라도 실형이 선고되는 것은 극히 이례적인 경우에 불과함을 알 수 있다.

이처럼 간통건수가 해마다 줄어드는 이유는 여러 가지가 있겠지만, 2000년 이전 특히 IMF 이전까지만 하더라도 「간통고소(현장목격) = 구속, 실형선고 = 이혼소송시 위자료, 재산분할에서 절대적으로 유리한 지위 점거 및 조속한 이혼협상타결[3]」의 등식이 어느 정도 유지되었지만, IMF 이후 「간통고소(현장목격) = 구속, 실형선고」의 등식이 무너지고 「간통고소(현장목격) = 불구속 집행유예 원칙[4], 예외적으로 구속 및 실형선고」의 분위기로 돌아서면서 배우자의 부정한 행위로 고소를 하더라도 이혼소송에서 유리한 지위가 거의 없다는 판단에서 간통고소를 자제하는 경향이 나타난 것도 그 한 이유로 보인다. 물론, 그 외에도 간통고소를 하기 위해서는 힘들게 현장목격을 해야 하는데, 굳이 이혼을 하기로 결심한 이상 간통현장을 목격하는 구차함이나 수고까지 감내하고 싶지 않다는 인식의 확산, 간통을 하는 배우자들이 점점 더 현명해지고 치밀해져서 간통현장을 목격하는 것 자체가 매우 힘들어

---

3) IMF 이전까지는 간통고소를 하게 되면 '구속. 실형의 원칙'이 이루어졌던지라 간통으로 고소를 당한 배우자는 직장문제나 주위에 대한 체면문제 등으로 서둘러 합의를 시도하는 경향이 있었고, 이를 위하여 위자료나 재산분할, 자녀문제에서 상대방이 원하는대로 응하는 경우가 많았던지라 빠른 기일 안에 원하는 조건대로 이혼에 합의하기 위한 수단으로 사용된 경향이 있었음은 부인하기 어려움.

4) IMF 이후부터 간통죄로 현장목격을 하여 형사고소를 하더라도 불구속 수사 원칙과 실형 위주가 아니라 집행유예 판결도 일반화되면서 당장 구속이 되지 않는 이상 고소를 당한 배우자가 서둘러 이혼에 합의할 필요성을 느끼지 않음으로써 이혼소송을 통한 위자료, 재산분할, 자녀문제의 해결을 시도하게 되었고, 그 결과 간통죄와 이혼과의 관련성은 그만큼 약해져 버렸음.

지고 있다는 점, 현장목격을 하기 위해서는 상당한 시간과 노력이 들 뿐 아니라 심부름센터 등을 통할 경우 상당한 비용과 위험 부담까지 감내해야 한다는 점, 자녀들이 있는 경우 자녀들을 생각해서라도 배우자를 간통 전과자로 낙인찍고 싶지 않다는 점 등의 여러 가지 이유들이 배우자의 부정한 행위를 이유로 이혼을 하더라도 간통고소까지는 하지 않는 사유로 작용하고 있는 것으로 보인다.

2. 간통 고소 건수의 의미

일부에서는 간통 고소가 점점 줄어들고 있어서 그 존치의 의미가 적어져 가고 있다는 주장을 하기도 한다. 그러나 대검찰청 통계는 간통이 상해, 폭행, 도박, 협박, 성폭력 등의 범죄에 이은 많은 처리건수를 보여주고 있다. 이는 곧 형법에 표시된 수많은 범죄 중 우리 국민들이 가장 일반적이고 널리 신고하는 범죄 중 하나임을 보여주고 있으며, 아직도 배우자 중 한 명이 외도를 하면 '결혼을 해도 다른 이성과의 성관계는 얼마든지 할 수 있다'는 의식보다는 '결혼을 하면 다른 이성과 가까이 지내거나 성관계를 하는 것은 비난받는 것에 그치지 않고 범죄로 처벌받아 마땅하다'는 인식이 더 지배적임을 보여주고 있는 것으로 보인다. 왜냐하면, 법이란 한 시대를 구성하는 국민들의 민의(民意)를 수렴한 것, 대다수 국민들이 원하는 그 시대의 보편적인 가치라 할 수 있기 때문이다.

Ⅲ. 간통죄와 이혼사유

통계청5) 발표에 따르면 2009년 이혼한 부부 124,000쌍 중 76.2%인

94,400쌍이 협의이혼을, 23.8%인 29,600쌍이 재판이혼을 하고 있고, 이혼사유별로는 성격차이가 46.6%, 경제문제가 14.4%, 배우자 부정이 10.4%라고 한다. 한편, 사법연감6)에 따르면, 같은 해 재판이혼을 한 부부의 이혼신청서상 이혼사유로 성격차이가 47.1%(557,801쌍), 경제적 문제가 14.6% (17,871쌍), 배우자 부정이 10.35%(9,692쌍)로 나타나고 있다.

이는 곧 협의이혼이나 재판이혼이나 이혼사유별로 볼 때 배우자의 부정이 3순위임을 보여주고 있으나, 우리 국민들의 정서상 이혼을 할 때 협의이혼신청서상 이혼사유를 굳이 '부정한 행위', '부당한 대우'라고 표기하지 않고 '성격상의 차이'로 표기하는 경우가 많고 재판이혼사유 중 '성격상의 차이'라고는 하지만 단순한 성격상의 차이만으로는 이혼이 성립되기 어렵고 실제로는 부정한 행위, 부당한 대우, 경제적 사유 등이 '성격상의 차이'에 포함되어 있는 경우가 대부분이라는 사정을 감안해 본다면, 실제 이혼사유 중 '배우자의 부정한 행위'는 위 통계보다는 훨씬 더 높은 것으로 추정된다.

물론 협의이혼을 하는 부부 중에는 이혼사유로 '성격상의 차이'가 가장 많은 수를 차지할 수도 있다. 그러나 이혼소송을 신청하는 사유 중 가장 많은 것으로 나타나는 '성격상의 차이'는 민법 제840조 제6호에서 정한 '기타 혼인을 계속하기 어려운 중대한 사유'에 해당되어 이혼 자체가 성립되지 않을 가능성이 매우 높은지라, 이혼소송 신청 사유는 '성격상의 차이'가 가장 높은 비율을 차지하지만 실제 이혼이 인정된 판결문이나 조정결정문 등을 통한 이혼사유를 확인해 본다면 '부정한 행위'나 '부당한 대우' 등이 '성격상의 차이'보다 그 비율이 더 높아질 수 있어 보인다. 단지 '혼인관계를 유지하기 위하여' 이혼소송이나 간통고소를 자제하거나 '이혼소송을 하되 자신의 자존심 때문에 혹은 입증의 어려움 때문에' 배우자의 부정한 행위(간통)를 언급하지 않는 경우도 상당수 있고, 이러한 경우는 위 통계상 배우자의 부정한

---

5) 2009년 이혼통계자료.
6) 대법원 사법연감(통계) 2009년 사건의 개황(1), 2009년 가사, 행정, 특허, 선거

행위로 나타나지 않게 된다.

실무상 이혼 상담 중 가장 많이 하소연하는 이혼사유는 단연코 배우자의 부정(간통)이고 가정폭력, 경제적 어려움, 성격차이 등의 사유가 그 뒤를 따르고 있다. 필자의 경우, 이혼상담자, 특히 이혼을 상담하는 처(妻)의 70-80% 이상이 배우자의 외도와 간통을 하소연하고 있다. 이혼사유를 규정하고 있는 민법 제840조 제1호 '배우자의 부정한 행위(간통)'이 있으면 동시에 폭력, 생활비 미지급, 늦은 귀가나 외박 등의 불성실하고 부당한 대우(제3호,4호)가 수반되기 마련이고, 집을 나가 상간자와 동거하거나 아예 잠적해 버리는 경우도 많게 되고(제2호,5호) 그 외 혼인생활을 유지하기 어려운 수많은 사유들이 발생하게 마련이므로(제6호), 배우자의 부정한 행위야말로 모든 이혼사유의 온상지요 첫 출발선이라고 할 수 있다.

IV. 간통죄와 이혼소송에서의 재산문제(재산분할)

1. 간통죄와 재산분할의 관련성

이혼소송에서 재산분할이란 부부가 혼인기간 중에 취득한 실질적인 공동재산을 각자의 기여도만큼 나누어 가지는 것을 말한다. 따라서 혼인파탄의 원인, 즉 이혼사유를 의미하는 간통고소와 혼인기간 중 이룩한 공동재산의 청산을 의미하는 재산분할과는 사실상 거의 무관하다 할 수 있으며, 굳이 관련성이 있다면 간통죄로 고소당한 배우자가 조기에 이혼을 종결시키기 위하여 재산분할에서 판결로 인정되는 비율보다 상당한 액수를 양보하여 합의하는 경우가 있다는 정도라 할 것이다. 그러나 간통으로 고소하더라도 구속되는 경우는 극히 찾아보기 어렵고, 2008.10. 위헌결정이 이루어지고 법무부에서 간통죄를 폐지할 움직임이 알려진 이후 일선 수사기관에서는 간통사건을 불구속 사건으로 처리함은 물론 수사 자체를 뒤로 미루는 경향마저 보이고 있는 상태이고, 고소당한 배우자 또한 이혼소송과정에서 조정이나 합의로 간통고소취하를 얻어 내거나 간통고소는 그대로 둔 채 이혼소송에서 판결로 이혼 및 재산분할을 하고자 하는 경향도 나타나는지라, 이전처럼 '간통고소가 되면 서둘러 재산분할에 유리한 입장으로 합의'하는 추세는 더 이상 찾아보기 어려운 형편이다.

2. 유책배우자의 재산분할청구권

비록 간통죄를 저지른 유책배우자라 할지라도 혼인 중에 부부가 협력하여 이룩한 재산이 있는 경우에는 혼인관계의 파탄에 책임이 있는 배우자라도 재산의 분할을 청구할 수 있음은 당연하고(대법원 1993.5.11.자 93므6결정 재산분할), 간통과 함께 의도적으로 재산을 많이 낭비하거나 은닉한 사실이 드러나지 않는 이상 간통고소를 당한 사유만으로는 재산분할의 기여도 인정에 아무런 영향을 미치지 아니한다.

Ⅴ. 간통죄와 이혼소송의 위자료

1. 위자료 인정시 참작사유들

이혼소송에서 위자료란 혼인파탄의 책임이 있는 배우자 일방이 상대방에게 지급하는 정신적 고통에 대한 대가라고 할 수 있다.

일반적으로 법원이 위자료를 책정하는 기준으로는 부부의 혼인기간, 나이, 학력, 가족관계, 재산의 정도, 혼인생활의 경위와 파탄 원인, 그 파탄에 기여한 책임의 정도, 자녀의 양육책임 등 제반사정을 참작하여 결정하게 된다. 따라서 간통죄를 저질렀거나 고소를 당하였다고 하여 그것만으로 위자료 책임이 무조건 인정되는 것은 아니며, 설령 위자료가 인정된다고 할지라도 배우자들이 이혼에 이르게 된 수많은 혼인파탄 사유들과 간통에 이르게 된 경위, 기타 위에서 살펴본 여러 가지 사정들을 종합하게 되므로, 간통죄 고소가 위자료 인정에 있어 절대적인 사유가 될 수는 없다고 할 것이다.

간통죄 고소는 이혼소송에 따른 위자료를 인정하기 위한 수많은 사유 중 하나에 불과하고, 굳이 간통죄로 고소하지 않더라도 보다 쉽게 입증할 수 있는 '부정한 행위'만으로도 얼마든지 간통죄로 고소했을 때와 같은 정도의 위자료를 인정받을 수 있다. 간통죄로 고소해서 유죄로 인정받는 경우와 부정한 행위 등 혼인파탄에 있어 유책배우자임을 입증하는 것과 사이에 위자료 액수의 차이가 있는 것은 아니다. 그러므로 간통죄 폐지론자들이 주장하고 있는, '간통고소가 이혼소송에서 위자료를 많이 얻기 위한 수단으로 악용되고 있다'는 주장은 이혼소송과 위자료 책임 인정에 대한 정확한 내용을 잘 모르고서 하는 주장이라 할 것이다.

2. 간통으로 고소당한 배우자의 위자료 청구

간통으로 고소당하였거나 간통으로 혐의가 인정되어 형사처벌을 받은 자라 할지라도 상대방 배우자를 상대로 위자료 청구하는 것은 얼마든지 가능하며, 필자의 경우에도 이혼소송 도중 두 차례나 간통현장을 목격 당하여 간통으로 고소당하였지만 상대방으로부터 5천만원의 위자료를 인정받은 사례[서울가정법원99르1964(본소), 2874(반소) 이혼 등] 등 간통으로 고소를 당하였으나 이혼소송에서는 위자료를 인정받은 사례가 더러 있었다.

간통으로 고소당하고서도 위자료를 인정받을 수 있는 것은, 단순히 '간통'이라는 하나의 행위가 아니라 혼인파탄의 전체적인 과정이나 경위를 통해 종합적으로 판단하기 때문이며, 이는 곧 일반인들이 생각하는「간통 = 위자료 지급」이라는 등식이 늘 이루어지는 것은 아님을 보여주는 것이다. 이처럼, 위자료나 재산분할과 간통고소는 큰 상관관계가 없다는 사실이 알려지면서 이전처럼 이혼을 하는 기간을 단축시키거나 재산문제나 자녀문제에 있어서 유리한 지위에 놓일 것을 기대하고 간통고소를 하는 이들은 점차 그 숫자가 적어져 가고 있고, 위자료나 재산분할 등 금전지급과는 무관하게 간통행위 그 자체를 처벌하기 위한 순수한 의미의 간통고소가 많아져 가고 있는 것으로 보인다.

VI. 간통죄와 이혼소송에서의 자녀문제

비록 간통죄를 저지른 배우자라 할지라도 이는 배우자로서의 자격과 관련된 문제이지 자녀에 대한 부모로서의 자격과는 직접 연결되지 않는다 할 것이다. 판례 또한 배우자 중 일방이 간통행위를 저질러서 자녀들의 정서나 교육 등에 악영향을 줄 여지가 있다고 할지라도 친권의 대상인 자녀의 나이나 건강상태를 비롯하여 여러 구체적인 사정을 고려하여 자녀의 복리와 행복을 최우선의 가치로 두고서 친권자 및 양육자를 결정할 뿐, 단순히 간통죄로 고소되거나 처벌되었다는 사유만으로 친권자 및 양육자 지정에서 배제시키지는 않고 있다. 오히려 간통죄로 고소된 배우자라 할지라도 평소 자녀들의 양육과 보호에 관한 의무를 소홀히 하지 않은 경우에는 간통을 하지는 않았지만 평소 자녀들의 양육과 보호에 관한 의무를 소홀히 한 상대방보다 친권자 및 양육자 지정에 우선적으로 고려의 대상이 되는 경우가 자주 있으며,

이는 간통으로 고소되었으나 위자료를 지급받는 경우보다 훨씬 더 빈번하게 목격되어지곤 한다.

심지어 우리 대법원은 모의 간통행위로 부가 사망하는 결과가 발생된 것을 이유로 제기된 친권상실청구사건(대법원 1993.3.4. 자93므3결정 친권상실)에서 '자녀들의 양육과 보호에 관한 의무를 소홀히 하지 아니한 모의 간통행위로 말미암아 부가 사망하는 결과가 초래된 사실만으로써는 모에 대한 친권상실선고사유에 해당한다고 볼 수 없다'고 판시하여 간통행위와 친권의 문제를 직접 연결시키지 않고 있다.

VII. 간통죄와 이혼소송과의 연관성

형법 제241조에서 규정하고 있는 간통죄는 혼인이 해소되거나 이혼소송을 제기한 후가 아니면 고소할 수 없으며, 간통고소를 하였다고 하더라도 다시 혼인을 하거나 이혼소송을 취하한 때에는 고소는 취소된 것으로 간주된다(형사소송법 제229조). 따라서 간통죄로 고소하기 위해서는 반드시 이혼을 하거나 이혼소송을 제기하지 않으면 안된다.

우리나라에 간통죄가 처음 도입될 때는 축첩제도가 일반화되어 있었고 남편이나 아내를 형사고소 한다는 것은 이혼을 각오하지 않으면 할 수 없었던 사회문화적 배경이 있었던 시절이었기 때문에, 축첩제도를 근절시키고 일부일처 제도를 확립시키기 위해서 간통고소=구속·실형의 원칙 유지와 남편을 간통으로 고소하여 실형을 선고받게 한 이상 시대의 핍박하에 혼인생활을 유지할 수 없다는 현실적인 필요성에서 이혼소송제기나 이혼을 할 것을 간통고소의 전제조건으로 입법화하게 되었다고 한다. 그러나 지금은 시대의 변화로 사회문화적인 인식도 많이 달라진 이상, 굳이 이혼소송이나 이혼을 간통고소의 전제조건으로 할 필요성은 없어졌다 할 것이며, 오히려 이혼소송이나 이혼을 해야만 간통고소를 할 수 있도록 규정되어 있음으로써 '이혼은 하지 않고 간통죄로만 고소해서 가정으로 돌아오도록' 하고 싶어하는 수많은 배우자들이 간통고소 자체를 포기해야 하는 문제도 발생하고 있다.

위 문제를 해결하기 위한 대안으로 이혼을 원하지 않는 배우자들은 간통고소를 포기하는 대신 상간녀나 상간남을 상대로 손해배상 청구소송을 함으로써 이들의 관계 정리를 도모시키고자 하는 경향이 점점 많이 나타나고 있다. 입법론적으로는 이혼을 하거나 이혼소송을 제기하지 않더라도 간통고소를 할 수 있도록 형사소송법을 개정하고, 징역형만 규정되어 있는 간통죄의 양형을 바꾸어 징역형 외에 벌금형 등도 가능하도록 형법을 개정하는 것이 필요하다 할 것이다.

Ⅷ. 글을 마치며

위에서 살펴본 바와 같이, 형사소송법상 간통의 전제조건으로 혼인이 해소되거나 이혼소송을 제기할 것이 요구될 뿐이며, 실제로 이혼소송에 있어서 간통죄는 이혼사유나 위자료, 친권자 및 양육자 지정을 위한 여러 가지 사유 중 하나로 참작될 뿐이고, 재산분할에서는 더더구나 아무런 관련성이 없으며, 간통고소를 하거나 부정한 행위를 주장하거나 그 결과는 마찬가지라고 할 수 있다. 실무상, 힘들여 간통현장을 목격하기 위한 시간적, 경제적 노고를 들이지 말고 통화내역에 대한 사실조회 등을 통하여 부정한 행위를 주장하는 것만으로 간통고소를 대신하려는 추세가 점점 많아지고 있어서 간통고소가 이혼에서의 유리한 지위를 차지하기 위한 수단으로 사용되던 이전의 전례는 거의 사라진 분위기이다. 오히려, 이혼은 하지 않고 간통고소만 하고 싶어 하는 배우자의 의사를 전혀 반영할 수 없는지라, 간통죄를 폐지하기 보다는 혼인의 해소나 이혼소송을 제기하지 않고도 간통죄만 고소할 수 있도록 형사소송법을 개정하고, 벌금형 도입 등 다양한 양형 마련이 필요한 때이다.

참고문헌

대검찰청, 2009 검찰연감.
대법원, 사법연감(통계) 2009년 사건의 개황(1).

문화일보 2010.6.18. '前청와대비서관 간통혐의 피소'.

제2부

토론종합

사　　회 : 　정강자 (한국젠더법학회 이사)

지정토론 : 　1. 이나영 (중앙대학교 사회학과 교수)
　　　　　　　2. 박은정 (서울서부지방검찰청 검사)
　　　　　　　3. 박소현 (한국가정법률상담소 상담위원)
　　　　　　　4. 조　국 (서울대학교 법학전문대학원 교수)
　　　　　　　5. 이현곤 (서울가정법원 판사)

자유토론

제1장 지정토론 ▰▰▰▰▰▰▰▰

1 **이나영**(중앙대학교 사회학과 교수)

Ⅰ. 시작하며

본 논문은 형사법담론에서 혼인빙자간음죄와 간통죄 폐지론의 논증방식을 먼저 검토한 후 '혼빙간', '간통죄', '아내강간'에 깃들어 있는 보수적 섹슈얼리티 담론의 핵심을 여성의 분리(정숙/문란), 남성중심의 섹슈얼리티 통제, 정조권과 가부장권에 기반한 여성의 성적 종속의 정당화라고 비판하고 있다. 따라서 본 논문의 기본적 논지는 자유주의 법담론의 남성중심적 한계를 비판하면서 그 대안으로 페미니즘을 제시하거나 페미니즘의 생산적 개입을 바라는 것으로 보인다. 특히 p.11의 문화담론과 법담론의 역할분담의 문제에서 기존의 개인의 자유 vs. 국가통제라는 이분법적 지형에서 전복의 장을 어디에 마련할 것인가, 저항담론의 창출은 어떻게 가능하고 유용할 것인가라는 지점이 교수님 논지의 중요한 부분이라고 보고 있고, 이것을 논의하기 위해 본 자리가 마련되었을 것이라 생각한다.

이호중 교수님의 논지에 기본적으로 동의하면서 몇 가지 질문을 드리고자 한다.

첫째, 성형법 담론에서 섹슈얼리티 논의 지형에 관한 질문인데, 어디까지가 섹슈얼리티와 연관된 법이라고 할 수 있는가? '혼빙간', 간통죄뿐만 아니라, 성폭력, 성매매, 낙태, 동성애, 포르노그래피 등은 모두 섹슈얼리티와 관련된 법적 통제의 영역이다. 간통죄 폐지의 문제는 이들과의 연속선상에서 사고해야 하며, 이는 결국 섹슈얼리티에 대한 관점과 연결되어 있다. 그렇기 때문에 기존의 지배적인 법담론을 비판하고자 한다면, 섹슈얼리티에 대한 발표자의 관점이 먼저 선명하게 제시되어야 하며 각각의 영역을 관통하는 섹슈얼리티 이론(theory) 또한 제시되어야 비판의 논리적 일관성을 가지게 될 것이다.

둘째, 현재 우리 사회 섹슈얼리티 담론의 지형, 수준, 문화적 실천의 양상은 층위도 다양하지만 모순적이기까지 하다. 이론과 실천이 다르고 법담론과 문화담론도 경합적이며 때로는 갈등적이다. 이렇게 복합적인 문화적 실천의 지형을 어떻게 이해하고 이론화하고 어느 부분까지 법적으로 끌어들일까 하는 것이 문제다. 먼저 고려해야 할 지점은 법담론이 과연 무엇을 보호하고자 하는 것인가이다. 과연 개인의 성적 자기결정권인가, 혼인(결혼 제도)인가, 파트너십에서의 성실성인가? 이에 대해 발제자는 우리사회의 법담론이 보호하고 있는 대상은 결국 '이성애 규범성'이라고 생각한다. 이성애 일부일처제에 기반한 전업주부 여성과 생계부양자 남성(breadwinner), 아이들이라는 전형적 구도를 가부장적 가족제도로서 보호하는데, 이에 깔려 있는 전제이자 궁극적 목적이 이성애 규범성이다. 이는 성적 대상(sexual object)과 성적 욕망(sexual desire)을 규정하게 된다. 즉 하나의 젠더와 동일시하는 젠더 정체성을 적절히 체화한 사회적 존재가 누구를 욕망하고 어떻게 실천할 것인가의 문제와 연관된다. 발제자도 지적했듯이, 섹슈얼리티는 성적 욕망이자 성적 대상이 누구인가에 대한 질문이자 실천양상이다. 이것을 규정하고 규율하는데는 전통적 규범, 사회적 제도, 법들이 연관되어 있다. 따라서 법담론이 겉으로 보기에 실천만을 규정하는 것처럼 보이지만 실질적으로는 대상의 문제이기도 하고, 대상을 규정하면서 욕망을 다시 구성하고 재생산하는 역할을 한다. 물론 이는 다시 현실 속의 실천을 재규정한다. 그래서 교수님의 문제의식이 굉장히 중요하다고 생각한다. 법담론이 어떻게 문화적 지형에서 섹슈얼리티를 관통하는가의 문제를 중요하게 제기하셨는데, 치밀한 논증이 없는 수사적 선언으로 마무리된 듯하여 아쉬움이 남는다.

마지막으로, 발제자의 논문에서 자유주의 법담론을 비판하면서 보수주의와 대비해 놓았는데, 이는 우리나라의 자유주의 법담론-저는 우리나라에 자유주의 법담론이 과연 있는지 의심스럽지만-과 보수주의 법담론의 상동성을 보지 못한 결과이다. 현재 다소 자유주의적이라 판단되는 법담론 또한 억압과 자유라는 이분법에 근거한 성적 본질론에 근거하고 있다는 점에서 성도덕주의, 보수주의 성담론과 동일선상에 있다. 특히 여성 이해의 동질성을 강조하게 위해 남성과 구별되는 진정한 여성의 본질을 전제하고 있다는 점에서 생물학적 본질론을 크게 벗어나지 못하고 있다. 그러므로 다시한번 강조하건데, 본 논문에서 발제자의 섹슈얼리티에 대한 입장, 혹은 관점이 굉장히 중요하다고 본다. 성적 본질론이 아닌 구성주의적 관점에서 기존의 법담론이 전제한 철학적 근거를 비판하고 권력의 관점에서 섹스에 관한 어떤 유형의 앎이 형성되었는지 과정에 대한 질문이 들어가는 것이 더 적절하지 않을까 한다. 또한 법담론의 전제뿐만 아니라 법의 효과, 담론의 (재)구성장치로서의 법에 주목한다면, 법담론이 기반하고 있는 이데올로기를 드러내면서 법의 구성적, 규제적 효과까지 폭로할 수 있을 것이라 본다.

참고로 덧붙이자면, 우리나라에서 성폭력 담론을 구성할 때 급진주의 페미니즘과 자유주의 페미니즘이 섞여 있고 피해자 여성이라는 입장과 여성의 성적 자기결정권이 충돌하는데, 이 역시 문제적인 지점으로 향후 주요한 해결 과제라 여겨진다.

이호중 교수

: 섹슈얼리티와 관련된 형법의 영역들이 어디까지인가 생각하고 구성하는 것이 중요하다고 하셨는데, 제가 해야 된다고 생각했던 것이 그런 것이었다는 생각이 듭니다. 저는 여성학을 제대로 공부한 사람이 아니고 문헌을 통해 조금 본 정도입니다만, 우리나라의 여성 운동 진영의 담론을 잘 모르겠습니다. 굉장히 다양한 담론이 동시다발적으로 나오기 때문에 여성운동 진영에서의 주류적 담론이 무엇인지, 어떤 부분에서 차이가 있고 실천적 효과는 무엇인지 애매해 보입니다. 그러다 보니 제가 받아들이는 우리나라 페미니즘에 대한 이미지가 현재의 지형과 다를 수 있었던 것 같습니다.

페미니즘 쪽에서 자유주의 담론을 이야기하시는 분이 거의 없는 것 같고, 자유주의 담론은 주로 남성 법학자들이 하는 이야기입니다. 제가 여기에서 말씀드린 자유주의 법이론은 우리나라에서는 남성들이 주도하는 법학의 한 분파로서의 담론입니다. 그런 의미에서 보수적인 내용을 담을 수 있다는 점을 유념하도록 하겠습니다.

2 **박은정** (서울서부지방검찰청 여성, 아동, 성폭력 전담 검사)

Ⅰ. 서

발제문은 서론에서 간통죄를 규정한 형법 제241조에 관한 헌법재판소의 4차례에 걸친 합헌 결정과 형법 제304조 혼인빙자간음죄에 관한 헌법재판소의 위헌 결정을 언급하였다. 다만 후자에 대하여는 헌법재판소는 '혼인을 빙자해서 음행의 상습없는 부녀를 기망하여 간음한 자' 부분에 대하여 과잉금지원칙에 반하여 남성의 성적 자기결정권, 사생활의 비밀과 자유를 침해한다는 이유로 위헌을 선고하였기 때문에 '기타 위계에 의한 간음'의 경우에는 기소가 가능[1]하다는 점을 언급할 필요가 있다고 생각한다.

다음으로 형법 제241조(간통), 형사소송법 제229조(배우자의 고소), 제230조(고소기간), 제232조(고소의 취소), 제327조(공소기각의 판결) 등 간통죄 관련 규정을 나열하고, 고조선의 8조 법금, 1912년 조선형사령, 나아가 일본 구형법 제183조와 이를 기초로 한 1953년 제정 형법상 간통죄의 연혁 및 입법례를 설명하면서 간통죄와 관련하여 각국은 남녀불평등처벌주의, 남녀평등처벌주의, 남녀평등불벌주의를 규정하고 있다고 하였다. 간통죄와 관련하여 형벌법규의 위헌성 여부를 판단하는 논증구조 및 심사기준으로는 헌법원리 침해여부, 기본권침해여부... 과잉금지원칙 내지 헌법 제37조의 비례원칙이 있고, 과잉금지원칙의 구체적 내용으로는 입법목적의 정당성, 수단의 적합성 요건, 최소침해성 요건, 법익의 균형성 요건을 들고 있다.

헌법재판소 결정의 검토와 관련하여 간통죄로 인하여 제한되는 기본권

---

1) 2009. 11. 26. 대검 공판송무과 '형법 203조(혼인빙자간음) 위헌 선고에 따른 조치 사항'.

으로 개인의 성적 자기결정권(헌법 제10조), 사생활의 비밀과 자유(헌법 제17조) 등이 있고, 과잉입법금지에 위배되는지를 살펴보면 건전한 성풍속 내지 성도덕을 보호법익으로 하는 간통죄의 입법목적과 그 정당성, 수단의 적합성, 간통죄에 대한 형벌부과의 적합성 등을 설명하고 있다. 입법형성의 자유에 속하는 형벌부과의 최소침해성과 관련하여 헌법재판소의 합헌입장은 정절관념은 전래적 전통윤리이고 간통은 사회의 질서를 해치고 타인의 권리를 침해하는 경우에 해당하므로 비난가능성이 존재한다는 이유를 들고 있고, 이에 반하여 위헌의견이 들고 있는 논거로는 ① 국민일반의 법감정의 변화로 간통죄의 존립기반이 근본저인 동요를 하고 있다. ② 세계적으로는 간통죄를 폐지해가는 추세이며 간통죄 처벌에 관한 검찰과 법원의 처리경향도 과거에 비해 많이 완화되었다. ③ 일부일처제 및 가정질서를 보호하기 위한 형사처벌의 실효성이 의심스럽다. ④ 부부간의 성적 성실의무는 형벌로서 보호하는 것이 적절치않고 민사상 구제수단이 있다. ⑤ 입법 당시의 여성의 보호라는 간접적인 역할도 그 수명을 다하였다. ⑥ 형사처벌의 예방적 기능도 효과가 별로 없다. ⑦ 간통죄의 처벌은 간통행위자의 배우자의 손에 전적으로 달려 있어 형사처벌로 인한 부작용이 크다는 점을 들고 있다.

나아가 간통죄가 헌법상 제도 및 원리를 위반하였는지를 살펴보면서 헌법 제36조 제1항 위배여부, 책임과 형벌 간 비례원칙 위배 여부 등을 꼼꼼히 검토하고 있고, 마지막으로 헌법재판소 결정 이후의 상황과 앞으로의 전망을 통하여 혼인빙자간음죄가 2002. 7:2로 합헌결정이 났으나 2009. 수단의 적절성 및 피해최소성, 성생활에 대한 형사처벌 입법의 추세, 형사처벌의 부작용 등을 이유로 6:3으로 위헌결정이 난 점에 비추어 과거 소수의견이 법정의견으로의 전환되었다고 언급하고 간통죄와 관련하여서도 2008. 여론조사 결과 국민의 35.5%가 폐지의견을 내고 있고, 입건되거나 기소되는 비율이 감소하고, 적발 및 수사, 재판과정에서 이루어지는 극심한 인권침해 등 간통과 관련한 국민의 법감정, 형사처벌의 실효성 및 대체수단, 형사처벌의 부작

용을 이유로 5기 재판부에서는 위헌이 선고될 것으로 예상하면서 발제문을
마치고 있다.

II. 간통죄 수사 단상

먼저, 최근 서울서부지검에서 간통죄 관련하여 수사한 실제 사건을 살펴
봄으로써 현재 실무상 간통죄의 현황을 좀 더 잘 이해할 수 있을 것으로 생각
한다. 사례는 간통녀 김모(40세, 주부)와 상간남인 강모(44세, 전기기사)에
대하여 위 김모의 남편인 순모(45세, 회사원)가 고소한 사건이다. 고소인은
1993. 김모와 혼인신고를 하고 혼인관계를 유지하다가 2003. 김모는 또다른
김모(남)와 간통한 사실로 고소되어 기소되었으나 재판중에 고소인이 고소
를 취소하여 공소기각이 선고되었다. 그 후 2009. 3. 김모는 강모와 다시 간
통을 하게 되었고, 고소인이 고소하여 수사 중에 고소인은 다시 이들에 대한
고소를 취소하여 검찰에서 공소권없음 처분을 하게 된다. 그리고 고소인과
김모는 이사를 하고 새로운 생활 시작하였고, 당시 외아들은 고3 수험생이었
다.2) 그러나 김모가 이사한 집으로 강모를 불러 들여 2009. 11.부터 2010. 1.
까지 수차례 간통을 하였고, 2010. 1. 고소인에게 적발되면서 현장에서 폭력
이 발생하여 쌍방이 입건되었다. 그럼에도 고소인은 당시 그들을 간통으로
고소는 하지 않았는데 2010. 2. 김모가 가출하여 강모와 사실혼 생활을 시작
하게 되었다. 2010. 2. 고소인이 더 이상 참지 못하고 고소하였고, 최근의 간
통죄에 대한 수사기관과 법원의 관대한 태도에 따라 이들에 대하여는 불구
속 수사가 진행되어 2010. 4. 기소하게 되었다. 2010. 6. 서울서부지방법원에

---

2) 외아들은 어머니가 상간남을 집으로 불러들여 성관계한 사실을 알게 되어 정신과 치
   료중임.

서 김모에 대하여 징역 8월의 실형을 선고하고, 강모에 대하여는 집행유예가 선고되었다.

이 사건에서 보듯이 현재 간통으로 고소되는 많은 사건들은 혼인제도라는 사회적 법익을 심각하게 침해한 자들에 대하여 법률이 최소한의 응보와 위하력을 주고 있다는 점에서 처벌 가치가 있다고 생각한다. 그러나 사실 수사실무상 다음과 같은 문제가 있다는 점은 부인하기 어렵다. 즉 삽입사실의 입증은 당사자가 자백하지 않는 한 그 입증이 불가능하기 때문에 간혹 위법 수사의 문제가 발생하고, 고소인 입장에서는 이혼소송에서의 유리한 지위를 차지하기 위하여 형사고소를 남용하고 있으며, 실제로 대부분 간통하는 남성들에 비하여 여성에 대한 고소비율이 더 높아 가부장적인 가치관을 곤고히 하고, 또한 여성에 대한 고소취소도 남성에 비하여는 적어 여성에 대한 불리한 처벌규정으로 기능하고 있다. 또한 극단적인 사생활 개입의 고통으로 인한 수사기관 종사자의 비인간화는 호소할 곳이 없고 사실상 낙태죄와 마찬가지로 거의 사건화 되지 않아 사문화되는 추세이기도 하며 실제로 수사가 진행되더라도 대부분 불구속 상태에서 집행유예가 선고되어 처벌효과는 크지 않다고 볼 수 있으며, 사회적 법익에 관한 죄임에도 친고죄로 되어 있어 고소된 범죄자만 처벌되는 형평의 문제가 있다.

Ⅲ. 발제문 검토

발제문에 대하여 다음과 같은 문제를 제기하고자 한다. 즉 간통죄에 관하여 남녀평등불벌주의를 취하는 각 나라들의 중혼죄 처벌 규정에는 사실혼도 포함하는지 궁금하다. 즉 현재 간통사건 중 문제는 중혼적 사실혼 사건의 경우 성교사실의 입증이 매우 어렵다. 따라서 중혼죄 처벌 규정이 있는 나라들이 중혼의 의미에 반드시 성교사실 입증까지 요하는지, 사실상 혼인관계에 있음까지 입증하면 처벌이 가능한지 알고 싶고, 이것이 우리나라의 입법론으로 바람직하다고 생각한다.

미국의 간통죄 처벌 규정에 대하여 위헌 결정을 한 사례가 없다는 점에 비추어 미국에는 위헌 시비가 없는 것이지, 그렇다면 합헌 결정을 한 것인지, 그 합헌론의 근거는 무엇인지, 미국에서 민사소송과 간통죄 처벌과의 관련성은 어떤지 우리와 비교하여 발제자의 의견을 듣고 싶다.

간통죄의 위헌여부 논증구조 속에서 사실상 과잉입법금지 위배 여부가 관건일 듯 한데 이는 입법목적의 정당성, 수단의 적합성, 피해의 최소성, 법익의 균형성 등과의 고려 속에서 신중해야 한다고 생각한다. 즉 간통죄의 입법목적과 그 정당성과 관련하여 형법 제22장 성풍속에 관한 죄에 규정되어 있어 보호법익이 건전한 성풍속 내지 성도덕으로 보는 견해가 다수설이고 헌재 의견도 유사한데 그렇다면 본건을 친고죄로 규정하여 고소인의 처벌의사에 따라 공소권 유무가 달라지는 법규정과의 부조화가 있다는 문제가 있다. 또한 위헌론의 건전한 성도덕은 간통죄의 정당한 입법목적이 될 수 없다는 의견에 대하여 입법당시의 입법목적과 비교 고찰한 점은 매우 유효하나, 그렇다면 현재의 법상황에 비추어 위헌론의 입장에서 입법목적의 정당성이 여전히 부인된다고 보는지 묻고 싶다. (위헌론 입장에서) 간통 고소로 인한 가정의 파탄이 혼인제도 유지라는 간통죄의 보호법익에 오히려 배치되는 문제점도 검토가 필요하다고 생각한다. 형벌부과의 최소침해성과 관련하여 위헌론에서 주장하는 간통죄의 실효성과 대체수단에 대한 발제자의 의견 중 특히 민사상 구제수단에 대한 실효성이 의심스럽고, 입법 당시의 여성의 보호라는 간접적인 역할이 종료되었다고 보기에는 미흡한 부분이 있다. 책임과 형벌 간 비례원칙 위배여부와 관련하여 강간 등 성폭력 범죄에도 규정되어 있는 벌금형 규정이 없는 것이 문제라고 생각한다. 즉 공무원 등 금고 이상의 형 선고로 사회적 신분에 변화가 있는 배우자인 경우 이혼소송의 수단으로서 악용하는 사례가 매우 많고 이는 법관의 양형에 관한 재량을 제한하는 문제로도 볼 수 있다.

한편, 혼인빙자간음죄 관련 헌재 결정에 대하여 간략히 살펴보면 발제문에서 나오는 기소되는 사건(30건)의 처벌의 필요성이 매우 크고 여성의 보호는 여전히 유효하다고 생각한다.[3] 또한 여성의 착오에 의한 혼전 성관계 보호의 필요성이 있는데 성매매 여성(음행의 상습있는 부녀)을 기망하여 화대 지급을 하지 아니할 경우 사기로 기소하여 피해자를 보호하는 것과 비교하여서도 그렇다. 또한 혼인빙자간음죄의 본질은 기망행위로 인하여 침해되는 법익이 중대한지 여부가 아닌지, 합헌인 기타 위계에 의한 간음과 무슨 차이가 있는지 의문이고, 혼인빙자에 의한 위계가 대부분이고 오히려 본질적이지 않은지 묻고 싶다.

기타의 문제점으로 위헌론에서 들고 있는 국민여론의 진정성에 의문이 드는데 이는 간통이 용이한 남성중심의 성문화가 있는 우리 사회의 문화적 분위기와도 맞닿아 있으며 발제자가 들고 있는 대체수단으로서 성매매 단속 강화의 실효성 의문이다. 즉 성매매 적발 사실 알려질 경우 가정파탄 사례가 더욱 증가하고 있고, 성매매와 간통 고소는 전혀 별개의 사안으로 실무상 다루어지고 있기 때문이다. 따라서 사실상 혼인 파탄된 상태에서의 간통, 1회성 간통 등 반사회성이 극히 약한 경우 헌법에 불합치하다는 헌재의 소수의견 귀기울일 만하다고 생각한다.

---

3) 2008. 서울서부지검 사건, 고소인은 독실한 천주교 신도로 혼전 순결 다짐에 따라 30세까지 성관계 경험이 없는 여자 전문의였고, 피의자는 사회적으로 유명인사였으며 고소인 외에도 10여명의 여성과 동시다발적으로 관계를 맺고 있던 중 고소인을 기망하여 성관계를 갖게 되었고, 그 사실을 알게 된 고소인이 피해 여성들과 공동으로 피의자를 폭행하여 고소인에 대하여 구속영장까지 신청된 사안에서 그 후 고소인이 혼인빙자간음으로 맞고소 하자 피의자가 고소인에게 합의금을 주고 고소취소 받아 공소권 없음 처분한 사례.

V. 그밖에 검토해야 할 고민들

그밖에 간통죄와 관련하여 우리나라의 만연한 성산업, 성매매의 일상화에 비추어 법제정 당시와 비교하여 남성의 외도가 줄어들었는지, 상대적 약자 지위에 있는 여성에게 그럼에도 응보수단으로서의 간통죄의 기능이 있고, 사회적 지위가 있는 사람인 경우 위하력의 효과가 존재[4]한다고 본다. 또한 재산분할, 위자료 소송의 실효성이 없는 경우가 다수이고, 그러한 분쟁이 장기화할 수 있다는 점에서 간통죄의 대안으로서 민사소송이 무용하다는 점을 강조하고 싶다.

따라서 사실상 혼인 파탄된 상태에서의 간통, 1회성 간통 등 반사회성이 극히 약한 경우 헌법에 불합치한다고 보고 간통죄 자체는 존치하되, 사실혼 관계에 있는 경우 성교사실이 추정되는 것으로 판례상 성교사실 입증의 증명력 완화 필요가 있다. 반면 간통죄를 굳이 폐지하는 경우 사실상 중혼죄를 처벌하는 규정을 신설할 필요가 있다고 생각한다.[5]

정계선 판사

: 5기 재판부 이후에 위헌결정이 있을 것이라고 말씀을 드린 적은 없고요, 그런 말씀을 하신 주선회 재판관님이 계셨습니다. 그리고 위헌의견에서 근거로 든 각 지표가 강화되고 있습니다. 1953년 형법 제정 당시에 중혼죄 신설 여부에 대해서도 논의가 있었는데 중혼이 법률상 혼인을 의미하는 것이냐, 사실혼까지 포함하는 것이냐에 대해 논란이 있었습니다. 1947년에 일본에서 규정되어 존속하는 중혼죄의 경우, 규정 형식 등을 봤을 때 법률혼으로

---

4) 발제문 주 37, 2008. 5. 8. 파이낸셜 뉴스 곽배희 소장 인터뷰.
5) 이와 관련하여 법무부의 입장은 2010. 3. 법무부 형사법 개정 특별분과위원회 간통죄 폐지 방침을 논의하였으나, 현재 폐지 방침으로 정해진 바 없으며 신중히 논의 중으로 12월쯤 국회에 제출할 계획으로 있다.

생각됩니다. 그러므로 실지로 중혼적 사실혼 같은 경우를 보호하지 못할 것이라 생각되고요. 중국은 처 있는 자가 다른 여성과 동거하는 경우에 처벌하는 규정이 생겼다고 합니다. 이렇게 사실혼적 중혼도 처벌하는 규정이 있는 국가도 존재합니다. 만약에 법률혼만을 처벌하는 규정이 있는 것은, 우리나라에 국제결혼이 많아지는데, 실질적으로 중혼 자체가 안 되기 때문에 어렵지 않을까 생각됩니다. 혼인빙자간음죄에 있어서 기타 위계는 합헌이라고 본 것이 아니고, 헌법재판소에서 판단할 때에는 직접적으로 제기된 것만 판단합니다. 헌법소원을 제기한 사안 자체가 혼인을 빙자하여 간음한 경우였기 때문에 그 부분만 판단한 것일 뿐입니다.

민사상 구제수단에 대한 실효성 여부에 대하여, 실제 민사적 해결을 위하여 간통 고소를 하는 경우가 많고 실효성도 있다고 말씀하셨는데요. 이에 대해서는 두 가지 반론이 가능합니다. 한 가지는 국가기관의 형사재판이라는 한정된 자원을 민사적 구제수단을 위해 사용할 수 있는가, 또 한 가지는 모든 여성에게 실효성이 있는 것이 아니라 결국 남편에게 재산이 있는 경우만 이러한 절차로 구제받을 수 있다는 문제가 있습니다. 징역형만을 규정한 것이 법관의 양형에 대한 재량을 제한하느냐에 대해, 개인적으로는 그렇다고 생각하고 있습니다.

간통이라는 개념은 성매매까지 포괄을 하는 것입니다. 그런데 그렇게 광범위한 성매매에 대해서는 단속이 이루어지지 않으면서 애정관계에 있는 간통만을 처벌하는 것이 간통의 개념을 축소하는 것이 아닌가 하는 의문이 있습니다. 만약 처의 가정을 보호하는 목적에서 혼외 성관계를 없애보자 한다면, 성매매 단속을 강화하는 것이 유효한 수단을 될 수 있지 않을까 말씀드립니다. 이상으로 마치겠습니다.

3 **박소현** (한국가정법률상담소 상담위원)

1. 입법과정을 통해 본 간통죄의 태생적 문제

제정형법에서 쌍벌주의와 친고죄를 주요한 특징으로 하는 간통죄 규정이 채택된 것은 남녀평등(제8조)과 혼인의 순결(제20조)을 규정한 제헌헌법 아래 남녀평등이 실현된 가족제도의 형성과 당시 문제가 되던 축첩과 남자들의 외도에 대처하고자 하는 것으로 긍정적으로 평가할 수 있으며, 일견 성평등 관점에서의 진보라고 할 수 있다. 대다수 여성이 사회적, 경제적으로 약자였고, 주로 남성에 의해서 간통이 이루어졌던 법 제정당시의 상황에서 간통죄는 열악한 여성의 지위를 보호하기 위한 역할을 했다. 그러나 이것은 제도 규정의 결과로서의 의미이고, 제정형법당시 간통죄 규정의 논의의 이면을 보면 여성들에 대한 차별성은 여전히 현재진행형이었던 것으로 볼 수 있는 몇 가지 점이 보인다.

먼저 형법 제정당시 우리 헌법의 규정을 보면 제21조에 "혼인은 남녀동권을 기본으로 하며 혼인의 순결과 가족의 건강은 국가의 특별한 보호를 받는다"라고 규정되어 있었다. 헌법 규정의 "혼인의 순결"은 분명 남녀에게 적용되는 것이라고 해석되겠으나 통상 "순결"이라는 개념 자체가 남성에게보다는 여성들에게 적용되는 개념이라는 것을 생각한다면 헌법규정 자체에 대한 오해의 소지도 있었다고 할 수 있다. 또한 그러한 개념을 법에서 채택함으로써 사회구성원의 의식을 '여성들의 혼인 순결 내지 여성들의 정조'라는 관점에서 자유롭지 못하게 한 요인이 있었을 것으로 본다. 여기에는 법 제정 이전부터 오랫동안 유부녀의 간통만을 엄중하게 처벌해왔던 현실이 있으며 또한 일반적인 법지체 현상도 지적할 수 있다. 실제로 새로운 법이 시행되어도 일반 국민들은 새로운 법에 대하여 인식하고 행동하기까지 무척이나 오랜 적응기간이 걸린다. 또 하나, 법 제정 당시 법제사법위원회의 논의를 살펴보면 세계적으로 간통죄를 처벌하지 않는 추세라는 점을 지적하면서도 다른 한편 "정조"관념이 박약해질까 우려하고 있다. 이 "정조관념" 역시 이전에 처벌하지 않았던 남성들의 정조관념이 새삼 박약해질까 우려된다는 논리가 아니라, 지금까지 처벌을 했던 여성들의 간통이 간통죄를 존치하지 않음으로써 정조관념이 박약해질까 우려된다는 논리였다. 즉 간통죄를 규정하게 된 데에는 젠더에 대한 차별적인 이중잣대가 영향을 미쳤음을 부인하기 어렵다.

다음으로 간통죄 입법과 관련한 형법상의 틀과 관련하여 보면 제정형법은 축첩을 정리할 목적에서 제안된 중혼죄 규정을 폐기하고[6] 쌍벌주의 간통죄 규정만을 둠으로써 일부일처제에 위반되는 혼인관계에서의 축첩, 중혼뿐만 아니라 중혼에 이르지 않은 배우자의 외도까지를 모두 간통죄 규정에 의해 해결하게 하였다. 그리고 중혼은 민법의 혼인취소 사유로 규정하고 손해배상청구를 할 수 있도록 하였다.[7] 중혼과 간통 모두 일부일처 혼인제도 및 가족제도를 보호하기 위한 형사법적 제재수단이다. 그런데 둘 중 오히려 중혼이 일부일처의 혼인제도에 정면으로 배치되는 것이라 할 것이다. 그리고 형법 제정당시 외국의 입법례는 중혼죄와 간통죄를 함께 규정하고 있었고, 몇몇의 국가는 이미 간통죄를 삭제하고 중혼죄만 규정하고 있기도 하였다. 그런데도 우리는 왜 중혼죄를 규정하지 않고 간통죄를 규정하였을까 하는 의구심이 있다. 그것은 당시 입법부의 의식이 일부일처 혼인제도, 가족제도

---

6) 송기춘/이정원, 「간통죄 폐지 여부에 관한 헌법적·형사법적 고찰」, 헌법학연구 제10권 제2호, 한국헌법학회, 2004, 343면.

7) 1960년 시행 민법 제810조(중혼의 금지)는 "배우자있는 자는 다시 혼인하지 못한다"고 규정하고 이에 위반시 혼인취소의 사유가 되며(민법 제816조 제1호), 손해배상을 청구할 수 있도록 하였다(민법 제806조, 제825조)

보호보다는 정조, 성도덕 등의 보호에 더 편향되었던 것은 아닐까 하는 생각이다(원교수님께서는 결론부분에서 간통죄 도입은 성도덕의 보호보다는 가족제도의 보호라는 점이 더 강하게 작용한 것으로 보인다고 하셨지만). 또한 당시의 헌법은 '가족생활' '가족제도'라는 개념조차 규정되지 못한 단계였다. 우리 헌법은 1980년에 이르러서야 비로소 "혼인과 가족생활은 개인의 존엄과 양성의 평등을 기초로 성립되고 유지되어야 한다" 는 규정을 갖게 되었다. 그리고 당시 규정된 간통죄조차도 음행매개, 음화등 반포, 음화등 제조, 공연음란 등과 궤를 같이 하는 형법 제22장 "풍속을 해하는 죄"의 하나로 편제하였다.[8]

이러한 입법은 독일형법이 "풍속에 관한 죄"가 별도의 장으로 구성되어 있음에도 불구하고 간통과 중혼을 모두 "신분, 혼인 및 가정에 대한 범죄"라는 장에 구성했던 것과 대비되고, 결국 간통죄 제정당시 간통죄의 성격이나 법익 등에 대한 정치한 검토가 없었음을 인정하지 않을 수 없다. 발제문에 제시된 대로 오늘날 간통죄를 존치하고 있는 국가는 극소수에 달하고 대부분의 국가는 이를 폐지하였다. 그럼에도 불구하고 독일, 일본, 오스트리아, 스위스 등 대부분의 국가에서는 중혼죄를 처벌하고 있으며 중혼자의 상대방도 처벌하고 있다.[9]

독일의 경우 중혼죄와 간통죄를 모두 규정하였다가 1969년 6월 25일 형법 개정(제1차 형법개정법률, das Erste Gesetz zur Reform des Strafrechts vom 25.6.1969)시 제12장 "신분, 혼인 그리고 가정에 대한 범죄(Straftaten

---

8) 제정형법 제22장 "풍속을 해하는 죄"에는 제241조 (간통), 제242조(음행매개), 제243조(음화등의 반포), 제244조(음화등의 제조), 제245조(공연음란) 등의 죄를 규정하였으며, 1995년 12월 29일 동 장의 제목을 "성풍속에 관한 죄"로 개정하고 간통을 제외한 나머지 죄의 벌금액 개정 등 개정을 거쳐 오늘에 이르고 있다.

9) 일본형법 제184조, 오스트리아 형법 제192조, 독일형법 제171조, 스위스형법 제215조 등, 허일태, 「간통죄의 위헌성 : 헌재(2001. 10.25. 2000헌바60 전원재판부)의 결정문을 중심으로」, 저스티스 통권 제104호, 한국법학원, 2008, 124면.

gegen den Personenstand, die Ehe und die Familie)"의 장 가운데 "제172조 (간통죄)(Ehebruch)①간통은 이로 인하여 이혼이 성립되는 경우에는 이에 대한 책임이 있는 배우자의 일방 및 그의 공동책임자를 6월 이하의 경징역에 처한다. ②형사소추는 고소에 의하여서만 개시한다"[10])는 규정을 삭제하였다. 그런데 개정전 독일 형법의 경우 제13장에 따로 "풍속에 관한 죄 (Verbrechen und Vergehen wider die Sittlichkeit)를 두고 있었음에도 불구하고, 그 당시 간통죄는 제12장에 두어 풍속범죄가 아닌 "신분, 혼인 및 가정에 대한 범죄행위"로 보았다. 그리고 현재 독일형법상의 "신분, 혼인 및 가정에 대한 범죄행위"로는 제169조(호적위조), 제170조(부정수단에 의한 혼인:삭제), 제170조의 (a)(배우자의 일방적 재산처분:삭제), 제170조의3(b)(보호 또는 교육의무 위반), 제171조(중혼), 제172조(간통:삭제), 제173조(근친상간)로 구성되어 있다. 그리고 개정전 중혼죄 규정을 간소화하여 현재 제171조에서 "혼인중에 있는 자로서 혼인한 자 또는 기혼자와 혼인한 자는 3년 이하의 자유형 또는 벌금형에 처한다." 그리고 독일 현행형법은 제13장에서 "성적 자기결정권에 대한 죄(Dreizehnter Abschnitt Straftaten gegen die sexuelle selbstbestimmung)"를 두어 우리나라 형법의 "성풍속에 관한 죄"에 해당하는 범죄를 규정하고 있다.[11])

일본의 경우에는 1847년 형법개정시 종래의 '有夫의 妻'의 간통만을 처벌하던 간통죄 규정(일본 구형법 제183조)[12])을 평등원칙에 반한다는 이유로 폐지하였고, 중혼죄는 처벌하고 있다.

우리나라에 외국의 입법례처럼 일부일처의 혼인제도를 보호하기 위한 제재조항으로 중혼죄가 존치하였더라면 혼인 및 가족제도 보호 기능으로서

---

10) 법제처(1965), 「각국형법(하)」, 법제자료 제20집, 법제처, 80면.
11) Strafgesetzbuch der Deutschen Demokratischen Republic(StGB), §174~184.
12) 제183조(간통죄) ①有夫의 妻가 姦通한 때에는 2년 이하의 懲役에 處한다. 그 相姦者도 역시 같다. ②前項의 罪는 本夫의 告訴를 기다려 이를 論한다. 但 本夫가 姦通을 慫慂한 때에는 告訴의 效力이 없다.

의 간통죄는 이미 그 수명을 다하고 폐지되었을 것이다. 그러나 우리나라는 형법제정 당시부터 중혼죄는 탄생조차 하지 못하고 간통죄가 생겨났다. 그리고 간통죄가 일부일처의 혼인제도 및 가족제도까지를 보호하기 위한 기능을 해오고 있다. 물론, 중혼과 간통은 침해법익이 다르므로 그에 대응하는 처벌도 달라야 한다. 일부일처의 혼인제도에 정면 배치되는 중혼을 처벌하는 중혼죄의 경우 규정내용에 따라 기본권 본질의 측면에서 검토가 요구되기는 하겠으나 위헌 논란의 소지는 적어 보인다. 중혼이 아닌 간통의 경우 결혼당사자간 계약의무 위반의 관점에서 접근하게 되어 형사법적 자유형 처벌에 의한 현행 간통죄는 폐지 주장이 제기될 수밖에 없다. 그러나 우리나라 법제상 간통죄는 중혼죄까지를 포괄하는 개념으로 기능해왔고 현재도 일부일처 혼인제도를 보호하기 위한 예방적인 기능을 하고 있음을 부인하기 어렵다. 이러한 입법 현실이 헌법재판소, 입법부 및 일반국민들로 하여금 간통죄 폐지에 선뜻 동의할 수 없게 하는 하나의 이유가 되고 있다고 본다. 이 점이 바로 우리나라 간통죄의 특수성이고, 여전히 존폐논란의 긴장관계를 유지하는 아킬레스건이 되고 있다고 할 것이다.

2. 간통죄 존폐논의의 같음과 다름

발제자는 형법제정시 간통죄는 성도덕의 보호보다는 가족제도의 보호라는 점이 강하게 작용하였고 오늘날 이혼율이 증가하고는 있으나 일부일처제의 가족관계가 굳건한 토대를 이루었고, 여성 지위 향상, 법제정비 등을 통하여 부부간의 관계에서 나타나는 법적 이익의 침해문제를 해결할 적절한 방법들이 어느 정도 확보되었기 때문에 징역형만을 규정한 간통죄에 의해서 가족제도 보호라는 문제를 해결할 필요성은 매우 약해졌다고 하였다. 그리고 간통죄의 존폐를 논의하기 위하여는 간통죄가 혼인 및 가족제도를 보호할 수 있는가/간통죄가 개인의 성적 자기결정권을 침해하는 범죄유형으로 볼 수 없는가/간통죄가 성도덕을 향상시키고 간통을 억제하는 예방적 기능을 수행하고 있는가/민사적으로도 해결할 수 있는 문제를 징역형만을 규정하고 있는 형법에 의해서 해결하는 것이 정당한가/ 등의 네가지 점을 검토하여야 할 것이라고 하였다.

제시된 기준들을 검토하고 사회적 공론화 과정을 통하여 합의점을 도출해내는 과정은 50여년 넘도록 존치해온 간통죄 법규정의 폐지여부와 관련하여 거쳐야 할 의미있는 과정이 될 수 있다. 그러나 이러한 작업 역시 지금까지 계속되어 온 존폐논의의 또 다른 반복 과정일 수도 있다. 간통을 형법에 의해 징역형으로 처벌하여야 하는가? 하는 문제에 대하여는 개인마다 가치관에 따라 의견이 다를 수 있기 때문이다. 가치판단의 문제여서 일률적인 결론도 존재하기 어렵다. 헌법재판소에서도 재판관들의 구성에 따라 결정이 달라졌던 점이 이를 반증한다.[13] 간통죄를 폐지하여야 한다는 입장과 존치하여야 한다는 입장의 각 근거는 법이론 또는 현실에 기반하여 긴장관계를 유지하고 있으며, 어떠한 결론에 도달할 것인가는 결국 형사정책적인 결단 내지는 입법적 결단의 문제라고 할 수 있다.

원혜욱 교수

: 박소현 선생님께서 토론해 주신 것은 질문이라기보다는 제가 발표한 내용에 대한 코멘트였던 것 같습니다. 실제 남성에 의한 간통이 많음에도 불구하고 간통에 의해 여성이 더 피해를 본다는 역설적인 생각이 들었습니다. 남성에 의한 간통이 많다면 남성이 고소, 기소, 처벌되는 비율이 더 높아야 하는데, 그렇지가 않다는 것이죠. 결국 간통죄 자체가 여성들의 사회적 지위를 보호하지 않는 것으로 보입니다.

---

13) 1990년 결정:합헌6/위헌3, 1993년 결정:합헌6/위헌3, 2001년 결정:합헌8/위헌1, 2008년 결정:합헌4/위헌4/헌법불합치1.

간통죄의 예방적 기능에 대해서는 신중하게 논의되어야 한다고 봅니다. 간통죄를 성풍속이라는 범위에 포함해야 하는가에 대해 이것이 성적 자기결정권보다는 가정의 보호 쪽으로 많이 논의되어 온 측면이 있습니다. 누구의 관점에서 누구를 대상으로 성도덕의 잣대를 들이댈 것일까요. 성도덕이란 결국 우리 사회 전체의 문화라고 볼 수 있는데, 간통죄를 수단으로 혼인관계에서의 순결을 요구할 수 있겠는가, 성도덕을 지킬 수 있겠는가에 대해 저는 간통죄가 그런 의미에서의 예방적 기능은 가지지 않는다고 봅니다. 오히려 우리 사회를 감싸고 있는 다양한 성문화가 성도덕에 있어 중요한 요소로 작용하는 것이지, 굳이 형사처벌을 수단으로 하여 예방 기능을 기대할 수 있겠는가, 회의적입니다.

제 의견은 정 대표님이나 이 변호사님 생각과는 다릅니다. 저는 간통죄 문제에서의 외도의 억지, 혼인제도의 존속 등을 떠나 간통죄 그 자체가 가지고 있는 철학에 반대하기 때문에 폐지 입장에 서 있습니다. 형사처벌을 통해 이성애 여성을 보호한다는 관점을 유지하는 것이 페미니즘의 정신에 맞는 것인지 의문입니다. 얼마 전 위헌이 선언된 혼인빙자간음죄에 대해서도 존속을 찬성하는 입장이 여전히 있지요. 그런데 혼빙간에는 '기망'이라는 요소가 필요합니다. 이에 비하여 간통은 '기망'이 전혀 없습니다. 이 점에서 간통죄의 위헌 결정은 시간문제라고 봅니다. 간통에서 남는 것은 배우자의 고통 및 가족이라는 제도의 보호 문제인데, 이를 이유로 형법을 동원해야 한다고 생각하지는 않습니다. 제 생각은 이렇습니다.

첫째, 간통죄에 대한 여성단체의 의견은 92년에는 존치론이었다가 2009년 폐지론으로 바뀌었습니다. 간통죄가 가지는 범죄억지력이 어느 정도인가 여부와 별도로, 여성단체가 87년 이후 정치적 민주화 이후 '욕망의 민주화' 또는 욕망의 폭발적 해방이라는 문제를 제대로 인식하지 못하고 있는 것은 아닌가, 혹 이 문제를 기독교적 윤리 또는 유교적 윤리에 기초하여 재단하고 있는 건 아닌가 등 의심이 듭니다.

둘째, 간통죄에도 불구하고 혼외정사가 무수히 일어나고 있다는 점은 간통죄는 범죄억지력이 없음이 분명합니다. 우리 사회의 실상은 간통의 천국인데 외양은 도덕적 엄숙주의를 띠고 있는 바, 이는 "눈 가리고 아웅"하는 격입니다. 지적하셨던 향락, 퇴폐문화는 성매매특별법으로 해결해야 하고, 가정폭력은 가정폭력처벌법이나 형법으로 해결해야 할 문제입니다. 그렇게 되면 형법을 통한 혼인의 보호라는 문제만 남게 됩니다.

셋째, 간통죄 존속론은 개인의 성적 자유보다는 일부일처제라는 제도를 지켜야 된다는 점에 주안점을 두고 있습니다. "혼인은 합의한 성인 두 사람 간의 사적인 약속이라기보다 공적인 인정과 승인의 성격이 강하다"고 말씀하시고 이를 보호해야 한다고 보십니다. 그런데 그러한 혼인의 존속을 형법으로 강제해야 한다고는 생각하지 않습니다. 프랑스의 대통령 미테랑이 공개적으로 자신의 영부인이 아닌 다른 여성과 애정관계를 유지하고 딸 까지 낳았습니다. 이에 대하여 프랑스 사회는 전혀 문제 삼지 않았습니다. 미테랑은 간통죄로 처벌되어야 할까요?

넷째, 간통죄 논쟁에서 거의 제기되지 않은 질문을 던지고 싶습니다. 간통죄 폐지 반대론은 형법을 통한 이성애 여성의 보호라는 관점에 갇혀 있지는 않은가요? 유교와 기독교에 바탕을 둔 이성애 여성의 sexuality만 보호하려는 것은 아닌가요? 존치론의 논리에 따르면 동성애자 커플 중 한 사람이 다른 사람과 간통을 한 것은 왜 범죄화하여 처벌하지 않아야 하나요? 이러한 문제에 대해 여성계에서 모두 침묵하고 있습니다. 평균적인 이성애 아내가 남편의 외도로 인해 고통 받는 현실을 외면하는 것은 아닙니다. 하지만 근본적으로 간통이란 무엇인가에 대한 얘기에서부터 시작하여 형사법적 처벌이 어떤 의미를 갖는가라는 문제를 논의해야 한다고 봅니다.

마지막으로, 여성단체 중 존치를 주장하는 분들은 시기상조론을 펴십니다. 시기상조론은 폐지의 전제조건을 많이 답니다. 언급되는 전제조건 다 동의합니다. 그러나 그러한 전제조건의 충족이 간통죄 폐지보다 시간적으로 선차적으로 이루어질 때만 간통죄는 폐지된다는 것이 맞는 말일까요? 우리나라에서는 그 전제조건이 언제 달성될 수 있다고 보는 것인가요? 간통죄가 폐지된 나라에서는 그러한 전제조건이 다 갖추어진 후에 폐지가 이루어졌나요? 간통죄가 폐지된 국가에서는 남성의 외도와 남성의 가정폭력과 남성의 성매매가 없고 여성에 대한 민사적 보호가 완벽한 것인지? 그렇지 않다면 그럼에도 불구하고 왜 간통죄를 폐지한 것일까요? 이러한 의문에 대한 답을 원합니다.

정춘숙 대표

: 제가 앞에서 말씀드린 것처럼 이 자리에서 간통에 대한 본질적 질문과 토론이 이루어지는 것은 제한적이라고 봅니다. 간통죄라는 것이 이성애에 근거한, 이성애 중심의 일부일처제를 보호하려고 하는 한계적인 법이라는 것도 인정합니다. 동성애자 커플에 대해서는 이 법이 적용될 수 없고, 이성애에 한정적입니다. 하지만 그것이 현재 논의되고 있는 간통죄 존폐에 대한 문제를 정리하는 핵심적 요소가 될 수 없다고 생각합니다. 조국 교수님은 간통죄 폐지에 대한 사전적 조치들이 먼저 있어야 한다는 것은 사실상 존속론을 지지하는 것이 아니냐고 하셨는데, 그렇게 볼 수도 있습니다. 저 개인적으로는, 상당히 갈등되는 것이 사실입니다. 90년대 이후 여성의 성적 자기결정권과 주체성에 대한 논의가 상당히 많이 있었지만, 많은 여성들이 우리와 같은 생각을 하고 있는지 저는 잘 모르겠습니다. 이 법을 필요로 했던, 이 법이 있어야 한다고 생각했던 많은 사람들의 생각과의 관계를 저는 잘 모르겠습니다. 폐지론과 존치론 양자 중 선택하라고 한다면, 중간적이라고 말씀드릴 수밖에 없습니다. 제가 분명히 말씀드릴 수 있는 것은, 폐지하는 것이 시간문제라고 할 때 사전적 조치에 대한 논의가 훨씬 더 구체적이고 실질화되어야 한다는 것입니다. 그렇지 않으면 우리가 예상하지 못한 또 다른 어려움이 있을 것이라는 생각이 듭니다. 간통죄의 존속이 초래하는 폐해의 중대함에 대한 인식이 약한 것이 아닌가 하셨는데요. 그렇지 않습니다. 굉장히 심각하다고 보기 때문에, 작년에 여성단체들이 실제로 도움되지 않는다는 측면에서 폐지 입장을 냈던 거고요. 입법적 대안이나 구체적 접근이 있었으면 좋겠다는 생각합니다.

1. 간통고소와 이혼소송

발제자는 상담 및 소송에서 당사자를 대리하는 입장에서 서술하였다고 보는데, 재판을 담당하는 입장에서 간통과 이혼소송을 생각해 보자면 다음과 같다. 이혼사건에서 당사자 중 일방이 상대방을 간통죄로 형사고소하여 수사 또는 재판이 진행 중인 사건이 상당수 있으나 실제로 기소되는 사건은 별로 없다. 당사자들의 의도와는 달리 가사재판에서 법관들은 간통 형사고소를 그리 중요하게 생각지 아니함(기록을 보면 기소가 될지 무혐의 처리될지 대체로 알 수 있는데, 증거부족으로 무혐의 처리될 사건들이 대부분임). 하지만 수사가 종결되기 전에 판결을 선고하기는 쉽지 않기 때문에 수사 종결시까지 기다려야 하고, 이 때문에 재판이 지연되고 있는 실정이다. 사건이 무혐의 처리된 경우 수사기관에서 고소인의 진술 외에는 열람복사를 금하고 있기 때문에 특별히 수사기록에서 증거로 사용할 만한 것이 별로 없다. 간통 고소 상대방의 경우 재판 초기에는 고소사건 때문에 신중한 입장을 견지하다가 무혐의 처분이 난 후에는 오히려 면책받은 것으로 생각하는 경우가 많다. 간통 고소하였다는 사정과 별개로 이혼소송에서 당사자가 상대방의 부정행위를 입증하여야 한다. 기소되었다 하더라도 불구속으로 재판이 진행되며 집행유예가 선고되는 경우가 대부분임. 따라서 발표자의 견해와 같이 이혼소송에서 간통죄는 예전처럼 큰 위력을 발휘하고 있지 아니한다. 단, 상대방 배우자가 공무원, 금융회사직원 등 유죄판결의 확정으로 인하여 해직될 처지에 있는 경우에는 많은 재산을 주고 합의를 시도하려 하는 경향이 아직 남아 있다.

2. 간통죄와 위자료, 재산분할

법관들은 이혼사유를 판단할 때 간통이라는 하나의 사건에 몰입하지 않음. 발표자의 의견처럼 혼인파탄의 전체적인 과정이나 경위를 통해 종합적으로 유책성을 판단한다. 이혼소송에서 부정행위를 입증하는 것은 간통죄의 입증보다 상당히 완화되어 있고, 부정행위가 입증된 경우 인정되는 위자료의 액수는 간통죄의 유죄 판결 여부에 크게 구애받지 아니한다. 재산분할은 원칙적으로 상대방의 유책성과는 무관함. 다만 재산분할의 범위를 정함에 있어 참작사유는 될 수 있음. 발제자의 의견처럼 과거에는 간통고소를 통하여 재산분할에서 유리하게 합의를 이끌어내는 경우가 많았으나 최근에는 별로 그렇지 아니함. 오히려 간통 고소되지 않은 경우에 합의가 더 잘된다. 간통 형사고소는 당사자가 이혼소송에서 유리한 지위를 차지하기 위하여 이루어지는 경우가 대부분이나, 그다지 큰 효과는 없다고 볼 수 있음. 다만, 금전지급과 무관하게 간통행위 그 자체를 처벌하기 위한 순수한 의미의 간통고소가 많아져 가고 있다는 경향이 있다는 점에 관해서는 잘 인식하지 못하겠다. 최근의 이혼 재판의 경향은 당사자의 혼인파탄의 책임이 누구에게 있는가하는 유책성의 인정 문제 보다는 당사자 사이에 혼인관계를 존속시킬 필요가 있는지 여부, 당사자 사이에 형평성을 고려한 적절한 재산분할 및 향후 자녀의 복리 문제가 주된 심리의 대상으로 이동해가고 있다.

3. 간통죄와 자녀문제

간통죄와 자녀에 대한 친권, 양육권의 문제는 별개이고, 법원에서 이를 특별히 연관시켜서 판단하고 있지 아니한다. 자녀에 대한 친권, 양육권은 오히려 간통 유무보다 양육환경과 자녀 양육에 관한 당사자들의 의지의 문제라고 본다. 부정행위를 저지른 당사자라 하더라도 자녀 양육에 관하여 적합하다고 인정되면 친권, 양육권을 인정해주고 있다.

4. 간통죄가 사문화되어가는 이유와 향후 전망

남녀관계, 부부관계에서 누가 잘못이 있는지, 왜 혼인관계가 파탄이 되었는지에 관하여 기본적으로 당사자가 아닌 제3자가 이를 제대로 알기는 어렵다고 봄. 따라서 법관은 이에 대하여 겸허한 마음을 가져야 한다고 생각된다. 재판 경험상 간통은 혼인파탄의 원인인 경우도 많지만 혼인파탄의 결과인 경우도 많다고 생각됨. 그러나 원인과 결과를 딱히 구분할 수 없다는 것이 가장 문제이다. 경찰관을 대동하여 간통현장을 덮쳐 모욕을 주고 알몸의 사진을 증거로 제출하는 관행에 대하여 문제가 있다고 생각함. 요즘은 흉악범도 그렇게 취급하지 않는다.

부부관계는 당사자의 자유로운 의사에 기초한 애정관계가 토대가 되어야 한다. 이를 법적인 권리와 의무 관계만으로 규율할 수는 없다. 법원은 부부관계를 호적상 유지하도록 할 것인지 말 것인지 여부를 결정할 수 있을 뿐 부부관계를 실질적으로 복원하거나 해체하도록 할 아무런 권한도 방법도 갖고 있지 않다. 그 선택권은 당사자들에게 있음. 이것이 이혼재판의 한계이다. 간통죄에 관하여는 여러 가지 다양한 견해가 공존하고 있으나, 위와 같은 등의 이유로 점점 사문화되어 가고 있고 폐지가 되는 방향으로 진행되고 있다고 생각된다. 가장 중요한 원인은 혼인에 대한 일반 사람들의 의식 변화라고 생각된다. 간통죄의 존폐 여부와 관련하여 서울가정법원 소속 법관들에게 설문 결과 응답자 14명 중 폐지의견이 9명, 존치의견이 3명, 입장정리를 하지 못하겠다는 의견이 2명이었고, 응답자의 성별과 관련해서는 의미 있는 차이점은 발견되지 않았다.

5. 간통죄와 이혼소송

발제자는 간통죄에 벌금형을 추가하도록 하는 대신 이혼을 간통고소의 전제조건으로 할 필요성이 없다고 주장하고, 그 근거로 '이혼은 하지 않고 간통죄로만 고소해서 가정으로 돌아오도록' 하고 싶어하는 수많은 배우자들이 간통고소를 포기해야 하는 문제가 발생하고 있음을 들고 있다. 이혼 없이 간통죄로만 고소하여 처벌하고 가정을 지키려는 의도 자체가 나쁘다고 볼 수는 없으나, 상대방은 처벌 후 가정으로 돌아오지 않는다고 보는 것이 경험칙에 부합함. 오히려 처벌은 처벌대로 하고 상대방을 유책배우자로 만들어 혼인의 굴레에 속박해둠으로써 내키지 않은 혼인생활을 법적으로 강제하도록 하는 것이다. 간통한 배우자를 그대로 두고 상간자에 대하여만 손해배상을 청구하는 것도 대게 주된 잘못은 상간자가 아니라 간통을 저지른 배우자임에 비추어 볼 때 형평성 측면에서 문제의 소지가 있다는 점을 밝혀두고 싶음. 이것이 위자료 산정에 참작된다.

이명숙변호사

: 이현곤 판사님의 말씀해 주신 논지에 동의를 합니다. 다만 제가 만난 간통고소나 이혼을 원하셨던 분들 중 실제로 이혼소송하시는 분들은 10%나 될까, 대부분 상담에 그치는 경우가 많기 때문에, 판사님들이 실무에서 만나는 분들은 제가 상담을 했던 분들의 일부일 뿐이라는 점을 고려해야 한다고 봅니다.

제2장 자유토론 ▰▰▰▰▰▰▰▰▰▰

사회 노정희 판사

1시 반부터 4시간 반을 앉아계셨습니다. 너무 오랫동안 앉아계시고 다양한 측면의 논의를 들으셔서 머리가 복잡하시겠습니다만, 떠오르는 대로 질문해 주시면 좋겠습니다.

이나영 교수

법학자가 아닌 외부자의 입장에서 전체 세션을 들은 소감을 간단하게 말씀드리고자 합니다. 이 지점에서 우리는 과거의 진부한 논의를 반복할 것인지, 아니면 새로운 담론을 생산할 것인지를 반드시 생각해야 할 것입니다. 이 자리에는 페미니스트라고 공식적으로 선언한 분이 계시는가 하면 페미니스트가 아닌 분들도 계시며, 각자의 입장이 다양하기 때문에 일단 저의 입장을 밝히겠습니다. 저는 페미니스트로써 간통죄가 없어져야 한다고 생각합니다. 이번 학회에서 흥미로운 점은, 의외로 남자 분들이 이성애 가부장제 섹슈얼리티에 문제제기를 하면서 급진적인 주장을 하시고, 여자 분들이 간통죄가 아직은 유지되어야 한다고 주장한다는 사실입니다. 이는 기실, 우리사회의 현실을 보여준다고 생각합니다. 아마도 우리사회에서 성별간 권력관계가 여전히 존재하고 있으며, 이에 민감한 여성분들이 간통죄의 현실적 필요성을 인지하고 있는 것과도 연관되겠지요. 그럼에도 불구하고 다음과 같은 몇 가지 지점을 고려해 봐야 하지 않을까 합니다.

첫째, 아까 조국 교수님께서도 지적하듯이 저는 간통을 구성하는 철학뿐만 아니라 간통죄라는 법적 구성요소가 만들어내는 효과를 반드시 검토해야 한다고 생각합니다. 무엇이 간통죄를 구성하고 간통죄의 존재가 어떤 사고를 다시 생산해내며 어떤 실천을 정당화하는가, 무엇을 소위 '정상'으로 만드는 것인가, 그리고 '정상적인' 경계 내에 있지 않은 특정한 성적 행위와 실천을 우리가 어떻게 배제하는가가 굉장히 중요한 문제라고 생각합니다. 또한 간통죄 존속을 이야기 할 때 많은 분들이 구체적인 여성의 경험과 현실의 문제를 얘기하셨는데요, 저도 페미니스트로서 사회구조의 문제가 중요하고 물적 조건을 고려하는 것이 얼마나 중요한지 잘 알고 있습니다. 다만 이때의 '여성'이 누구이고 '경험'이 무엇인가에 대해서는 다시 질문해 봐야 한다고 생각합니다. 즉, 단일한 존재로서 제시되는 '여성'은 우리사회에서 중산층, 핵가족, 정상가족, 이성애, 전업주부가 전제된 사고라는 생각이 듭니다. 정춘숙 선생님은 저소득층 여성도 많이 만나실 것이고, 변호사님들은 중산층 이상의 여성을 많이 만나실 거라고 생각되는데, 어쨌든 이 여성들은 많은 '여성들' 중 일부라는 사실입니다. 또한 여성들의 경험은 단일하지도 않거니와 투명하거나 고정되어 있지 않다고 생각합니다. 법을 구성하면서 그 법의 효과로 인해 여성의 경험은 규제되고, 재해석되는 것이며 이를 통해 '나'의 경험이 이해되고 다시 구성되는 것이기 때문에 '사회적 구성물'로서 경험을 이해해야한다는 것이지요. 우리가 언급하는 경험도 수단적으로 선택된다는 것을 이해해야 한다고 생각합니다.

무엇보다 간통죄를 논할 때 고려해야 할 사항은 결혼이 배타적 성적 관계에 관한 약속이라는 사실입니다. 관계를 법적으로 규제하는 것이 성찰적 관계의 지속과 발전에 과연 도움이 되는 것인가요. 우리 사회는 법적 경계가 매우 경직적인데다 결혼보다 이혼이 어렵다는 것을 모두 아실 것입니다. 혼인법과 이에 기반한 간통죄는 섹슈얼리티를 교섭해야 하고 협상해야 하는 대상으로 사고하지 않습니다. 이 때문에 지탱되는 정상가족 이데올로기에 대해한 번 더 생각해봐야 할 것입니다. 간통죄 폐지 이후를 대비할 수 있는 실질적인 대안 마련(예를 들어, 재산분할, 양육권과 양육비, 싱글 맘이나 싱글 대디에 대한 사회적 지원체계)에 대한 논의가 더 필요한 시점이 아닌가 합니다.

둘째, 간통죄의 유래를 역사적으로 살펴보면 1950년대 초반입니다. 섹슈얼리티 관련법은 기본적으로 어떤 국가를 만들 것인가, 어떤 국가를 재생산할 것인가와 관계가 깊습니다. 따라서 국가가 형성될 때뿐만 아니라 정권이바뀔 때 마다 섹슈얼리티 관련 법안이 나오기 마련입니다. 소위 '정상적' 남성과 여성, 이들을 중심으로 한 '정상가족'이 만들어져야만 국가가 재생산되기 때문입니다. 때문에 본 논의의 장에서, 간통죄가 근거한 역사적 부분에 대한 이해가 전반적으로 부족한 것이 아닌가 하는 생각이 듭니다.

마지막으로 간통죄와 결혼에 대한 의미에 관해 논할 때, 여기 계신 선생님들께서 중산층 정상가족 안에 보호받는 여성의 '특권'이 있다는 사실을 아이러니하게 드러내 보여주신 것 같습니다. 왜 똑똑한 여자 대학생들이 여전히 결혼에 승부수를 던지겠습니까? 왜 여성들이 그다지도 그 결혼-가족이라는 경계를 붙들고 있는 것일까요? 결혼과 가족 안에 제한적이나마 특권이 존재하기 때문이죠. 공적 영역에서의 여성에 대한 보상체계는 너무나 미비하지만 사적 가부장제를 유지하는 것에 대한 개별적 보상체계는 여전히 유효한 것으로 남아 있기 때문입니다. 이때 지지되고 (재)구성되는 '여성'이라는지점이 페미니스트들이 그동안 그토록 해체하려고 해 왔던 것이었는데, 아이러니하게도 여성들이 오히려 그 '여성'을 재구성하고 유지하는 데 공모하거나 동조하는 역할을 하고 있는 것이지요. 우리가 해야 할 일은 그래서 그나마 남아 있는 특권이나마 유지하게 하는 것이 아니라, 여/남에게 부과된 고정된 성역할 이데올로기를 비판하면서 새로운 방식의 여성 권한부여를 고민하는데 에너지를 써야 한다는 것이지요. 이것이 보다 자유롭고 평등한 방식으로 여/남성으로 살아가기의 시작이라 생각합니다.

결론적으로 페미니스트라면, 조국 교수님의 지적을 굉장히 고통스럽게 받아들여야 한다고 생각합니다. 그동안 페미니스트 성 정치학에서 핵심적인 부분이 이성애, 남성중심, 정상성에 기반한 혼인제도와 가족 이데올로기에 대한 비판인데, 간통죄는 그 철학적 근간과 이데올로기적 효과로서 이들을 재생산하는 역할을 한다는 사실을 잊지 말아야 할 것입니다.

신상숙 교수

서울대 여성연구소의 신상숙입니다. 여러 선생님께서 다각도로 짚어주셔서 공부도 많이 됐고요. 하나하나의 발표를 들을 때마다 미처 짚어지지 않았던 부분들이 드러나면서 좀 더 섬세해져야 되겠다는 생각을 했습니다. 오늘 이 자리에서 결론이 나지는 않겠지만, 앞으로 더 나은 결론에 이르기 위한 합당한 발표와 토론을 해 주시지 않았나 생각됩니다.

두서없는 얘기를 좀 드려야 될 것 같습니다. 이호중 교수님께서 자유주의와 성적 보수주의의 차이에 불구하고 실제로 이 지점에서는 남성중심적인 점에서 차이가 무색해진다는 말씀을 하셨는데요. 이는 페미니스트 논의에서 계속하여 지적해 왔던 측면이기도 합니다. 그럼에도 불구하고 성적 보수주의가 자유주의로 이행하고 있다는 변화는 읽을 필요가 있지 않을까 합니다. 문제는 이 두 가지 사이의 틈새에서 젠더법학의 관점에서 여성주의적 입장을 세우려는 노력이 끊임없이 있었음에도 불구하고 실제로는 개인 또는 국가, 공동체 틈새에 존재하는 관계에서의 책임성을 남녀평등의 관점에서 복원하고자 하는 장치들이 어느 한쪽으로 귀속되지 않으면서 틈새를 메워가는 장치들이 이론적으로나 현실적으로 자리잡지 못했기 때문에 간통죄가 계속하여 혼인을 보호하는 장치-발생사적 측면이나 실제로 그렇지 않았음에도-로 유지되어 온 것이 아닌가 싶습니다. 그래서 저는 정춘숙 선생님께서 말씀하신 현실적으로 보완 장치가 필요하다는 문제의식에 동의를 하면서, 조국 교수님께서 말씀하신 것처럼 여러 가지 문제가 있음에도 현실의 문제를 적극적으로 끌어들이는 것이 필요하지 않을까 생각합니다. 그런 의미에서 저는 자유주의에 대해 구분해야 할 지점이 있지 않을까 합니다. 자유주의는 개인을 분리시켜 개인이라는 존재의 위치를 잡아주는 공적이 있지만 결국 사회권력에 대한 국가의 통제를 부정하는 이중의 특성을 가지고 있습니다. 저는 개인의 권리라는 측면을 부각시키는 자유주의가 성적 자기결정권 개념을 끌어오는 데 기여했다고 한다면, 자유주의의 맹점은 개인을 벗어난 사회권력을 인정하지 않는다는 것입니다. 그 두 가지가 모두 자유주의의 이름으로 통용되고 있고, 통상적이고 전통적 혈통주의 가족의 개념을 벗어나는 다른 가족을 보호할 수 있는 장치를 고민하지 못하게 만드는 원인이 아닌가 합니다. 따라서 남녀불평등적인 처벌주의에서 시작된 간통죄가 그 이후의 과정에서 남녀평등적인 것으로 자리잡지 못했던 까닭은, 법 앞에서의 평등이 여성에게는 항상 충분치 않았다는 것입니다. 법 앞에서의 평등이 보장되지 않았을 때는 물론이고 법 앞에서의 평등이 있었다고 하더라도 여성들은 실질적으로 법적 보호의 사각지대에 놓여왔습니다. 여성적 빈곤이 자리잡고 있는 상태에서 재판상 이혼을 청구하거나 간통죄로 기소하거나 변호사를 동원하는 능력은 한정될 수밖에 없습니다. 이런 측면에서 개인적 해결이 아닌 형법적인 것이 아닐지라도 사회적 해결책이 필요하다고 봅니다. 이런 부분에서 취약한 이유가 이론적으로는 자유주의와 보수주의의 간극에서의 변별해야 될 지점을 충분히 변별하지 못했기 때문이라는 생각이 듭니다.

또 한 가지는 보수주의 담론이 자유주의, 혹은 선택의 이름을 쓸 수 있다는 것입니다. 권성 재판관님의 선택은 쵸이스(choice)가 아닌 셀렉션(selection)입니다. 이는 다윈의 성선택설을 그대로 옮겨놓은 것으로, 셀렉션의 주체는 자연(nature)으로, 여성은 그 담지자일 뿐입니다. 결국 여성의 선택은 아닌 선택이 성적 자기결정권의 이야기로 치환되고 있다는 느낌을 받아서 깜짝 놀랐습니다.

본래 간통죄나 이혼을 규정했던 가족의 요소가 혈통주의와 남성중심주의라면, 이제는 아동에 대한 책임의 문제가 보완되어야 한다고 생각합니다.

더불어 간통죄가 현실적으로 사문화되고 있음에도 불구하고 배우자 부정에서 사실상 남성들이 훨씬 더 집요하게 대응한다는 측면을 중요하게 봐야 하는 것 아닌가 싶습니다.

노정희 판사

질문이나 답을 요구하는 견해는 아니어서 다음 토론을 받겠습니다.

정지원 판사

의정부지방법원 정지원 판사입니다. 저 개인적으로는 간통죄 폐지에 찬성하는 입장입니다. 혼인하지 않은 입장에서 관념적 차원에서 사고하는 것 같습니다. 헌법상 성적 자기결정권의 보호범위를 더 넓혀야 한다는 입장입니다. 그런데 성적 자기결정권을 극대화하다 보면 성매매 합법화의 논거로 작용할 수 있지 않을까 생각됩니다. 이 지점과 맥락이 닿으면서도 주제에서 약간 벗어난 질문인 것 같습니다만, 불법행위 혹은 형사처벌의 바운더리라는 측면에서 이 문제를 생각해야 될 것 같습니다. 질문이라고 하기에는 모호하고 추상적이긴 합니다만, 이명숙 변호사님께서 말씀하신, 장애인 남성의 부인이 다른 남성과 남편 앞에서 성관계를 가진 경우와 같은 경우 그 여성이 법적 책임을 져야 할 것 같다는 생각이 듭니다. 이를 형사처벌할 것인가 민사상 불법행위책임을 물을 것인가라는 측면에서 소위 육체적으로 제도적 관념에서 약자의 위치에 있는 사람이 더 많은 것을 가지고 있는데, 이는 얼마만큼 형사처벌해야 하는가의 바운더리 설정 문제라고 생각합니다. 혼인 제도를 보호하고 위배되는 행위를 형사처벌하는 것은 이혼상 위자료 청구와 민사상 불법행위를 구성하는 논거로 이용되고 있는데요. 사실 연애 관계에서도 사람이 가장 많이 상처받을 수 있는 지점들이 존재하는데, 나쁘다, 많이 상처 준다, 고의다, 라는 부분에 대해 법적으로 어떻게 규율해낼 것인가의 문제라는 생각이 듭니다. 성희롱의 형사처벌과도 연결되는 지점인 것 같습니다. 간통죄도 폐지하는 마당에 연애관계가 동물의 왕국과 마찬가지로 인식되고 관계적으로 약자에 놓인 사람이 고통받거나 상처받거나 빈곤화될 수밖에 없는 것인지, 약육강식의 가혹한 홀로서기를 통해서 내버려둬도 되는 것인지 의문입니다. 이것이 젠더법에서 중요한 지점이라고 생각됩니다. 그런 부분이 형사처벌의 범위와 불법행위의 범위와 연결되어 궁금하여 이렇게 모호하고 추상적인 문제제기를 해 보았습니다.

이명숙 변호사

답이라고 하기에는 어렵습니다만, 저는 10여 년 전부터 간통 고소는 거의 권하지 않습니다. 대신 상간자에 대한 손해배상을 많이 권해요. 제 경험으로 손해배상을 하면 절반 가까이는 정리가 되고 가정으로 돌아왔습니다. 물론 그 중에 가끔씩 그 관계가 계속 유지된 것을 뒤늦게 알게 되어 다시 이혼하겠다고 찾아오시는 분들도 있습니다. 하지만 일단 가정을 유지한다는 차원에서 손해배상을 하는 것만으로도 큰 역할을 하기 때문에 간통죄도 마찬가지로 굳이 이혼소송을 하지 않고 간통죄로 고소했다가 취하하는 경우, 원만한 가정으로 복귀되어 사는 부부들을 많이 봅니다. 이것들을 미루어 볼 때 저는 가정을 유지하는 한 방법으로 간통죄나 불법행위에 기한 손해배상이 상당한 순기능을 하고 있지 않나 생각합니다. 이현곤 판사님께서는 상간녀만을 상대로 손해배상을 제기할 때 위자료에서 참작된다고 하셨는데 대부분 참작이 되기는 합니다만 제가 맡은 사건의 경우 적게는 700만원, 많게는 1억 원까지 받은 적이 있습니다. 불법행위에 기한 손해배상이나 간통죄가 가정을 유지하는 순기능이 있기 때문에 좀더 보완되어 유지되어야 한다고 생각합니다.

조국 교수

짧게 말씀 드리겠습니다. 자유주의 자체가 주체적 개인을 전제로 하는 것인데, 사회세력의 역관계의 차이를 보지 못한다는 것은 맞는 말씀입니다. 다만 간통죄 논의에서는 사회세력간의 차이 회복의 문제를 형법조항으로 해결할 수 있는가는 별개의 문제입니다. 한편 제가 던지는 근본적인 문제는 한국적 상황에서 한국적 페미니스트들이 종교적으로는 보수주의자, 가부장제와 간통죄 문제에서는 기묘한 동맹을 맺고 있다는 점입니다. 이념적으로 완전히 적대적인 사람들과 이 문제에서는 항상 동맹을 맺는다는 것이죠. 이 동맹에서 누가 누구를 포섭하며 누가 덕을 보는 건지 생각해봐야 하지 않을까 합니다.

노정희 판사

시간이 많이 경과하였기 때문에 플로어에서 두 분 정도만 토론해 주십시오.

한인섭 교수

아주 짧은 질문 하나 드리겠습니다. 2009년도에 여성단체가 간통죄 폐지안을 법무부에 건의했다고 되어 있는데, 오늘 여성단체의 이 분야에 대해 발언권을 가지고 있을 가정법률상담소, 한국여성의전화, 이명숙 변호사님 모두가 폐지에 반대하시는 것 같습니다. 2009년 합의안에 반대하셨던 것인지 궁금합니다.

양현아 교수

본 학회의 개최와 관련하여 몇 가지 말씀을 드리고 싶습니다. 많은 페미니스트 문제가 그렇지만, 간통죄도 인식의 아포리아, 막다른 골목이라는 것을 느낍니다. 마치 낙태를 허용하라고 하면, 마치 생명권을 부정하는 것처럼 인식되는 것과 비슷한 형국인데요. 저는 헌법재판소에서의 양 논란, 즉 혼인제도 보호와 여성의 성적자기결정권이라는 헌법적 가치 모두에서 여성이 주체화되어 있지 않다고 생각합니다. 곧 여성의 입장에서 이 문제가 주체적으로 구성되지 않았다고 생각합니다. 그런 의미에서 많은 분들께서 말씀하신 것처럼 현재 간통죄의 입법론이나 철학에도 문제가 있지만, 간통죄가 폐지된다고 해서 상황이 더 나아질 것 같지 않습니다. 양자가 다 딜레마를 보여주고 있다는 것이지요. 이명숙 변호사님의 감각과 비슷한 측면이 있습니다. 저는 간통죄가 폐지된다고 하여, 그렇다고 존치된다고 하여 낫다기보다는, 배우자의 외도(adultery)에 대하여 여성주의적인, 여성 입장의 담론이 필요하다는 생각합니다. 간통죄를 존치함으로써 결혼제도를 수호한다는 것은 너무 단순한 생각인 것 같습니다. 여성은 결혼해도 차별받지만 결혼하지 않아도 차별받습니다. 원하는 것을 하고 하지 않는 것이 개인의 선택이어야 하며 혼인을 안 해도 차별받지 않고 해도 차별받지 않아야 하는 것이지요. 그런데 지금 여성들은 이혼을 하면 더욱 차별받는데 이 때문에 이혼을 선택하지 않은 여성들에게 결혼은 특권을 지키는 것이라고 말하는 것도 너무 한 편의 이야기가 아닌가 생각합니다. 이런 딜레마적 상황에서 우리 학회가 젠더적 추론 방식(reasoning), 페미니스트 추론방식(reasoning)을 만들어 내서 "왜, 어떻게"라는 질문을 던지는 것이 중요하다고 봅니다.

또한, 형법 전공자들은 법을 법정의 처벌 도구로 중심으로 생각할지 모르지만, 법사회학적 측면에서 법은 매우 큰 도덕적·윤리적 기능을 가지고 있습니다. 우리나라는 법원이 무죄로 판결하면 국민들은 도덕적으로도 면죄부가 주어졌다고 생각하지 않습니까. 그만큼 도덕이라는 기초 위에 실정법이 발달되어 있는 국가가 아닌 것 같습니다. 이 부분은 이호중 교수님 발표에서 어느 정도 커버된 부분인 것 같습니다. 이런 의미에서 간통죄 규정은 형법학자의 입장에서는 사문화라고 할 수 있을지 모르지만 법사회학적 측면에서 여전히 규범력을 가지고 있다고 봅니다. 관련하여, 보수주의와 페미니스트가 동맹했다고 하는 말에도 동의하기 어렵습니다. 표면적으로는 비슷해 보일지 모르지만, 간통죄 존치의 논거가 같을 수 없습니다. 무엇보다, 간통죄에 대해서는 페미니스트가 목소리를 가지고 있는 것이 아니라 페미니스트의 목소리가 무엇인지 모르는 상태인 것입니다. 간통을 하지 말자는 금지의 언어 이외 여성들의 복합적 입장이 좀더 합리적 형태로 제시되지 못하고 있습니다. 이는 우리나라 여성주의 담론이 너무 부족하거나 힘을 가지지 못했기 때문이라고 생각합니다. 바로 그런 의미에서 보수주의와의 동맹하기 전에 간통죄에 대한 페미니스트 담론을 이제 구성하는 단계가 아닌가 생각합니다.

정춘숙 대표

한인섭 교수님께서 질문하신 부분에 대해 말씀드리겠습니다. 2009년에 입장을 정리했습니다. 기본적으로 여성단체에서 낸 입장에 저도 동의합니다. 다만 폐지 전 여러 단계가 있다는 얘기입니다. 그러면 구체적 대안으로 낼 수 있는 것이 무엇이 있는가는 이루어지지 않았습니다. 여성들이 어려움에 빠져 있고 간통죄가 있어야 한다고 주장하는 부분을 해소하려면 무엇이 이루어져야 하는가, 구체적으로 진행된 것은 없거든요. 저는 그 얘기에 대한 답을 이곳에서 주셨으면 하는 생각이 들었습니다. 제 개인적으로, 무엇이 개인적인 것이고 무엇이 사회적인 것인가가 매우 고민이 되는 부분입니다. 결혼, 이혼, 간통에 너무나 많은 스토리들이 있습니다. 아주 개인적이라고 얘기되지만 실은 매우 사회적 부분이기 때문에 어느 부분을 절단하여 개인의 성적 자기결정권으로만 말하기 어려운 문제라고 생각합니다. 또 한 가지, 페미니스트라면 어떠해야 한다는 말에 의문을 가지고 있습니다. 그 '어떠해야 한다'는 구체적인 내용은 상당한 정도의 토론이 있어야 합니다. 간통죄가 실효성이 없다면 없어져야 마땅합니다. 그런데도 중산층 여성만 간통죄 존치를 주장하는 것이 아니라 많은 여성들이 간통죄 존치를 요구합니다. 그것은 실제 혼인생활에서 상처를 가지고 있고 그럼에도 불구하고 유지하고 있었던 결혼생활을 청산하면서 이 상처를 국가의 형벌권을 이용하여 정리하고 싶다는 심리적인 기제가 존재한다는 것입니다. 여기에 계신 모든 분들이 간통죄를 폐지해야 한다고 말해도 많은 이들은 결사반대하여 다른 결과가 나타날 겁니다. 그렇다면 이 법이 여성들의 발목을 잡고 있다면 간통죄가 여성에게 도움이 되지 않는다는 설명을 하고 다녀야 하는가라는 얘기마저 했습니다. 여성의 입장에서 간통죄 존폐가 논의된다는 것이 어떤 구체적 절차와 내용으로 이뤄질 수 있을까 고민이 되는 부분입니다.

조국 교수

저는 양 교수님이 말씀하신 '왜, 어떻게'라는 문제, 물론 중요하다고 생각합니다. 그런데 지금까지 여성단체는 '왜, 어떻게'를 이야기하지 않은 상태에서 간통죄 존치만 붙들어 왔다고 보고요. 그래서 간통죄 문제가 존재한다는 자체가 '왜, 어떻게'를 만들어내는 논의의 장의 문제라고 보고 있습니다. 또한 동맹을 맺은 적이 없다고 보셨는데 그럴 수밖에 없다고 봅니다. 왜냐하면 간통죄가 전하는 메시지는 첫째, 여성에게 국가형벌권을 동원하여 그 문제를 해결하라, 둘째, 혼인은 어떻게든 규제하라는 것이고 그 메시지는 정확히 가부장제와 보수주의 논리라고 봅니다. 그 논리 외에 여성주의가 어떤 메시지를 던지고 있는지 모르기 때문에 당연히 동맹에 포섭이 되는 것이죠.

박소현 위원

2009년 여성단체들이 법무부에 폐지안을 제출한 것에 대해 가정법률상담소는 약간 다른 입장을 가지고 있습니다. 여성단체들의 연대가 가장 강화됐었던 것이 호주제 폐지 운동이었고, 우리 가정법률상담소에서는 호주제 폐지 이후라면 간통죄가 폐지되어도 괜찮지 않을까 하는 입장을 가지고 있었지만, 여전히 간통죄 폐지를 흔쾌히 주장할 수 없는 현실이 있었습니다. 간통죄 폐지와 관련하여 법이론적인 논거들이 상당히 존재하지만, 다른 한편으로 배우자의 간통으로 고통 받는 여성들의 스펙트럼은 다양하고 저희가 만나는 여성들의 경우 매우 열악한 처지에 있습니다. 그리고 그분들의 현실적인 문제가 간통죄에 의지한다 해도 더 나아지지 않는다는 것까지도 알고 있습니다. 그럼에도 불구하고 간통죄 폐지를 앞장서 주장하지 못한 딜레마에는 그 여성들을 차마 외면할 수 없고, 또한 폐지 이후가 준비되지 않은 마당에서 서둘러서 폐지하자고 얘기할 수 없기 때문입니다. 보수성과 가부장제가 재생산되는 부분도 문제라고 생각하고 있습니다. 가정법률상담소에서 진행하는 온라인 설문조사에서, 간통죄 존치 의견 비율은 20대에서 가장 높게 나타납니다. 이에 대해 간통죄 유지로 인해 보수성이 강화되지 않는가 하는 문제의식을 갖고 있습니다.

이명숙 변호사

저는 두 가지를 말씀드리고 싶습니다. 저희 대한변협의 공식 입장은 간통죄 폐지입니다. 하지만 저는 여성보호를 위해서나 여성주의적 관점에서가 아니라 남녀 모두를 위하여 구체적 사안을 보면 존치시켜야 하는 사례들을 많이 봅니다. 조국 교수님께서는 사실상 사문화되었다고 보시는데, 낙태죄의 경우 사문화되었다고 볼 수 있지만, 2009년의 고소 건수만 5000건 이상입니다. 그리고 검찰 단계나 법원 단계에서 합의되는 경우가 많을 뿐이지, 이 고소 건수로 사문화되었다고 하려면 형법상 2/3 범죄가 사문화되었다고 봐야 할 것입니다. 추가로 말씀드릴 것은, 이호중 교수님께서 아내 강간 강제추행죄가 현재 인정되지 않으며 대다수 학자들도 인정하지 않고 있다고 서술하고 계시는데, 아내강간강제추행치상죄가 인정된 사례가 있습니다. 실무상으로 검찰과 법원 모두 강간, 강제추행치상 모두 인정하고 있다는 점 말씀드리고 싶습니다.

정춘숙 대표

저희에게 딜레마가 있는 것 같습니다. 가정폭력방지법을 제정할 때에도 강력한 처벌이 맞습니다만 복잡다단한 절차를 만들고 지금도 처벌과 보호의 아슬아슬한 외줄타기를 하고 있습니다. 이와 마찬가지로, 이혼으로 정리를 해야 하는데 되지 못한 현실이 이 문제를 어렵게 만드는 것 같습니다. 간통죄 존치/폐지 무엇 하나로 단정하고 시작하는 이야기들이 더 다양한 상상력과 가능성과 토론을 어렵게 만들지 않나 합니다. 저는 지금보다 더 많고 자유로운 이야기들을 나누어야 한다고 생각합니다.

참석자1

저는 서울대학교 법학부 학생입니다. 오늘 학술대회에 오기 전에는 간통죄 폐지 입장이었습니다만 지금은 세모 입장으로 바뀌었습니다. 20대의 눈으로 피상적으로만 생각해왔다는 느낌이 들었고, 다양한 입장에서 사건을 바라보는 얘기를 듣고 나니 쉽게 생각하고 넘어갈 문제가 아니라는 생각이 들었습니다. 간통죄 존폐 자체보다는 이 논의 자체가 의미가 있다고 생각됩니다. 한편으로 혼인빙자간음죄도 위헌결정의 소급효로 인해 형사보상을 받았다고 했는데 혼인빙자간음이나 간통은 그 당시 사회의 비난가능성이 많이 개입되므로 그 당시 처벌은 당연한 이유가 있다고 생각을 합니다. 지금과 당시의 여성의 처지가 다른데도 혼인빙자간음죄가 지금 이념과 맞지 않는다는 단순한 생각으로 위헌결정을 하였고 그 이후를 내다보지 못했다고 생각합니다. 간통죄도 폐지가 이상적이긴 하지만 폐지 논의를 진행시키기보다는 다시 생각해봐야 하지 않을까 합니다. 법이 지키고 싶은 것을 지키는 최후의 보루라고 생각합니다. 결혼을 이유로 다른 이를 만날 수 없다는 것을 이해하지 못하는 데서 간통죄는 폐지되어야 한다고 생각했는데요. 결혼을 하는 것은 혼자가 아닌 여럿이 만들어가고 지켜야 하는 것이라고 봅니다.

노정희 판사

학생이 내용을 주의 깊게 듣고 진지하게 고민하셨다고 하니 우리가 토론을 잘했나 보다 생각이 듭니다. 그런데 의견이 혼인제도의 중요성 쪽에 기울었다고 하니, 이 자리의 페미니스트들께서는 정말 토론을 잘 했나 다시 고민을 하셔야 하지 않을까 생각되는데요. 시간이 많이 초과되어 정말로 마쳐야 될 시간입니다. 여전히 민감한 존재론적 질문을 던져주는 주제이기 때문인지 모르겠습니다만, 장시간 논의에도 어떻게 혼인빙자간음과 간통을 통해 성담론을 일관성 있게 세워나갈 것인가 하는 과제가 여전히 남아있는 것 같습니다. 오늘의 논의에 기반을 두고 더 깊이 있는 담론을 발전시켜 나가게 되기를 기대하면서 모두에게 큰 박수 보내주시기 바랍니다.

제3부

관련판례

간통죄에 대한 헌법재판소의 위헌 심사

89헌마82

(1990. 9. 10. 89헌마82 全員裁判部)

【판시사항】

1. 형법(刑法) 제241조의 위헌여부(違憲與否)
2. 헌법재판소법(憲法裁判所法) 제68조 제2항에 의한 헌법소원(憲法訴願)의 주문형식(主文形式)

【결정요지】

1. 가. 선량(善良)한 성도덕(性道德)과 일부일처주의(一夫一妻主義)·혼인제도(婚姻制度)의 유지(維持) 및 가족생활(家族生活)의 보장(保障)을 위하여서나 부부간(夫婦間)의 성적성실의무(性的誠實義務)의 수호(守護)를 위하여, 그리고 간통(姦通)으로 인하여 야기되는 사회적(社會的) 해악(害惡)의 사전예방(事前豫防)을 위하여, 간통행위(姦通行爲)를 규제(規制)하고 처벌(處罰)하는 것은 성적자기결정권(性的自己決定權)의 본질적(本質的) 내용(內容)을 침해(侵害)하여 인간(人間)으로서의 존엄(尊嚴)과 가치(價値) 및 행복추구권(幸福追求權)을 부당(不當)하게 침해(侵害)하거나 헌법(憲法) 제36조 제1항의 규정(規定)에 반(反)하는 것이 아니다.

나. 간통죄(姦通罪)의 규정(規定)은 남녀평등처벌주의(男女平等處罰主義)를 취하고 있으니 법앞의 평등(平等)에도 반(反)하지 아니한다.

2. 이 헌법소원(憲法訴願)은 법률(法律)의 위헌여부(違憲與否)를 묻는 헌법재판소법(憲法裁判所法) 제68조 제2항에 의한 것이므로 청구인(請求人)의 주장(主張)이 이유(理由)없는 경우, 그 심판청구(審判請求)를 기각(棄却)하는 대신, 위 법률(法律)이 헌법(憲法)에 위반(違反)되지 아니한다는 형식(形式)의 주문(注文)을 선언(宣言)함이 옳다.

재판관 조규광, 김문희의 보충의견(補充意見)

1. 일부일처제(一夫一妻制)의 유지(維持)와 부부간(夫婦間)의 성(性)에 대한 성실의무(誠實義務)는 우리사회(社會)의 도덕기준(道德基準)으로 정립(定立)되어 있어서 형법(刑法) 제241조에 규정(規定)된 간통죄(姦通罪)는 사회상황(社會狀況)·국민의식변화(國民意識變化)에 따라 그 규범력(規範力)이 약화(弱化)되었음에도 불구하고 아직은 범죄적(犯罪的) 반사회성(反社會性)을 띄고 있는 것으로 보고 있기 때문에 헌법(憲法)에 위반(違反)되지 아니한다고 판단(判斷)된다.

2. 간통(姦通)이 헌법(憲法) 제37조 제2항의 제한범위(制限範圍) 안에서 법률(法律)에 의한 제한(制限)을 받을 수 있다고 보나 이에 대하여 형사적(刑事的) 제재(制裁)를 할것인지의 여부(與否)는 입법정책(立法政策)의 문제(問題)로 입법권자(立法權者)의 입법형성(立法形成)의 자유(自由)에 속한다.

재판관 한병채, 이시윤의 반대의견(反對意見)

1. 간통행위(姦通行爲)에 대해 형사처벌(刑事處罰)을 하는 것 자체(自

體)가 합헌성(合憲性)이 없는 것이 아니라 징역형(懲役刑) 이외 달리 선택(選擇)의 여지(餘地)를 없게 한 응보적(應報的) 대응(對應)의 형벌제도(刑罰制度)에 문제(問題)가 있다. 따라서 현행(現行) 형법(刑法) 제241조에서 간통죄(姦通罪)에 대해 징역형(懲役刑)만을 둔 것은 필요(必要)한 정도를 넘어선 과도(過度)한 처벌(處罰)로서 기본권(基本權) 최소침해(最小侵害)의 원칙(原則)에 반(反)하는 것이고, 간통죄(姦通罪)를 통하여 보호(保護)하려는 공공(公共)의 이익(利益)과 제한(制限)되는 기본권(基本權) 사이에 적절(適切)한 균형(均衡)이 이루어졌다고 보기 어렵다.

재판관 김양균의 반대의견(反對意見)

간통죄(姦通罪)는 사생활(私生活) 은폐권(隱蔽權)이라는 국민(國民)의 기본권(基本權)을 침해(侵害)하고 있거나 과잉금지(過剩禁止)의 원칙(原則)에 위배(違背)되어 원칙적(原則的)으로 위헌(違憲)이며 일보(一步)를 후퇴(後退)하여 동죄(同罪)의 존치(存置)의 합헌성(合憲性) 즉 범죄화(犯罪化)는 일응(一應) 이를 인정(認定)한다고 하더라도 그에 대한 형벌(刑罰)로 징역(懲役) 2년 이하(以下)의 자유형(自由刑)만을 규정(規定)하고 있는 벌칙(罰則)의 규정(規定)은 과잉금지(過剩禁止)의 원칙(原則)(중 침해(侵害)의 최소성(最小性) 및 법익(法益)의 균형성(均衡性))에 위배(違背)되어 위헌(違憲)이다.

청구인 : 김○립
　　　대리인 변호사 용태영(국선)
　　　관련소송사건 대법원 88도1463 간통

【참조조문】

헌법(憲法) 제10조, 제11조, 제17조, 제36조 제1항, 제37조 제2항

헌법재판소법(憲法裁判所法) 제68조 제2항

형법(刑法) 제241조(姦通) ① 배우자(配偶者) 있는 자가 간통(姦通)한 때에는 2년이하의 징역(懲役)에 처(處)한다. 그와 상간(相姦)한 자도 같다.

② 전항(前項)의 죄(罪)는 배우자(配偶者)의 고소(告訴)가 있어야 논(論)한다. 단 배우자(配偶者)가 간통(姦通)을 종용(慫慂) 또는 유서(宥恕)한 때에는 고소(告訴)할 수 없다.

【주 문】

형법(1953.9.18. 법률 제293호) 제241조는 헌법에 위반되지 아니한다.

【이 유】

1. 증거자료에 의하면, 청구인은 간통죄로 공소제기되어 1988.2.10. 부산지방법원에서 징역 1년, 같은 해 6.24. 같은 법원 항소심에서 징역 8월을 각 선고받고 대법원에 상고하여 재판을 받던 중, 형법 제241조가 헌법에 위반된다고 주장하고 같은 해 8.30. 대법원에 위헌제청신청을 하였으나, 1989.3.14. 대법원에 의하여 그것이 기각되자, 헌법재판소법 제68조 제2항에 의하여 같은 달 27. 헌법소원심판을 청구하였음을 알 수 있으니 이 사건 헌법소원은 적법하게 제기된 것이다.

2. 형법 제241조 제1항은 "배우자 있는 자가 간통한 때에는 2년이하의 징역에 처한다. 그와 상간한 자도 같다."라고 규정하고, 제2항은 "전항의 죄는 배우자의 고소가 있어야 논한다. 단 배우자가 간통을 종용 또는 유서한 때에는 고소할 수 없다."라고 규정하고 있다.

청구인이 위 규정을 위헌이라고 주장하는 이유의 요지는,

가. 인간은 누구나 자기 운명을 스스로 결정할 수 있는 자기결정권을 가지고 있고 자기결정권에는 성적행동에 대한 것도 포함되어 있는데 간통죄라는 협박적 법률을 두어 애정이 없는 경우에도 혼인관계의 지속을 강제하는 것은 성적자기결정권에 대하여 국가가 부당하게 간섭하는 것이어서 인간으로서의 존엄과 가치 및 행복을 추구할 권리를 보장한 헌법 제10조와 신체의 자유를 보장한 헌법 제12조에 위반되고,

나. 간통죄의 규정은 배우자의 부정행위에 대하여 참고 용서하는 선량한 피해자는 보호하지 못하고 복수심 많은 자만이 혜택을 보게 될 뿐만 아니라, 간통죄는 보다 많은 위자료를 받아내려는 수단으로 악용되고 있어서 같은 간통행위를 한 자라도 재력이 있는 자는 처벌을 받지 아니하고 재력이 없는 자만이 처벌을 받게 되며 또 간통죄는 이혼을 하여야만 고소가 가능하기 때문에 간통한 여자배우자를 남자배우자가 고소하기는 쉬워도 경제적 능력없는 여자배우자가 남자배우자를 고소하는 것은 어려운 일이므로 남녀차별을 가져오는 제도이다. 따라서 간통죄는 모든 사람은 법앞에 평등하다는 헌법 제11조에도 위반되며,

다. 이상과 같이 인간의 존엄과 가치, 행복추구권 및 신체의 자유를 침해할 뿐더러 평등의 원칙에도 반하는 간통죄의 규정은 혼인과 가족생활은 개

인의 존엄과 양성의 평등을 기초로 성립되고 유지되어야 한다는 헌법 제36
조 제1항의 규정에도 위반된다는 것이다.

3. 판단

가. 헌법 제10조는 "모든 국민은 인간으로서의 존엄과 가치를 가지며, 행
복을 추구할 권리를 가진다. 국가는 개인이 가지는 불가침의 기본적 인권을
확인하고 이를 보장할 의무를 진다."라고 규정하여 모든 기본권을 보장의 종
국적 목적(기본이념)이라 할 수 있는 인간의 본질이며 고유한 가치인 개인의
인격권과 행복추구권을 보장하고 있다. 그리고 개인의 인격권·행복추구권
에는 개인의 자기운명결정권이 전제되는 것이고, 이 자기운명결정권에는 성
행위여부 및 그 상대방을 결정할 수 있는 성적자기결정권이 또한 포함되어
있으며 간통죄의 규정이 개인의 성적자기결정권을 제한하는 것임은 틀림없
다. 그러나 개인의 성적자기결정권도 국가적·사회적·공공복리 등의 존중에
의한 내재적 한계가 있는 것이며, 따라서 절대적으로 보장되는 것은 아닐 뿐
만 아니라 헌법 제37조 제2항이 명시하고 있듯이 질서유지(사회적 안녕질
서), 공공복리(국민공동의 행복과 이익) 등 공동체 목적을 위하여 그 제한이
불가피한 경우에는 성적자기결정권의 본질적 내용을 침해하지 않는 한도에
서 법률로써 제한할 수 있는 것이다. 그러므로 형법 제241조의 간통죄의 규
정이 성적자기결정권을 제한하는 법률로서 헌법 제37조 제2항이 규정한 기
본권제한 기준에 합치되는 법률인가를 보건대, 배우자 있는 자가 배우자 아
닌 제3자와 성관계를 맺는 것은 선량한 성도덕이나, 일부일처주의의 혼인제
도에 반할 뿐더러, 혼인으로 인하여 배우자에게 지고 있는 성적성실의무를
위반하는 것이 되어 혼인의 순결을 해치게 되는 것이다. 그리하여 간통행위
는 국가사회의 기초인 가정의 화합을 파괴하고 배우자와 가족의 유기, 혼외
자녀문제, 이혼 등 사회에 여러가지 해악을 초래하게 되는 것이 엄연한 현실

이다. 그러므로 선량한 성도덕과 일부일처주의 혼인제도의 유지 및 가족생활의 보장을 위하여서나 부부간의 성적성실의무의 수호를 위하여, 그리고 간통으로 인하여 야기되는 사회적 해악의 사전예방을 위하여서는 배우자 있는 자의 간통행위를 규제하는 것은 불가피한 것이며, 그러한 행위를 한 자를 2년 이하의 징역에 처할 수 있도록 규정한 형법 제241조의 규정은 성적자기결정권에 대한 필요 및 최소한의 제한으로서 자유와 권리의 본질적 내용을 침해하는 것은 아니라고 인정된다. 따라서 간통죄의 규정을 개인의 인간으로서의 존엄과 가치 및 행복추구권을 부당하게 침해하는 법률이라고 할 수 없다. 그리고 신체의 자유제한은 자유형을 과하는 형사처벌에 당연히 수반되는 것이므로, 그것이 적법절차에 의한 것인 이상은 다른 형벌규정과 마찬가지로 신체의 자유에 대한 부당한 제한이 될 수 없다. 만약 간통죄의 규정이 인간으로서의 존엄과 가치 및 행복추구권이나 신체의 자유 등 기본권을 부당하게 침해하는 것이라고 한다면 민법상의 일부일처제의 혼인제도(중혼금지규정)나 부부간의 동거 및 상호부양의무 등 규정도 헌법위반이라는 말이 될 것이다.

나. 간통죄의 규정은 남녀평등처벌주의를 취하고 있으니 법앞의 평등에도 반하지 아니한다. 간통죄가 피해자의 인내심이나 복수심의 다과 및 행위자의 경제적 능력에 따라 법률적용의 결과가 달라지고 경제적 강자인 남자에게 보다는 경제적 약자인 여자에게 불리하게 작용하는 측면이 있는 점을 무시할 수는 없으나, 이는 개인의 명예와 사생활보호를 위하여 간통죄를 친고죄로 하는데서 오는 부득이한 현상으로서 형법상 다른 친고죄에도 나타날 수 있는 문제이지 특별히 간통죄에만 해당되는 것은 아니며, 배우자 있는 자의 간통행위 규제가 불가피하고 배우자 모두에게 고소권이 인정되어 있는 이상 간통죄의 규정이 평등권의 본질적 내용을 침해하는 법률이라고는 할 수 없다.

다. 간통죄의 규정은 선량한 성도덕과 일부일처주의 혼인제도의 유지, 가족생활의 보장 및 부부쌍방의 성적성실의무의 확보를 위하여 그리고 간통으로 인하여 생길 수 있는 사회적 해악의 사전예방을 위하여 필요한 법률이어서 그것이 개인이 갖는 인간의 존엄과 가치 및 행복추구권이나 신체의 자유 및 평등의 원칙에 반하는 것이 아님을 앞에서 설명한 바와 같다. 그렇다면 간통죄의 규정은 "혼인과 가족생활은 개인의 존엄과 양성의 평등을 기초로 성립되고 유지되어야 하며, 국가는 이를 보장한다."라고 한 헌법 제36조 제1항의 규정에 반하는 법률이 아니라 오히려 위 헌법규정에 의하여 국가에게 부과된, 개인의 존엄과 양성의 평등을 기초로 한 혼인과 가족생활의 유지·보장 의무이행에 부합하는 법률이라 할 것이다.

4. 결국 형법 제241조의 규정이 헌법에 위반된다는 청구인의 주장은 이유 없다. 그런데 이 헌법소원은 법률의 위헌여부를 묻는 헌법재판소법 제68조 제2항에 의한 것이므로, 청구인의 심판청구를 기각하는 대신에 형법 제241조가 헌법에 위반되지 아니한다는 선언을 하기로 하여 주문과 같이 결정한다.

이 결정에는 재판관 조규광, 재판관 김문희의 5와 같은 보충의견과 재판관 한병채, 재판관 이시윤의 6과 같은 반대의견, 재판관 김양균의 7과 같은 반대의견이 있었다.

5. 재판관 조규광, 재판관 김문희의 다수의견에 대한 보충의견

가. 우리 헌법은 제10조 전문에 "모든 국민은 인간으로서의 존엄과 가치를 가지며, 행복을 추구할 권리를 가진다."라고 규정하여 개인의 인격권과 행복추구권을 기본적 인권으로 보장하고 있다. 개인의 인격권 및 행복추구권의 본질적 내용은 개인이 자신의 신변이나 생활에 관한 사항은 이를 스스

로 선택·결정하는데 있다 할 것이고, 그 선택의 대상에는 성생활에 관한 사항도 당연히 포함되는 것이다. 그런데 형법은 간통죄를 제22장 "풍속을 해하는 죄"의 장에 규정하는 한편 형법 제241조 제2항에서 제1항의 간통죄는 배우자의 고소가 있어야 논한다고 규정하여 간통행위를 사회적 법익인 사회일반의 성도덕 즉, 선량한 풍속 및 일부일처제의 혼인제도 유지와 아울러 개인적 법익인 부부간의 성적성실의무를 함께 보호법익으로 하는 범죄행위로 규정함으로써 성생활에 관한 사항을 스스로 결정할 수 있는 개인의 권리를 제한하고 있다.

나. 청구인이 이 사건에서 형법 제241조에 정한 간통죄의 규정이 위헌이라고 주장하는 주된 이유는 간통죄에 대한 처벌이 성생활에 관한 사항을 스스로 결정할 수 있는 개인의 권리를 침해하고, 간통이 비록 도덕에 반하는 것이라고 하더라도 이는 개인의 사생활의 영역에 속하는 것이므로 국가가 형벌권을 행사하여 개입할 수 없는 것임에도 불구하고 이를 범죄로 규정하여 형사처벌의 대상으로 한 것은 헌법 제10조 및 제17조에 위반된다는 것이라 함에 있다.

다. 특정의 인간행위에 대하여 그것이 불법이며 범죄라 하여 국가가 형벌을 행사하여 이를 규제할 것인지, 아니면 단순히 도덕률에 맡길 것인지의 문제는 인간과 인간, 인간과 사회와의 상호관계를 함수로 하여 시간과 공간에 따라 그 결과를 달리할 수 밖에 없는 것이고, 결국은 그 사회의 시대적인 상황·사회구성원들의 의식 등에 의하여 결정될 수밖에 없다. 단순히 도덕률에 맡겨야 할 사항에 대하여 국가가 이를 형사처벌의 대상으로 삼아 형벌권을 행사하여 개입하는 것은 헌법에 위반된다. 왜냐하면 국가가 국민을 도덕적으로 개선시키려는 의도만을 가지고 형사적 제재조치를 하는 것은 헌법상 정당성을 가지지 못하기 때문이다. 그러나 우리는 간통에 대한 형사적 처벌이 아직은 단순한 도덕적 영역에 대한 국가의 형사적 제재인 것으로는 판단하지 않는다.

간통죄에 대한 오늘날 세계각국의 입법례를 보면 이를 폐지해 가는 것이 그 추세이고, 우리 사회가 빠른 속도로 산업사회화가 진행됨에 따른 개인주의적, 성개방적인 사고방식과 사회적 환경에 따라 우리 국민의 성에 관한 법의식에도 많은 변화가 있었고, 간통죄에 대한 적용과정에 있어서도 이혼위자료의 요구를 관철하기 위한 수단으로 잘못 이용되는 경우도 없지 않았다. 또한 가족법의 개정(1990.1.13. 법 제4199호 민법 개정)에 따라 이혼을 하게 되는 경우 각 당사자에게 재산분할청구권이 부여되는 한편 자녀에 대한 친권도 남녀간에 차별없이 평등하게 보장되어 사회적 지위가 상대적으로 열악한 여성의 입장에서도 간통을 굳이 형사처벌의 방법에 의하여 해결하기 보다는 민사상의 손해배상·이혼 등의 방법에 의하여 처리하는 것이 보다 합리적이라고 볼 여지가 없지도 않아 간통죄에 대한 규범력이 어느 정도 약화되었음은 이를 부인할 수 없다.

그러나 우리 사회의 구조와 국민의식의 커다란 변화에도 불구하고 우리 사회에서는 고유의 정절관념 특히 혼인한 남녀의 정절관념은 전래적 전통윤리로서 여전히 뿌리깊게 자리잡고 있으며, 일부일처제의 유지와 부부간의 성에 대한 성실의무는 우리 사회의 도덕기준으로 정립되어 있어서 우리 국민의 상당부분의 법의식이 아직은 간통에 대한 형사처벌을 성에 관한 사항을 스스로 결정할 수 있는 개인의 권리의 본질적 내용을 침해한 것으로 여길 정도로 변화되었다고 단정하기는 어렵다.

그렇다면, 간통은 비록 개인의 인격권 및 행복추구권으로부터 연유하는 성생활에 관한 사항을 스스로 결정할 수 있는 권리에 근거한 행위라고 할지라도 앞서 본 바와 같이 현재의 상황에서는 사회의 질서를 해치고 개인의 권리를 침해하는 경우에 해당한다고 판단되므로 헌법 제37조 제2항의 제한범위 안에서 법률에 의한 제한을 받을 수 있다고 본다. 다만, 이에 대하여 형사적 제재를 할 것인지의 여부는 입법권자의 의지 즉, 입법정책의 문제로서 입법권자의 입법형성의 자유에 속한다고 할 것이다.

라. 따라서 우리는 형법 제241조에 규정한 간통죄가 사회 상황·국민의식의 변화에 따라 그 규범력이 약화되었음에도 불구하고 아직은 범죄적 반사회성을 띠고 있는 것으로 보고 있기 때문에 형법에 규정된 간통죄에 대한 조항이 아직은 헌법에 위반되지 아니한다고 판단되어 이상과 같이 다수의견에 대한 보충의견을 밝히는 것이다.

6. 재판관 한병채, 재판관 이시윤의 반대의견

가. 헌법 제10조 전문에서 "모든 국민은 인간으로서의 존엄과 가치를 가지며, 행복을 추구할 권리를 가진다."고 규정하여 일반행동자유권 내지 행복추구권을 보장하고 있는 것은 개인이 자신의 신변이나 자기생활에 관한 사항을 스스로 선택하고 결정할 수 있는 권리를 가진다는 것을 그 내용으로 하는 것인 바 여기에는 성적인 사항에 관한 것도 포함된다고 할 것이며, 따라서 형법 제241조 소정의 간통죄는 이러한 성적자기결정권에 대하여 이처럼 법률적 제한을 할 것인가 아니면 도덕적 자제를 요구하는 윤리적인 것인가는 입법권자의 입법형성의 자유에 속하는 입법정책의 문제일 것이고, 가사 현행법처럼 법적 제한을 입법자가 선택한다 하여도 헌법 제37조 제2항 소정의 질서유지 또는 공공복리를 위한 제한에 한하는 것으로 보아야 할 것이며, 따라서 성적자기결정권에 대한 법적 제한을 하는 입법자체를 두고 헌법에 위반된다고는 할 수 없을 것이므로 그 근거에 관하여서는 다수의견에서 제시하고 있는 논거를 원용한다.

첫째로 배우자가 있는 자의 간통의 경우는 민법 제840조 소정의 재판상 이혼사유가 되며, 또 위자료 등 손해배상의 책임을 면치 못한다. 이와 같은 법적 제재도 성적자기결정권에 대한 제한임에 틀림없는데, 여기에 더하여 선택의 여지없이 반드시 징역형으로만 응징을 당하게 하는 것은 현대적 법 감각을 잃은 응보적 대응인 것으로 평가된다.

둘째로 형법상의 풍속을 해하는 죄에는 징역형과 벌금형을 선택하여 처벌하도록 규정하였는데 그 죄 중에서 유독 간통죄만이 자유형 뿐이며, 간통죄보다 형이 더 무거운 음행매개죄도 벌금형을 선택할 수 있게 되어 있다. 간통죄보다 선량한 풍속을 더 크게 해치고 혐오감이 더 크다고 할 근친상간, 동성간의 성교, 수간 등에 대하여 우리의 형사법은 아무런 처벌규정이 없는데 간통죄에 대해서만 징역형으로 다스리게 하는 것은 입법 체계상 균형이 맞지 않으며, 사생활 자유의 영역에 대한 지나친 국가개입으로 보여진다.

셋째로 본래 형사법상의 간통죄는 연혁적으로 보면 봉건적 남성우위의 가부장적 지배사회에서 처를 부의 전유물로 묶어두기 위한 제도로 생긴 것이며 원래 처만 일방적으로 처벌하게 되어 있었던 것이 비교형법의 역사이다. 간통죄의 위헌론이 평등의 원칙과의 관계에서 주로 논란되어 왔던 것은 (예:이태리) 저간의 사정을 잘 말해 준다. 그리고 우리 형법상의 간통죄는 구시대의 관행으로 허용되어 오던 축첩제도를 폐지하고 일부일처제도를 확립함으로써 여성의 지위를 보호하기 위하여 제정된 것이다. 이러한 연혁적 배경외에도 아직 상대적으로 열악한 여성의 사회적 지위 때문에 비록 법은 간통죄의 경우에 남녀쌍벌주의에 의하고 있음에도 불구하고 실제로는 여성에 더 가혹하게 적용되는 파행성을 띠고 있으며 따라서 여성의 행동과 자유를 크게 제약하는 범죄가 되고 있다. 그런데 형벌에 있어서 징역형 일원주의에 의하는 것은 그만큼 여성에 대하여 더 응보적 불이익을 감수해야 하고 그로 인한 남녀의 차별이 될 것으로서 남녀동등권의 기조하에서 볼 때 완전한 여성해방의 명제와는 양립되기 어렵다고 할 것이요, 양성평등에 입각한 혼인

질서와는 거리가 있는 것으로 보인다.

넷째로 간통죄는 배우자의 고소가 있어야 논한다는 친고죄로 되어 있고 그 고소는 혼인이 해소되거나 이혼소송을 제기한 후가 아니면 할 수 없도록 형법 제241조와 형사소송법 제229조에서 규정하고 있는데 거기에다 벌금형 따위의 선택의 여지없이 자유형 일원주의의 법제 때문에 이 제도가 일부일처제의 유지와 부부간의 정절의무의 보호를 위하여 필요하다는 제도 본지를 떠나 오히려 이를 악용하여 왕왕 공갈을 목적으로 한 고소권의 행사 등 제도 외적 남용으로 평온한 가정과 부부생활을 파괴하는 경향을 초래하고 있는 것도 결코 경시해서는 안된다. 자유형 일원주의는 실무상 구속수사 및 구속재판의 관행을 정착시킨 계기가 되었으며, 이로 인하여 고소를 취소하느냐 않느냐에 의하여 국가의 소추가 결정되고 간통피소자의 구금상태가 풀리느냐의 여부가 좌우되고 있기 때문에 간통고소의 취소권은 과도한 위자료 요구를 관철시키기 위한 무기로 오용되는 경향도 있다. 이리하여 간통행위에 의한 이혼의 경우에 위자료 등 손해배상 수액의 결정에 있어서 적법절차가 오용되거나 무시되며 형평을 기본으로 하는 절차적 기본권의 침해를 가져오는 문제가 생겨난다.

다섯째로 비교법적 견지에서 보면 세계의 대부분의 나라에서 간통죄가 폐지되거나 위헌무효로 선언되었다. 이러한 세계적 추세를 외면한 채 우리나라에서는 간통죄를 여전히 유지하고 있으며, 이에 대해 융통성 없이 징역형으로만 대처하고 있는 것은 인권적 차원에서 다시 조감할 필요가 있다. 더구나 우리나라는 1990.7.10. 발효한 세계인권규약 에이(A) 및 비(B) 규약에 가입하게 되었으며, 이제부터 기본권의 문제는 국내문제라기 보다는 국제적 차원의 문제로 부상이 된 것을 잊어서는 안된다는 것도 입법에서 고려하여야 한다.

나. 거듭 밝히거니와 간통행위에 대해 형사처벌을 하는 것이 합헌성이 없다는 것이 아니라 징역형이외 달리 선택의 여지를 없게 한 응보적 대응의 형벌제도는 다른 법적 제재의 존재, 풍속을 해치는 다른 행위에 대한 대처 방안과의 균형, 남녀동권의 이념구현의 장애, 제도외적 남용의 현실, 그리고 오늘의 시대추이 등을 고려할 때 심히 가혹한 제재임을 위에서 보았다. 징역형은 각종 자격의 제한이 따르며 인신의 자유를 박탈당하는 형벌로서, 형법 제41조에 규정된 9가지 형의 종류 중 사형 다음으로 무거운 형에 속하며 그에 따라 각종 공민권의 제한을 받는다. 따라서 현행 형법 제241조에서 간통죄에 대해 징역형만 둔 것은, 필요한 정도를 넘어선 과도한 처벌로서 기본권 최소침해의 원칙에 반하는 것이고, 간통죄를 통하여 보호하려는 공공의 이익과 제한되는 기본권 사이에 적절한 균형이 이루어졌다고 보기 어렵다. 이러한 의미에서 모름지기 입법자는 앞으로 2년이하의 징역형만을 둔 현행 형법 제241조를 개정해야 할 것이며, 개정하는 마당에 징역형 일원주의가 아닌 다른 어떠한 내용의 처벌규정을 두느냐, 근본적으로 간통죄를 폐지하느냐 않느냐 등의 문제는 어디까지나 입법자의 입법형성권에 속하는 사항인 것으로 판단된다.

결론적으로 말하여 우리는 간통죄 자체의 존폐는 다수의견처럼 입법정책의 문제라 보지만, 현행 그대로 징역형 일원주의를 유지하는 간통죄의 형벌규정은 헌법에 합치하지 아니한다고 보여 조속히 새로 입법할 것을 촉구하는 것이 합당하다고 본다.

7. 재판관 김양균이 반대의견

가. 간통죄에 대한 위헌을 주장하는 근거로 일반적으로 성(性)의 자기결정권(自己決定權) 이론을 내세우고 있으며 이 사건 헌법소원심판청구인 대리인의 주장이나 다수의견·보충의견·반대의견도 그러한 맥락이다. 그러나

성적인 자기결정이 내심의 결정이라면 처음부터 문제될 여지가 없고 그것이 성적인 행위까지 포함하는 것이라면 그 행위의 한계와 제한에 있어서 사람의 일반적인 다른 행위와 구별하여 이를 따로 특별한 성질을 가지는 기본권의 일종으로 보아야 할 것인지 의문이 있어 나는 조금 다른 각도에서 이를 검토해 보고 의견을 제시하고자 하는 것이다. 즉, 사생활에 대한 국가의 간섭의 한계라는 관점에서 문제를 조명해 보고자 하며, 특히 사생활의 영역에 속하는 문제에 대한 국가의 형벌권의 발동과 관련해서 어느 범위까지 헌법상 그것이 허용된다고 봐야 할 것인가의 관점에서 문제점을 살펴보고자 하는 것이다.

나. 생각건대, 법률은 사람의 내면의 심성세계를 규율대상으로 하는 것이 아니고 외부에 표출된 행위를 규제하는 것인데 혼외정사를 규제하기 위하여 만들어진 간통죄의 간통행위는 사람의 성적인 본능에서 비롯되는 것으로서 사람의 감정, 특히 애정과 깊은 관련이 있는 행위이고 즉흥적·충동적·정감적·은밀적으로 행하여지며 자기법익의 자기처분행위에 속하는 대표적인 사례라고 할 수 있는 점에서 여타의 행위와는 성질을 달리 하는 것이다. 사회생활에 있어서 모든 사람은 남에게 알리고 싶지 않은 비밀을 가지며, 특히 그것이 성적인 행위와 관계될 때에는 정상적인 부부간의 행위라고 하더라도 가급적 노출되는 것보다는 은폐되기를 바라는 것이 사람들의 보편적인 심리일 것이며 은폐심리라고 할 수 있을 것이다.

다. 사생활상의 비밀에 속하는 행위에 대하여서는 사람들은 그것이 다른 사람에 의하여 탐지되거나 발각되는 것을 기피하고 나아가 국가의 공권력에 의하여서 그것이 강제적으로 공개되는 것도 불원하며 그것이 외부에 공개되었을 때 수치심을 느끼게 되고 명예심에 상처를 받게되며 결국 그점에서 불행감을 느끼게 되기 대문에 행복추구권도 침해당하는 결과가 되는 것이다.

이것을 사생활 은폐권(私生活 隱蔽權)이라 할 수 있을 것이며 특히 그중에서도 인간의 성행활은 사생활의 비밀에 속하는 대표적인 사례로서 그것이 윤리 도덕적으로 비난받을 만한 것이건 그렇지 않은 것이건 가릴 것 없이 감추고 덮어두고자 하는 마음은 마찬가지일 것이라고 사료되는 것이다. 그와 같은 사생활 은폐권은 우리 헌법 전문과 제10조 및 제17조의 규정에 의하여 보호되고 있다고 할 것이며 이는 헌법상 명문으로 열거되어 있지 않다고 하더라도 경시될 수 없는 것이다. 왜냐하면 우리 헌법은 그 전문에서 "…자율과 조화를 바탕으로 자유민주적 기본질서를 더욱 확고히 하여…"라고 규정하고 있고, 제10조에서 "모든 국민은 인간으로서의 존엄과 가치를 가지며 행복을 추구할 권리를 가진다. 국가는 개인이 가지는 불가침의 기본적 인권을 확인하고 이를 보장할 의무를 진다."고 규정하고 있고, 제17조에서 "모든 국민은 사생활의 비밀과 자유를 침해받지 아니한다."고 규정하고 있고, 제37조 제1항에서 "국민의 자유와 권리는 헌법에 열거되지 아니한 이유로 경시되지 아니한다."고 규정하고 있기 때문이다. 위 헌법정신에 비추어 볼 때 사생활의 비밀에 속하는 생활영역에 대하여서는 국가는 최대한도로 각 개인의 이성(이성)과 양식(良識)에 따른 자율에 맡기는 것이 온당하다고 할 것이고, 따라서 국가는 그러한 사생활의 영역이 다른 사람에 의하여 부당히 침해당하지 않도록 보호함과 동시에 국가 스스로도 그 분야에 대한 간섭과 규제를 최대한으로 자제하여야 하며, 같은 이유에서 사생활 분야에 대한 국가의 형벌권의 발동도 필요한 최소한의 범위에 그쳐야 한다고 할 것이다.

환언하면 사생활의 비밀에 속하는 행위에 대한 공권력에 의한 규제는 적을수록 좋고, 특히 형벌로서 이를 규제하는 경우에는 그것으로 보호되는 공공의 법익이 침해되는 법익보다 확실히 큰 경우에 한한다고 할 것이며 이것을 사생활 비밀우선의 원칙이라고 나는 주장하고 싶다. 물론 사생활의 영역에 속하는 행위라고 할지라도 그 자유는 무한한 것은 아니며 국가안전보장, 질서유지 또는 공공복리를 위해 필요한 경우 제한될 수 있는 것이지만(헌법

제37조 제2항) 그 제한 및 그 위반에 대한 형벌이 헌법정신에 합당하려면 과잉금지의 원칙이 더욱 엄격하게 준수되어야 한다고 생각한다.

라. 인류가 집단생활을 하면서 혼음(混淫) 생활을 하던 시대를 지나 특정한 남녀가 부부로서 결합하고 가족중심의 생활을 영위하기 시작한 때로부터 간통의 가벌성이 논의되기 시작하였을 것으로 생각되는데 실정법상으로는 로마법을 효시로 하나 구약(舊約)의 10계명(十誡命)에도 이것이 금지되어 있는 것을 보면 꽤 오랜 옛날부터 금기사항이었음을 짐작할 수 있다. 부부 중 어느 일방이 성적성실의무(性的誠實義務)를 다하지 않고 결혼당사자 아닌 제3자와 정사를 갖게 되면 상대방도 배신감과 질투심과 복수심 때문에 똑같은 탈선행위를 하게 되거나 그렇지 않다고 할지라도 부부싸움의 사유가 될 것이며 마침내 가정불화로 가정분위기는 파괴될 것이고 자녀의 탈선, 부모에 대한 불신·불경(不敬), 혼외자녀 문제의 대두 등으로 그들 부부를 중심으로 이루어진 가정은 파탄지경에 이르게 될 우려가 있음은 짐작하기에 어렵지 않으며 그것이 바로 간통행위를 형벌로 다스리는 이유 내지 명분이라 할 수 있는 것이다.

마. 형법은 간통죄를 풍속을 해하는 죄의 하나로 규정하여 처벌하고 있는데 먼저 간통죄에 의하여 보호되는 법익이 구체적으로 무엇이며 실제 그 법익이 보호되고 있는지의 여부에 대하여 살펴본다.

첫째, 혈통의 순수성 보전이다. 유부녀의 경우 여러 남성과 정사를 갖게 되면 잉태한 태아의 부(父)가 누구인지 가리기 어렵게 되어 혈통의 순수성이 침해될 수 있다는 것을 쉽게 인정할 수 있으나 유부남의 경우에는 이 이론으로는 설명이 어렵다. 유부남이 유부녀와 정사를 가진 경우에는 상대방유부녀의 부(夫)의 혈통의 순수성을 침해한 공범으로 설명될 수 있을 것이나 유부남이 미혼의 여자와 정사를 가진 경우는 혈통의 순수성을 보호법익이라

하기 어렵기 때문이다. 그리고 법상 미혼상태에서의 사실상의 동거나 혹은 계약결혼 청산직후의 타 남녀와의 결혼도 혈통의 순수성 보전이 문제될 수 있으나 현행법상 처벌규정이 마련되어 있는 것은 아니다. 구 형법(일본의 구 형법)이나 자유중국 구 형법에서 처(妻)의 간통만을 처벌하는 규정을 두었던 것이라거나 프랑스나 이태리에서 처의 간통을 더 중벌하는 규정을 두었던 것은 다 유부녀의 간통이 혈통의 순수성을 침해할 위험이 크다고 봤기 때문인데, 오늘날은 그것이 남녀평등의 원칙에 위배되는 위헌규정으로서 더 존속할 수 없는 것은 더 말할 필요조차 없다. 결혼과 가정에 관한 헌법의 규정을 보면 "혼인과 가족생활은 개인의 존엄과 양성의 평등을 기초로 성립되고 유지되어야 하며 국가는 이를 보장한다."고 규정(제36조 제1항)함으로써 과거의 헌법에서 강조되어 왔던 "혼인의 순결"(1962.12.26. 개정헌법 제31조, 1973.12.27. 개정헌법 31조)이라는 용어를 삭제하고 있음을 유의할 필요가 있는 것이다.

둘째, 일부일처·부부친자 중심의 가정과 가족제도의 보호이다. 간통죄의 존재가 적어도 이념적으로는 가족제도의 보호에 기여할 것이라는 점을 인정 못할 바는 아니다. 그런데 우리나라의 형사법 체계상 간통죄는 친고죄로 되어 있고(형법 제241조 제2항) 고소권의 행사는 혼인이 해소되거나 이혼소송을 제기한 후에라야 가능하기 때문에(형사소송법 제229조 제1항) 고소권의 발동으로 기존의 가정은 절대적으로 파탄을 맞게 되고 설사 고소가 취소된다고 하더라도 부부감정의 원상태로의 회복은 기대하기 어려우므로 가정 내지 가족제도의 보호에 기여하는 제도라고 하기에도 문제가 없지 않은 것이다.

셋째, 우리나라의 전통적 성도덕 내지 성적 성실의무 즉, 정절 내지 정조의 보호이다. 먼저 부녀에 대하여서는 우리나라에 정조를 생명보다 중히 여기는 유교적 전통윤리가 있었던 것을 분명히 인정할 수 있으나 남성의 경우에 있어서는 고래의 전통이 남성우위의 봉건적 가부장제(封建的 家父長制)였던 점에 비추어 위와 같은 관념이 우리의 조상때부터 전래되어 왔다고 하기는 어렵다.

그런데 간통의 유형을 보면 애정에서 비롯되는 경우와 그렇지 않은 경우로 대별할 수 있는데 부부간에 애정이 없는 결혼을 하였거나 애정이 식어서 결혼생활을 지속할 수 없게 되어 부부 불화로 별거를 반복하면서도 어느 일방의 반대나 기타의 사정에 의하여 법률상의 이혼절차를 필하지 못한 상태에서 사랑하는 사람과의 간통이 전자의 예이고 출장중 또는 취중 우발적인 외도가 후자의 예이다. 그리고 상간자(相姦者)의 경우에는 유부남이나 유부녀를 진실로 사랑하여 그 때문에 결국 간통에 이르게 된 것이 전자의 예이고 윤락행위가 후자의 예이다.

위의 어느 경우이건 애정에서 비롯된 경우에는 이는 어떤 의미에서 확신범 내지 양심범적인 면이 없지 않아서 형사처벌이 하등 일반 예방적 기능을 수행하지 못하는 것이며, 애정에 충실한 행위를 애정이 따르지 않는 정절이라는 보호법익개념으로 매도하는 간통죄의 쌍벌은 오늘날 여성의 지위가 현저히 향상되고 정절못지 않게 애정을 중시하는 사회풍토가 조성되어 가고 있음에 비추어 볼 때 남녀의 동반하향비하(同伴下向卑下)로서 구시대적인 방법이라 할 수 있는 것이다.

이상과 같이 이론상으로 간통죄는 혈통의 순수성 보전, 가족제도의 붕괴 예방 및 그 보호, 성적 윤리도덕의 보호에 기여하는 것이지만 실제에 있어서 위의 보호법익에 긍정적인 기여를 하고 있는 것인지 아니면 오히려 부정적인 역기능이 있는 것이지는 의문스러운 것이다.

바. 간통을 금기시하고 죄악시 해 온 역사적 배경을 고려한다면 간통은 법상으로 불벌주의를 택하건 쌍벌주의를 택하건 간에 윤리 도덕적으로 비난받을 행위인 점에는 이론이 있을 수 없다고 할 것이나 도덕적으로 비난받을 만한 행위 모두가 형사처벌의 대상이 된다면 아마도 과잉범죄화의 사회가

될 우려가 있어 그것이 반드시 정의사회라고 할 수는 없을 것이고 법률과 도덕은 각각 그 규율분야를 달리해야 할 것이기 때문에 간통의 형사처벌에 대하여서는 부정적인 견해가 있을 수 있는 것이다. 일부 논자에 따라서는 간통죄의 존재로 부(夫)의 탈선에 대한 고소권이 처에게 유보되어 있기 때문에 처가 보다 유리한 고지에서 위자료 등 협상을 할 수 있어 실질적으로 여성의 지위를 향상시키는 효과가 있는 제도라고 주장하지만 이는 처의 간통의 경우에 전혀 해답이 될 수 없고 오히려 우리나라에서는 모든 재산이 부(夫)의 명의로 된 경우가 허다하여 부(夫)는 그의 탈선에 대하여 일정액의 위자료로 면책이 가능하나 처는 그러한 재산이 없어 결국 실제로 처벌을 감수할 수 밖에 없는 사례도 있을 수 있음을 고려할 때 위 주장은 설득력이 약한 것이다.

그리고 간통죄가 친고죄로 되어 있는 점과 관련해서 고소권자의 성격이나 인품의 여하에 따라 결과에 상당한 변수가 있음을 간과할 수 없는데 간통의 피해자가 후덕하고 이해심과 참을성이 많은 사람인가 아니면 각박하고 이기적이며 성급하고 복수심이 많은 사람인가의 여부에 따라 상습간통이 용서되는 행위가 처벌의 대상이 되는 경우도 있을 수 있는가 하면 단 1회의 탈선 또는 탈선의 의심있는 행위가 처벌의 대상이 되는 경우도 있을 수 있어 결과에 있어서 크게 불공정할 소지가 있음을 부인할 수 없다.

그리고 위에서도 잠시 언급하였지만 경제적 자력의 유무에 따라 자력이 있는 자는 위자료로 해결이 가능하여 처벌을 면함으로써 사생활 은폐권이 그대로 유지될 수 있을 것이나 자력이 없는 자는 그렇지 못하여 결과적으로 자력의 유무 및 그 정도가 사태해결의 최후 열쇠가 되며 보다 상위의 애정문제가 보다 하위의 금전문제에 의하여 좌우되는 셈이 되고 마는 것이다.

사. 간통죄의 존재로 인하여 침해되는 법익을 살펴보면, 개인의 사생활상의 은밀한 행위 또는 애정행위에 대한 국가의 형벌권의 발동으로 행위자의 인격이나 명예가 커다란 타격과 손상을 받게 됨으로써 결국 사생활 은폐권

과 행복추구권을 침해받는 것외에 다음과 같은 부정적인 역기능이 있음도 경시할 수 없는 것이다.

첫째, 간통에 대하여 아무런 귀책사유가 없는 자녀, 그 중에서도 특히 당혼(當婚)한 처녀에게 치명적인 상처를 주어 장래를 그르치게 하고 전도를 불행하게 만든다.

둘째, 간통의 피해자(고소권자)에게도 일시적인 보복감정의 만족을 줄 뿐 장기적으로 봤을 때 허탈감과 모멸감만 남길 뿐이다. 특히 자녀들로부터 평생 원망을 듣게 되고 일가 친지들에게까지 누(累)를 끼치게 된다.

셋째, 부부의 재결합의 여지를 말살해 버린다. 간통죄가 없었더라면 일시 탈선하였더라도 회개하고 반성하여 재결합·재출발의 여지와 가능성이 있는데 형벌권의 발동으로 서로가 원수처럼 여기게 될 우려가 있고 마음에 깊은 상처만 남기게 된다.

넷째, 간통죄의 고소와 수사 및 소추와 공판에 이르는 과정에서 적잖은 비용이 소요되기 마련인데 이는 결국 따지고 보면 위자료 또는 자녀양육비에 충당되어야 할 자신을 서로 잠식(蠶食)하는 셈이 되는 것이다.

다섯째, 사회의 윤리 도덕 중 그 위반행위가 범죄화되어 형벌로서 보호되고 있는 윤리 도덕만이 중시되고 그렇지 않은 전통윤리 도덕의 가치는 평가절하될 우려가 있다. 환언하면, 형벌만이 사회의 미풍양속을 수호하는 유일한 수단이고 최후의 보루인 것으로 오해될 수 있는 것이다. 그 위반행위가 형벌로서 보호되지 않은 여타의 윤리 도덕도 존중되어야 하고 그에 대한 자발적인 준수가 요망되며 그것은 어떤 의미에서는 강제되는 것보다 더 고무적인 것이다. 처벌에 대한 두려움이 윤리 도덕을 지키는 주요동기가 된다면 그것은 오히려 윤리의식의 퇴보를 의미하는 것이며 그것은 예컨대 불효(不孝)를 형벌로서 다스려 효도를 강요할 때 그 효도는 이미 참의미의 효도가 아닌 것과 같이 형벌로서 강요될 정절은 이미 정절이 아닌 것이다. 그리고 윤리 도덕이라는 것은 시대와 장소에 따라 내용이 가변적인 것인데 그것을 법률로

획일적으로 다스리는 것은 다양한 가치와 개성을 중시하는 민주사회에서는 적절하지 못한 때가 있는 것이다.

여섯째, 간통죄의 보호법익과는 무관하게 이것이 악용되거나 남용될 우려가 있다. 예컨대, 특정인을 정치적·사회적으로 매장하기 위한 함정 또는 재물을 갈취하기 위한 미인계(美人計)가 가능하며 어쩌다 우연히 실수를 저지른 부녀에 대한 폭력배 등의 계속적인 성적인 침해나 재물갈취 등 더 큰 해악이 발생될 수 있는 것이다. 또 경찰력이나 기타의 공권력이 불필요하게 남용될 소지도 있으며 예컨대 간통사범 단속을 빙자하여 접객업소를 임검 수색(臨檢 搜索)함과 같은 경우가 그것이라 할 것이며 이러한 정력과 비용은 강간이나 강조 등 흉악범의 검거에 전용되는 것이 바람직한 것이라고 할 수 있는 것이다.

이상을 종합하면 간통의 형사처벌이 국민의 사생활 은폐권을 희생시킬 만큼 헌법 제37조 제2항이 규정하는 성질서 유지에 기여하며 동 범죄의 예방기능을 다하고 있다고 믿기 어렵고, 그 순기능 못지않게 역기능도 커서 과잉금지의 원칙에도 위반하는 것이 아니겠는가의 의문이 있는 것이다.

아. 오늘날 비범죄화(非犯罪化), 비처벌화(非處罰化), 비수용화(非收容化)는 형사정책이 지향하고 있는 3대정책이라 할 수 있는데 인간이 심성, 특히 애정에 바탕을 두고 있는 성문제와 혼인·이혼·재혼 등 가정문제는 가급적 당사자와 가족의 충분한 협의로 해결되어지도록 당사자에게 맡겨두는 것이 바람직하고 당사자간에 분쟁이 생기는 경우에도 민사재판을 통하여 관여할 뿐 국가는 가급적 이에 깊이 개입하거나 간섭하지 않는 것이 온당한 것이라고 할 수 있다.

형법의 본질적 기능은 개인의 생명·신체·재산 등 개인적 법익의 보호에 그 제1차적 목표가 있는 것이며 사회의 윤리 도덕을 강제하거나 고양하는 것을 직접적 목적으로 하지 않는다. 국민의 도덕적 개선을 강요하는 것은 국가의 헌법적 권리도 의무도 아니며 윤리 도덕적 비난받을 수 있는 행위를 전부 형벌로서 다스린다면 형법만능주의(刑法萬能主義)에 빠지게 되어 국가는 윤리 도덕의 보호를 빙자해서 필요이상으로 국민의 자유와 권리를 제한하는 사태가 일어날 수 있는 것이다. 이것은 형법의 법익보호주의 또는 겸억주의 (謙抑主義)에 반하기 때문에 반사회적·반도덕적 행위라고 할지라도 일정영역은 윤리·도덕·사회여론·평판에서 규율하는 분야로 남겨두는 것이 온당하다고 할 것이다.

그래서 악질적인 채무불이행·불효(不孝)·이간(離間)· 허언(虛言)·불화불목(不和不睦)·부랑(浮浪)·명정(酩酊)·구걸(求乞) 등이 윤리 도덕상의 비난가능성에도 불구하고 형사처벌의 대상은 아니며 성문제와 관련해서도 근친상간(近親相姦)·수간(獸姦)·변태적 성행위(變態的 性行爲)·동성연애(同性戀愛)·혼음(混淫) 등도 그 도덕적 비난가능성은 간통에 비하여 덜하다고 할 수 없는데도 우리 법률에 별도의 처벌규정을 두고 있지 않은 것이다.

자. 건전한 사회질서, 미풍양속을 보호하는 것은 바람직하지만 그에 못지않게 사생활 비밀의 보호도 인격의 유지와 행복의 추구에 필수적인 전제이므로 사생활 은폐권을 침해하는 면이 큰 간통의 형사처벌을 성질서 또는 성도덕이라는 가치의 보호만을 앞세워 감행한다면 자칫 과잉 처벌의 폐단이 생겨날 우려가 있으며, 따라서 간통죄는 사생활 은폐권이라는 국민의 기본권을 침해하고 있거나 과잉금지의 원칙에 위배되어 원칙적으로 위헌이며 일보를 후퇴하여 동죄의 존치의 합헌성, 즉 범죄화는 일응 이를 인정한다고 하더라도 그에 대한 형벌로 징역 2년 이하의 자유형만을 규정하고 있는 벌칙의 규정은 과잉금지의 원칙(중 침해의 최소성 및 법익의 균형성)에 위배된다고 생각된다.

차. 결론적으로 나는 간통죄는 헌법 전문, 제10조, 제17조(제37조 제1항)

에 의하여 보호되고 있는 국민의 사생활 은폐권을 침해하고 있으며, 그것이 헌법 제37조 제2항이 규정하고 있는 국민의 성질서 유지 또는 공공복리를 위하여 필요한 제한이라고 할 수 없기 때문에 위헌이라고 생각하며 일보 후 퇴하여 그 범죄(화)는 일응 합헌이라고 하더라도 그에 대한 자유형은 과잉금 지원칙에 위배되어 위헌이라고 생각한다.

(1993. 3. 11. 90헌가70 헌법재판소 全員裁判部)

【판시사항】

1. 법관(法官)의 구속영장발부(拘束令狀發付) 단계에서 행한 위헌여부심판제청(違憲與否審判提請)의 적법(適法) 여부

2. 형법(刑法) 제241조의 위헌(違憲) 여부에 대한 헌법재판소(憲法裁判所)의 종전 결정(決定)을 그대로 유지한 사례

【결정요지】

1. 가. 위헌여부심판(違憲與否審判)의 제청(提請)에 관하여 규정(規定)하고 있는 헌법재판소법(憲法裁判所法) 제41조 제1항의 "재판(裁判)"에는 종국판결(終局判決) 뿐만 아니라 형사소송법(刑事訴訟法) 제201조에 의한 지방법원판사(地方法院判事)의 영장발부(令狀發付) 여부에 관한 재판(裁判)도 포함된다고 해석되므로 지방법원판사(地方法院判事)가 구속영장발부(拘束令狀發付) 단계에서 한 위헌여부심판제청(違憲與否審判提請)은 적법(適法)하다.

나. 형법(刑法) 제241조 즉 간통죄(姦通罪)의 위헌(違憲) 여부에 관하여 이미 헌법재판소(憲法裁判所)가 1990.9.10. 선고한 89헌마82 사건에서 헌

법(憲法)에 위반(違反)되지 아니한다고 판시(判示)하였는 바, 이를 달리 판단하여야 할 사정변경(事情變更)이 있다고 인정되지 아니하므로 그 결정(決定)을 그대로 유지하기로 한다고 한 사례

【심판대상조문】

형법(刑法) 제241조 (간통(姦通))

① 배우자(配偶者) 있는 자(者)가 간통(姦通)한 때에는 2년 이하(以下)의 징역(懲役)에 처(處)한다. 그와 상간(相姦)한 자(者)도 같다.
② 전항(前項)의 죄(罪)는 배우자(配偶者)의 고소(告訴)가 있어야 논(論)한다. 단(但) 배우자(配偶者)가 간통(姦通)을 종용(慫慂) 또는 유서(宥恕)한 때에는 고소(告訴)할 수 없다.

【참조조문】

헌법(憲法) 제10조, 제11조 제1항, 제12조 제1항, 제17조, 제36항 제1항, 제37조 제2항

헌법재판소법(憲法裁判所法) 제41조 (위헌여부심판(違憲與否審判)의 제청(提請))

① 법률(法律)이 헌법(憲法)에 위반되는 여부가 재판(裁判)의 전제(前提)가 된 때에는 당해 사건(事件)을 담당하는 법원(法院)(군사법원(軍事法院)을 포함한다. 이하 같다)은 직권(職權) 또는 당사자(當事者)의 신청(申請)에 의한 결정(決定)으로 헌법재판소(憲法裁判所)에 위헌(違憲) 여부(與

否)의 심판(審判)을 제청(提請)한다.

② 제1항의 당사자(當事者)의 신청(申請)은 제43조 제2호 내지 제4호의 사항을 기재한 서면(書面)에 의하여야 한다.

③ 제2항의 신청서면(申請書面)의 심사(審査)에 관하여는 민사소송법(民事訴訟法) 제231조의 규정(規定)을 준용(準用)한다.

④ 위헌여부심판(違憲與否審判)의 제청(提請)에 관한 결정(決定)에 대하여는 항고(抗告)할 수 없다.

⑤ 대법원(大法院) 외의 법원(法院)이 제1항의 제청(提請)을 할 때에는 대법원(大法院)을 거쳐야 한다.

형사소송법(刑事訴訟法) 제201조 (구속(拘束))

① 피의자(被疑者)가 죄(罪)를 범(犯)하였다고 의심(疑心)할만한 상당(相當)한 이유(理由)가 있고 제70조 제1항 각호(各號)의 1에 해당(該當)하는 사유(事由)가 있을 때에는 검사(檢事)는 관할(管轄) 지방법원판사(地方法院判事)에게 청구(請求)하여 구속영장(拘束令狀)을 받아 피의자(被疑者)를 구속(拘束)할 수 있고 사법경찰관(司法警察官)은 검사(檢事)에게 신청(申請)하여 검사(檢事)의 청구(請求)로 관할(管轄) 지방법원판사(地方法院判事)의 구속영장(拘束令狀)을 받아 피의자(被疑者)를 구속(拘束)할 수 있다. 단(但) 5만원 이하(以下)의 벌금(罰金)·구류(拘留) 또는 과료(科料)에 해당(該當)하는 범죄(犯罪)에 관(關)하여는 피의자(被疑者)가 일정(一定)한 주거(住居)가 없는 경우(境遇)에 한(限)한다.

② 구속영장(拘束令狀)의 청구(請求)에는 구속(拘束)의 필요(必要)를 인정(認定)할 수 있는 자료(資料)를 제출(提出)하여야 한다.

③ 제1항의 청구(請求)를 받은 지방법원판사(地方法院判事)는 상당(相當)하다고 인정(認定)할 때에는 구속영장(拘束令狀)을 발부(發付)한다. 이를 발부(發付)하지 아니할 때에는 청구서(請求書)에 그 취지(趣旨) 및 이유(理由)를 기재(記載)하고 서명날인(署名捺印)하여 청구(請求)한 검사(檢事)에게 발부(發付)한다.

④ 검사(檢事)가 제1항의 청구(請求)를 함에 있어서 동일한 범죄사실(犯罪事實)에 관(關)하여 그 피의자(被疑者)에 대(對)하여 전(前)에 구속영장(拘束令狀)을 청구(請求)하거나 발부(發付)받은 사실(事實)이 있을 때에는 다시 구속영장(拘束令狀)을 청구(請求)하는 취지(趣旨) 및 이유(理由)를 기재(記載)하여야 한다.

【참조조문】

1990.9.10. 선고, 89헌마82 결정 (판례집 2권, 306)

【당사자】

재청법원　부산지방법원
관련사건　부산지방법원 1990년 영장번호 5041호, 5042호 간통죄 피의
　　　　　사실에 관한 구속영장청구사건

【주 문】

형법(1953.9.18. 법률 제293호) 제241조는 헌법에 위반되지 아니한다.

【이 유】

1. 이 사건 기록에 의하면 다음과 같은 사실이 인정된다.

1990.6.29. 부산지방법원 판사 김백영은 부산지방검찰청 검사가 간통죄로 고소된 피의자 이ㅇ숙, 같은 한ㅇ연을 구속하기 위한 구속영장청구에 대하여 재판을 함에 있어 간통죄를 규정한 형법 제241조 제1항이 헌법에 위반되는 여부가 재판의 전제가 된다하여 당 재판소에 형법 제241조에 대한 위헌여부의 심판을 제청하였다.

2. 재청법원이 주장하는 위헌여부의 심판제청이유 요지는

인간으로서의 존엄과 가치를 가진 인간이라 함은 모든 생활영역에서 자결과 자유로운 개성의 신장을 추구하고 실현시킬 수 있는 능력을 갖추고 있는 인격체로서의 인간을 의미하는 것이고, 이에는 스스로 자유로운 성적 행동에 관한 자기결정권도 포함되는 것인데 간통죄는 혼인생활이 파탄에 이르러 형식적인 부부에 지나지 않은 경우에도 성의 자기결정권을 박탈하여 인간으로서 존엄과 가치 및 행복을 추구할 권리를 보장한 헌법 제10조와 사생활의 비밀과 자유를 보장한 헌법 제17조에 위반된다.

그리고 국민의 자유와 권리는 법률로써 제한하는 경우에도 자유와 권리의 본질적 내용을 침해할 수 없는 것인데 간통에 대하여 민사적인 책임이외에 국가가 개인의 사생활에 개입하여 형벌로 다스리는 것은 도덕적 윤리적인 사항을 형벌에 의하여 강제하는 것이 되고, 간통죄를 친고죄로 하여 소추

권의 발동이 간통자의 배우자 등의 사적 감정에 의한 고소여부에 따라 좌우됨으로써 소추권이 파행적으로 운영되거나 제도외적 목적으로 남용되는 경우도 있을 뿐만 아니라 고소취소가 없는 한 형사사법의 실무관행상 대부분 구속과 실형선고를 하고 있음을 아울러 고려해 볼 때 간통을 형벌로 다스리는 것은 과잉금지의 원칙에도 위반된다.

【판 단】

가. 헌법재판소법 제41조 제1항은 법률이 헌법에 위반되는 여부가 재판의 전제가 된 때에는 당해 사건을 담당하는 법원은 직권 또는 당사자의 신청에 의한 결정으로 헌법재판소에 위헌여부의 심판을 제청한다고 규정하고 있는데 위 "재판"에는 종국판결 뿐만 아니라 형사소송법 제201조에 의한 지방법원판사의 영장발부여부에 관한 재판도 포함된다고 해석하므로 이 사건 위헌여부의 심판제청은 적법하다.

나. 당 재판소는 1990.9.10.에 선고한 89헌마82사건에서 형법 제241조가 헌법에 위반되지 아니한다고 판시하였는 바 이를 다시 달리 판단하여야 할 사정변경이 있다고 인정되지 아니하므로 그 결정을 그대로 유지하고 그 사건에서 판시한 이유(보충의견, 반대의견 포함)를 이 사건에 인용한다. 다만 위 재판이 있은 이후에 임명된 재판관 황도연은 위 사건 판시중의 재판관 조규광, 재판관 김문희의 보충의견에 가담하였다.

재판관　　조규광(재판장), 변정수, 김진우, 한병채, 이시윤, 최광률, 김양균, 김문희, 황도연

(2001. 10. 25. 2000헌바60 全員裁判部)

【판시사항】

간통죄 처벌규정인 형법 제241조의 위헌 여부(소극)

【결정요지】

선량한 성도덕과 일부일처주의 혼인제도의 유지 및 가족생활의 보장을 위하여나 부부간의 성적 성실의무의 수호를 위하여, 그리고 간통으로 인하여 야기되는 배우자와 가족의 유기, 혼외자녀 문제, 이혼 등 사회적 해악의 사전예방을 위하여 배우자 있는 자의 간통행위를 규제하는 것은 불가피한 것이며, 그러한 행위를 한 자를 2년 이하의 징역에 처할 수 있도록 규정한 형법 제241조의 규정은 성적 자기결정권에 대한 필요 및 최소한의 제한으로서 헌법 제37조 제2항에 위반되지 않는다. 간통죄가 피해자의 인내심이나 복수심의 다과 및 행위자의 경제적 능력에 따라 법률적용의 결과가 달라지는 측면이 있는 점을 무시할 수는 없으나, 이는 개인의 명예와 사생활보호를 위하여 간통죄를 친고죄로 하는데서 오는 부득이한 현상으로서 형법상 다른 친고죄에도 나타날 수 있는 문제이지 특별히 간통죄에만 해당되는 것은 아니며, 배우자 있는 자의 간통행위 규제가 불가피하고 배우자 모두에게 고소권이 인정되어 있는 이상 간통죄의 규정은 헌법 제11조 제1항의 평등원칙에도 반하지 아니한다. 그리고 간통죄의 규정은 선량한 성도덕과 일부일처주의 혼인제도의 유지, 가족생활의 보장 및 부부쌍방의 성적 성실의무의 확보를 위하여, 그리고 간통으로 인하여 생길 수 있는 사회적 해악의 사전예방을 위하여 필요한 법률이어서 헌법 제36조 제1항의 규정에 반하는 법률이 아니다.

다만 입법자로서는, 첫째 기본적으로 개인간의 윤리적 문제에 속하는 간통죄는 세계적으로 폐지추세에 있으며, 둘째 개인의 사생활 영역에 속하는 내밀한 성적 문제에 법이 개입함은 부적절하고, 셋째 협박이나 위자료를 받기 위한 수단으로 악용되는 경우가 많으며, 넷째 수사나 재판과정에서 대부분 고소취소되어 국가 형벌로서의 처단기능이 약화되었을 뿐만 아니라, 다섯째 형사정책적으로 보더라도 형벌의 억지효나 재사회화의 효과는 거의 없고, 여섯째 가정이나 여성보호를 위한 실효성도 의문이라는 점 등과 관련, 우리의 법의식의 흐름과의 면밀한 검토를 통하여 앞으로 간통죄의 폐지여부에 대한 진지한 접근이 요구된다.

재판관 권성의 반대의견

간통죄의 처벌은 원래가 유부녀를 대상으로 한 것이었으므로 간통죄의 핵심은 유부녀의 간통에 대한 처벌에 있고 따라서 그 위헌여부의 논의도 유부녀의 간통을 대상으로 하여야 하고 또 그로써 충분하다. 유부녀의 간통은 윤리적 비난과 도덕적 회오(悔悟)의 대상이지 국가가 개입하여 형벌로 다스려야 할 일 즉 범죄가 아니며, 간통에 대한 형사처벌은 이미 애정과 신의가 깨어진 상대 배우자만을 사랑하도록 국가가 강제하는 것이 되는데 이것은 헌법 제10조가 보장하는 당사자의 인격적 자주성, 즉 성적 자기결정권을 박탈하여 성(性)적인 예속을 강제하는 것이므로 인간의 존엄성을 침해하는 위헌규정이다.

【심판대상조문】

형법(1953. 9. 18. 법률 제293호로 제정된 것) 제241조(간통) ① 배우자
있는 자가 간통한 때에는 2년이하의 징역에 처한다. 그와 상간한 자도 같다.
② 전항의 죄는 배우자의 고소가 있어야 논한다. 단 배우자가 간통을 종
용 또는 유서한 때에는 고소할 수 없다.

【참조조문】

헌법 제10조, 제11조 제1항, 제36조 제1항, 제37조 제2항

형법 제242조(음행매개) 영리의 목적으로 미성년 또는 음행의 상습없는
부녀를 매개하여 간음하게 한 자는 3년이하의 징역 또는 1천 500만원이하의
벌금에 처한다.

형법 제243조(음화반포 등) 음란한 문서, 도화, 필름 기타 물건을 반포,
판매 또는 임대하거나 공연히 전시 또는 상영한 자는 1년이하의 징역 또는
500만원이하의 벌금에 처한다.

형법 제244조(음화제조 등) 제243조의 행위에 공할 목적으로 음란한 물
건을 제조, 소지, 수입 또는 수출한 자는 1년이하의 징역 또는 500만원이하
의 벌금에 처한다.

형법 제245조(공연음란) 공연히 음란한 행위를 한 자는 1년이하의 징역,
500만원이하의 벌금, 구류 또는 과료에 처한다.

【참조판례】

헌재 1990. 9. 10. 89헌마82, 판례집 2, 306

1993. 3. 11. 90헌가70, 판례집 5-1, 18

【당사자】

청 구 인 신○식 외 1인

　　　　　청구인들 대리인 대한법률구조공단

　　　　　소속공익법무관 이동국

당해사건 서울지방법원 동부지원 2000고단1848 간통

【주 문】

형법(1953. 9. 18. 법률 제293호로 제정된 것) 제241조는 헌법에 위반되지 아니한다.

【이 유】

1. 사건의 개요 및 심판의 대상 (생략)

2. 청구인의 주장 및 관계기관의 의견 (생략)

【판 단】

1. 가. 간통죄에 관한 입법연혁

(1) 간통죄를 비교법적으로 고찰해 보면 첫째 남녀불평등처벌주의가 있고, 둘째 남녀평등처벌주의가 있으며, 셋째 남녀평등불벌주의가 있다. 먼저 남녀불평등처벌주의에는 예컨대 개정 전 프랑스형법이나 이탈리아의 구형법과 같이 남편과 부인의 간통에 대하여 처벌을 달리하는 경우와, 일본의 1947년 폐지되기 전의 구형법이나 이를 의용한 우리나라 구형법과 같이 부인의 간통만을 처벌한 예가 있다. 다음으로 남녀평등처벌주의로는 우리나라의 현행 형법과 유럽의 오스트리아, 스위스, 그리고 미국의 몇몇 주에서 유지하고 있으며, 마지막으로 남녀평등불벌주의는 간통에 대하여 형사적 제재를 하지 않는 입법례로서 예컨대 덴마크는 1930년, 스웨덴은 1937년, 일본은 1947년, 독일은 1969년, 프랑스는 1975년에 각 간통죄를 폐지하였다. 또한 미국모범형법전에서는 간통죄의 폐지를 권고하고 있다.

(2) 우리나라의 경우 우리 민족 최초의 법인 고조선의 8조법금(八條法禁)에 간통죄가 존재했을 것으로 보는 견해가 통설이며, 역사기록에 의하더라도 최소한 중앙집권화로 고대국가체제를 이룩한 이후부터는 간통에 대하여 공형벌(公刑罰)로서 처벌하여 왔다. 근대에 이르러 1905. 4. 20. 대한제국 법률 제3호로 공포된 형법대전(刑法大全)에서는 유부녀가 간통한 경우 그 와 및 상간자를 6월이상 2년이하의 유기징역에 처했고(동법 제265조), 일제 시대인 1912. 4. 1. 시행된 제령(制令) 11호 조선형사령으로 의용한 일본의 구형법 제183조에서도 부인(및 그 상간자)의 간통에 대하여 2년이하의 징역형으로 처벌하였다. 한편 기록에 의하면 대한민국 정부수립 후 처음 형법제정시 간통죄를 둘 것인지에 대한 국회의 표결시에 현재와 같이 남녀쌍벌주의와 친고죄로 하는 안이 국회의원 재석원수(110명)의 과반수(56표)에서 한

표가 많은 57표의 찬성으로 통과되었다. 헌법재판소는 간통죄 처벌규정인 형법 제241조에 대하여 1990. 9. 10. 선고한 89헌마82 결정(판례집 2, 306)과 1993. 3. 11. 선고한 90헌가70 결정(판례집 5-1, 18)에서 합헌이라고 판단한 바 있다.

나. 형법 제241조의 위헌 여부

우리 형법은 제22장 "성풍속을 해하는 죄"의 장에 간통죄(제241조), 음행매개죄(제242조), 음란물죄(제243, 244조), 공연음란죄(제245조)를 규정하여 건전한 성풍속 내지는 사회의 기본적 성윤리를 보호하고 있으며, 간통죄는 대내적으로는 부부간의 성적 성실의무를, 대외적으로는 개인의 존엄과 양성의 평등에 기초한 합리적 혼인제도(일부일처제) 및 가정질서를 그 보호법익으로 한다.

(1) 헌법 제10조에서 보장하는 개인의 인격권에는 개인의 자기운명결정권이 전제되는 것이고 이 자기운명결정권에는 성행위여부 및 그 상대방을 결정할 수 있는 성적 자기결정권이 포함되어 있으며, 간통행위를 처벌하는 형법 제241조의 규정이 개인의 성적 자기결정권을 제한하는 것은 틀림없다. 그러나 배우자 있는 자가 배우자 아닌 제3자와 성관계를 맺는 것은 선량한 성도덕이나, 일부일처주의의 혼인제도에 반할 뿐더러, 혼인으로 인하여 배우자에게 지고 있는 성적 성실의무를 위반하는 것이 되는 것이다. 그러므로 선량한 성도덕과 일부일처주의 혼인제도의 유지 및 가족생활의 보장을 위하여나 부부간의 성적 성실의무의 수호를 위하여, 그리고 간통으로 인하여 야기되는 배우자와 가족의 유기, 혼외자녀 문제, 이혼 등 사회적 해악의 사전예방을 위하여 배우자 있는 자의 간통행위를 규제하는 것은 불가피한 것이며, 그러한 행위를 한 자를 2년 이하의 징역에 처할 수 있도록 규정한 형법 제241조의 규정은 성적 자기결정권에 대한 필요 및 최소한의 제한으로서 헌법

제37조 제2항에 위반되지 않는다고 할 것이다.

또 간통죄가 피해자의 인내심이나 복수심의 다과 및 행위자의 경제적 능력에 따라 법률적용의 결과가 달라지고 경제적 강자인 남자에게보다는 경제적 약자인 여자에게 불리하게 작용하는 측면이 있는 점을 무시할 수는 없으나, 이는 개인의 명예와 사생활보호를 위하여 간통죄를 친고죄로 하는데서 오는 부득이한 현상으로서 형법상 다른 친고죄에도 나타날 수 있는 문제이지 특별히 간통죄에만 해당되는 것은 아니며, 배우자 있는 자의 간통행위 규제가 불가피하고 배우자 모두에게 고소권이 인정되어 있는 이상 간통죄의 규정은 헌법 제11조 제1항의 평등원칙에도 반하지 아니한다.

아울러 간통죄의 규정은 선량한 성도덕과 일부일처주의 혼인제도의 유지, 가족생활의 보장 및 부부쌍방의 성적 성실의무의 확보를 위하여, 그리고 간통으로 인하여 생길 수 있는 사회적 해악의 사전예방을 위하여 필요한 법률이어서 "혼인과 가족생활은 개인의 존엄과 양성의 평등을 기초로 성립되고 유지되어야 하며, 국가는 이를 보장한다."라고 한 헌법 제36조 제1항의 규정에 반하는 법률이 아니라 오히려 위 헌법규정에 의하여 국가에게 부과된, 개인의 존엄과 양성의 평등을 기초로 한 혼인과 가족생활의 유지·보장의무 이행에 부합하는 법률이라 할 것이다.

(2) 다른 한편 특정의 인간행위에 대하여 그것이 불법이며 범죄라 하여 국가가 형벌권을 행사하여 이를 규제할 것인지, 아니면 단순히 도덕률에 맡길 것인지의 문제는 인간과 인간, 인간과 사회와의 상호관계를 함수로 하여 시간과 공간에 따라 그 결과를 달리할 수밖에 없는 것이고, 결국은 그 사회의 시대적인 상황·사회구성원들의 의식 등에 의하여 결정될 수밖에 없다. 따라서 간통행위에 대하여 민사상의 책임 외에 형사적 제재도 가할 것인지의 여부 및 형사적 제재방법으로서 자유형만을 과할 것인지 또는 자유형과 벌금

형을 선택적으로 과할 것인지는, 여자(부인)의 간통과 남자(남편)의 간통을 다르게 처벌하거나 어느 일방의 간통만을 처벌하는 것(남녀불평등처벌주의)이 아닌 한 기본적으로 입법권자의 의지 즉 입법정책의 문제로서 입법권자의 입법형성의 자유에 속한다고 할 것이다. 물론 간통죄에 대한 오늘날 세계각국의 입법례는 이를 폐지해 가는 것이 그 추세이고, 우리 사회 역시 급속한 개인주의적·성개방적인 사고방식에 따라 성에 관한 우리 국민의 법의식에도 많은 변화가 있었고, 간통죄에 대한 적용과정에 있어서도 이혼위자료의 요구를 관철하기 위한 수단으로 잘못 이용되는 경우도 없지 않았으며, 또한 가족법의 개정(1990. 1. 13. 법 제4199호 민법 개정)에 따라 이혼을 하게 되는 경우 각 당사자에게 재산분할청구권이 부여되는 한편 자녀에 대한 친권도 남녀간에 차별없이 평등하게 보장되어 사회적 지위가 상대적으로 열악한 여성의 입장에서도 간통을 굳이 형사처벌의 방법에 의하여 해결하기보다는 민사상의 손해배상·이혼 등의 방법에 의하여 처리하는 것이 보다 합리적이라고 볼 여지가 없지도 않아 간통죄에 대한 규범력이 어느 정도 약화되었음은 이를 부인할 수 없다(위 89헌마82 결정 참조). 그러나 우리 사회의 구조와 국민의식의 커다란 변화에도 불구하고 우리 사회에서 고유의 정절관념 특히 혼인한 남녀의 정절관념은 위에서 본 바와 같이 전래적 전통윤리로서 여전히 뿌리깊게 자리잡고 있으며, 일부일처제의 유지와 부부간의 성에 대한 성실의무는 우리 사회의 도덕기준으로 정립되어 있어서, 간통은 결국 현재의 상황에서는 사회의 질서를 해치고 타인의 권리를 침해하는 경우에 해당한다고 보는 우리의 법의식은 여전히 유효하다고 아니할 수 없다.

(3) 그러므로 건전한 성도덕과 일부일처주의 혼인제도의 유지 및 가족생활의 보장을 위하여서나 부부간의 성적 성실의무의 수호를 위하여, 그리고 간통으로 인하여 야기되는 사회적 해악의 사전예방을 위하여는 배우자 있는 자의 간통행위를 규제하는 것은 불가피하다고 보아, 그러한 행위를 한 자를

2년 이하의 징역에 처할 수 있도록 규정한 형법 제241조의 규정은 위와 같은 우리의 법의식을 바탕으로 한 입법권자의 입법형성의 자유에 속하는 범위내의 것으로서 헌법에 위반된다고 할 수 없다고 할 것이다.

다만 입법자로서는 그동안 꾸준히 제기되고 있는 간통죄폐지론의 논거로 주장되고 있는바, 첫째 기본적으로 개인간의 윤리적 문제에 속하는 간통죄는 세계적으로 폐지추세에 있으며, 둘째 개인의 사생활 영역에 속하는 내밀한 성적 문제에 법이 개입함은 부적절하고, 셋째 협박이나 위자료를 받기위한 수단으로 악용되는 경우가 많으며, 넷째 수사나 재판과정에서 대부분 고소취소되어 국가 형벌로서의 처단기능이 약화되었을 뿐만 아니라, 다섯째 형사정책적으로 보더라도 형벌의 억지효나 재사회화의 효과는 거의 없고, 여섯째 가정이나 여성보호를 위한 실효성도 의문이라는 점 등과 관련, 우리의 법의식의 흐름과의 면밀한 검토를 통하여 앞으로 간통죄의 폐지 여부에 대한 진지한 접근이 요구된다고 하겠다.

【결 론】

형법 제241조의 규정은 헌법에 위반되지 아니하므로 주문과 같이 결정한다. 이 결정은 재판관 권성의 아래 5.와 같은 반대의견이 있는 외에는 나머지 재판관 전원의 의견일치에 따른 것이다.

재판관 권성의 반대의견

간통죄의 처벌은 원래가 유부녀를 대상으로 한 것이고 유부남을 대상으로 한 것은 아니었다. 간통한 유부녀만을 처벌하는 것은 남녀평등의 원칙에 어긋난다는 비판을 피하는 하나의 방편으로 근래에 와서 유부남의 처벌이 추가된 것일 뿐이다. 그러므로 간통죄의 핵심은 유부녀의 간통에 대한 처벌에 있고 따라서 그 위헌 여부의 논의도 유부녀의 간통을 대상으로 하여야 하고 또 그로써 충분하다.

간통죄는 일부일처제(一夫一妻制)를 전제로 하는 것인데 인류학의 관점에서 보면 일부일처제(一夫一妻制)가 아니라 오히려 일처일부제(一妻一夫制)라고 부르는 것이 더 적합할 것이다. 왜냐하면 인간사회가 남성중심의 부계혈통주의(父系血統主義)로 발전하면서 부계혈통(父系血統)의 진정성(眞正性)을 확보하기 위하여 채택된 것이 일처일부제(一妻一夫制)이기 때문이다.

이러한 전제 위에서 부부관계를 분석하여 보면 부부관계의 형이하적 하부구조(形而下的 下部構造)는 계약관계(契約關係)이고 그 형이상적 상부구조(形而上的 上部構造)는 애정(愛情)과 신의(信義)의 관계라고 이해된다.

첫째로 부부관계는, 남편은 아내와 그 자식에게 식량과 주거 그리고 외부로부터의 위험에 대한 보호를 제공하고 아내는 그 대신 남편에 대한 관계에서 정절을 지키고 그에 따라 남편의 혈통을 가진 진정한 후손을 낳아주는 대가관계(對價關係)를 내용으로 하는 민법상의 계약관계라고 볼 수 있다. 유부녀의 간통은 이러한 계약에 따른 성적 성실의무를 위반하는 계약위반의 행위이다. 따라서 계약위반에 대한 책임의 추궁 내지 제재는 계약법의 일반원리에 따라 계약의 해소와 손해배상으로 그쳐야 하고 형벌을 포함하여서는 아니된다. 그렇다면 간통에 대한 제재는 부부관계의 해제 즉 이혼에 의한 가정에서의 추방과 부양의 종결 그리고 위자료의 징구로 끝나야 한다.

둘째로 부부관계는, 애정과 신의의 관계이므로 유부녀의 간통은 특별한 사정이 없는 이상 애정의 종결과 배신을 의미한다. 애정은 마음의 문제이고 신의는 정신의 문제이므로 형벌로 그 생성과 유지를 강요해봐야 아무 소용이 없다. 재산상의 손해를 수반하지 않는 사인간(私人間)의 배신을 근대 형법이 원칙적으로 처벌하지 않는 것도 바로 이런 까닭이다. 결국 유부녀의 간통은 윤리적 비난과 도덕적 회오(悔悟)의 대상이지 형사처벌의 문제는 아니다. 바꾸어 말하면 국가가 개입하여 형벌로 다스려야 할 일, 즉 범죄가 아닌 것이다. 성관계는 원래 가장 사사롭고 내밀한 영역이므로 그 성실의무는 결코 물리적으로 강제될 수 없으며 국가가 감시하고 형벌로 조련시킬 대상도 아닌 것이다.

그렇다면 간통죄는 범죄의 당벌성(當罰性, Strafwürdigkeit)이 없는 것을 법률이 범죄로 규정하여 처벌하는 것이 되고 이것은 실질적 죄형법정주의에 위배되므로 위헌의 문제를 일으킨다. 현대의 죄형법정주의는 "법률이 있어도 그 내용이 명확, 적정하지 않거나 처벌이 필수불가결한 것이 아니라면 처벌되지 않는다"고 하여 법의 형식에 의한 보장을 넘어 그 내용의 정당성까지 확보될 것을 요청하고 있기 때문이다.

그러면 왜 간통에 대한 형사처벌이 생겼고 그것이 아직도 존재하는 것인가. 남편의 과도한 사적 응징(lynch)이 가져오는 폐단을 방지하기 위하여 남성지배사회의 공권력이 대신 그 응징을 떠맡은 것이 형사처벌의 출발이었으므로 이는 결국 공적(公的) 보복 내지 공개적(公開的)인 보복이었던 것이고, 이러한 공개적 보복으로서의 처벌은 유부녀의 일탈(逸脫)을 막는 일반예방적(一般豫防的) 효과에 대한 기대감에서 아직도 존재하는 것이다.
이혼한 여성이 독립하여 생계를 펴나갈 수 있는 충분한 경제적 능력이 괄목상대의 정도로 신장되고 있는 오늘의 우리 사회에서는 남편의 부양과 보호로부터 아내가 배제된다고 하는 것의 일반예방적 효과는 점차 미미해져 가고 있으므로 형사처벌에 의한 일반예방의 효과에 거는 기대는 오히려 그만큼 커졌다고 볼 여지도 있지만 그 효과의 실증은 기대하기 어렵다.

여기서 다시 본질의 문제로 돌아가서 본다면 간통죄의 형사처벌은 범죄로 규정할 당벌성이 없는 비행(非行)을 범죄로 만들어 공개적으로 재판함으로써 마치 주홍(朱紅)글씨를 새기듯이 수형자(受刑者)의 자존심을 철저하게 짓밟는다는 데 그 문제가 있는바, 인간의 자존심은 인간존엄성의 핵심을 이루는 것으로서 불가침의 것이므로 다소의 일반예방적 효과를 거두기 위하여 이것을 짓밟는 것은 인간의 존엄성을 침해하여 위헌이 된다고 하지 않을 수 없다. "사람은 죽일 수는 있어도 모욕을 주어서는 안된다"는 옛말이 상징하는 상황과 유사한 정황인 것이다. 만일 아무도 모르게 미지의 곳에서 행형(行刑)을 하고 가족과 관계기관이 철저히 묵비함으로써 간통사실과 그로 인하여 처벌받는 사실이 비밀에 붙여짐으로써 수형자의 자존심이 어느 정도 지켜질 수 있다면 문제는 다를 것이다. 그렇지만 그러한 행형제도가 존재하지 않고 그렇게 보안을 유지하는 것이 불가능하므로 이러한 논의는 소용이 없다.

헌법 제10조는 인간의 존엄과 가치가 개인이 가지는 불가침의 기본적 인권임을 확인하고 있다. 이 기본적 인권의 기초는 수단이 아닌 목적적 존재로서의 인간이 갖는 자기결정권이며, 공동사회의 존립을 위하여 그 자유에 제약이 이루어지더라도 언제나 인격의 자주성 그 자체만은 보유되지 않으면 아니된다. 그런데 간통에 대한 형사처벌은, 이미 애정과 신의가 깨어진 상대 배우자만을 사랑하도록 국가가 강제하는 것이 되는데 이것은 그 당사자의 인격적 자주성, 즉 성적 자기결정권을 박탈하여 성(性)적인 예속을 강제하는 것이므로 인간의 존엄성을 침해한다. 간음한 여자를 공개된 장소에서 돌로 치라고 했다는 율법에 대하여 "너희중에 죄 없는 자가 먼저 돌로 치라" 하여 반대한 것은 이 문제가 절도죄 같은 것에 대한 처벌과 같은 차원의 문제가 원래 아니라는 것을 상징적으로 들어낸다. 간통죄를 형사처벌로 다스리는 것은 인간의 존엄성을 보장하도록 한 헌법 제10조를 위반한 것이라고 생각한다.

재판관　윤영철(재판장) 한대현 하경철 김영일 권 성 김효종
　　　　김경일(주심) 송인준 주선회

☐ 2007헌가17등

(2008. 10. 30. 2007헌가17·21, 2008헌가7·26, 2008헌바21·47(병합) 全員裁判部)

【판시사항】

1. 배우자있는 자의 간통행위 및 그와의 상간행위를 처벌하는 형법 제241조(이하 '이 사건 법률조항'이라 한다)의 위헌 여부(소극)
2. 위헌의견인 재판관이 4인, 헌법불합치의견인 재판관이 1인이어서 위헌결정을 위한 심판정족수에 이르지 못한다고 하여 합헌결정을 한 사례

【결정요지】

1. 가. 재판관 이강국, 재판관 이공현, 재판관 조대현의 합헌의견

이 사건 법률조항은 혼인관계를 보호하고, 사회질서를 유지하기 위하여 간통 및 상간행위를 제재하는 것으로 정당한 입법목적 달성을 위한 적절한 수단이다. 다만 '형벌'의 제재 규정이 지나친 것인지 문제되나, 이는 기본적으로 입법형성의 자유에 속한다. 간통이 사회질서를 해치고 타인의 권리를 침해하는 경우에 해당한다고 보는 우리의 법의식 및 간통 및 상간행위에 대한 사전예방의 강한 요청에 비추어 간통 및 상간행위를 형사처벌하기로 한 입법자의 판단이 자의적인 것이라 할 수 없고, 이 사건 법률조항으로 인하여 침해되는 사익은 특정한 관계에서의 성행위 제한으로 경미함에 비하여 달성되는 공익은 높은 중요성이 있어 법익균형성 역시 인정되므로 이 사건

법률조항이 과잉금지원칙에 위배하여 개인의 성적 자기결정권, 사생활의 비밀과 자유를 침해한다고 볼 수 없다. 한편 이 사건 법률조항은 법정형으로 징역형만을 규정하고 있으나 지나치게 과중한 형벌을 규정하고 있다고 보기 어렵다.

나. 재판관 민형기의 합헌의견

형법이 간통죄를 범죄로 처벌하는 것 자체는 헌법에 위반되지 않으나, 이 사건 법률조항이 구체적인 행위 태양을 고려하지 않은 채 간통이라는 하나의 개념으로 일률적으로 형벌을 부과하는 것은 부당한 결과를 초래할 우려가 있으므로 입법자로서는 이를 입법적으로 개선할 수 있도록 정책적인 노력을 기울여야 할 것이다.

재판관 김종대, 재판관 이동흡, 재판관 목영준의 위헌의견

이 사건 법률조항은 과잉금지 원칙에 위반하여 개인의 성적(性的) 자기결정권과 사생활의 비밀과 자유를 제한하는 것으로 위헌이다. 오늘날 성(性)에 대한 국민 일반의 법감정이 변하고 있고, 도덕적으로 비난받을 만한 행위 모두를 형사처벌의 대상으로 삼는 것은 바람직하지 아니하며, 간통 및 상간 행위의 형사처벌이 일부일처제와 가정보호·부부간의 성적 성실의무 보호·여성의 보호에 실효적인 기능을 하지도 못한다는 점 등을 고려할 때 이 사건 법률조항의 수단의 적절성 및 피해의 최소성을 인정하기 어렵다. 또한 이 사건 법률조항은 개인의 내밀한 성생활의 영역을 형사처벌의 대상으로 삼아 국민의 성적 자기결정권 등 기본권을 지나치게 제한하여 법익균형성을 상실한 것이다.

재판관 김희옥의 헌법불합치의견

이 사건 법률조항은 단순히 도덕적 비난에 그쳐야 할 행위 또는 비난가능성이 없거나 근소한 행위 등에까지 형벌을 부과하여 법치국가적 한계를 넘어 국가형벌권을 행사한 것으로 헌법에 합치되지 아니한다.

　재판관 송두환의 위헌의견
　이 사건 법률조항이 간통 및 상간행위를 형사처벌하도록 한 자체는 헌법에 위반되지 아니하나, 법정형으로 징역형만을 규정한 것은 구체적 사안의 개별성과 특수성을 고려할 수 있는 가능성을 배제 또는 제한하여 책임과 형벌간 비례의 원칙에 위배되어 헌법에 위반된다.

　2. 이 사건 법률조항에 대하여 재판관 4인이 합헌의견, 재판관 4인이 위헌의견, 재판관 1인이 헌법불합치의견으로 위헌의견이 다수이긴 하나, 법률의 위헌선언에 필요한 정족수 6인에 미달하므로 이 사건 법률조항은 헌법에 위반되지 않는다.

　【심판대상조문】

　형법(1953. 9. 18. 법률 제293호로 제정된 것) 제241조(간통) ① 배우자있는 자가 간통한 때에는 2년 이하의 징역에 처한다. 그와 상간한 자도 같다.
　② 전항의 죄는 배우자의 고소가 있어야 논한다. 단 배우자가 간통을 종용 또는 유서한 때에는 고소할 수 없다.

　【참조조문】

　헌법 제10조, 제36조 제1항, 제37조 제2항

　형사소송법 제229조(배우자의 고소) ① 「형법」 제241조의 경우에는 혼

인이 해소되거나 이혼소송을 제기한 후가 아니면 고소할 수 없다.

　② 전항의 경우에 다시 혼인을 하거나 이혼소송을 취하한 때에는 고소는 취소된 것으로 간주한다.

　형사소송법 제230조(고소기간) ① 친고죄에 대하여는 범인을 알게 된 날로부터 6월을 경과하면 고소하지 못한다. 단, 고소할 수 없는 불가항력의 사유가 있는 때에는 그 사유가 없어진 날로부터 기산한다.

　②「형법」제291조의 죄로 약취, 유인된 자가 혼인을 한 경우의 고소는 혼인의 무효 또는 취소의 재판이 확정된 날로부터 전항의 기간이 진행된다.

　형사소송법 제232조(고소의 취소) ① 고소는 제1심 판결선고전까지 취소할 수 있다.

　② 고소를 취소한 자는 다시 고소하지 못한다.

　③ 피해자의 명시한 의사에 반하여 죄를 논할 수 없는 사건에 있어서 처벌을 희망하는 의사표시의 철회에 관하여도 전2항의 규정을 준용한다.

　형사소송법 제327조(공소기각의 판결) 다음 경우에는 판결로써 공소기각의 선고를 하여야 한다.

　1. 피고인에 대하여 재판권이 없는 때

　2. 공소제기의 절차가 법률의 규정에 위반하여 무효인 때

　3. 공소가 제기된 사건에 대하여 다시 공소가 제기되었을 때

　4. 제329조의 규정에 위반하여 공소가 제기되었을 때

　5. 고소가 있어야 죄를 논할 사건에 대하여 고소의 취소가 있은 때

　6. 피해자의 명시한 의사에 반하여 죄를 논할 수 없는 사건에 대하여 처벌을 희망하지 아니하는 의사표시가 있거나 처벌을 희망하는 의사표시가 철회되었을 때

【참조판례】

1. 헌재 1990. 9. 10. 89헌마82, 판례집 2, 306, 306-331

   헌재 1992. 4. 28. 90헌바24, 판례집 4, 225, 229-230

   헌재 2001. 10. 25. 2000헌바60, 판례집 13-2, 480, 480-490

   헌재 2002. 3. 28. 2000헌바53, 판례집 14-1, 159, 165

   헌재 2003. 11. 27. 2002헌바24, 판례집 15-2, 242

   대법원 2008. 7. 10. 선고 2008도3599판결(공2008하, 1215)

【당사자】

제청법원 1. 서울북부지방법원(2007헌가17)

　　　　2. 대구지방법원 경주지원(2007헌가21)

　　　　3. 의정부지방법원 고양지원(2008헌가7)

　　　　4. 청주지방법원 영동지원(2008헌가26)

제청신청인 옥○경(2008헌가7 사건)

　　　　대리인 홍익 법무법인

　　　　담당변호사 김영균 외 4인

청 구 인 1. 윤○심(2008헌바21)

　　　　대리인 변호사 강문대

　　　　2. 박○식(2008헌바47)

　　　　대리인 변호사 심한준

당해사건 1. 서울북부지방법원 2007고단1516 간통(2007헌가17)

2. 대구지방법원 경주지원 2007고단330 간통(2007헌가21)

3. 의정부지방법원 고양지원 2008고단54 간통(2008헌가7)

4. 청주지방법원 영동지원 2008고단116 간통(2008헌가26)

5. 수원지방법원 성남지원 2007고단2069 간통(2008헌바21)

6. 서울중앙지방법원 2008노316 간통(2008헌바47)

【주 문】

형법(1953. 9. 18. 법률 제293호로 제정된 것) 제241조는 헌법에 위반되지 아니한다.

【이 유】

1. 사건의 개요와 심판의 대상(생략)

2. 제청법원의 위헌제청이유 및 이해관계인의 의견요지(생략)

【판 단】

가. 입법연혁 및 외국 입법례

(1) 간통죄에 관한 처벌규정은 우리 민족 최초의 법인 고조선의 8조법금(八條法禁)에서부터 존재했을 것으로 보는 견해가 통설이며, 그 후 현재까지 그 내용상 다소 변화는 있지만 처벌규정 자체는 계속 존재해 왔다. 1905. 4. 20. 대한제국 법률 제3호로 공포된 형법대전에서 유부녀가 간통한 경우 그와 상간자를 6월 이상 2년 이하의 유기징역에 처했고(같은 법 제265조),

일제시대인 1912. 4. 1. 시행된 제령 11호 조선형사령으로 의용한 일본의 구형법 제183조에서도 부인 및 그 상간자의 간통에 대하여 2년 이하의 징역형으로 처벌하였다. 대한민국 정부수립 후 최초의 형법 제정 시, 간통죄를 존치할 것인지에 대하여 많은 논란이 있었고, 국회의 표결에서 현재와 같이 남녀평등쌍벌주의와 친고죄로 하는 안이 국회의원 출석 의원수(110명)의 과반수를 가까스로 넘은 57표의 찬성으로 통과되었다.

(2) 간통죄를 비교법적으로 고찰해 보면 첫째 남녀불평등처벌주의가 있고, 둘째 남녀평등처벌주의가 있으며, 셋째 남녀평등불벌주의가 있다. 먼저 남녀불평등처벌주의에는 예컨대 개정 전 프랑스형법이나 이탈리아의 구형법과 같이 남편과 부인의 간통에 대하여 처벌을 달리하는 경우와, 1947년 폐지되기 전의 일본의 구형법이나 이를 의용한 우리나라 구 형법과 같이 부인의 간통만을 처벌한 예가 있다. 다음으로 남녀평등처벌주의는 우리나라의 현행 형법과 미국의 몇몇 주에서 이를 채택하고 있다. 마지막으로 남녀평등불벌주의는 간통에 대하여 형사적 제재를 하지 않는 입법례로서 덴마크는 1930년, 스웨덴은 1937년, 일본은 1947년, 독일은 1969년, 프랑스는 1975년, 스페인은 1978년, 스위스는 1990년, 아르헨티나는 1995년, 오스트리아는 1996년에 각 간통죄 규정을 폐지하였다.

나. 헌법재판소의 선례
헌법재판소는 이 사건 법률조항에 대하여 모두 세 차례에 걸쳐 합헌결정을 하였으며, 그 취지는 다음과 같다.

(1) 헌재 1990. 9. 10. 89헌마82 결정
다수의견인 합헌의견은 '간통죄의 규정은 헌법 제10조의 개인의 인격권·행복추구권의 전제가 되는 자기운명결정권에 포함된 성적 자기결정권을 제한한다. 그러나 선량한 성도덕과 일부일처주의 혼인제도의 유지 및 가족생활의 보장을 위하여서나 부부간의 성적성실의무의 수호를 위하여, 그리고 간통으로 야기되는 사회적 해악의 사전예방을 위하여 간통행위를 규제하는 것은 불가피하고, 그러한 행위를 한 자를 2년 이하의 징역에 처하는 것은 성적 자기결정권에 대한 필요최소한의 제한으로서 자유와 권리의 본질적 내용을 침해하는 것은 아니'라고 보았다.

이에 대하여, ① 간통죄가 사회상황·국민의식의 변화에 따라 그 규범력이 완화되었음에도 아직은 범죄적 반사회성이 있다는 재판관 2인의 보충의견, ② 간통죄 자체의 존폐는 입법정책의 문제이지만 징역형 일원주의를 유지하는 간통죄 형벌규정은 헌법에 합치되지 아니한다는 재판관 2인의 반대의견, ③ 간통의 형사처벌이 국민의 사생활은폐권을 희생시킬만큼 성질서 유지에 기여한다거나 범죄의 예방기능을 다하고 있다고 믿기 어렵고 제도외적 남용으로 인한 역기능이 크다는 점에서 헌법에 반하며, 가사 범죄화가 합헌이더라도 그에 대한 자유형은 과잉금지원칙에 반한다는 재판관 1인의 반대의견이 있었다.

(2) 헌재 1993. 3. 11. 90헌가70 결정

위 89헌마82 결정의 판시를 그대로 유지하였는데, 위 89헌마82 결정 이후 임명된 재판관 1인은 다수의견의 보충의견에 가담하였다.

(3) 헌재 2001. 10. 25. 2000헌바60 결정

다수의견은 위 89헌마82 결정의 판시를 그대로 유지하면서 입법자의 간통죄의 폐지 여부에 대한 진지한 접근을 요구하였다.

이에 대하여 간통은 성적 성실의무를 위반하는 계약위반행위이므로 그

에 대한 책임추궁은 계약법의 일반원리에 따라야 하고 윤리적 비난과 도덕적 회오의 대상이 될지언정 형사처벌의 문제는 아니라는 입장에서 간통의 형사처벌은 인간의 존엄성을 보장하도록 한 헌법 제10조에 위반된다는 재판관 1인의 반대의견이 있었다.

다. 이 사건 법률조항 개관

이 사건 법률조항은 선량한 성풍속을 보호하고, 일부일처제하의 가정 또는 가정의 기초가 되는 제도로서의 혼인 및 부부간의 성적 성실의무를 보호하기 위하여 규정된 것이다. 우리 민법은 법률혼주의를 채택하고 있으므로 (민법 제812조) 간통죄의 주체인 '배우자 있는 자'의 배우자는 법률상의 배우자를 말하고 사실상 동거하고 있지 아니하더라도 이에 포함된다. '간통' 및 '상간'행위는 합의에 의한 성교를 의미하는데, 이 때 간통자의 경우 자신이 배우자있는 자라는 것과 배우자 이외의 자와 성교한다는 것을 인식해야 하고, 상간자의 경우 배우자있는 자와 성교하는 것임을 인식하고 있어야 함은 물론이다. 간통 및 상간행위는 성교 시마다 1개의 죄가 성립하고, 장기간에 걸쳐 동거하며 간통하였다고 하여 포괄 1죄가 되는 것은 아니다.

한편 간통죄는 배우자의 고소가 있어야 공소를 제기할 수 있는 친고죄로 배우자가 간통을 종용 또는 유서한 때에는 고소할 수 없다(형법 제241조 제2항). 이에 따라 이혼의사의 합치가 있는 등 다른 이성과의 정교관계가 있어도 이를 인정 내지 묵인한다는 사전 동의(종용)가 있거나, 간통사실을 알고 난 후 혼인관계를 지속시킬 의사로 그 책임을 묻지 않겠다는 의사를 표시하는 사후용서(유서)가 있는 때는 고소할 수 없다. 고소를 할 수 있는 경우에도 그 고소는 혼인이 해소되거나 이혼소송을 제기한 후에만 유효하며, 적법하게 간통고소를 한 후에도 다시 혼인을 하거나 이혼소송을 취하한 때에는 고소가 취하된 것으로 간주된다(형사소송법 제229조). 고소는 제1심판결선고

전까지 취소할 수 있으며, 고소를 취소한 자는 다시 고소하지 못한다(형사소송법 제232조).

라. 재판관 이강국, 재판관 이공현, 재판관 조대현의 합헌의견

(1) 이 사건 법률조항에 의하여 제한되는 기본권

헌법 제10조는 "모든 국민은 인간으로서의 존엄과 가치를 가지며, 행복을 추구할 권리를 가진다. 국가는 개인이 가지는 불가침의 기본적 인권을 확인하고 이를 보장할 의무를 진다."라고 규정하여 개인의 인격권과 행복추구권을 보장하고 있다. 개인의 인격권·행복추구권에는 개인의 자기운명결정권이 전제되는 것이고, 이 자기운명결정권에는 성행위 여부 및 그 상대방을 결정할 수 있는 성적자기결정권이 또한 포함되어 있으며 간통죄의 규정이 개인의 성적자기결정권을 제한하는 것임은 틀림없다(헌재 1990. 9. 10. 89헌마82, 판례집 2, 306, 310 참조). 나아가 이 사건 법률조항은 개인의 성생활이라는 내밀한 사적 생활영역에서의 행위를 제한하므로 우리 헌법 제17조가 보장하는 사생활의 비밀과 자유 역시 제한하는 것으로 보인다(헌재 1990. 9. 10. 89헌마82, 판례집 2, 306, 321-322 참조). 그러나 위와 같은 기본권도 절대적으로 보장되는 것은 아니며, 헌법 제37조 제2항에 따라 국가안전보장, 질서유지 또는 공공복리를 위하여 필요한 경우에는 그 본질적 내용을 침해하지 않는 한도에서 법률로써 제한할 수 있는 것이다(헌재 1990. 9. 10. 89헌마82, 판례집 2, 306, 310 참조).

(2) 과잉금지원칙 위배 여부

국가와 사회의 기초가 되는 가족생활의 초석을 이루고 있는 혼인관계는 개인의 의사나 욕구만으로 형성되는 것은 아니고, 전통과 문화에 기반을 둔 하나의 소중한 사회제도로서의 성격 역시 가진다. 그런데 배우자 있는 자의

간통은 자유로운 의사에 기하여 스스로 형성한 혼인관계에서 비롯된 성적 성실의무를 위배하는 행위로서 단순한 혼인계약의 위배를 넘어 부부사이의 근본적인 신뢰를 무너뜨린다. 간통 및 상간행위는 혼인관계의 파탄을 야기하고, 혼인관계를 파탄시키는 정도에 이르지 아니하는 때에도 근대 혼인제도의 근간을 이루는 일부일처주의에 대한 중대한 위협이 되며, 배우자와 가족구성원의 유기 등 사회문제를 야기한다. 간통 및 상간행위가 우리 사회가 요구하는 건전한 성도덕에 반함은 두말할 필요가 없다.

사회질서를 유지하고, 개인의 존엄과 양성평등에 기초한 혼인과 가족생활이 유지될 수 있도록 보장할 국가의 의무(헌법 제36조 제1항 참조)에 비추어 위와 같은 간통 및 상간행위에 대한 규제의 필요성은 충분히 수긍 가능하고, 바로 이 점에서 이 사건 법률조항의 입법목적의 정당성이 인정된다. 나아가 간통 및 상간행위가 개인의 성적 자기결정으로서 내밀한 사생활의 영역에 속하는 것이라 하더라도 성적 욕구나 사랑의 감정이 내심에 머무른 단계를 떠나 외부에 행위로 표출되어 혼인관계에 파괴적인 영향을 미치게 된 때에는 법이 개입할 수 없거나, 법적 규제가 효과를 발휘할 수 없는 순수한 윤리와 도덕적 차원의 문제만은 아니다. 따라서 이 사건 법률조항이 개인과 사회의 자율적 윤리의식의 제고를 촉구하는데 그치지 아니하고 형벌의 제재를 동원한 행위금지를 선택한 것은 입법목적 달성에 기여할 수 있는 수단으로서 적절하다.

다만 비형벌적 제재나 가족법적 규율이 아닌 '형벌'의 제재를 규정한 것이 지나친 것인지 문제될 수 있으나, 어떠한 행위를 불법이며 범죄라 하여 국가가 형벌권을 행사하여 이를 규제할 것인지의 문제는 인간과 인간, 인간과 사회와의 상호관계를 함수로 하여 시간과 공간에 따라 그 결과를 달리할 수밖에 없는 것이고, 결국은 그 사회의 시대적인 상황·사회구성원들의 의식 등에 의하여 결정될 수밖에 없으며, 기본적으로 입법권자의 의지 즉 입법정책의 문제로서 입법권자의 입법형성의 자유에 속한다(헌재 2001. 10. 25. 2000헌바60, 판례집 13-2, 480, 486 참조).

우리 사회의 구조와 국민의식의 커다란 변화에도 불구하고 우리 사회에서 고유의 정절관념 특히 혼인한 남녀의 정절관념은 전래적 전통윤리로서 여전히 뿌리깊게 자리잡고 있으며, 일부일처제의 유지와 부부간의 성에 대한 성실의무는 우리 사회의 도덕기준으로 정립되어 있어서, 간통은 결국 현재의 상황에서는 사회의 질서를 해치고 타인의 권리를 침해하는 경우에 해당한다고 보는 우리의 법의식은 여전히 유효하다(헌재 2001. 10. 25. 2000헌바60, 판례집 13-2, 480, 486).

다시 말하면, 간통행위자가 속한 가정의 고유한 사정이나 간통 및 상간에 이르게 된 배경, 행위자의 의사에 비추어 배우자에 대한 가해의사나 혼인관계 및 가족생활을 파탄에 이르게 하려는 목적, 경향성이 없는 경우에도 법률상 배우자 있는 자라는 객관적인 행위자의 지위, 배우자 아닌 자와 성교한다는 고의가 인정되는 한 그러한 행위가 사회적 윤리의 상당성을 일탈한 것으로 보며, 그에 동조한 상간자의 행위 역시 유사한 정도의 비난가능성이 존재한다고 보는 것이 현재 우리의 법의식에 부합한다는 것이다. 이에 더하여 간통 및 상간행위는 그 행위태양에 관계없이 혼인과 가족생활의 해체를 초래하거나 초래할 위험성이 높다는 점에서 사전예방에 대한 강한 요청 역시 부인하기 어렵다고 할 것이다.

따라서 이러한 법의식, 그리고 간통 및 상간행위의 예방에 대한 사회의 강한 요청에 기초하여 혼인과 가정의 해체를 야기한 간통 및 상간행위자에 대하여는 그것이 단순한 성적 욕구에서 비롯된 1회적인 것이든, 진정한 사랑의 감정에서 비롯된 것이든, 사전에 이혼의사의 합치 등으로 인한 동의가 있었거나 사후에 혼인과 가정생활을 유지하기로 하는 합의가 있었다는 등의 특별한 사정이 없는 한 엄정한 책임을 부과할 필요가 있다고 본 입법자의 판단이 현저히 자의적인 것이라 보기는 어렵다. 또한 입법자는 고소권자인 배우자의 고소요건으로서 혼인의 해소나 이혼소송의 제기를 규정하여 간통 및 상간행위의 결과로 혼인과 가족생활이 사실상 파탄에 이른 경우에 한하여만 법적 규제가 미치도록 하여 이 사건 법률조항에 의한 자유의 제한범위를 최소화하고 있고, 간통의 종용이나 유서가 있는 경우의 고소권의 제한(형법 제241조 제2항) 및 일정한 경우의 고소 취하간주(형사소송법 제229조)와 재고소 금지(형사소송법 제232조)를 규정하여 고소권의 남용을 방지하고 있으므로 개인의 성적 자기결정의 자유 등에 대한 과도한 제한을 인정하기 어렵다.

오늘날 세계입법의 추세가 간통 및 상간행위에 대하여 형벌을 부과하지 아니하는 것이라거나 간통이 이혼사유와 위자료지급사유가 된다는 점을 고려하더라도, 가족법적 법률관계의 조정에 따라 간통행위의 반사회성이 없어져 형사처벌의 필요성이 해소된다고 보기 어렵고, 각국의 시대적 상황이나 국민의 성의식 등 가치관, 평등에 기초한 가족법제도의 완비 여부 등은 현저한 차이가 있으므로 위와 같은 판단이 달라지는 것은 아니다. 나아가 이 사건 법률조항의 행위규제는 법률혼관계가 유지되고 있는 동안 간통할 수 없고, 법률상 배우자 있는 자라는 사실을 알면서 상간할 수 없다는 특정한 관계에서의 성행위 제한이다. 이는 간통행위자에 대하여는 스스로의 자유로운 의사에 따라 형성한 혼인관계에 따르는 당연한 의무·책임의 내용에 불과하고, 미혼인 상간자에 대하여도 타인의 법적·도덕적 의무위반을 알면서 적극적으로 동참하여서는 아니된다는 것으로 이성과의 정신적인 교감이나, 우발적으로 일어날 수 있는 경미한 성적 접촉까지 금지하는 것은 아니므로 일반적으로 이 사건 법률조항으로 인하여 침해되는 사익은 매우 경미하다. 그에 비하여 이 사건 법률조항으로 인하여 달성되는 공익은 선량한 성도덕을 수호하고, 혼인과 가족제도를 보장한다는 것으로 높은 중요성이 인정되므로 법익균형성 역시 인정할 수 있다. 결국 이 사건 법률조항이 과잉금지원칙에 위배하여 개인의 성적 자기결정권, 사생활의 비밀과 자유를 침해한다고 보기 어렵다.

(3) 헌법 제36조 제1항 위배 여부

"혼인과 가족생활은 개인의 존엄과 양성의 평등을 기초로 성립되고 유지되어야 하며, 국가는 이를 보장한다."고 규정하고 있는 헌법 제36조 제1항은, 인간의 존엄과 양성의 평등이 가족생활에 있어서도 보장되어야 함을 규정함과 동시에 혼인과 가족생활에 관한 제도적 보장 역시 규정한다(헌재 2002. 3. 28. 2000헌바53, 판례집 14-1, 159, 165 참조).

이 사건 법률조항에 의한 간통 및 상간행위의 처벌이 개인의 성적 자기결정권 등에 대한 과도한 제한으로 볼 수 없음은 앞서 살펴 본 바와 같고, 이 사건 법률조항은 남녀평등처벌주의를 취하고 있으므로 양성의 평등이 훼손될 여지도 없다. 오히려 일부일처제를 보장하고, 건전한 성도덕을 형법상 보호함으로써 혼인과 가족생활의 유지·보장 의무이행에 부합한다고 할 것이다(헌재 1990. 9. 10. 89헌마82, 판례집 2, 306, 312 참조).

(4) 책임과 형벌 간 비례원칙 위배 여부

법정형의 종류와 범위의 선택의 문제는 그 범죄의 죄질과 보호법익에 대한 고려뿐만 아니라 우리의 역사와 문화, 입법당시의 시대적 상황, 국민일반의 가치관 내지 법감정 그리고 범죄예방을 위한 형사정책적 측면 등 여러 가지 요소를 종합적으로 고려하여 입법자가 결정할 사항으로서 역시 입법재량 내지 형성의 자유가 인정되어야 할 분야이다(헌재 1992. 4. 28. 90헌바24, 판례집 4, 225, 229 ; 1995. 4. 20. 91헌바11, 판례집 7-1, 478, 487).

이 사건 법률조항은 징역형만을 규정하고 있으나, 2년 이하의 징역에 처하도록 하여 법정형의 상한 자체가 높지 않을 뿐만 아니라, 비교적 죄질이 가벼운 간통행위에 대하여는 선고유예까지 선고할 수 있으므로 행위의 개별성에 맞추어 책임에 알맞은 형벌을 선고할 수 없도록 하는 지나치게 과중한 형벌을 규정하고 있다고 볼 수 없다. 또한 간통 및 상간행위는 일단 소추가 된때에는 행위태양에 관계없이 필연적으로 가족의 해체로 인한 사회적 문제를야기한다는 점에서 다른 성풍속에 관한 죄와는 다른 법익침해가 문제되고, 경미한 벌금형은 기존의 혼인관계의 해소에 따른 부양이나 손해배상의 책임을 피하고자 하는 간통행위자에 대하여는 위하력을 가지기 어렵다는 점 등을 고려할 때 입법자가 이 사건 법률조항에 대하여 형법상 다른 성풍속에 관한 죄와 달리 벌금형을 규정하지 아니한 것이 형벌체계상의 균형에 반하는것이라 할 수도 없다.

(5) 소 결

그러므로 이 사건 법률조항은 헌법에 위반되지 아니한다.

마. 재판관 민형기의 별개의 합헌의견

나는 다수의 합헌의견이 앞서 설시한 바와 같이, 개인의 성적 자기결정권이나 사생활의 비밀과 자유도 헌법상 기본권의 제한에 관한 일반적인 원칙에 따라 규제의 대상이 될 수 있으므로, 형법이 간통죄를 범죄로서 처벌하는것 자체는 입법재량의 범위를 벗어난 것이라고 보기 어려워 헌법에 위반되지 않는다고 보나, 다만 이 사건 법률조항이 그 행위의 태양과 관련하여 일부

문제점을 안고 있으므로 이를 해소하기 위하여는 국민적인 합의를 바탕으로 하는 입법적인 개선이 필요하다고 보아 다음과 같은 견해를 밝히고자 한다. 아래 사항에서 헌법불합치의견이 적절히 지적하는 바와 같이, 간통은 그 행위의 태양이 매우 광범위하고 다양하여 사안에 따라 반사회적 성격이나 비난가능성의 유무 및 정도가 현저히 다른데도, 구체적인 행위 태양의 개별성이나 특수성을 고려하지 않은 채 이들을 간통이라는 한 가지 개념으로 일률적으로 처벌하여 형벌을 부과하는 것은 사실상 부당하거나, 규범적인 의미를 벗어난다는 평가를 받을 수 있다.

물론 이 가운데 상당 부분은 법원이 재판과정에서 법의 해석이나 형의 양정 등을 통하여 문제를 해결할 수 있으리라 여겨지지만, 그럼에도 불구하고 이 사건 법률조항의 부당성에 관한 의혹이 완전히 해소되는 것은 아니라 할 것이다. 이렇듯 성문의 규범이 스스로 예정하거나 의도하지 아니한 사실상의 요인으로 인하여 발생하는 사회적인 문제나 법률적인 평가 등으로 규율의 당부에 관하여 의심이 있는 경우 이를 개선하는 것은 입법재량에 속하는 것으로서 이는 원칙적으로 현실정치의 영역에서 국민을 대표하고 의사를 형성하는 입법기관의 책무이고, 사법기관인 헌법재판소가 적극적으로 개입하여 합헌이나 위헌 여부의 헌법적인 판단을 하여야 할 몫은 아니라 할 것이다.

이 사건 법률조항 중 행위의 태양과 관련하여 헌법불합치의견이 뒤에서 상술하는 바와 같이 반사회적 성격이 미약한 부분의 사례에 이르기까지 이를 처벌하는 것은 사실상으로나 정책적으로 부당한 결과를 초래할 우려가 있으므로, 입법자로서는 여기에 지적되는 문제점에 대하여 우리의 인습과 사회적인 합의, 국민의 법의식 등을 실증적, 종합적으로 고려하여 이를 입법적으로 개선할 수 있도록 정책적인 노력을 기울여야 할 것임을 지적해 두고자 한다.

바. 재판관 김종대, 재판관 이동흡, 재판관 목영준의 위헌의견

우리는 형법 제241조가 간통행위를 형사처벌함으로써 개인의 성적(性的) 자기결정권과 사생활의 비밀과 자유를 제한하는 것은 헌법상 과잉금지원칙에 위반하여 위헌이라고 판단하므로 다음과 같이 견해를 밝힌다.

(1) 이 사건 법률조항의 개정 논의

법무부 형법개정소위원회는 1989. 1.경 8대2의 찬성으로 간통죄 폐지를 결정하였다. 법무부는 그 의견을 받아들여 형법개정 요강에서 이를 폐지하기로 하였으나, 헌법재판소의 합헌결정(헌재 1990. 9. 10. 89헌마82 결정)이 있자 간통죄를 존치시키되 징역형만으로 되어 있는 처벌규정에 벌금형을 추가·보완키로 변경하였다. 그러나 1992. 4. 8. 입법예고된 형법개정법률 안에서는 간통죄가 삭제되어 있었는데, 법무부는 그 이유로, 첫째 기본적으로 개인 간의 윤리적 문제에 속하는 간통죄는 세계적으로 폐지추세에 있고, 둘째 개인의 사생활 영역에 속하는 내밀한 성적 문제에 법이 개입함은 부적절하며, 셋째 협박이나 위자료를 받기 위한 수단으로 악용되는 경우가 많고, 넷째 수사나 재판과정에서 대부분 고소취소 되어 국가 형벌로서의 처단기능이 약화되었으며, 다섯째 형사정책적으로 보더라도 형벌의 억지효나 재사회화의 효과는 거의 없고, 여섯째 가정이나 여성보호를 위한 실효성도 의문이라는 점 등을 들었다.

위 입법예고 후인 1992. 5. 27. 법무부는 전문 405조로 구성된 형법개정안을 최종확정하였는데, 이때 간통죄에 대하여 2년 이하의 징역형만으로 규정되어 있던 법정형을 1년 이하의 징역형으로 낮추고 500만 원 이하의 벌금형을 선택적으로 추가하였다. 이와 같이 간통죄가 다시 부활된 것은 위 입법예고 후 각계 각층에서 간통죄의 폐지가 아직은 시기상조라는 의견이 대두하

자 존치론과 폐지론의 조화점을 모색한 것으로 보인다. 그러나 1995. 12. 29. 법률 제5057호로 개정된 형법에서는 위 개정안이 입법화되지 못하고, 종래의 간통죄의 규정이 아무런 변화없이 존치하게 되었다.

(2) 이 사건 법률조항의 과잉금지원칙 위반 여부

(가) 심사기준

국민의 성적 자기결정권과 사생활의 비밀과 자유는 우리 헌법상 인정되는 기본적 권리이므로 그 제한에 대한 위헌 여부는 엄격한 비례심사를 거쳐야 한다.

(나) 목적의 정당성

이 사건 법률조항의 입법목적이 일부일처제에 터잡은 혼인제도를 보호하고 부부간 성적 성실의무를 지키게 하기 위하는데 있다면, 이를 위하여 그 위반자를 형사처벌하는 것에는 목적의 정당성이 인정된다.

(다) 수단의 적절성 및 피해최소성

그러나 이러한 입법목적을 달성하기 위하여 간통행위를 형사처벌하는 것이 그 수단에 있어서 적절한지 및 그로 인한 기본권의 제한이 필요최소한도에 그친 것인지에 대하여는 아래에서 보는 바와 같이 동의하기 어렵다.

1) 국민 일반의 법감정의 변화

최근의 우리 사회는 급속한 개인주의적·성개방적인 사고의 확산에 따라 성(性)과 사랑은 법으로 통제할 사항이 아닌 사적인 문제라는 인식이 커지고 있다. 또한 오늘날 성도덕과 가족이라는 사회적 법익보다 성적 자기결정권이라는 개인적 법익이 더 중요시 되는 사회로 변해가고 있다. 성의 개방풍조는 막을 수 없는 사회변화이고 이젠 그것을 용인할 수밖에 없게 된 것이다. 이러한 사회환경의 변화로 간통죄의 존립기반이 이제 완전히 붕괴되었다고 까지 단언하기는 어렵다고 할지라도, 적어도 그 존립기반이 더 이상 지탱할 수 없을 정도로 근본적인 동요를 하고 있음은 부인하기 어렵다.

2) 형사처벌의 적정성
가) 형사처벌에 관한 입법권의 범위와 한계

특정의 인간행위에 대하여 그것이 불법이며 범죄라 하여 국가가 형벌권을 행사하여 이를 규제할 것인지, 아니면 단순히 도덕율에 맡길 것인지의 문제는 인간과 인간, 인간과 사회와의 상호관계를 함수로 하여 시간과 공간에 따라 그 결과를 달리할 수밖에 없는 것이고, 결국은 그 사회의 시대적인 상황·사회구성원들의 의식 등에 의하여 결정될 수밖에 없다(헌재 2001. 10. 25. 2000헌바60). 우리의 생활영역에는 법률이 직접 규율할 영역도 있지만 도덕율에 맡겨두어야 할 영역도 있다. 법률을 도덕의 최소한이라 하듯이 법률규범은 그보다 상층규범에 속하는 도덕규범에 맡겨두어야 할 영역까지 함부로 침범해서는 안된다. 법률이 도덕의 영역을 침범하면 그 사회는 법률만능에 빠져서 품격있는 사회발전을 기약할 수 없게 되는 것이다.

불효, 악질적인 채무불이행, 구걸, 자살, 지나친 낭비 등은 모두 비도덕적이고 반사회적인 행위지만, 그렇다고 이러한 행위를 모두 범죄로 처벌할 수는 없다. 도덕적으로 비난받을 만한 행위 모두를 형사처벌의 대상으로 삼는 사회가 반드시 정의로운 사회라고 할 수 없고, 국가가 형벌로써만 국민을 도덕적으로 개선시키려는 시도는 성공하기도 어려울 뿐 아니라 결코 바람직하지도 않기 때문이다.

나) 성생활에 대한 형사처벌

성인(成人)이 쌍방의 동의 아래 어떤 종류의 성행위와 사랑을 하건, 그것은 개인의 자유 영역에 속하고, 다만 그것이 외부에 표출되어 사회의 건전한 성풍속을 해칠 때에만 비로소 법률의 규제를 필요로 한다. 성도덕에 맡겨 사회 스스로 자율적으로 질서를 잡아야 할 내밀한 성생활의 영역을 형사처벌의 대상으로 삼아 국가가 간섭하는 것은, 국가가 사생활의 비밀과 자유를 침해하는 것이고, 성적 자기결정권의 내용인 성행위 여부와 상대방 결정권을 지나치게 제한하는 것이다. 또한 간통죄보다 선량한 풍속을 더 크게 해치고 비도덕적이며 혐오감이 더 크다고 할 수 있는 근친상간(近親相姦)·수간(獸姦)·혼음(混淫) 등에 대하여 우리 법률은 별도의 처벌규정을 두고 있지 않으면서도, 간통에 대해서만 형벌로 다스리는 것은 입법 체계상 균형이 맞지 않는다.

다) 입법과 판례의 추세

비록 도덕률에 반하더라도 본질적으로 개인의 사생활에 속하고 사회유해성이 없거나 법익에 대한 명백한 침해가 없는 경우에는 국가권력이 개입해서는 안된다는 비범죄화 경향이 현대 형법의 추세이다. 세계적으로도 간통죄를 폐지해 가는 추세에 있어 대부분의 국가들이 1970년대 이전에 간통죄를 폐지하였다. 간통죄 처벌에 관한 검찰과 법원의 처리경향도 과거에 비해 많이 완화되었다. 간통고소가 취소되지 않으면 원칙적으로 구속되고 실형을 선고받았던 종래의 관례는 불구속되고 집행유예를 선고받는 쪽으로 변해가고 있다. 또한 최근에 대법원은, "당사자가 더 이상 혼인관계를 지속할 의사가 없고 이혼의사의 명백한 합치가 있는 경우에는 비록 법률적으로는 혼인관계가 존속한다 하더라도 상대방의 간통에 대한 사전 동의라고 할 수 있는 종용에 관한 의사표시가 그 합의 속에 포함되어 있는 것으로 보아야 한다(대법원 2008. 7. 10. 선고 2008도3599 판결)."고 판시함으로써 간통으로 인한 처벌을 완화하려는 경향을 보이고 있다.

3) 형사처벌의 실효성
가) 일부일처제 및 가정질서 보호
이 사건 법률조항의 보호법익이 일부일처제에 터잡은 혼인제도임은 합헌론에서도 지적하고 있는 바와 같다.

그러나 일단 간통행위가 발생한 이후에는 이 사건 법률조항이 혼인생활 유지에 전혀 도움을 주지 못한다. 우리 형사법상 간통죄는 친고죄로 되어 있고(형법 제241조 제2항) 고소권의 행사는 혼인이 해소되거나 이혼소송을 제기한 후에라야 가능하기 때문에(형사소송법 제229조 제1항), 고소권의 발동으로 기존의 가정은 이미 파탄을 맞게 되고, 설사 나중에 고소가 취소된다고 하더라도 부부감정이 원상태로 회복되기를 기대하기 어려우므로, 간통죄는 더 이상 혼인제도 내지 가정질서의 보호에 기여할 수 없게 된다. 더구나 우리 사회에서 형벌을 받는다는 것은 사회적인 파멸을 초래하므로 간통죄로 처벌받은 사람이 고소를 한 배우자와 재결합할 가능성은 거의 없다. 또한 간통에 대한 형사처벌과정에서 부부갈등이 심화되면서 자녀들의 상처도 더욱 커질 수 있어 원만한 가정질서를 보호할 수도 없다.

오히려 실제로는 간통행위가 없었음에도, 배우자가 상대방 배우자의 간통을 의심 또는 확신하고 이에 대한 증거를 확보하기 위하여 치밀한 뒷조사와 증거수집행위를 시도하게 되는데, 이러한 과정에서 발생하는 상호 불신이 가정을 파탄으로 이끄는 경우도 빈번히 발생하게 된다. 결국 간통행위를 형사처벌함으로써 혼인제도를 보호한다는 것은, 일방 배우자가 간통행위를 하기 이전에, 만일 간통을 하면 형사적으로 처벌된다는 두려움 때문에 간통행위에 이르지 못하게 한다는 것뿐이다. 그러나 이러한 심리적 사전억제수단에 실효성이 있는지 의문일 뿐 아니라, 혼인과 가정의 유지는 당사자의 자유로운 의지와 애정에 맡겨야지, 형벌을 통하여 타율적으로 강제될 수는 없는 것이므로, 이 사건 법률조항이 일부일처제의 혼인제도와 가정질서를 보호한다는 목적을 달성하는데 적절하고 실효성있는 수단이라고 할 수 없다.

나) 부부간의 성적 성실의무 보호

부부는 동거하며 서로 부양하고 협조하여야 하는바(민법 제826조 제1항 전단), 그 당연한 결과로서 부정한 행위, 즉 간통행위를 하지 않을 의무가 있다. 그러므로 일방 배우자가 간통행위를 한 경우, 이는 재판상 이혼사유가 되고(민법 제840조 제1호), 그로 인한 재산상 및 정신적 손해를 배상할 의무를 진다(민법 제843조, 제806조). 또한 법원이 자(子)의 양육에 관한 사항과 자(子)에 대한 면접교섭권의 제한·배제에 관하여 자(子)의 복리를 고려하도록 함으로써(민법 제843조, 제837조 제3항, 제4항, 제837조의2 제2항), 부정한 행위를 한 배우자에게 이에 관한 불이익을 줄 수 있도록 하였다. 물론 이러한 부부간 성적 성실의무위반행위가 부도덕하다는 데에는 이견(異見)이 있을 수 없다. 그러나 그러한 위반행위에 대하여 위와 같은 민사법상 책임 이외에 형사적으로 처벌함으로써 부부간 성적 성실의무가 보호될 수 있는지는 의문이다. 왜냐하면 이러한 성실의무는 개인과 사회의 자율적인 윤리의식, 그리고 배우자의 애정과 신의에 의하여 준수되어야 하지, 형벌로 그 생성과 유지를 강요해 봐야 아무 실효성이 없다. 불효를 형벌로써 다스려 효도를 강요할 때 그 효도는 이미 참의미의 효도가 아닌 것과 같이 형벌로써 강요될 정절은 이미 정절이 아닌 것이다.

다) 여성의 보호

과거 우리 사회에서 간통죄의 존재가 여성을 보호하는 역할을 수행하였던 것은 사실이다. 즉, 우리 사회에서 여성은 사회적·경제적 약자였고 간통행위는 주로 남성에 의하여 이루어졌으므로, 간통죄의 존재가 남성들로 하여금 간통행위에 이르지 않도록 심리적 억제작용을 하였고, 나아가 여성 배우자가 간통고소를 취소하여 주는 조건으로 남성 배우자로부터 위자료나 재산분할을 받을 수 있었다. 그러나 오늘날 우리 시대의 법적, 사회적, 경제적 변화는 간통죄의 위와 같은 존재이유를 상당 부분 상실하도록 하였다.

우선 여성의 사회적·경제적 활동이 활발하여 짐에 따라 여성의 생활능력과 경제적 능력이 향상됨으로써, 여성이 경제적 약자라는 전제가 모든 부부에 적용되지는 않는다. 또한 1990. 1. 13. 민법의 개정에 따라, 부부가 이혼을 하는 경우 각 당사자에게 재산분할청구권이 부여되는 한편, 자녀에 대한 친권도 남녀 간에 차별없이 평등하게 보장되었다. 즉, 민법상 처의 재산분할청구권이 인정되고 주부의 가사노동도 재산형성에 대한 기여로 인정되어 이혼 후의 생활토대를 마련할 수 있는 제도가 마련되었고, 부부의 이혼 시에 위자료를 통한 손해배상청구권이 현실화되었으며, 양육비의 청구 등으로 자녀의 양육이 가능하게 된 것이다. 물론 남성 배우자가 재산명의를 제3자로 돌려놓은 경우 여성의 위자료 및 재산분할 판결의 실효성있는 집행방안이 필요하지만, 이는 입법적으로 보완할 문제이지 간통죄를 존속시킬 명분은 될 수 없다.

설사 여성 배우자의 경제적 지위가 아직 남성 배우자에 비하여 열악하다는 전제에 서더라도, 간통죄의 존재가 여성 배우자를 반드시 보호한다고 보기도 어렵다. 간통죄 고소를 위하여는 이혼이 전제되어야 하므로 경제적 및 생활능력이 없는 여성 배우자는 오히려 고소를 꺼릴 수도 있다. 2006년 한 해 동안의 간통죄 사건에서 남성 고소인과 여성 고소인의 수가 거의 동일하였는데, 간통행위의 빈도 수에서 남녀 간에 현격한 차이가 있는 현실을 고려하여 보면, 간통죄가 실제로는 여성에게 상대적으로 더 불리하게 작용되는 파행성을 띠고 있음을 알 수 있다. 이와 같이 오늘날 간통죄의 존재가 여성 배우자를 보호하는 기능은 상당 부분 상실되었다고 할 것이다.

라) 소결어

결국 오늘날 간통죄는 간통행위자 중 극히 일부만 처벌받는 암장범죄화(暗藏犯罪化)되었기 때문에 다수의 잠재적 범죄자를 양산하고 그들의 기본권만을 제한할 뿐, 혼인제도 및 성적 성실의무를 보호하기 위한 실효성은 잃게 되었다.

4) 형사처벌의 예방적 기능

간통의 유형을 보면 애정에서 비롯되는 경우와 그렇지 않은 경우로 대별할 수 있는데, 애정에서 비롯된 경우에는 어떤 의미에서 확신범 내지 양심범적인 측면이 없지 않아서 통제가 어려운 성격을 가지고 있고, 애정에서 비롯된 경우가 아닌 때에는 온갖 형태로 무수히 저질러지고 있는 남성들의 성매수에서 보듯이 그 역시 현실적으로 범죄의식이 크지 아니하므로, 이를 형사적으로 처벌한다고 하여 간통을 억지하는 효과를 기대하기 어렵다.

한편 과거에 비하여 간통행위가 적발되고 또 처벌까지 되는 비율이 매우 낮아졌다. 간통행위 중 형사사건화되는 수는 1년에 3000~4000건에 불과한 점에 비추어 볼 때, 대부분의 간통행위는 배우자에게 발각되지 않았고, 설사 발각되더라도 배우자가 고소하지 않았다고 보아야 한다. 더구나 간통죄로 구속기소되는 경우는 고소 사건의 10%에도 못미치고, 고소 이후에도 수사나 재판과정에서 고소취소되어 공소권없음 또는 공소기각으로 종결되는 사건이 상당수에 이름으로써 형벌로서의 처단기능이 현저히 약화되었다. 간통죄를 폐지할 경우 성도덕이 문란해지거나 간통으로 인한 이혼이 더욱 빈발해 질 것이라고 우려하는 견해도 있으나, 이미 간통죄를 폐지한 여러 나라에서 간통죄의 폐지 이전보다 성도덕이 문란하게 되었다는 통계는 없다. 결국 간통죄는 행위규제규범으로서의 기능을 잃어가고 있어 형사정책상 일반예방 및 특별예방의 효과를 모두 거두기 어렵게 되었다.

5) 형사처벌로 인한 부작용

간통죄가 건전한 혼인제도 및 부부간 성적 성실의무보호와는 다른 목적을 위하여 악용될 가능성도 배제할 수 없다. 간통행위자 및 상간자에 대한 고소 및 고소취소는 간통행위자의 배우자만이 할 수 있고, 간통죄는 친고죄로서 고소취소 여부에 따라 검사의 소추 여부 및 법원의 공소기각 여부가 결정되므로, 결국 간통행위자 및 상간자의 법적 운명은 간통행위자의 배우자의 손에 전적으로 달려 있게 된다. 그 결과, 이러한 간통고소 및 그 취소가, 사실상 파탄상태에 있는 부부간에 이혼을 용이하게 하려는 수단으로, 사회적으로 명망있는 사람이나 일시적으로 탈선한 가정주부를 공갈하는 수단으로, 상간자로부터 재산을 편취하는 수단으로 악용되는 폐해도 종종 발생한다.

6) 소결어

이와 같이 간통행위를 형사처벌하는 것은 수단의 적절성과 피해최소성을 갖추지 못하였다고 할 것이다.

(라) 법익의 균형성

앞에서 본 바와 같이, 이 사건 법률조항으로 달성하려는 일부일처제에 터잡은 혼인제도 및 부부간 성적 성실의무 보호라는 공익이 더 이상 이 사건 법률조항을 통하여 달성될 것으로 보기 어려운 반면, 이 사건 법률조항은 개인의 내밀한 성생활의 영역을 형사처벌의 대상으로 삼음으로써 국민의 성적자기결정권과 사생활의 비밀과 자유라는 기본권을 지나치게 제한하는 것이므로, 결국 이 사건 법률조항은 법익의 균형성을 상실하였다고 할 것이다.

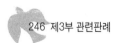

(마) 소 결

결국 이 사건 법률조항은 수단의 적절성 및 피해최소성을 갖추지 못하였고, 법익의 균형성도 이루지 못하였으므로 헌법 제37조 제2항의 과잉금지원칙을 위반하여 국민의 성적 자기결정권 및 사생활의 비밀과 자유를 침해하는 것으로 헌법에 위반된다 할 것이다.

사. 재판관 김희옥의 헌법불합치의견

나는 이 사건 법률조항이 단순히 도덕적 비난에 그쳐야 할 행위 또는 비난가능성이 없거나 근소한 행위 등 국가형벌권 행사의 요건을 갖추지 못한 행위에까지 형벌을 부과하는 등 국가형벌권을 과잉행사하여 헌법에 합치되지 아니한다고 보므로 아래와 같이 의견을 밝힌다.

(1) 국가형벌권의 근거와 한계

개인에 대한 형사처벌은 헌법상 보장된 그의 자유영역에 대한 심각한 침해를 가져온다. 형벌은 원칙적으로 각 개인의 지위, 명성, 사회 기여도 등을 가리지 아니하고 국가가 범죄로 규정한 행위를 범한 사람 누구에게나 틀림없이 가해진다. 우리 사회에서 아무리 저명하고 명성이 있던 인사라고 할지라도 형사제재를 받게 되는 순간 회복할 수 없는 불명예와 치욕이 그에게 새겨지게 되는 것이다. '국가형벌권의 근거는 어디에 있고, 범죄에 대한 정당한 형벌은 무엇인가', '국가는 무엇을 범죄로 규정하여 법익보호와 평화로운 공동생활의 조건을 확보할 것인가'라는 문제에 대해서는 역사적으로, 각 국가사회에 따라 다양하고 광범위한 논의와 입법이 있어왔지만, 이는 매우 난해한 문제로서 일의적으로 정립될 수는 없는 것이다.

국가형벌권의 정당성과 관련해서, 어떠한 행위가 범죄로 규정되어 형벌을 통해 금지되어야 하는가 하는 문제는 형사처벌의 범위를 어디까지로 할 것인가 하는 판단과 관련되어 있다. 국민의 어떠한 행위를 범죄로 규정하고 형사처벌을 할 것인가의 문제는 첫째, 그 행위에 대하여 과연 공적 제재를 가해야 하는가 하는 제재당위성에 대한 판단과 둘째, 이러한 공적 제재의 내용이 반드시 형벌이어야 하는가 라는 형벌필요성에 대한 판단의 두 단계로 나누어진다.

먼저, 공적 제재의 당위성은 어떠한 종류의 제재이든 관계없이 공적 제재의 대상이 되어야 하는 행위인가를 판단하는 소위 당벌성이 있는 행위인가의 여부로 판단하는 것이다. 당벌성의 판단기준은 '반사회성'이라는 기본적 속성이다. 즉 특정 행위가 형사처벌 대상이 되기 위해서 기본적으로 갖추어야 하는 것은 행위의 반사회적 유해성이다. 이는 형벌이 부과되기 위한 필요조건이지만 이것을 갖추었다고 해서 바로 형사처벌의 대상이 된다는 결론을 내릴 수는 없다. 다음, 이러한 제재당위성을 갖추어서 마땅히 제재 받아야 할 행위이기는 하지만, 그 제재가 반드시 형벌이어야 할 필요성까지 있느냐에 대하여 판단해야 한다. 이러한 형벌필요성 측면에서 보면, 법익보호는 형사처벌을 통해서만 이루어지는 것이 아니고, 그 밖의 다른 수단을 통해서도 가능하다. 법익침해라는 속성은 형벌이 부과되기 위한 필요조건이기는 하지만 충분조건은 아닌 것이다. 비록 법익침해행위가 있었다고 하더라도 민사적 제재, 행정제재, 사회법적 제재 등에 의해서도 법익보호가 가능하면 형사처벌을 가하지 않아도 되기 때문이다.

일반적으로 법익침해 행위 중 형사처벌의 대상이 되는 것은 '법익침해가 매우 심한 행위', 즉 '사회적으로 매우 유해한 것으로 평가되는 행위'라고 할 수 있고, 이러한 범위 내에서 범죄의 구성요건이 규정되어야 한다. 형벌은 제재당위성을 갖춘 행위 가운데 다른 제재수단을 통해서는 도저히 형벌에 의한 것과 같은 수준의 일반예방과 특별예방 효과를 볼 수 없는 경우에 한해서 부과되어야 하는 것이다. 법률은 절대로 필요한 형벌만을 규정해야 한다(프랑스 인권선언 제8조). 국가는 형벌필요성의 요건을 갖추지 못한 행위를 범죄로 규정하여 처벌해서는 안된다. 이는 법치주의와 죄형법정주의 등 헌법상의 원리와 바로 관련되는 사항이다.

우리 헌법은 국가권력의 남용으로부터 국민의 기본권을 보호하려는 실질적 법치국가의 실현을 기본이념으로 하고 있고, 따라서 어떤 행위를 범죄로 규정하고 어떠한 형벌을 과할 것인가 하는데 대한 입법자의 입법형성권이 무제한으로 인정될 수는 없다(헌재 2004. 12. 16. 2003헌가12, 판례집 16-2하, 446, 457). 입법자는 어떠한 행위가 공적 제재의 당위성과 형벌필요성을 갖추어 국가형벌권 행사의 대상이 되는가의 여부에 관하여 시대의 문화와 사회의 가치관 등을 고려하여 판단할 일차적 권한이 있으나, 법치국가원리에 비추어 불필요하거나 과도한 형벌의 위협으로부터 인간의 존엄과 가치를 보호하기 위하여 처벌의 대상이 되는 행위를 입법기술상 가능한 범위에서 명확하게, 또한 상세하게 규율하도록 주의를 기울여야 한다.

(2) 간통행위 태양의 다양성에 따른 형벌권 행사의 요건 및 형벌의 대상이 될 수 없는 행위에 대한 제재

간통죄의 보호법익은 성적 풍속으로서의 성도덕 또는 가정의 기초가 되는 제도로서의 혼인이다. 이 사건 법률조항에 의하여 제한되는 기본권은 개인의 인격권·행복추구권에서 나오는 성적 자기결정권과 사생활의 비밀과 자유로 보인다. 그런데 형법 제241조가 규정하는 간통행위의 태양은 매우 광범위하고 다양하여 이들 모든 행위에 대하여 위 기본권이 제한되어 위헌이거나 또는 합헌이라고 할 수는 없다고 본다. 즉 이 사건 법률조항이 처벌하

는 간통 및 상간행위에는 부부관계가 법률상·사실상 유지되고 있음에도 불구하고 부부간의 성적 성실의무나 신의를 저버린 채 가족 등의 만류에도 불구하고 행하는 간통에서부터 사실상 혼인관계가 파탄에 이르렀으나 미처 법률상 이혼이 이루어지지 아니한 상태에서 새로운 정인(情人)을 만나게 됨에 따라 이루어지는 간통, 지속적으로 단일한 사람을 상대로 이루어짐으로써 반문화적인 첩제도와 같은 사실상의 중혼적 간통에서부터 행위자가 일부일처의 법적 혼인상태의 유지를 원하는 상태에서 일시적으로 행하여지는 1회적 간통, 상간자가 기혼인 경우에서부터 상간자가 미혼인 경우 등에 이르기까지 행위자의 의사나 가정생활의 상태, 행위의 상대방, 행위의 횟수 및 방법 등에 따라 매우 다양한 유형이 포함되며, 개별적 행위유형에 따라 그 반사회성의 유무, 비난 가능성의 유무·정도가 현저하게 다르다.

위와 같은 간통 및 상간행위의 유형 중에는 현재 우리 사회가 요구하는 선량한 성도덕과 가정의 기초가 되는 제도로서의 일부일처주의 혼인제도의 유지 및 가족생활의 보장, 부부간의 성적 성실의무의 수호라는 관점에서 단순히 도덕률이나 민사적 제재 등 다른 제재의 영역에 맡기기 어려운 부분이 존재하고, 그와 같은 행위의 처벌은 국가형벌권의 행사에 관한 입법재량의 범위 내에 있다고 할 것이지만, 장기간 생활을 공동으로 영위하지 아니하는 등 사실상 혼인이 파탄되고 부부간 성적 성실의무가 더 이상 존재한다고 보기 어려운 상태에서 행한 간통이나 단순한 1회성 행위 등과 같이 일부일처주의 혼인제도나 가족생활을 저해하는 바 없고 선량한 성도덕에 반한다고 보기 어려워 반사회성이 극히 약한 경우까지 처벌하는 것은 불필요하거나 과도한 형벌로서 국가형벌권의 과잉행사에 해당하며, 개인의 성적 자기결정과 사생활의 비밀·자유에 관한 지나친 국가의 형벌권 개입에 해당한다고 본다. 즉 이러한 경우는 형벌의 필요성 요건을 갖추지 못하여 민사적 제재 등 다른 수단으로도 충분히 그 제재가 가능하다고 할 것이다.

이 사건 법률조항이 형벌부과의 목적 달성을 위하여 구체적 행위태양의 개별성과 특수성을 고려할 수 있는 가능성을 일체 배제한 상태에서 이를 전혀 고려하지 아니한 채, 간통 및 상간행위의 위와 같은 모든 태양의 행위에 대하여 일률적으로 처벌하도록 규정한 것은 법치국가적 한계를 넘어 국가형벌권을 행사토록 한 것으로 헌법에 합치되지 아니한다.

(3) 잠정적용을 명하는 헌법불합치

이 사건 법률조항의 위헌성은 간통행위의 처벌을 규정한 것 자체에 있는 것이 아니라, 반사회성이 약하여 형벌에까지 이르지 않아도 될 행위까지 국가형벌권 행사의 대상행위로 형사벌의 처벌범위에 포함되도록 규정한 점에 있으며, 이와 같은 법적 비난가능성이 없거나 근소하여 민사적 제재 등 다른 수단으로도 그 제재가 충분하다고 평가될 수 있는 행위의 범위는 시대와 사회의 변화 및 국민의 법감정 등을 고려하여 입법자가 확정하는 것이 상당하므로 헌법불합치결정을 하되, 이 사건 법률조항의 적용을 중지하는 경우 처벌이 요청되는 간통행위의 처벌마저 불가능해짐에 따라 이 사건 법률조항을 그대로 존속시킬 때보다 더욱 헌법적 질서와 멀어지는 법적상태가 초래될 우려가 있으므로 입법자가 합헌적 법률을 입법할 때까지 잠정적으로 적용하게 할 필요가 있다.

아. 재판관 송두환의 위헌의견

나는 간통행위에 대한 형사처벌제도 자체의 위헌 여부에 관하여는 합헌의견에 찬동하면서, 다만 이 사건 법률조항이 법정형으로 징역형만을 규정한 것은 책임과 형벌 간 비례원칙에 합치되지 아니하여 헌법에 위반된다고 보므로, 아래와 같이 반대의견을 밝힌다.

가. 간통행위의 금지 및 형사처벌 자체의 위헌 여부

(1) 이 사건 법률조항이 간통행위를 금지하고 그에 대하여 일정한 형벌을 과하도록 규정한 것 자체의 위헌 여부에 대하여는 합헌의견과 결론을 같이 한다.

(2) 다만 합헌의견이 설시하는 바, 이 사건 법률조항에 의하여 제한되는 주된 기본권으로 '개인의 성적자기결정권'을 들고 이를 전제로 과잉금지원칙 위배 여부를 심사하는 것에 대하여는 의문을 표해 두고자 한다. 헌법 제10조가 규정하는 개인의 인격권과 행복추구권에는 개인의 자기운명결정권이 내포되어 있고, 이 자기운명결정권에는 성행위의 여부 및 그 상대방을 선택할 수 있는 성적자기결정권이 포함되어 있음은 틀림없다(헌재 1990. 9. 10. 89헌마82, 판례집 2, 306, 310 참조). 그러나 개인의 성적자기결정권이 배우자 있는 자의 간통행위 및 그 상대방의 상간행위까지 보호하는 것인지는 의문이다.

개인의 '자기결정권'은 원하는 것은 언제든, 무엇이든 할 수 있다는 의미에서의 무제한적 자유를 포함하는 것은 아니다. 개인의 자기결정이 타인과의 관계를 결정하거나 타인에 대하여, 또는 사회에 대하여 영향을 미치게 되는 때에 타인과의 공존을 부정하는 자기결정은 사회적 존재로서 자신의 인격을 발현시키고 자아를 실현하기 위한 자기결정권의 순수한 보호영역을 벗어나게 된다. 이는 성적자기결정권에 있어서도 마찬가지로, 성적 공동생활을 포함한 공동의 삶의 목적과 가치를 실현하기 위하여 일부일처제에 기초한 혼인이라는 사회적 제도를 선택하는 자기결단을 한 자가 배우자에 대한 성적 성실의무에 위배하여 간통행위로 나아가거나 또는 그러한 점을 알면서 상간하는 것은 간통행위자의 배우자 및 사회적·법적 제도로서의 혼인을 보호하는 공동체에 대한 관계에서 타인과의 공존을 부정하는 것이라는 점에서

'성적 자기결정권'의 보호영역에 포섭될 수 없다고 볼 것이다.

따라서 개인의 성적자기결정권이라는 개념은 일반적인 성폭력범죄, 성희롱 등의 문제 및 배우자 상호간에 있어서도 일방통행적인 성관계는 허용될 수 없다는 등의 문제에 관련하여서는 핵심적 개념이 될 것이지만, 배우자의 고소를 전제로 간통행위를 처벌함으로 인하여 침해되는 주된 기본권으로 삼는 것은 적절하다고 보기 어렵다.

(3) 한편, 위헌의견에서 지적하는 바 간통죄의 처벌이 협박이나 위자료를 받기 위한 수단으로 악용되는 사례가 많고 사실상 국가 형벌로서의 처단기능이 약화되었으며 형벌로서의 억지효나 가정보호의 실효성도 거의 없게 되었고 세계적으로 간통죄 폐지의 추세에 있다는 등은 마땅히 경청하여야 할 것이다.

그러나 위와 같은 현실적 악용 사례는 이 사건 법률조항의 제도외적 남용에 따른 사실적이고 결과적인 부작용일 뿐 이 사건 법률조항에 내포된 규범적 결함이라고는 볼 수 없고, 나머지 점들은 입법정책적으로 적절한지 여부 또는 향후 입법적 해결을 함에 있어서 고려하여야 할 사정들일 뿐, 이 사건 법률규정의 위헌 여부를 직접 결정할 요소는 아니라고 볼 것이다. 물론 현재 진행하고 있는 것으로 보이는 성적 도덕관념의 변화가 좀 더 진행되고 그리하여 혼인제도가 지니는 사회적 의미조차도 지금과는 다른 양상으로 변화하여 이 사건 법률조항이 사회일반의 법의식과 너무나 현저하게 괴리되었다고 판단되는 상황이 된다면, 그때는 입법자의 법조항 폐지 조처를 기다릴 필요 없이 위헌선언으로써 문제를 해결해야 할 것이나, 현재로서는 그와 같은 상황에까지 이르렀다고 보이지 아니한다.

(4) 부연하건대, 이 사건 법률조항은 혼인제도 및 배우자간의 성적 성실의무를 보호, 보장하는 한편, 간통 및 상간행위자에 대한 자연적 응보관념을 인정하면서도 사적 보복을 금지하는 법체계 등을 구조적으로 조화시키기 위한 입법자의 노력이 구체화된 것으로 볼 것이고, 입법자의 입법형성권의 범위를 일탈하여 현저히 자의적인 것이라고는 볼 수 없다.

나. 법정형 설정의 위헌 여부
위와 같이 이 사건 법률조항이 간통행위를 금지하고 그에 대하여 일정한 형벌을 과하도록 규정한 것 자체에 대하여는 합헌의견과 결론을 같이 하나, 이 사건 법률조항의 법정형 규정 부분, 즉 "2년 이하의 징역에 처한다"고 하여 자유형 일원주의를 취하고 있는 것에 대하여는 별도로 위헌 여부를 검토할 필요가 있다.

(1) 법치국가의 개념은 범죄에 대한 법정형을 정함에 있어 죄질과 그에 따른 행위자의 책임 사이에 적절한 비례관계가 지켜질 것을 요구하는 실질적 법치국가의 이념을 포함(헌재 1992. 4. 8. 90헌바24, 판례집 4, 225, 230)하고 있다. 따라서 어떤 행위를 범죄로 규정하고 어떠한 형벌을 과할 것인가 하는 데 대한 입법자의 입법형성권이 무제한한 것이 될 수는 없다. 형벌 위협으로부터 인간의 존엄과 가치를 존중하고 보호하여야 한다는 헌법 제10조의 요구에 따라야 하고, 헌법 제37조 제2항이 규정하고 있는 과잉입법금지의 정신에 따라 형벌개별화의 원칙이 적용될 수 있는 범위의 법정형을 설정하여 실질적 법치국가의 원리를 구현하도록 하여야 하며, 형벌이 죄질과 책임에 상응하도록 적절한 비례성을 지켜야 한다(헌재 2003. 11. 27. 2002헌바24, 판례집 15-2, 242).

(2) 이 사건 법률조항은 법정형으로 단일한 '징역형'만을 규정하여 법정

형의 하한을 비교적 높게 설정하고 있다. 이와 같이 법정형의 하한을 높게 설정하는 것이 정당화되기 위하여는 그 처벌되는 행위의 죄질, 불법성이 일반적으로 중하여 법정형의 하한을 높게 설정하더라도 실제 사례에서 행위자가 책임을 초과하여 형벌을 선고받지 않으리라는 점이 합리적으로 예측될 수 있어야 한다.

(3) 그런데 간통 및 상간행위에는 행위의 태양에 따라 죄질이 현저하게 다른 수많은 경우가 존재한다. 예컨대 우연한 기회의 일회적, 찰나적 일탈이 있을 수 있는 반면, 상당한 기간에 걸쳐 배우자에 대한 유기를 수반하는 지속적, 반복적인 범행도 있을 수 있다. 또한 법적으로나 사실상으로나 혼인관계를 유지하는 가운데 간통을 저지른 자와 상대방의 혼인관계가 사실상 파탄에 이른 것으로 믿고 상간한 미혼인 행위자의 경우는 그 법적 책임성이 질적으로 다르다고 평가하여야 할 것이다. 이렇듯 구체적 사례 여하에 따라 책임의 편차가 매우 넓을 것이라는 것은 일반적으로 충분히 예측 가능한 것이다. 그럼에도 불구하고 이 사건 법률조항이 간통 및 상간행위에 대하여 선택의 여지없이 반드시 징역형으로만 응징하도록 규정하고 있는 것은, 형벌의 본질상 인정되는 응보적 성격을 지나치게 과장하여 행위자의 책임에 상응하는 형벌을 부과하기 어렵게 하는 것으로 균형감각을 잃은 것이다.

(4) 이와 같이 이 사건 법률조항이 법정형을 징역형만으로 한정하고 있는 것은 실무상 수사 및 재판의 과정에서 구체적 사례 여하에 따른 적절한 법운용을 어렵게 하고, 판결 선고 단계에서 법관의 양형재량권을 제한하고 있다. 또한, 현실적으로 구속에 대한 공포감을 이용하여 협박 또는 과도한 위자료를 지급받는 수단으로 악용하는 등 제도의 본지를 벗어난 남용 사례가 발생하는 것도 이와 같이 법정형을 오로지 징역형만으로 한정하고 있는 것에서 기인하는 바가 크다고 보인다.

(5) 물론 어떠한 종류의 범죄에 대하여는 행위태양 여하를 묻지 않고 단지 징역형만으로 무겁게 처벌하여야 할 필요성이 있을 수도 있을 것이나, 간통죄 처벌규정의 존폐를 둘러싼 형사정책적·입법적 논쟁이 계속되고 있는 현실에서 간통 및 상간행위가 사회적으로 매우 중대한 불법성을 가진다거나 범죄예방의 필요가 긴절하여 일률적으로 엄중하게 처벌하여야 한다고까지 보기는 어렵고, 따라서 이 사건 법률조항의 자유형일원주의의 규율은 정당화되지 아니한다.

(6) 결국, 이 사건 법률조항 중 법정형에 관한 부분은 구체적 사안의 개별성과 특수성을 고려할 수 있는 가능성을 배제 또는 제한하고 있으므로, 책임과 형벌 사이의 비례원칙에 위배된다.

다. 결론
이 사건 법률조항이 간통행위를 금지하고 일정한 형사처벌을 하는 것 자체는 헌법에 위반되지 아니하나, 이 사건 법률조항 중 법정형에 관한 부분은 책임과 형벌 사이의 비례원칙에 위배되어 헌법에 위반된다.

【결 론】

이 사건 법률조항에 대하여 재판관 4인이 합헌의견, 재판관 4인이 위헌의견, 재판관 1인이 헌법불합치의견으로 비록 위헌의견이 다수이긴 하나 법률의 위헌선언에 필요한 정족수 6인에 미달하므로 이 사건 법률조항은 헌법에 위반되지 않는다는 선언을 하기로 하여 주문과 같이 결정한다.

재판관 이강국(재판장) 이공현, 조대현, 김희옥, 김종대, 민형기, 이동흡, 목영준, 송두환

간통죄에 대한 대법원의 판단

(대법원 2006.5.11. 선고 2006도1759 판결)

【판시사항】

1. 간통의 종용에 해당하는 이혼의사의 합의가 있었는지 여부의 판단 기준
2. 간통죄의 고소인과 그 배우자인 피고소인 쌍방이 혼인관계를 지속할 의사가 없었고 이혼하기로 합의하였으므로 고소인이 간통을 종용한 것으로 보아 공소를 기각한 원심의 판단을 수긍한 사례

【참조조문】

1. 형법 제241조
2. 형법 제241조, 형사소송법 제327조

【참조판례】

1. 대법원 1997. 2. 25. 선고 95도2819 판결(공1997상, 1018)

【전 문】

【피 고 인】 피고인 1외 1인

【상 고 인】 검사

【원심판결】 수원지법 2006. 2. 16. 선고 2005노3357 판결

【주 문】

상고를 기각한다.

【이 유】

당사자가 더 이상 혼인관계를 지속할 의사가 없고 이혼의사의 명백한 합치가 있는 경우에는 비록 법률적으로는 혼인관계가 존속한다 하더라도 상대방의 간통에 대한 사전 동의라고 할 수 있는 종용에 관한 의사표시가 그 합의 속에 포함되어 있는 것으로 보아야 하고, 이혼의사의 명백한 합의가 있었는지 여부는 반드시 서면에 의한 합의서가 작성된 경우뿐만 아니라, 당사자의 언행 등 여러 가지 사정으로 보아 혼인당사자 쌍방이 더 이상 혼인관계를 유지할 의사가 없었던 사정이 인정되고, 어느 일방의 이혼요구에 상대방이 진정으로 응낙하는 언행을 보이는 사정이 인정되는 경우에도 그와 같은 의사의 합치가 있었다고 인정할 수 있다(대법원 1997. 2. 25. 선고 95도2819 판결 등 참조).

원심은, 그 판시와 같은 사실을 인정한 다음, 피고인 2와 고소인인 공소외인은 쌍방이 혼인관계를 더 이상 지속할 의사가 없었고 이혼하기로 합의하였으므로, 그 이후의 이 사건 간통행위에 대하여는 공소외인이 이를 종용한

것으로 보아야 한다는 이유로 이 사건 공소를 기각하였는바, 앞서 본 법리와 기록에 비추어 살펴보면, 원심의 이러한 조치는 옳은 것으로 수긍이 가고, 거기에 채증법칙을 위배하여 사실을 오인하거나 간통의 종용에 관한 법리를 오해한 위법이 있다고 할 수 없다. 상고이유에서 들고 있는 대법원판결은 이 사건과 사안을 달리하는 것으로서 이 사건에 원용하기에 적절하지 아니하다. 그러므로 상고를 기각하기로 하여 관여 법관의 일치된 의견으로 주문과 같이 판결한다.

2007도4977

(대법원 2008.11.27. 선고 2007도4977 판결)

【판시사항】

1. 고소의 의미 및 그 효력

2. 이혼의사의 합치 없이 쌍방이 잠정적·임시적·조건적인 이혼의사를 표출한 경우, 간통 종용에 해당하는지 여부(소극)

3. 간통죄에서 유서의 의미·방식 및 인정 요건

4. 간통죄에서 간통행위 증명의 특성 및 정도

【판결요지】

1. 고소는 범죄의 피해자 기타 고소권자가 수사기관에 대하여 범죄사실을 신고하여 범인의 소추를 구하는 의사표시를 말하는 것으로서, 단순한 피해사실의 신고는 소추·처벌을 구하는 의사표시가 아니므로 고소가 아니다. 또한, 피해자가 고소장을 제출하여 처벌을 희망하는 의사를 분명히 표시한 후 고소를 취소한 바 없다면 비록 고소 전에 피해자가 처벌을 원치 않았다 하더라도 그 후에 한 피해자의 고소는 유효하다.

2. 혼인 당사자가 더 이상 혼인관계를 지속할 의사가 없고 이혼의사의 합치가 있는 경우에는 비록 법률적으로 혼인관계가 존속한다고 하더라도 간통에 대한 사전 동의인 종용에 해당하는 의사표시가 그 합의 속에 포함되어 있는 것이다. 그러나 그러한 합의가 없는 경우에는 비록 잠정적·임시적·조건적으로 이혼의사가 쌍방으로부터 표출되어 있다고 하더라도 간통 종용의 경우에 해당하지 않는다.

3. 간통죄에 있어서의 유서는 배우자의 일방이 상대방의 간통사실을 알면서도 혼인관계를 지속시킬 의사로 악감정을 포기하고 상대방에게 그 행위에 대한 책임을 묻지 않겠다는 뜻을 표시하는 일방행위로서, 명시적으로 할 수 있음은 물론 묵시적으로도 할 수 있는 것이어서 그 방식에 제한이 있는 것은 아니다. 그러나 감정을 표현하는 어떤 행동이나 의사의 표시가 유서로 인정되려면 첫째, 배우자의 간통사실을 확실하게 알면서 자발적으로 한 것이어야 하고 둘째, 그와 같은 간통사실에도 불구하고 혼인관계를 지속시키려는 진실한 의사가 명백하고 믿을 수 있는 방법으로 표현되어야 한다.

4. 남녀 간의 정사를 내용으로 하는 간통죄의 경우, 그 행위가 통상 당사자 사이에 비밀리에 또는 외부에서 알아보기 어려운 상태하에서 행하여지므로 이에 대한 직접적인 물적 증거나 증인의 존재를 기대하기가 매우 어렵다. 따라서 범행의 전후 정황에 관한 제반 간접증거들을 종합하여 범죄사실이 증명된 것으로 판단되면 이로써 범죄사실이 인정된다.

【참고조문】

[1] 형사소송법 제232조, 형법 제241조 / [2] 형법 제241조 제2항 / [3] 형법 제241조 제2항 / [4] 형법 제241조, 형사소송법 제307조, 제308조

【참조판례】

[1] 대법원 1993. 10. 22. 선고 93도1620 판결(공1993하, 3199) / [2] 대법원 2000. 7. 7. 선고 2000도868 판결(공2000하, 1909), 대법원 2006. 5. 11. 선고 2006도1759 판결 / [3] 대법원 2000. 7. 7. 선고 2000도868 판결(공2000하, 1909) / [4] 대법원 1997. 7. 25. 선고 97도974 판결(공1997하, 2754)

【전 문】

【피고인】 피고인 1외 1인

【상고인】 피고인들

【변호인】 변호사 윤주만외 1인

【원심판결】 서울동부지법 2007. 5. 31. 선고 2007노162 판결

【주 문】

상고를 모두 기각한다.

【이 유】

상고이유를 본다.
1. 원심판결 이유에 의하면, 원심은, 고소인은 2005. 6. 23. 모로코 모텔에

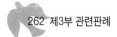

서 112 신고 후 출동한 경찰관에게 이혼소송서류와 고소장을 교부하였고, 이를 교부받은 서울송파경찰서 방이지구대 소속 경찰관들은 피고인들을 임의동행의 형식으로 송파경찰서에 데려와서 이 사건을 조사계에 인계한 사실, 송파경찰서의 당직 경찰관인 공소외 1은 고소인으로부터 "피고인들과 얘기할 수 있는 시간을 달라. 피고인들과 이야기를 해 보고 고소장을 접수할 것인지를 결정하겠다."는 취지의 이야기를 듣고서 고소장을 고소인에게 돌려준 사실, 당직 경찰관 공소외 2는 송파경찰서 2005. 6. 23.자 당직사건처리부에 "6. 23. 방이동 모로코 모텔에서 1회 성교, 임의동행 → 고소인이 처벌 불원하여 귀가조치"로 기재한 사실을 인정한 다음, 고소인이 2005. 6. 23. 경찰관에게 서면으로 고소장을 제출함으로써 고소를 하였고, 이에 따라 수사가 개시되었으나, 고소인이 피고인들과 대화를 해보고 정식으로 고소장을 접수할 것인지 결정하겠다고 밝히면서 경찰관으로부터 고소장을 회수하였다면 이는 고소인이 피고인들에 대한 소추를 희망하는 의사를 명시적·확정적으로 철회한 것이 아니어서 고소취소에 해당한다고 볼 수 없다고 판단하였다.

고소는 범죄의 피해자 기타 고소권자가 수사기관에 대하여 범죄사실을 신고하여 범인의 소추를 구하는 의사표시를 말하는 것으로서, 단순한 피해사실의 신고는 소추·처벌을 구하는 의사표시가 아니므로 고소가 아니라고 할 것이다. 또한, 피해자가 고소장을 제출하여 처벌을 희망하는 의사를 분명히 표시한 후 고소를 취소한 바 없다면 비록 고소 전에 피해자가 처벌을 원치 않았다 하더라도 그 후에 한 피해자의 고소는 유효하다(대법원 1993. 10. 22. 선고 93도1620 판결 등 참조).

이와 같은 법리에 비추어 이 사건의 경우를 보면, 비록 고소인이 사건 당일 간통의 범죄사실을 신고하면서 현장에 출동한 경찰관에게 고소장을 교부하였다고 하더라도, 송파경찰서에 도착하여 최종적으로 고소장을 접수시키지 아니하기로 결심하고 고소장을 반환받은 것이라면, 고소장이 수사기관에 적법하게 수리되어 고소의 효력이 발생되었다고 할 수 없다. 나아가 고소인이 당시 피고인들에 대하여 처벌 불원의 의사를 표시하였다고 하더라도, 애초 적법한 고소가 없었던 이상, 그로부터 3개월이 지나 제기된 이 사건 고소가 재고소의 금지를 규정한 형사소송법 제232조 제2항에 위반된다고 볼 수도 없다. 원심의 이 부분 판단은 적절하지 아니한 점이 없지 않지만, 이 사건 고소가 적법하다고 본 결론에 있어서는 정당하다. 거기에 상고이유에서 주장하는 바와 같은 고소 및 고소취소의 효력에 관한 법리오해의 위법이 없다.

2. 혼인 당사자가 더 이상 혼인관계를 지속할 의사가 없고 이혼의사의 합치가 있는 경우에는 비록 법률적으로 혼인관계가 존속한다고 하더라도 간통에 대한 사전 동의인 종용에 해당하는 의사표시가 그 합의 속에 포함되어 있는 것으로 보아야 할 것이다. 그러나 그러한 합의가 없는 경우에는 비록 잠정적·임시적·조건적으로 이혼의사가 쌍방으로부터 표출되어 있다고 하더라도 간통 종용의 경우에 해당하지 않는다(대법원 2000. 7. 7. 선고 2000도868 판결 등 참조). 이와 같은 법리에 비추어 원심판결 이유를 보면, 원심이 제1심판결의 이유를 인용하여 그 판시와 같은 사실을 인정한 다음, 고소인으로서는 혼인관계 파탄의 책임이 피고인 1에게 있음이 인정됨을 조건으로 하여 이혼의 의사를 표명한 적은 있지만, 고소인과 피고인 1 사이에 서로 다른 이성과의 정교관계가 있어도 묵인한다는 의사가 포함된 이혼의사의 합치가 있었다고 보기는 어렵다고 판단한 것은 정당하다. 거기에 상고이유에서 주장하는 바와 같은 간통의 종용에 관한 법리오해의 위법이 없다.

3. 간통죄에 있어서의 유서는 배우자의 일방이 상대방의 간통사실을 알면서도 혼인관계를 지속시킬 의사로 악감정을 포기하고 상대방에게 그 행위

에 대한 책임을 묻지 않겠다는 뜻을 표시하는 일방행위로서, 간통의 유서는 명시적으로 할 수 있음은 물론 묵시적으로도 할 수 있는 것이어서 그 방식에 제한이 있는 것은 아니다. 그러나 감정을 표현하는 어떤 행동이나 의사의 표시가 유서로 인정되기 위하여는 첫째, 배우자의 간통사실을 확실하게 알면서 자발적으로 한 것이어야 하고 둘째, 그와 같은 간통사실에도 불구하고 혼인관계를 지속시키려는 진실한 의사가 명백하고 믿을 수 있는 방법으로 표현되어야 한다(대법원 2000. 7. 7. 선고 2000도868 판결 등 참조). 원심이 인용한 제1심판결 이유에 의하면, 이 사건 직후의 정황은 고소인이 사건 당일 당직 경찰관들에게 피고인들과 이야기할 시간을 달라고 요청하면서 고소장을 반환받은 다음 피고인 1과 함께 인근의 롯데호텔로 갔으나 영업시간이 끝나, 다시 잠실대교 밑 윈드서핑장에 가서 3인이 만나 이야기를 하던 중 피고인 2가 먼저 가버리는 바람에 고소인과 피고인 1도 그대로 귀가하게 되었다는 것이다. 이와 같은 사실관계에 그 이후 고소인이 이 사건 고소에 이르게 된 전후 사정을 더해 보아도 고소인이 피고인 1의 이 사건 간통행위를 유서하였다고 보기는 어렵다고 할 것이다. 같은 취지에서 나온 원심판결은 정당하고, 거기에 상고이유에서 주장하는 바와 같은 간통의 유서에 관한 법리오해의 위법이 없다.

4. 형사재판에 있어 유죄의 인정은 법관으로 하여금 합리적인 의심을 할 여지가 없을 정도로 공소사실이 진실한 것이라는 확신을 가지게 할 수 있는 증명력을 가진 증거에 의하여야 하고, 이러한 정도의 심증을 형성하는 증거가 없다면 피고인이 유죄라는 의심이 간다 하더라도 피고인의 이익으로 판단할 수밖에 없다. 그러나 그와 같은 심증이 반드시 직접증거에 의하여 형성되어야만 하는 것은 아니고 경험칙과 논리법칙에 위반되지 아니하는 한 간접증거에 의하여 형성되어도 무방하며, 간접증거가 개별적으로는 범죄사실에 대한 완전한 증명력을 가지지 못하더라도 전체 증거를 상호 관련하에 종

합적으로 고찰할 경우 그 단독으로는 가지지 못하는 종합적 증명력이 있는 것으로 판단되면 그에 의하여도 범죄사실을 인정할 수 있는 것이다(대법원 2001. 11. 27. 선고 2001도4392 판결 참조). 한편, 남녀 간의 정사를 내용으로 하는 간통죄에 있어서 그 행위는 통상 당사자 사이에 비밀리에 또는 외부에서 알아보기 어려운 상태 하에서 행하여지는 것이어서 이에 대한 직접적인 물적 증거나 증인의 존재를 기대하기가 매우 어려운 것이므로, 범행의 전후 정황에 관한 제반 간접증거들을 종합하여 범죄사실에 대한 종합적 증명력이 있는 것으로 판단되면 그에 의하여도 범죄사실을 인정할 수 있다고 할 것이다(대법원 1997. 7. 25. 선고 97도974 판결 참조).

원심이 그 채택 증거들을 종합하여 그 판시와 같은 사실을 인정한 다음, 피고인 2는 피고인 1이 배우자 있는 자임을 알고 있었음을 전제로 피고인들에 대한 이 사건 공소사실에 대하여 유죄로 판단한 조치는 앞서 본 법리 및 기록에 비추어 정당한 것으로 수긍할 수 있다. 거기에 상고이유에서 주장하는 바와 같은 간통죄의 성립에 관한 법리오해 또는 채증법칙 위배 등의 위법이 없다.

5. 그러므로 상고를 모두 기각하기로 하여 관여 대법관의 일치된 의견으로 주문과 같이 판결한다.

대법관 이홍훈(재판장) 김영란 안대희 양창수(주심)

2000도868

(대법원 2000. 7. 7. 선고 2000도868 판결)

【판시사항】

1. 이혼의사의 합치가 있는 경우에는 간통 종용의 의사표시가 포함된 것으로 볼 것인지 여부(적극)

2. 혼인 당사자 일방이 이혼소송을 제기하자 상대방이 같은 취지의 반소를 제기하면서 본소에 응할 수 없다고 다투고 있는 경우에는 이혼의사의 합치가 있었다고 보기 어렵다고 한 사례

3. 간통죄에 있어서 유서의 의미·방식 및 인정 요건

4. 간통죄의 고소 이후 이혼 등 청구의 소가 계속중에 혼인 당사자인 고소인과 피고소인이 동침한 사실이 있다는 사정만으로는 고소인이 피고소인의 간통행위를 유서하였다고 볼 수 없다고 한 사례

【판결요지】

1. 혼인 당사자가 더 이상 혼인관계를 지속할 의사가 없고 이혼의사의 합치가 있는 경우에는 비록 법률적으로 혼인관계가 존속한다고 하더라도 간통에 대한 사전 동의인 종용에 해당하는 의사표시가 그 합의 속에 포함되어 있

는 것으로 보아야 할 것이고, 그러한 합의가 없는 경우에는 비록 잠정적·임시적·조건적으로 이혼의사가 쌍방으로부터 표출되어 있다고 하더라도 간통종용의 경우에 해당하지 않는다.

2. 혼인 당사자 일방인 피고소인이 고소인을 상대로 이혼 등의 소를 제기하자 상대방인 고소인이 별소로서 이혼심판청구의 소를 제기하였다가 심리의 편의상 별소를 취하하고 같은 취지의 반소를 제기하면서 피고소인의 이혼청구에 응할 수 없다고 다투던 중에 피고소인이 간통을 범하였다면 고소인은 피고소인의 이혼요구를 조건 없이 응낙한 것이 아니라 혼인관계의 파탄의 책임이 피고소인에게 있음이 인정됨을 조건으로 하여 이혼의 의사를 표명한 것으로 보아야 할 것이어서 고소인과 피고소인 사이에 서로 다른 이성과의 정교관계가 있어도 묵인한다는 의사가 포함된 이혼의사의 합치가 있었다고 보기는 어렵다고 한 사례.

3. 간통죄에 있어서의 유서는 배우자의 일방이 상대방의 간통사실을 알면서도 혼인관계를 지속시킬 의사로 악감정을 포기하고 상대방에게 그 행위에 대한 책임을 묻지 않겠다는 뜻을 표시하는 일방행위로서, 간통의 유서는 명시적으로 할 수 있음은 물론 묵시적으로도 할 수 있는 것이어서 그 방식에 제한이 있는 것은 아니지만, 감정을 표현하는 어떤 행동이나 의사의 표시가 유서로 인정되기 위하여는, 첫째 배우자의 간통사실을 확실하게 알면서 자발적으로 한 것이어야 하고, 둘째 그와 같은 간통사실에도 불구하고 혼인관계를 지속시키려는 진실한 의사가 명백하고 믿을 수 있는 방법으로 표현되어야 한다.

4. 간통죄의 고소 이후 이혼 등 청구의 소가 계속중에 혼인 당사자인 고소인과 피고소인이 동침한 사실이 있다는 사정만으로는 고소인이 피고소인의

간통행위를 유서하였다고 볼 수 없다고 한 사례.

【참조조문】

[1] 형법 제241조 제2항 / [2] 형법 제241조 제2항 / [3] 형법 제241조 제2항 / [4] 형법 제241조 제2항

【참조판례】

[1] 대법원 1972. 1. 31. 선고 71도2259 판결(집20-1, 형19), 대법원 1997. 2. 25. 선고 95도2819 판결(공1997상, 1018), 대법원 1997. 11. 11. 선고 97도2245 판결(공1997하, 3913) /[3] 대법원 1991. 11. 26. 선고 91도2409 판결(공1992, 366), 대법원 1999. 5. 14. 선고 99도826 판결(공1999상, 1224), 대법원 1999. 8. 24. 선고 99도2149 판결(공1999하, 1991)

【전 문】

【피고인】 피고인

【상고인】 피고인

【변호인】 변호사 박헌권

【원심판결】 서울지법 2000. 2. 2. 선고 99노 10272 판결

【주 문】

상고를 기각한다.

【이 유】

상고이유를 본다.

혼인 당사자가 더 이상 혼인관계를 지속할 의사가 없고 이혼의사의 합치가 있는 경우에는 비록 법률적으로 혼인관계가 존속한다고 하더라도 간통에 대한 사전 동의인 종용에 해당하는 의사표시가 그 합의 속에 포함되어 있는 것으로 보아야 할 것이고, 그러한 합의가 없는 경우에는 비록 잠정적·임시적·조건적으로 이혼의사가 쌍방으로부터 표출되어 있다고 하더라도 간통종용의 경우에 해당하지 않는다(대법원 1997. 11. 11. 선고 97도2245 판결 등 참조).

원심이 적법하게 확정한 바에 의하면, 피고인이 고소인을 상대로 종교생활과 낭비벽 등을 이유로 이혼 등의 소를 제기함에 대하여, 고소인은 별소로서 피고인의 이 사건 이전의 간통 및 폭행을 이유로 하는 이혼심판청구의 소를 제기하였다가, 심리의 편의상 별소를 취하하고 피고인이 제기한 이혼심판청구절차에서 같은 취지의 반소를 제기하면서 피고인의 이혼청구에 응할 수 없다고 다투던 중에 피고인이 이 사건 간통을 범하였다는 것인바, 이와 같은 사정은 고소인이 피고인의 이혼요구를 조건 없이 응낙한 것이 아니라 혼인관계 파탄의 책임이 피고인에게 있음이 인정됨을 조건으로 하여 이혼의 의사를 표명한 것으로 보아야 할 것이어서, 고소인과 피고인 사이에 서로 다른 이성과의 정교관계가 있어도 묵인한다는 의사가 포함된 이혼의사의 합치가 있었다고 보기는 어렵다 할 것이다.

그리고 간통죄에 있어서의 유서는 배우자의 일방이 상대방의 간통사실을 알면서도 혼인관계를 지속시킬 의사로 악감정을 포기하고 상대방에게 그 행위에 대한 책임을 묻지 않겠다는 뜻을 표시하는 일방행위로서, 간통의 유서는 명시적으로 할 수 있음은 물론 묵시적으로도 할 수 있는 것이어서 그 방식에 제한이 있는 것은 아니지만, 감정을 표현하는 어떤 행동이나 의사의 표시가 유서로 인정되기 위하여는, 첫째 배우자의 간통사실을 확실하게 알면서 자발적으로 한 것이어야 하고, 둘째 그와 같은 간통사실에도 불구하고 혼인관계를 지속시키려는 진실한 의사가 명백하고 믿을 수 있는 방법으로 표현되어야 하는 것인바(대법원 1999. 8. 24. 선고 99도2149 판결 등 참조), 상고이유 주장과 같이 고소인이 고소 이후에도 위 이혼 등 청구의 소가 계속중에 피고인과 동침한 사실이 있다고 하더라도 그와 같은 사실만으로는 고소인이 피고인의 이 사건 간통행위를 유서하였다고 볼 수 없다.

　같은 취지에서 고소인이 피고인에게 이 사건 간통행위를 종용하였다거나 유서하였다고 볼 수 없다고 판단한 원심의 조치는 정당하고, 거기에 간통의 종용 또는 유서에 관한 법리오해나 채증법칙 위배의 잘못이 있다고 할 수 없다. 그러므로 상고를 기각하기로 하여 관여 대법관의 일치된 의견으로 주문과 같이 판결한다.

　대법관　김형선(재판장), 조무제, 이용우(주심)

2008도3656

(대법원 2008년 12월 11일 선고. 2008도3656)

【판시사항】

1. 간통죄를 처벌하지 않는 국가의 국적을 가진 외국인이 국내에서 벌어진 배우자의 간통행위에 대하여 고소권을 가지는지 여부(적극)

2. 상해의 공소사실에 폭력행위 등 처벌에 관한 법률 위반(집단·흉기 등 협박) 등의 공소사실을 추가하여 공소장변경신청을 한 사안에서, 기본적인 사실관계가 동일하지 않으므로 공소사실의 동일성을 인정할 수 없다고 한 사례

【판결요지】

1. 형법 제2조는 형법의 적용범위에 관하여 속지주의 원칙을 채택하고 있는바, 대한민국 영역 내에서 배우자 있는 자가 간통한 이상, 그 간통죄를 범한 자의 배우자가 간통죄를 처벌하지 아니하는 국가의 국적을 가진 외국인이라 하더라도 간통행위자의 간통죄 성립에는 아무런 영향이 없고, 그 외국인 배우자는 형사소송법의 규정에 따른 고소권이 있다.

2. 상해의 공소사실에 폭력행위 등 처벌에 관한 법률 위반(집단·흉기 등 협박) 등의 공소사실을 추가하여 공소장변경신청을 한 사안에서, 범행 장소

와 피해자가 동일하고 시간적으로 밀접되어 있으나 수단·방법 등 범죄사실의 내용이나 행위태양이 다를 뿐만 아니라 죄질에도 현저한 차이가 있어 기본적인 사실관계가 동일하지 않으므로 공소사실의 동일성을 인정할 수 없다고 한 사례.

【참조조문】

[1] 형법 제2조, 제241조, 형사소송법 제229조 / [2] 형사소송법 제298조 제1항, 폭력행위 등 처벌에 관한 법률 제2조 제1항 제3호, 제3조 제1항, 형법 제257조 제1항

【전　문】

【피고인】 피고인

【상고인】 피고인 및 검사

【변호인】 법무법인 한중 담당변호사 권원용

【원심판결】 서울북부지법 2008. 4. 15. 선고 2007노403 판결

【주　문】

원심판결 중 유죄 부분을 파기하고, 이 부분 사건을 서울북부지방법원 합의부에 환송한다. 검사의 상고를 기각한다.

【이 유】

1. 검사의 상고에 대하여

원심은 이 사건 공소사실 중 2004. 2. 25.자 폭행의 점, 2004. 3. 22. 및 2004. 9. 29.자 각 상해의 점에 부합하는 듯한 피해자의 각 진술과 상해진단서의 기재는 그 판시와 같은 사정에 비추어 믿기 어렵거나 그 인정 증거로는 부족하고 달리 이를 인정할 증거가 없다는 이유로, 이 부분 각 공소사실을 유죄로 인정한 제1심판결을 파기하고 피고인에게 무죄를 선고하였는바, 기록에 의하여 살펴보면, 원심의 이러한 조치는 옳은 것으로 수긍이 가고, 거기에 상고이유의 주장과 같은 채증법칙 위배의 위법이 있다고 할 수 없다.

2. 피고인의 상고에 대하여

가. 채증법칙 위배 주장에 대하여

원심판결의 채택 증거들을 기록에 비추어 살펴보면, 원심이, 피고인이 2004. 2. 18. 피해자를 벽에 밀어 폭행을 가하고, 2006. 3. 7. 피해자를 밀어 넘어뜨려 약 4주간의 치료를 요하는 상해를 가하였다고 인정한 조치는 옳은 것으로 수긍이 가고, 거기에 상고이유의 주장과 같은 채증법칙 위배의 위법이 있다고 할 수 없다.

나. 간통에 관한 법리오해 주장에 대하여

형법 제2조는 "본법은 대한민국 영역 내에서 죄를 범한 내국인과 외국인에게 적용한다."고 규정하여 형법의 적용범위에 관하여 속지주의 원칙을 채택하고 있는바, 대한민국 영역 내에서 배우자 있는 자가 간통한 이상, 그 간통죄를 범한 자의 배우자가 간통죄를 처벌하지 아니하는 국가의 국적을 가진 외국인이라 하더라도 피고인의 간통죄 성립에는 아무런 영향이 없고, 그 외국인 배우자는 형사소송법의 규정에 따른 고소권이 있다고 할 것이므로, 이 점에 관한 상고이유의 주장은 받아들일 수 없다. 한편, 혼인 당사자가 더 이상 혼인관계를 지속할 의사가 없고 이혼의사의 합치가 있는 경우에는 비록 법률적으로 혼인관계가 존속한다고 하더라도, 간통에 대한 사전 동의인 종용에 해당하는 의사표시가 그 합의 속에 포함되어 있는 것으로 보아야 할 것이나, 그러한 합의가 없는 경우에는 비록 잠정적·임시적·조건적으로 이혼의사가 쌍방으로부터 표출되어 있다고 하더라도 간통 종용의 경우에 해당하지 않는다고 할 것이다(대법원 2000. 7. 7. 선고 2000도868 판결 등 참조).

원심은 그 채택 증거들을 종합하여, 피고인이 2005. 7. 14. 피해자를 상대로 서울가정법원에 이혼청구의 소를 제기하였고, 이에 피해자가 2005. 9. 30. 피고인을 상대로 같은 법원에 이혼 및 재산분할청구의 반소를 제기한 사실, 피해자가 2006. 2. 21. 서울가정법원에서 위 사건과 관련하여 조사를 명받은 가사조사관에게 이혼할 의사가 있다는 취지의 진술을 한 사실, 피고인은 2004. 9. 28.경 집을 나가 2005. 10. 25.경 집에 들어왔으나, 이후에도 각방을 쓰고 있을 뿐만 아니라, 부부관계를 가진 일도 전혀 없는 사실이 인정되나, 다른 한편 피해자는 피고인이 제기한 이혼소송의 소장을 송달받았으나 피고인과 이혼하고 싶은 생각이 없어 피해자의 동생을 통하여 음식 장사라도 하면서 피고인을 기다리겠다면서 피고인을 설득하였는데 피고인이 응하지 아니하였고, 이에 피해자의 동생은 피고인의 뜻이 확고하다면 이혼을 하더라도 살 집이라도 마련해 달라고 부탁하였으나, 피고인이 이마저 거절하면서 재산을 처분하겠다고 하여, 재산에 대한 처분금지가처분 등을 하기 위하여 부득이하게 이혼 및 재산분할을 구하는 반소를 하였고, 이후에도 피고인에게 다시 살 것을 종용하기도 한 사실을 인정한 다음, 앞서 본 사정만으로 피해자가 피고인이 다른 이성과 정교관계를 갖더라도 이를 묵인하겠다는 진실한 의사를 갖고 있었고 이를 명백하고 믿을 수 있는 방법으로 표현하였다고 보기는 어렵다고 판단하였는바, 앞서 본 법리와 기록에 비추어 살펴보면, 위와 같은 원심의 판단은 옳은 것으로 수긍이 가고, 거기에 상고이유의 주장과 같은 간통죄에 있어서 종용에 관한 법리오해의 위법 등이 있다고 할 수 없다.

3. 공소장변경의 한계에 관하여 직권으로 본다.

공소장의 변경은 공소사실의 동일성이 인정되는 범위 내에서만 허용되고, 공소사실의 동일성이 인정되지 아니한 범죄사실을 공소사실로 추가하는 취지의 공소장변경신청이 있는 경우에는 법원은 그 변경신청을 기각하여야 하는바(형사소송법 제298조 제1항), 공소사실의 동일성은 그 사실의 기초가 되는 사회적 사실관계가 기본적인 점에서 동일하면 그대로 유지되는 것이나, 이러한 기본적 사실관계의 동일성을 판단함에 있어서는 그 사실의 동일성이 갖는 기능을 염두에 두고 피고인의 행위와 그 사회적인 사실관계를 기본으로 하되 규범적 요소도 아울러 고려하여야 한다(대법원 1994. 3. 22. 선고 93도2080 전원합의체 판결, 대법원 1999. 5. 14. 선고 98도1438 판결 등 참조).

기록에 비추어 살펴보면, 검사는 당초 2004. 3. 22.자 상해의 점에 관하여 "피고인이 2004. 3. 22. 22:00경 포천시 일동면 (이하 생략)에 있는 피고인의 집에서 피해자와 말다툼을 하다가 발로 피해자의 배와 가슴 부위를 수회 차 피해자에게 약 2주간의 치료를 요하는 흉부좌상을 가하였다."는 범죄사실로 공소를 제기하였다가, 2008. 1. 16. 원심법원에 이 부분 공소사실을 "피고인이 2004. 3. 22. 22:00경 포천시 일동면 (이하 생략)에 있는 피고인의 집에서 피해자와 말다툼을 하다가 발로 피해자의 배와 가슴 부위를 수회 차 피해자에게 약 2주간의 치료를 요하는 흉부좌상을 가하고, 계속하여 부엌 뒤에 있는 창고에서 위험한 물건인 전지가위를 가지고 와 거실바닥에 쓰러져 있는 피해자에게 들이대며 '너 오늘 죽여 버리겠다'고 말하여 피해자를 협박하였다."는 것으로 범죄사실을 추가하고, 죄명 및 적용법조에 "폭력행위 등 처벌에 관한 법률 위반(집단·흉기 등 협박)" 및 "폭력행위 등 처벌에 관한 법률 제3조 제1항, 제2조 제1항 제1호, 형법 제283조 제1항"을 각 추가하는 내용의 이 사건 공소장변경신청을 하였고, 이에 원심법원은 2008. 4. 8. 제4회 공판기일에서 이 사건 공소장변경을 허가한 다음, 2004. 3. 22.자 상해의 점에 대하여는 무죄를, 추가된 흉기휴대협박의 점에 대하여는 유죄를 선고하였음을 알 수 있다. 그런데 피고인에 대하여 공소가 제기된 당초의 범죄사실과 검사가 공소장변경신청을 하여 추가한 범죄사실은 범행 장소와 피해자가 동일하고 시간적으로 밀접되어 있기는 하나, 그 수단·방법 등 범죄사실의 내용이나 행위태양이 다를 뿐만 아니라 죄질에도 현저한 차이가 있어 그 기본적인 사실관계가 동일하다고 할 수 없다.

그렇다면 원심이 이 사건 공소장변경신청을 허가한 다음 변경된 범죄사실에 대하여 심판한 것은 위법하다고 할 것이므로, 원심으로서는 이 사건 공소장변경신청에 대하여 기각결정을 하거나 허가결정을 취소하고 피고인에 대하여 원래 공소가 제기된 당초의 범죄사실을 대상으로 심리하여 판결을 하였어야 함에도, 당초의 범죄사실과 동일성이 인정되지 않는 추가된 범죄사실에 대하여 심리하여 유죄를 선고하였으니, 원심판결에는 공소사실의 동일성 내지 공소장변경에 관한 법리를 오해하여 판결에 영향을 미친 위법이 있다고 할 것이다.

4. 파기의 범위

따라서 원심판결의 유죄 부분 중 흉기휴대협박으로 인한 폭력행위 등 처벌에 관한 법률 위반(집단·흉기 등 협박)죄 부분은 파기되어야 할 것이고, 나머지 유죄 부분에 대한 피고인의 상고는 이유 없으나, 원심은 위 공소사실과 피고인의 상고이유가 배척된 나머지 각 유죄 부분에 대한 공소사실 각 죄를 형법 제37조 전단의 경합범으로 보아 피고인에게 1개의 형을 선고하였으므로, 피고인에 대한 원심판결 중 유죄 부분은 모두 파기될 수밖에 없다.

5. 결 론

그러므로 원심판결 중 유죄 부분을 파기하고, 이 부분 사건을 다시 심리·판단하게 하기 위하여 원심법원에 환송하며, 검사의 상고를 기각하기로 하여 관여 법관의 일치된 의견으로 주문과 같이 판결한다.

대법관   전수안(재판장), 고현철(주심), 김지형, 차한성

2009도7681

(대법원 2009.12.10. 선고 2009도7681 판결)

【판시사항】

1. 간통죄의 재판이 종결되기 전에 고소인과 피고인이 다시 혼인한 경우 소추조건을 결하는지 여부(적극)

2. 고소인이 피고인에 대하여 이혼소송을 제기함과 아울러 피고인을 간통죄로 고소한 다음 협의이혼 하였다가 항소심재판 계속 중 피고인과 다시 혼인한 경우, 간통죄의 공소제기절차가 법률의 규정을 위반하여 무효인 때에 해당한다고 한 사례

【판결요지】

1. 형법 제241조 제2항에 의하여 배우자의 고소가 있어야 논할 수 있는 간통죄에 관하여 형사소송법 제229조 제1항은 "혼인이 해소되거나 이혼소송을 제기한 후가 아니면 고소할 수 없다."고 규정함으로써 혼인관계의 부존재 또는 이혼소송의 계속을 간통고소의 유효조건으로 삼고 있고, 이러한 조건은 공소제기시부터 재판이 종결될 때까지 유지되어야 한다. 따라서 고소인이 피고인과 이혼하였다가 피고인에 대한 간통죄의 재판이 종결되기 전에 다시 피고인과 혼인한 경우 간통고소는 혼인관계의 부존재라는 유효조건을 상실하여 소추조건을 결하게 되므로, 결국 공소제기절차가 법률의 규정을

위반하여 무효인 때에 해당한다.

2. 고소인이 피고인에 대하여 이혼소송을 제기함과 아울러 피고인을 간통죄로 고소한 다음 협의이혼에 따른 이혼신고를 하였다가 항소심재판 계속 중 피고인과 다시 혼인한 경우, 간통죄의 공소제기절차가 법률의 규정을 위반하여 무효인 때에 해당한다고 하여, 원심판결을 파기하고 직접 공소기각 판결을 선고한 사례.

【참조조문】

[1] 형법 제241조 제2항, 형사소송법 제229조 제1항, 제327조 제2호 / [2] 형법 제241조 제2항, 형사소송법 제229조 제1항, 제327조 제2호

【참조판례】

[1] 대법원 1975. 6. 24. 선고 75도1449 전원합의체 판결(공1975, 8591), 대법원 1994. 6. 10. 선고 94도774 판결(공1994하, 1990), 대법원 2002. 8. 23. 선고 2002도2898 판결, 대법원 2008. 8. 21. 선고 2008도5335 판결

【전 문】

【피고인】 피고인

【상고인】 피고인

【변호인】 법무법인 광장 담당변호사 강인상외 2인

【원심판결】 서울중앙지법 2009. 7. 23. 선고 2009노931 판결

【주 문】

원심판결 및 제1심판결 중 피고인에 대한 부분을 각 파기한다. 이 사건 공소를 기각한다.

【이 유】

상고이유를 본다.

1. 형법 제241조 제2항에 의하여 배우자의 고소가 있어야 논할 수 있는 간통죄에 관하여 형사소송법 제229조 제1항은 "혼인이 해소되거나 이혼소송을 제기한 후가 아니면 고소할 수 없다."고 규정함으로써 혼인관계의 부존재 또는 이혼소송의 계속을 간통고소의 유효조건으로 삼고 있고 이러한 조건은 공소제기시부터 재판이 종결될 때까지 유지되어야 할 것인바 (대법원 1975. 6. 24. 선고 75도1449 전원합의체 판결, 대법원 2008. 8. 21. 선고 2008도5335 판결 등 참조), 고소인이 피고인과 이혼하였다가 피고인에 대한 간통죄의 재판이 종결되기 전에 다시 피고인과 혼인한 경우에는 간통고소는 혼인관계의 부존재라는 유효조건을 상실하여 소추조건을 결하게 되므로, 결국 공소제기절차가 법률의 규정에 위반하여 무효인 때에 해당하게 된다.

2. 이 사건 공소사실의 요지는, "피고인이 고소인과 혼인신고를 마친 배우자 있는 사람으로서, 2008. 2. 22. 00:30경 서울 강남구 역삼동 삼정관광호텔 815호실에서 제1심 공동피고인 2와 1회 성교하고, 2008. 6. 18. 01:00경 서울 관악구 봉천7동 힐하우스 305호실에서 제1심 공동피고인 2와 1회 성교하여 각 간통하였다."는 것인데, 원심판결 이유 및 기록에 의하면 고소인이

피고인에 대하여 이혼소송을 제기함과 아울러 피고인을 간통죄로 고소한 다음 2008. 12. 26. 협의이혼에 따른 이혼신고를 하였다가 원심 계속 중이던 2009. 6. 23. 피고인과 다시 혼인하였다는 것이므로, 이를 앞서 본 법리에 비추어 살펴보면, 고소인이 피고인과 다시 혼인함으로써 간통고소의 유효조건을 상실하게 됨에 따라 결국 이 사건 간통죄의 공소는 그 공소제기의 절차가 법률의 규정에 위반하여 무효인 때에 해당한다 할 것이다. 이와 달리 원심은 이 사건 공소제기가 적법하다고 보아 이 사건 공소사실을 유죄로 인정한 제1심판결을 유지하였는바, 이러한 원심의 판단에는 간통고소의 유효조건에 관한 법리를 오해한 위법이 있고, 이는 판결결과에 영향을 미쳤음이 분명하다. 이 점을 지적하는 상고이유의 주장은 이유 있다.

3. 그러므로 원심판결을 파기하되, 이 사건은 소송기록과 원심에 이르기까지 조사된 증거에 의하여 판결하기에 충분하다고 인정되므로, 형사소송법 제396조에 의하여 직접 판결하기로 한다. 이 사건 공소사실의 요지는 앞서 본 바와 같은바, 이 사건 공소제기의 절차가 법률의 규정에 위반하여 무효인 때에 해당하므로, 제1심판결 중 피고인에 대한 부분을 파기하고 형사소송법 제327조 제2호에 의하여 이 사건 공소를 기각하기로 하여, 관여 대법관의 일치된 의견으로 주문과 같이 판결한다.

대법관 양승태(재판장), 김지형, 전수안(주심), 양창수

2009도12446

(대법원 2010.4.29. 선고 2009도12446 판결)

【판시사항】

1. 간통죄에서 배우자의 고소가 있어야 논한다는 규정의 취지 및 피해자의 법정대리인이 피의자인 경우의 고소권자

2. 남편 갑이 식물인간 상태가 되어 금치산선고를 받아 그 후견인이 된 배우자 을의 간통행위에 대해 갑의 모(母) 병이 제기한 고소가 간통죄의 공소제기 요건으로서 적법하다고 한 원심판단을 수긍한 사례

【참조조문】

[1] 형법 제241조 제2항, 형사소송법 제226조 / [2] 형법 제241조, 형사소송법 제226조

【참조판례】

[1] 대법원 1967. 8. 29. 선고 67도878 판결

【전 문】

【피고인】 피고인

【상고인】 피고인

【변호인】 법무법인 율현 담당변호사 윤배경외 3인

【원심판결】 수원지법 2009. 10. 15. 선고 2009노965 판결

【주 문】

상고를 기각한다.

【이 유】

상고이유를 본다.

형법 제241조는 헌법에 위반되지 아니하므로[헌법재판소 2008. 10. 30. 선고 2007헌가17, 21, 2008헌가7, 26, 2008헌바21, 47(병합) 전원재판부 결정 등 참조)], 위 규정이 헌법에 위배되어 무효임을 전제로 한 상고이유 주장은 받아들일 수 없다. 한편, 형법 제241조 제2항에 간통죄는 배우자의 고소가 있어야 논한다는 취지로 규정하였음은 간통죄는 배우자의 상대방 배우자에게 대한 정조에 대한 권리를 침해한 것으로서 배우자의 피해자로서의 고소가 있어야 죄를 논할 수 있도록 규정한 취지이며 형사소송법 제226조에 피해자의 법정대리인이 피의자이거나 법정대리인의 친족이 피의자인 때에는 피해자의 친족은 독립하여 고소할 수 있다 (대법원 1967. 8. 29. 선고 67도878 판결 참조).

원심판결 이유에 의하면, 피고인의 배우자 공소외 1이 식물인간 상태가
되어 금치산선고를 받아 피고인이 후견인으로 된 사실, 공소외 1의 어머니인
공소외 2가 이 사건 고소를 제기한 사실을 알 수 있는바, 위 법리에 의하면,
공소외 2에 의하여 제기된 고소는 간통죄의 공소제기 요건으로서 적법하므
로 같은 취지의 원심판결은 정당하고 거기에 상고이유 주장과 같은 간통죄
에서 고소권에 관한 법리오해 등의 위법이 없다.

또한 형사소송법 제229조 제1항에 의하면, 간통고소는 혼인이 해소되거
나 이혼소송을 제기한 후가 아니면 할 수 없다고 규정하고 있으므로, 위 고소
는 혼인관계의 부존재 또는 이혼소송의 계속을 그 유효조건으로 하고 있으
며, 이러한 조건은 공소제기시부터 재판이 종결될 때까지 구비하여야 하는
것인바, 위 조건을 구비하지 아니한 고소는 위 법조에 위반되는 고소라 할 수
있는 것은 상고이유에서 지적하는 바와 같지만, 공소외 2가 특별대리인으로
서 공소외 1을 대리하여 피고인을 상대로 이혼소송을 제기하여 그 청구를 인
용한 판결이 확정된 이상 위 고소가 이혼소송의 소송계속의 소멸로 부적법
하게 될 것이라는 상고이유 주장은 받아들일 수 없다.
그러므로 상고를 기각하기로 하여 관여 대법관의 일치된 의견으로 주문
과 같이 판결한다.

대법관   차한성(재판장), 박시환(주심), 안대희, 신영철

혼인빙자간음죄에 대한 헌법재판소의 위헌 심사

2002헌바50(병합)

(2002. 10. 31. 99헌바40, 2002헌바50(병합) 全員裁判部)

【판시사항】

1. 혼인빙자간음죄의 위법성과 처벌의 필요성
2. 혼인빙자간음죄를 처벌하는 형법 제304조가 청구인들의 행복추구권, 사생활의 비밀과 자유에서 유래하는 성적자기결정권을 침해하는 것인지(소극) 및 평등의 원칙에 위반되는 것인지 여부(소극)

【참조조문】

1. 성적자기결정권은 각인 스스로 선택한 인생관 등을 바탕으로 사회공동체 안에서 각자가 독자적으로 성적 관(觀)을 확립하고, 이에 따라 사생활의 영역에서 자기 스스로 내린 성적 결정에 따라 자기책임 하에 상대방을 선택하고 성관계를 가질 권리를 의미하는 것이다. 비록 여성의 입장에서도 그 상대 남성이 설혹 결혼을 약속하면서 성행위를 요구한다고 하더라도 혼전 성관계를 가질 것인지 아닌지는 여성 스스로 판단하고 그에 따르는 책임도 스스로 지는 것이 원칙이다. 그리고 이러한 남녀간의 성문제는 기본적으로 개인간의 은밀한 사생활의 영역에 속하는 것이어서 범죄적인 측면보다는 도

덕·윤리적인 측면이 강하게 드러나는 점을 부인할 수는 없다.

그러나 남성이 오로지 여성의 성만을 한낱 쾌락의 성(城)으로만 여기고 계획적으로 접근한 뒤 가장된 결혼의 무기를 사용하여 성을 편취할 경우, 그 평가는 전혀 달라져야 하고 또 달라야 한다. 성의 순결성을 믿고있는 여성에게도 상대방을 평생의 반려자로 받아들이겠다는 엄숙한 혼인의 다짐 앞에서는 쉽사리 무너질 수밖에 없다. 혼인을 빙자하는 이와 같은 교활한 무기에 의한 여성의 성에 대한 공략은 이미 사생활 영역의 자유로운 성적결정의 문제라거나 동기의 비도덕성에 그치는 차원을 벗어난 것이다. 이러한 행위는 마땅히 형법적 평가의 대상이 되어야 하고, 조심스럽기는 하나 국가형벌권이 개입할 지평을 열어야 한다고 생각한다. 우리 사회에서 혼인이 상징하는 의미에 비추어 "평생을 일심동체로 함께 하겠다"고 하면서 결혼을 앞세우고 이러한 전제 아래 위장된 호의와 달콤한 유혹으로 파상적 공세를 취하여 올 때, 미혼의 여성이 자신의 성을 꿋꿋하게 지켜나간다는 것은 지극히 어려운 일일 수 있다. 바로 이러한 점을 악용하여 교활하게도 엄숙한 결혼의 서약을 강력히 앞세워 여성을 유혹하고 언필칭 상호 합의에 의한 성관계라는 이름으로 순결한 성을 짓밟고 유린하는 행위는 남성의 성적자기결정권의 한계를 벗어난 것일 뿐만 아니라, 여성의 진정한 자유의사 즉 성적자기결정권을 명백하게 침해하는 것이 아닐 수 없다.

2. 혼인빙자간음죄를 처벌하는 형법 제304조(이하, '이 사건 법률조항'이라 한다)는 동일한 시각에서 입장을 바꾸어 보면, 청구인들의 성적자기결정권을 제한하는 측면도 있는 것이 사실이나, 혼인을 빙자한 부녀자 간음행위는 그 또한 피해 여성의 성적자기결정권을 침해하는 것이 되어 기본권행사의 내재적 한계를 명백히 벗어난 것으로서, 사회의 질서유지를 위하여 그 제한이 불가피하다. 이 사건 법률조항은 청구인들의 성적자기결정권에 대한

필요 최소한의 제한으로서 그 본질적인 부분을 침해하는 것도 아니므로 헌법 제37조 제2항의 과잉금지의 원칙에 위반된다고 볼 것도 아니다. 이 사건 법률조항으로 말미암아 청구인들의 행복추구권이나 사생활의 비밀과 자유가 침해되었다고 할 수 없다. 아직도 우리 사회에는 남녀간의 성에 대한 신체적 차이, 성행위에 대한 인식과 평가가 다른 것이 엄연한 현실이다. 현행 형법에서 성범죄의 피해자 및 범죄의 구성요건을 구분하여 규정하는 것은 바로 이러한 차이를 고려한 인식의 바탕 위에서 법률조항을 규정한 것으로 볼 수 있다. 이 사건 법률조항은 사회적 약자인 여성의 성적자기결정권을 보호하려는 정당한 목적이 있고, 남성을 자의적으로 차별하여 처벌하는 것이라고 단정하기도 어려우며, 차별의 기준이 그 목적의 실현을 위하여 실질적인 관계가 있고, 차별의 정도도 적정한 것으로 보여지므로 평등원칙에 위반된다고 볼 것도 아니다.

다만 입법자로서는 첫째 개인의 사생활 영역에 속하는 남녀간의 내밀한 성적 문제에 법이 지나치게 개입하는 것은 부적절하고, 둘째 세계적으로도 혼인빙자간음행위를 처벌하는 입법례가 드물며, 셋째 이 사건 법률조항이 협박을 하거나 위자료를 받아내기 위한 수단으로 악용되는 경우가 많고, 넷째 국가 형벌로서의 처단기능이 많이 약화되었으며, 다섯째 형사정책적으로도 형벌의 억지효과가 거의 없고, 여섯째 여성 보호의 실효성도 의문이라는 점 등에 대한 면밀한 관찰을 통하여 혼인빙자간음죄를 앞으로도 계속 존치할 것인지 여부에 관한 진지한 접근이 필요하다고 보여진다.

재판관 권성의 반대의견

이 사건 법률조항이 혼인빙자행위를 다른 위계행위와 형법적으로 동일하게 평가하여 이를 처벌하는 것은 헌법상의 과잉금지원칙을 위반함으로써 헌법 제10조가 보장하는 인간의 자존과 행복추구권을 침해하여 위헌이라고 생각한다. 따라서 다른 점에 대하여 더 판단할 것도 없이 이 사건 심판대상규정 중 '혼인을 빙자하거나'라는 부분에 대하여는, 이에 대한 형사처벌이 헌법상의 과잉금지원칙에 위배되고 헌법 제10조가 보장하는 인간의 자존과 행복추구권을 침해함을 이유로, 위헌을 선고하여야 할 것이다.

재판관 주선회의 반대의견

불순한 동기에 의한 성행위는 도덕과 윤리의 문제에 불과할 뿐, 사회적으로 유해한 행위에 해당하지 않으므로, 국가가 이러한 개인의 사생활 영역까지 규제해야 할 아무런 정당성을 찾을 수 없는 것이다. 이 사건 법률조항은 독자적인 인격체로서 자기 책임 아래 성적 자기결정권을 행사할 수 있는 여성의 능력을 부인함으로써 여성의 존엄과 가치에 반하여 그의 인격권을 침해하고, 나아가 형법적으로 보호해야 할 법익이 없음에도 개인의 성행위를 형벌로써 규율함으로써 개인의 성적 자기결정권을 침해하는 위헌적인 규정이다.

【심판대상조문】

형법(1953. 9. 18. 법률 제293호로 제정되고 1995. 12. 29. 법률 제5057호로 개정된 것) 제304조(혼인빙자 등에 의한 간음) 혼인을 빙자하거나 기타 위계로써 음행의 상습없는 부녀를 기망하여 간음한 자는 2년 이하의 징역 또는 500만원이하의 벌금에 처한다.

【참조조문】

헌법 제10조, 제11조 제1항, 제17조, 제37조 제2항
헌법재판소법 제68조 제2항

【참조판례】

1. 헌재 1990. 9. 10. 89헌마82, 판례집 2, 306
헌재 1997. 7. 16. 95헌가6 등, 판례집 9-2, 1
헌재 2001. 10. 25. 2000헌바60, 판례집 13-2, 480 등 참조

2. 헌재 1992. 4. 28. 90헌마24, 판례집 4, 225
헌재 1995. 10. 26. 92헌바45, 판례집 7-2, 397
헌재 1999. 5. 27. 98헌바26, 판례집 11-1, 622 등 참조

【당사자】

청 구 인 1. 이ㅇ주(99헌바40)
　　　　　대리인 변호사 김기석

　　　　2. 김ㅇ우(2002헌바50)
　　　　　대리인 법무법인 덕수
　　　　　담당변호사 이돈명 외 4인

당해사건 1. 서울지방법원 98고단5004 혼인빙자간음등
　　　　　2. 서울지방법원 2002노1667 혼인빙자간음

【주 문】

형법 제304조(1953. 9. 18. 법률 제293호로 제정되고, 1995. 12. 29. 법률 제5057호로 개정된 것)는 헌법에 위반되지 아니한다.

【이 유】

1. 사건의 개요와 심판의 대상

가. 사건의 개요

(1) 99헌바40

청구인 이ㅇ주는 1998. 5. 29. 서울지방법원에 혼인빙자간음죄 등으로 불구속기소(98고단5004)되어 공판계속 중 혼인빙자간음죄를 처벌하는 형법 제304조(이하 '이 사건 법률조항'이라 한다)가 헌법에 위반된다고 주장하면서 위헌여부심판의 제청신청(98초5618)을 하였으나, 위 법원은 1999. 5. 1. 위 제청신청을 기각하였다. 이에 청구인은 같은 달 4. 위 기각결정을 송달받고, 같은 달 17. 이 사건 헌법소원심판을 청구하였다.

(2) 2002헌바50

청구인 김ㅇ우는 서울지방법원 북부지원에 혼인빙자간음죄로 구속기소(2001고단4428)되어 2002. 1. 24. 유죄판결을 선고받고, 항소하였으나 같은 해 5. 24. 서울지방법원(2002노1667)에서 항소기각판결을 선고받고, 상고하여 현재 대법원(2002도2994)에 공판계속 중인바, 청구인은 같은 해 5. 21. 서울지방법원에 이 사건 법률조항에 대한 위헌여부심판의 제청신청(2002초792)을 하였으나, 위 법원은 같은 달 24. 위 제청신청을 기각하였다. 이에 청구인은 같은 달 31. 이 사건 헌법소원심판을 청구하였다.

나. 심판의 대상

이 사건 심판의 대상은 형법 제304조(1953. 9. 18. 법률 제293호로 제정되고, 1995. 12. 29. 법률 제5057호로 개정된 것)의 위헌 여부이며, 그 내용은 다음과 같다. 제304조(혼인빙자간음) 혼인을 빙자해서 음행의 상습 없는 부녀를 기망하여 간음한 자는 2년 이하의 징역 또는 500만원 이하의 벌금에 처한다(청구인들에 대하여 적용된 공소사실은 '혼인빙자에 의한 간음행위'에 국한되므로, 이 사건 법률조항 중 '기타 위계로써' 부분은 이 사건 심판의 대상에서 제외한다).

2. 청구인들의 주장 및 관계기관의 의견

가. 청구인들의 주장

(1) 청구인 이○주의 주장(99헌바40)

(가) 형법에 의한 성적 자유의 보호는 의사의 자유를 제압하거나 자유가 없는 경우로 제한되어야 한다. 혼인빙자의 경우에는 그 의사를 제압하였다고 할 수 없고, 진실을 전제로 한 혼전성교의 강제는 도덕과 윤리의 문제에 불과할 뿐만 아니라 형법이 개인간의 사생활 영역까지 규제하여서는 안된다. 따라서 남녀간의 자유의사에 의한 성적 행위를 제재하는 이 사건 법률조항은 청구인의 행복추구권(헌법 제10조) 및 사생활의 비밀과 자유(헌법 제17조)를 침해한 것이다. 또한 행위 주체를 남성으로, 그 보호대상을 부녀로 각각 한정하여 차별대우를 함으로써 평등의 원칙(헌법 제11조 제1항)에도 위반된다.

(나) 인간의 성은 문화현상의 하나로서 성적 행위 여부 및 그 상대방 결정권은 기본권의 본질적인 부분에 속하는 것임에도, 국가권력이 이 사건 법률조항을 통하여 남녀간의 성적 행위를 직접적으로 간섭·규제함으로써 기본권의 본질적인 내용을 침해하여 과잉금지의 원칙(헌법 제37조 제2항)에 위반된다.

(다) 수사실무상 행위자의 범의를 입증하기 쉽지 아니하고, 고소인들에 의하여 악용되는 사례도 적지 아니하며, 현재 우리 사회의 성도덕·윤리 및 여성의 지위가 형법 제정 당시의 시대상황과는 달리 많은 변화를 보이고 있다. 성인 남녀간의 자유의사에 의한 성관계를 처벌하는 입법례가 없고, 학계의 다수도 혼인빙자간음죄의 폐지에 찬성하고 있다. 실제로 1992년의 형법 개정법률안 성안과정에서 이 사건 법률조항을 폐지하기로 논의된 사실도 있는 점 등에 비추어, 이 사건 법률조항은 폐지되어야 한다.

(2) 청구인 김ㅇ우의 주장(2002헌바50)
위 (1)의 (가)항 기재와 대체로 같다.
나. 법원의 위헌제청신청 기각이유
(1) 서울지방법원의 기각이유(99헌바40)
(가) 혼인빙자간음죄의 보호법익은 개인의 성적자기결정의 자유이고, 이 사건 법률조항이 형법 제32장(강간과 추행의 죄)에 규정되어 있는 점을 종합하면, 혼인빙자간음죄는 개인의 성적 자유를 침해하는 범죄 즉 개인적 법익을 침해하는 범죄다. 기망의 방법으로 타인의 재물을 편취하는 행위의 위법성과 처벌의 필요성이 인정되는 것처럼 기망의 방법으로 타인의 성적자기결정권을 침해하여 육체적인 쾌락을 편취하는 행위도 그 위법성과 처벌의 필요성이 인정된다.
(나) 혼인빙자간음죄는 남녀간의 자유로운 혼전 성행위를 제재하는 것이 아니라 기망에 의하여 음행의 상습 없는 부녀의 성적 자유를 침해하는 행위를 처벌하는 것이다. 따라서 헌법이 규정하는 행복추구권이나 사생활의 보호규정과 양립할 수 없는 것이 아니며, 이러한 범죄행위로부터 여성을 보호하는 것이 과잉금지의 원칙에 위반된다고 할 수 없다.
(다) 혼인빙자간음행위의 위법성과 처벌의 필요성을 고려하면 남자가 보호대상에서 제외되는 점에서는 불평등이라고 할 수 있을지 모르지만, 남

자만을 혼인빙자간음죄의 처벌대상으로 규정하는 점에서의 불평등은 아니므로 평등원칙에 위반된다고 할 수 없다.

(2) 서울지방법원의 기각이유(2002헌바50)

별다른 기각이유 기재가 없다.

다. 관계기관의 의견

(1) 법무부장관 및 서울지방검찰청 검사장의 의견(99헌바40, 2002헌바50)

(가) 이 사건 법률조항은 혼인을 빙자하여 음행의 상습 없는 부녀를 간음하는 행위를 처벌함으로써 여성의 성적자기결정권을 보호하고자 하는데 그 입법목적이 있다. 어떠한 행위를 범죄로 규정하고 어떠한 형벌을 과할 것인가는 원칙적으로 국가의 입법정책의 문제일 뿐 헌법 적합성의 문제가 아니다.

(나) 혼인빙자간음죄는 여성의 성적자기결정권을 침해하는 점에서 기본권 행사의 내재적 한계를 벗어난 것이고, 이에 대한 처벌은 사회적 약자인 여성의 성적자기결정권의 보호라는 입법정책을 수행하기 위한 필요 최소한의 제한으로서 자유와 권리의 본질적 내용을 침해하는 것이 아니다. 따라서 이 사건 법률조항이 청구인들의 행복추구권, 사생활의 비밀과 자유를 침해하였다고 볼 수 없다.

(다) 혼인빙자간음죄의 행위주체를 남성으로, 보호대상을 음행의 상습 없는 부녀로 각각 한정하고 있다 하더라도 여성의 성적자기결정권을 보호하기 위한 합리적 이유가 있는 차별이므로, 이 사건 법률조항은 평등원칙에 위반되지 아니한다.

(라) 실무상 입증의 어려움이나 남고소 등에 의한 악용가능성은 모든 범죄수사에서 동일한 것으로서 특별히 혼인빙자간음죄에만 해당되는 것이 아니므로, 이러한 사유가 위헌의 근거로 될 수 없다. 나아가 입법론이나 학계에 폐지론이 있다는 사실만으로 이 사건 법률조항이 위헌이라고 할 수도 없다.

(2) 서울지방검찰청 북부지청장의 의견(2002헌바50)

위 (1)항의 기재와 대체로 같다.

3. 판 단

가. 혼인빙자간음죄에 관한 입법례

(1) 외국의 입법례를 살펴보면, 일본은 현행 형법이나 구 형법에 혼인빙자간음죄에 대한 처벌규정이 없고, 다만 구 형법의 개정시안이었던 형법 가안에 그 처벌규정이 있었다. 미국은 대부분의 주에서 혼인빙자간음죄가 처벌의 대상이 아니고, 일부 주에서 간통죄와 마찬가지로 혼인빙자간음죄에 대한 처벌규정을 두고 있으나 거의 기소되지 아니하는 것으로 알려져 있다. 독일은 구 형법에 혼인빙자간음죄가 있었으나 개정 형법에서 폐지되었고, 프랑스는 형법에 혼인빙자간음죄를 처벌하는 규정이 없다. 기타 터키, 쿠바 및 루마니아 형법 등에서 혼인빙자간음죄를 처벌하는 규정을 두고 있다고 한다.

(2) 우리나라의 경우 1953년 형법 제정 이전의 의용 형법에는 혼인빙자간음죄에 대한 처벌조항이 없었고, 이 사건 법률조항은 일본 형법 가안의 영향을 받은 것으로 알려져 있다. 1992년의 형법 개정법률안에서 이 사건 법률조항을 폐지하기로 논의된 바 있으나 1995년의 형법개정에는 반영되지 아니하였다.

나. 이 사건 법률조항의 위헌 여부

우리 형법은 형법 제32장 '강간과 추행의 죄(1995년 형법 개정 전에는 '정조에 관한 죄'로 표시되어 있었다)'의 장에 개인적 법익을 침해하는 범죄의 하나로 강간죄 및 강제추행죄 등과 함께 혼인빙자간음죄를 규정하여 개인의 성적 의사의 자유를 보호하고 있다. 그 중 혼인빙자간음죄는 혼인을 빙자하여 음행의 상습 없는 부녀를 간음함으로써 성립되는 범죄로서 특히 '음행의 상습 없는 부녀의 성적자기결정권'을 그 보호법익으로 한다.

(1) 성적자기결정권을 침해하는지 여부

(가) 성적자기결정권의 의미

헌법 제10조에서 보장하는 인격권 및 행복추구권, 헌법 제17조에서 보장하는 사생활의 비밀과 자유는 타인의 간섭을 받지 아니하고 누구나 자기운명을 스스로 결정할 수 있는 권리를 전제로 하는 것이다. 이러한 권리내용 중에 성적자기결정권이 포함되는 것은 물론이다(헌재 1990. 9. 10. 89헌마82, 판례집 2, 306, 310 ; 헌재 1997. 7. 16. 95헌가6 등, 판례집 9-2, 1, 16-17 ; 헌재 2001. 10. 25. 2000헌바60, 판례집 13-2, 480, 485 등 참조).

성적자기결정권은 각인 스스로 선택한 인생관 등을 바탕으로 사회공동체 안에서 각자가 독자적으로 성적 관(觀)을 확립하고, 이에 따라 사생활의 영역에서 자기 스스로 내린 성적 결정에 따라 자기책임 하에 상대방을 선택하고 성관계를 가질 권리를 의미하는 것이다.

(나) 혼인빙자간음죄의 위법성과 처벌의 필요성

1) 이러한 관점에서 볼 때, 비록 여성의 입장에서도 그 상대 남성이 설혹 결혼을 약속하면서 성행위를 요구한다고 하더라도 혼전 성관계를 가질 것인지 아닌지는 여성 스스로 판단하고 그에 따르는 책임도 스스로 지는 것이 원칙이다. 그리고 이러한 남녀간의 성문제는 기본적으로 개인간의 은밀한 사생활의 영역에 속하는 것이어서 범죄적인 측면보다는 도덕·윤리적인 측면이 강하게 드러나는 점을 부인할 수는 없다.

2) 그러나 남성이 오로지 여성의 성만을 한낱 쾌락의 성(城)으로만 여기고 계획적으로 접근한 뒤 가장된 결혼의 무기를 사용하여 성을 편취할 경우, 그 평가는 전혀 달라져야 하고 또 달라야 한다. 성의 순결성을 믿고있는 여성에게도 상대방을 평생의 반려자로 받아들이겠다는 엄숙한 혼인의 다짐 앞에서는 쉽사리 무너질 수밖에 없다. 따라서 혼인을 빙자하는 이와 같은 교활한 무기에 의한 여성의 성에 대한 공략은 이미 사생활 영역의 자유로운 성적결정의 문제라거나 동기의 비도덕성에 그치는 차원을 벗어난 것이다. 이러한 행위는 마땅히 형법적 평가의 대상이 되어야 하고, 조심스럽기는 하나 국가형벌권이 개입할 지평을 열어야 한다고 생각한다. 되짚어보면 우리 사회에서 혼인이 상징하는 의미에 비추어 "평생을 일심동체로 함께 하겠다"고 하면서 결혼을 앞세우고 이러한 전제 아래 위장된 호의와 달콤한 유혹으로 파상적 공세를 취하여 올 때, 미혼의 여성이 자신의 성을 꿋꿋하게 지켜나간다는 것은 지극히 어려운 일일 수 있다. 바로 이러한 점을 악용하여 교활하게도 엄숙한 결혼의 서약을 강력히 앞세워 여성을 유혹하고 언필칭 상호 합의에 의한 성관계라는 이름으로 순결한 성을 짓밟고 유린하는 행위는 남성의 성적자기결정권의 한계를 벗어난 것일 뿐만 아니라, 여성의 진정한 자유의사 즉 성적자기결정권을 명백하게 침해하는 것이 아닐 수 없다. 예컨대 유부남이 미혼인 것처럼 여성에게 접근하여 결혼을 빙자하고 성관계를 요구하거나, 약혼녀와 이미 성관계를 맺고 있는 남성이 다른 여성에게 결혼을 빙자하면서 성관계를 요구하는 행위를 두고 이를 가리켜 사생활 영역의 도덕성 문제로만 치부해서는 안될 것이다.

3) 여성의 성은 강간이나 강제추행죄의 경우처럼 그 의사를 억압하여 강제적으로 취할 수도 있고, 통상적인 구애 수준을 벗어난 강력한 속임수, 가령 혼인을 빙자하는 위장수단으로 중대한 착오에 빠뜨려 성을 편취함으로써 성적자기결정권을 침해할 수도 있는 점에서 그 위법성과 처벌의 필요성이 크

게 다를 바 없다. 민법상 이러한 기망행위는 취소하고 그 원상회복을 할 수 있도록 제도적 배려를 하고 있고, 형사법 분야에서도 이를 범죄(사기)로 다스려 처벌하고 있다. 성행위를 재산상 거래행위와 같은 관점에서 평가할 수는 없으나 혼인빙자간음죄의 경우에는 이미 행하여진 성행위를 그 이전의 상태로 되돌릴 방법이 없고, 그로 인한 육체적 상처와 정신적 고통은 도저히 회복이 불가능한 점에서 그 가벌성이 더욱 큰 점은 누구도 부인할 수 없을 것이다.

4) 성의 자유화, 개방화 추세에 따라 남녀간의 성문제가 종전과는 다른 양상을 보이는 것은 사실이다. 그러나 여성은 여전히 사회적으로 불리한 약자의 지위에 놓여있고 아직도 여성의 성은 이러한 지위에 종속되어 있다. 성교행위로 인한 여성의 임신가능성 등 신체구조상의 차이로 보나, 여전히 사회 속에 뿌리깊은 남성본위의 사고방식에 혼전 성관계에 대한 남녀차별적인 인식 등을 고려할 때, 성문제에 있어서 여성은 도저히 남성과 대등한 입장에 있다고 볼 수 없다. 이러한 점에서 볼 때 국가가 여성의 성적자기결정권을 보호하는 이유는 여성이 남성에 비하여 열등한 존재라거나 그 결정권을 행사할 능력이 부족해서가 아니라, 파렴치한 남성의 간음행위로 돌이킬 수 없는 충격과 피해를 입은 여성을 보호하자는 데서 찾을 수 있다.

5) 따라서 혼인빙자간음죄는 모든 성행위에 국가가 함부로 개입하여 형벌을 가하고 그로 인하여 혼전 성관계를 가진 자로 하여금 불행한 결혼을 일률적으로 강제하는 기능을 수행하는 것이 아니다. 또한 다소 과장된 정도의 구애표현이나 유혹까지 금지하거나, 진정한 혼인의사로 성교를 나눈 뒤 사정변경으로 변심한 경우까지 그 처벌의 대상으로 하는 것도 아니다. 오직 결혼의사도 없이 혼인을 빙자하는 기망의 수법을 사용하여 음행의 상습 없는 부녀로 하여금 혼전 성관계에 이르도록 유인하여 성을 편취하는 반사회적인

행위를 제재하는 것일 뿐이다.

(다) 행복추구권, 사생활의 비밀과 자유를 침해하는지 여부

이 사건 법률조항은 동일한 시각에서 입장을 바꾸어 보면, 청구인들의 성적자기결정권을 제한하는 측면도 있는 것이 사실이다.

그러나 앞서 본 바와 같이 혼인을 빙자한 부녀자 간음행위는 그 또한 피해 여성의 성적자기결정권을 침해하는 것이 되어 기본권행사의 내재적 한계를 명백히 벗어난 것으로서, 사회의 질서유지를 위하여 그 제한이 불가피하다 할 것이다. 나아가 혼인빙자간음행위를 한 자를 2년 이하의 징역 또는 500만원 이하의 벌금에 처할 수 있도록 규정한 이 사건 법률조항은 청구인들의 성적자기결정권에 대한 필요 최소한의 제한으로서 그 본질적인 부분을 침해하는 것도 아니므로 헌법 제37조 제2항의 과잉금지의 원칙에 위반된다고 볼 것도 아니다. 따라서 이 사건 법률조항으로 말미암아 청구인들의 행복추구권이나 사생활의 비밀과 자유가 침해되었다고 할 수 없다.

(2) 평등원칙에 위반되는지 여부

앞서 살핀 바와 같이 아직도 우리 사회에는 남녀간의 성에 대한 신체적 차이, 성행위에 대한 인식과 평가가 다른 것이 엄연한 현실이다. 현행 형법에서 성범죄의 피해자 및 범죄의 구성요건을 구분하여 규정하면서, 강제추행죄는 피해자를 '사람'으로 규정하여 남녀 모두 그 피해자가 될 수 있도록 한 반면, 강간죄는 피해자를 '여성'으로 한정하고, 그 법정형에도 차이를 두고 있는 것은 바로 이러한 차이를 고려한 인식의 바탕 위에서 법률조항을 규정한 것으로 볼 수 있다.

따라서 이 사건 법률조항은 사회적 약자인 여성의 성적자기결정권을 보

호하려는 정당한 목적이 있고, 남성을 자의적으로 차별하여 처벌하는 것이라고 단정하기도 어려우며, 차별의 기준이 그 목적의 실현을 위하여 실질적인 관계가 있고, 차별의 정도도 적정한 것으로 보여지므로 평등원칙에 위반된다고 볼 것도 아니다.

(3) 소결론

어떠한 특정 행위를 범죄로 규정하고 국가가 형벌권으로 이를 규제할 것인지, 아니면 단순히 도덕률에 맡길 것인지의 문제는 우리의 역사와 문화, 입법 당시의 시대적 상황, 국민 일반의 가치관 내지 법감정, 범죄예방을 위한 형사정책적인 측면 등 여러 가지 요소를 종합적으로 고려하여 결정될 수밖에 없다. 따라서 혼인빙자간음행위에 대하여 형사적 제재를 가할 것인지, 어떠한 제재방법을 선택할 것인지는 기본적으로 입법자의 의지 즉 입법정책의 과제로서 입법자의 입법재량의 자유에 속한다(헌재 1992. 4. 28. 90헌바24, 판례집 4, 225, 229 ; 헌재 1995. 10. 26. 92헌바45, 판례집 7-2, 397, 404 ; 헌재 1999. 5. 27. 98헌바26 ; 판례집 11-1, 622, 629 등 참조).

오늘날 세계 각국의 제도가 혼인빙자간음죄를 처벌하지 아니하는 추세이고, 최근 들어 급속한 성윤리의 개방화로 국민들의 성에 관한 인식과 이에 대한 법감정에 엄청난 변화가 진행 중에 있어 그 규범력과 실효성이 점차 약화되고 있음을 부인할 수 없다. 또한 이 사건 법률조항이 민·형사사건의 처리과정에서 합의 등을 강제하는 수단으로 악용되는 사례 등도 없지 아니하다. 그러나 이러한 사정에도 불구하고 우리 사회에서 혼인의 순결과 미혼여성의 정절관념은 전통적인 윤리·가치로서 여전히 뿌리깊게 자리잡고 있어 혼인빙자간음죄는 사회질서를 해치고 타인의 권리를 침해하는 경우에 해당한다고 보는 우리의 법의식은 여전히 유효하다고 본다. 그러므로 이 사건 법률조항은 이러한 우리의 법의식을 바탕으로 한 입법자의 입법형성의 자유영역 내의 것이므로 헌법에 위반된다고 할 수는 없다.

다만 입법자로서는 혼인빙자간음죄의 폐지론자들이 그 논거로 제시하는 바, 첫째 개인의 사생활 영역에 속하는 남녀간의 내밀한 성적 문제에 법이 지나치게 개입하는 것은 부적절하고, 둘째 세계적으로도 혼인빙자간음행위를 처벌하는 입법례가 드물며, 셋째 이 사건 법률조항이 협박을 하거나 위자료를 받아내기 위한 수단으로 악용되는 경우가 많고, 넷째 국가 형벌로서의 처단기능이 많이 약화되었으며, 다섯째 형사정책적으로도 형벌의 억지효과가 거의 없고, 여섯째 여성보호의 실효성도 의문이라는 점 등에 대한 면밀한 관찰을 통하여 혼인빙자간음죄를 앞으로도 계속 존치할 것인지 여부에 관한 진지한 접근이 필요하다고 보여진다.

4. 결 론

따라서 형법 제304조의 규정은 헌법에 위반되지 아니하므로 주문과 같이 결정한다. 이 결정은 재판관 권성, 재판관 주선회의 아래 5. 6.과 같은 별개의 반대의견이 있는 외에는 나머지 재판관들의 일치된 의견에 따른 것이다.

5. 재판관 권성의 반대의견

가. 위헌의 징표

헌법 제10조는 "모든 국민은 인간으로서의 존엄과 가치를 지니며, 행복을 추구할 권리를 가진다. 국가는 개인이 가지는 불가침의 기본적 인권을 확인하고 이를 보장할 의무를 진다."라고 규정하고 있거니와 인간이 도덕과 관습의 범위 내에서 국가의 간섭 없이 자유롭게 이성(異性)과 애정을 나눌 수 있는 것은 헌법이 규정하는 인간의 존엄과 행복추구의 본질적 내용의 일부를 구성한다. 그러므로 이성간(異性間)의 애정의 자유는 당연히 헌법상의 보호를 받는다. 따라서 국가안전보장이나 질서유지 또는 공공복리를 위하여 필요한 경우가 아니면 법률로도 이를 제한할 수 없는 것이지만(헌법 제37조 제2항 전단) 이러한 제한을 운운하는 것조차가 자연스럽지 못하게 느껴질 정도로 그 자유는 법률에 의한 제한과는 원래 친하지 않은 것이다.

이성관계는 개인과 개인 사이에서 매우 은밀하게 이루어지는 것이고 그 목표하는 바도 개인적인 애정의 성취에 있음이 그 본질임에 비추어 여기에다 국가의 안전보장이나 질서유지 또는 공공복리의 척도를 들이대는 것은 자연스럽지 못한 것이다. 그러므로 미성년 또는 심신미약의 부녀를 상대로 한다거나, 폭행이나 협박 등 폭력으로 맺어진다거나, 매매의 대상 또는 흥정의 미끼가 된다거나, 그 장면이 공중에게 노출된다거나, 또는 그로 인하여 위험한 질병이 공중에게 확산된다거나 하는 등의 부수적 문제가 수반되지 않는 한 이성관계 자체에 대하여 법률이 직접 개입하는 것은 자유에 대한 무리한 간섭이 되어 원칙으로 과잉금지위반의 위헌적 요소를 내포한다. 혼인빙자간음죄의 위헌성은 여기에서부터 들어나기 시작한다.

나. 성적자기결정권에 대한 침해 여부

다수의견은 혼인의 빙자가 음행의 상습이 없는 부녀(이하에서 여자라고 할 때에는 주로 이 범위의 부녀를 지칭한다)의 성적자기결정권을 침해한다고 주장한다. 그러나 이것은 그 근거가 불분명한 주장이라고 생각한다.

첫째로, 애정의 자유는 우선 상대선택의 자유를 의미하거니와 이 선택권 행사의 주체에 대하여는 보다 냉정하고 깊은 본태적(本態的) 통찰이 우선 필요하다. 선택의 주체는 일견 남자로 보이지만 심층적 분석에 의하면 실은 여자가 그 주체임을 인류학적 통찰은 암시하고 있다.[14] 본태적 측면에서 볼

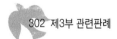

때 남자는 다수 후손의 확보에 때로 더 크게 이끌리는 본성적 경향이 있음에 반하여, 여자는 우수한 후손의 출산에 대한 기대와 그 양육에 대한 부담으로 인하여 생계와 안전을 보장할 상대의 능력도 함께 고려하게 되고 이 때문에 상대와의 거리를 좁힌 뒤 신중하게 생각하고 상대를 선택하는 본성적 경향을 가진다. 그러므로 혼인의 약속이나 빙자뿐만 아니라 그밖의 모든 정황을 함께 고려하여 여자는 선택을 하는 것으로 보아야 한다.[15]

둘째로, 애정의 자유는 원래가 상대선택의 자유 이외에 애정표현의 자유와 구애수단의 자유를 포함한다. 구애수단은 본태적 측면에서 보면 상대의 환상을 유발하도록 과대포장되고 극적으로 연출되기 마련이므로 본래가 어느 정도의 기망을 그 요소로 하고 있다. 따라서 남자의 구애행위 속에는 천태만상의 다양한 형태로, 묵시적이든 명시적이든, 혼인에 관한 모종의 약속이 다른 구애수단과 함께 포함되어 있는 경우가 대부분이라고 보아야 한다.

셋째로, 혼인의 약속이나 빙자가 개입되지 아니한 채 이루어지는 이성관계도 있을 수 있음은 물론이고 진정한 혼인의 약속이 있었으나 이런 저런 사정으로 그 약속이 불실의 것으로 끝나는 경우도 있을 수 있다. 이처럼 이성관계 성립은 그 배경이 다양하고 그 경위가 내밀하고 그 진행에 변화가 많아서 제3자나 국가기관이 사후에 혼인이 빙자된 여부를 판정하기가 참으로 지난한 경우도 있게 된다.

---

14) Helen F. Fisher 지음 / 박매영 옮김, 性의 계약(The Sex Contract, New York, 1983), 정신세계사 1993년 출판, 제167면 참조.

15) David P. Barash and Judith Eve Lipton 지음 / 이한음 옮김, 일부일처제의 신화(The Myth of Monogamy), 해냄 2002년 출판, 제205면 및 286면 참조(아울러 39면, 42면, 58면, 96면, 103면 참조).

이와 같은 여러가지 사정을 종합하여 보면 혼인의 빙자가 있었는지 여부, 있었다면 그것이 여자의 최종 결정에 미친 영향의 유무와 정도는 대단히 불명스러운 것이다. 바꾸어 말하면 여자는 혼인의 빙자가 없으면 없는 대로, 있으면 있는 대로, 그것을 포함한 모든 사정을 고려하여 남자의 접근을 수용할 여부를 최종적으로 선택한다고 보는 것이 인간의 본태적 본성에 보다 근접한 이해라고 할 것이다. 그렇다면 혼인의 빙자가 바로 여자의 성적자기결정권을 침해한다고 보는 다수의견은 그 근거가 매우 의심스러운 것이다. 혼인의 약속을 포함한 모든 사정을 종합하여 여자가 상대를 선택하는 현상을 부인하는 것은 여자의 이성(理性)과 생래의 판단력을 미오(迷悟), 불신하는 데에서 비롯된 것이다.

다. 비행과 책임 사이의 비례

그러나 이상의 논의만으로 바로 혼인을 빙자한 남자의 전방위적 면책을 단정하는 것은 아니다. 혼인빙자는 상대를 기망하는 것이므로 도덕적으로 순수하지 못하다. 그러나 앞에서 본 것처럼 구애수단은 본태적 측면에서 보면 상대의 환상을 유발하도록 과대포장되고 극적으로 연출되기 마련이므로 본래가 어느 정도의 기망을 그 요소로 하고 있다. 이러한 성향은 인간의 본성에서 유래하므로 지극히 자연스러운 것이고 그 연출의 극적 완성도에 따라 때로는 예술의 좋은 소재가 되기도 한다. 그러므로 이러한 구애수단의 다양한 전개를 순수성이라는 척도만을 가지고 단죄하는 것은 인간의 본태적 성향에 비추어 매우 무리한 일이다.

혼인을 빙자하는 것은 물론 순수하지 못하다. 그러나 그것은 누구나 쉽게 의지할 수 있는 자연스럽고 일반적인 구애의 수단이므로 혼인을 빙자한 그 시점을 기준으로 하여 판단할 때에, "지키지 않을 또는 지키지 못할 혼인의 약속을 내세워 상대를 속이지 말라"는 도덕률의 준수에 대한 기대가능성은 매우 작을 수밖에 없다. 더구나 앞에서 설명한 바와 같이 근접관찰을 통한 최종적인 상대 선택권이 여자에게 있다는 점을 함께 고려한다면 그 기대가능성은 더욱 작을 수밖에 없다. 혼인빙자의 자제(自制)에 대한 기대가능성이 이처럼 작은 것이라면 그 위반에 대한 비난의 가능성도 역시 작을 수밖에 없다. 비난가능성이 작은 잘못에 대하여는 도의적 책임을 묻는 정도로 그치고 비난가능성이 높은 잘못에 대하여만 형사책임을 함께 과하는 것이 일반적으로 정의와 형평에 부합하고 비례의 원칙에 부합하므로, 앞에서 본 바와 같이 비난가능성이 높을 수 없는 혼인빙자의 잘못에 대하여 형사처벌을 가하는 것은 과도한 처벌이 되어 헌법상의 과잉금지의 원칙에 어긋난다.

라. 형벌의 필요성과 정당성의 유무

인간의 본태적 행동은 원래는 선악을 초월한다. 그러나 인간은 끊임 없는 구도(求道)의 자기탁마(自己琢磨)를 통하여 더 높은 곳으로 향상하여 나갈 의무를 스스로 짊어지는 자존(自尊)의 양심적(良心的) 존재이다. 그러므로 양심적 존재로서의 인간은 혼인을 빙자한 행위의 비도덕성을 스스로 회오(悔悟)할 책임이 있는 것이고 이것은 양심에 내재한 도덕율에 기초한 자책이므로 본질에 있어 도덕적 책임에 속한다. 이것이 혼인을 빙자한 남자의 제1차적인 책임이다. 그렇다면 1차적 책임인 이 도덕적 책임을 제2차적인 형사법적 책임으로까지 강화하는 것은 어떠한가.

그것은 불가하다고 본다. 모든 비도덕적 행위를 형사처벌할 수 없음은 자명한 것이므로 비도덕적 행위 중 사회적 유해성이 있는 중요한 것만을 형사처벌하게 되는데 혼인빙자의 행위는 이미 앞에서 본 것처럼 그 비난가능성이 높지 아니하므로 사회적 유해성이 있는 중요한 비도덕적 행위의 범위에는 포함될 수 없기 때문이다. 그것이 국가의 안전보장이나 질서유지 또는 공공복리에 위해를 가져오는 경우가 생기는 일도 이미 앞에서 보았듯이 별로 없을 것이다. 만일 이를 형사처벌한다면, 여자측의 고소가 없으면 그 행위가 들어날 수 없는 데다가 국가의 소추권이 모든 혼인빙자를 추급하기에는 역부족이라는 점 때문에 불가피하게 선별적이고 자의적인 처벌이 초래되는데 이것은 법의 신뢰를 손상할 뿐이다. 또한 그 동안의 법집행의 실태를 실증적으로 분석하여 이러한 형사처벌이 혼인빙자의 범죄에 대한 일반예방적 효과를 거두었음을 보여주는 자료도 존재하지 아니한다. 입법자는 혼인빙자의 비행에 대한 형벌의 필요성을 입증하지 못하면 이를 형법규범화할 수는 없다고 할 것이다.16) 왜냐하면 의심스러울 때에는 시민의 자유와 형법의 최후수단성을 고려하여야 하기 때문이다.17) 더구나 장차 결혼생활이 정상적으로 영위되기 어려운 상황이 예상됨에도 불구하고 혼인빙자간음죄의 형사처벌이 두려워 혼인을 한다면, 파탄이 예상되는 혼인을 형법이 강요하는 셈이 되어 부당하다.18) 또한 피해를 본 여자가 이 규정을 무기로 상대를 공갈, 협박하는 폐단도 발생할 우려가 있다. 결국 혼인빙자의 비행에 대한 도덕적 책임을 형사처벌로까지 강화하는 것은 그 필요성과 정당성을 발견하기 어렵다.19)

마. 결 론

그러므로 이 사건 심판대상규정이 혼인빙자행위를 다른 위계행위와 형법적으로 동일하게 평가하여 이를 처벌하는 것은 헌법상의 과잉금지원칙을 위반함으로써 헌법 제10조가 보장하는 인간의 자존과 행복추구권을 침

---

16) 임웅, 비범죄화의 이론, 법문사, 1999년, 제76면 참조.
17) Peter Schneider는 "의심스러울 때는 자유를 위하여!"(In dubio pro liberate!)라는 간결한 형식으로 이를 표현하고 있다. W. Maihofer 지음 / 심재우 옮김, 법치국가와 인간의 존엄, 삼영사, 제147면 참조. 또한 임웅, 앞의 책, 제76면 참조.
18) 김기춘, 형법개정시론, 1985년, 제448면.
19) 참고로 2001년도 검찰연감에 의하여 혼인빙자간음죄의 최근 수년간의 기소건수(전국)를 살펴보면 1993년 25건, 1995년 27건, 1996년 20건, 1997년 23건, 1998년 20건, 1999년 18건이다.

해하여 위헌이라고 생각한다. 따라서 다른 점에 대하여 더 판단할 것도 없이 이 사건 심판대상규정 중 "혼인을 빙자하거나"라는 부분에 대하여는, 이에 대한 형사처벌이 헌법상의 과잉금지원칙에 위배되고 헌법 제10조가 보장하는 인간의 자존과 행복추구권을 침해함을 이유로, 위헌을 선고하여야할 것이다.

6. 재판관 주선회의 반대의견

가. 이 사건 법률조항은 혼인을 빙자하는 등으로 음행의 상습이 없는 부녀를 기망하여 간음하는 행위를 처벌하고 있다. 다수의견은 혼인의 빙자가 음행의 상습이 없는 부녀의 성적 자기결정권을 침해한다고 주장한다.

이 사건 법률조항의 보호법익은 소위 '여성의 성적 자기결정권'이고, 이 법률조항에 의하여 침해되는 기본권도 또한 '개인의 성적 자기결정권'이다. 성적 자기결정권은 헌법상 보호되는 인격권의 한 부분으로서, 인격권은 헌법 제10조의 인간의 존엄성과 행복추구권 및 헌법 제17조의 사생활의 비밀과 자유에 그 헌법적 기초를 두고 있다. 인격권은 누구나 각자의 삶을 스스로 자주적으로 결정할 수 있어야 한다는 자기결정권에 이념적 바탕을 두고, 자유로운 인격발현의 기본조건이 국가공권력에 의하여 위협받는 경우에 헌법적 보호를 제공하는 기본권이다. 성적 자기결정권이란, 자신의 성적 관(觀)을 스스로 결정하고 이에 따라 성적 영역에서의 생활을 독자적으로 형성할 권리, 무엇보다도 '누구와 성관계를 가질 것인가'를 스스로 결정할 권리이다. 성적 자기결정권의 행사는 경우에 따라 성행위의 동기에 관한 착오에 기인할 수 있으나, 자유는 곧 자기결정과 자기책임을 의미하고 자기책임은 스스로의 위험부담으로 이어진다는 점에서 성적 자결권은 자기결정에 의하여 자기 책임 하에서 성관계를 가질 권리이다. 상대방 남성이 결혼을 약속한다 하더라도 혼전 성관계를 맺을 것인지의 여부에 관하여는 여성 스스로의 판단이므로, 그에 대한 책임도 자주적 인격체로서 여성 스스로 져야 한다.

나. 개인 스스로 선택한 인생관·사회관을 바탕으로 사회공동체 안에서 각자의 생활을 자신의 책임아래 스스로 결정하고 형성하는 성숙한 민주시민이 우리 헌법의 인간상이라는 점에 비추어, 이 사건 법률조항이 보호하고자 하는 '여성의 성적 자결권'은 그 자체로서 여성의 존엄과 가치에 반하는 것으로서 보호법익이 될 수 없다. 여성이 혼전 성관계를 요구하는 상대방 남자와 성관계를 가질 것인가의 여부를 스스로 결정한 후 자신의 결정이 착오에 의한 것이라고 주장하면서 국가에 대하여 상대방 남성의 처벌을 요구하는 것은 여성 스스로가 자신의 성적 자기결정권을 부인하는 행위이다. 마찬가지로, 결혼을 약속했다고 하여 성관계를 맺은 여성의 착오를 국가가 형벌로써 사후적으로 보호한다는 것은, '여성이란 남성과 달리 성적 자기결정권을 자기 책임 아래 스스로 행사할 능력이 없는 존재, 즉 자신의 인생과 운명에 관하여 스스로 결정하고 형성할 능력이 없는 열등한 존재'라는 것의 규범적 표현이다. 나아가, 이 사건 법률조항은 남녀 평등의 사회를 지향하고 실현해야 할 국가의 헌법적 의무(헌법 제36조 제1항)에 반하는 것이자, 여성을 유아시(幼兒視)함으로써 여성을 보호한다는 미명 아래 사실상 국가 스스로가 여성의 성적 자기결정권을 부인하는 것이다.

따라서 이 사건 법률조항의 경우, 형벌규정을 통하여 추구하고자 하는 목적 자체가 헌법에 의하여 허용되지 않는 것으로서 그 정당성이 인정되지 않으므로, 이 사건 법률조항은 남성과 여성 모두의 인격권(헌법 제10조)과 사생활의 자유(헌법 제17조)를 침해하는 규정이다.

다. 이 사건 법률조항의 본질적인 문제는 혼인을 빙자한 간음과 같이 '성행위의 비도덕적 동기'를 국가가 형벌로써 처벌하는 데 있다. 형벌권은 국가적 제재수단 중 최종적 수단에 해당하므로, 국가형벌권의 행사는 단지 도덕이나 풍속을 보호하고자 하는 목적만으로는 정당화되지 아니하고, 일정한 보호법익에 대한 침해 또는 침해위험성이 존재하여야 한다. 따라서 국가가 일정한 인간행위를 범죄로 규정하기 위해서는 그 행위가 건전한 도덕에 반할 뿐이 아니라 사회질서를 침해하거나 위태롭게 한다는 법익침해의 가능성이 있어야 하는 것이다. 국가는 형벌로써 국민에게 도덕을 강요할 권한을 가지고 있지 않다. 도덕이란 국가에 의하여 제시되는 것이 아니라, 사회에서 다양한 가치관의 충돌과 경합을 통하여 스스로 형성되는 것이다.

결혼을 약속하였다 하여 혼전 성관계를 맺은 여성의 착오가 국가의 형벌권에 의하여 보호될 수 있는 법익에 포함되기 위해서는, 우리 사회에 아직도 한 번의 혼전 성관계가 여성에게는 곧 결혼을 의미하는 성풍속이 존재한다거나 아니면 한 번의 경솔한 혼전 성관계가 여성의 정상적인 결혼이나 사회생활을 가로막는 사회적 인식이 존재한다는 것이 전제되어야 하는데, 우리나라의 경우에도 개인주의적·성개방적 사고방식에 따라 성에 관한 국민의 법의식에도 많은 변화가 있어, 여성의 착오에 의한 혼전 성교를 보호해야 할 법익을 이미 더 이상 인정할 수 없다고 본다. 더욱이 다양한 가치관이 존재하는 오늘날의 다원적 사회에서, 혼전 성교의 동기 중 어떠한 동기가 특히 비난할 여지가 있는 것인가(예컨대 혼인을 빙자한 간음, 직위를 빙자한 간음, 재산을 빙자한 간음 등)에 관하여도 사회적으로 이를 판단할 수 있는 객관적인 기준이 존재하지 않기 때문에, 혼전 성행위 '동기의 순수성'과 관련하여 여성을 보호하는 것은 더 이상 국가의 과제가 아니라 할 것이다.

라. 다수의견은 '기망의 수단으로 타인의 재물을 편취하는 행위가 사기죄로 처벌되어야 하는 것과 같이, 여성의 성을 기망의 방법으로 취하는 행위도 처벌되어야 한다'고 주장하나, 이러한 견해는 사기죄에 의하여 보호되는 법

익과 혼인빙자간음죄에 의하여 보호하고자 하는 법익 간의 근본적인 차이를 간과하는 데에서 비롯된다. 어떠한 행위를 범죄로 규정하고 어떠한 형벌을 과할 것인가에 관하여는 원칙적으로 입법자의 광범위한 형성권이 인정되지만, 법률이 직업영역이나 재산권영역을 규율하는 경우와 사생활의 영역을 규율하는 경우에 인정되는 입법자의 형성권이 동일한 것은 아니다. 개인의 성행위와 같은 사생활의 내밀영역에 속하는 부분에 대하여는 국가는 간섭과 규제를 가능하면 최대한으로 자제하여 개인의 자기결정권에 맡겨야 하며, 국가형벌권의 행사는 중대한 법익에 대한 위험이 명백한 경우에 한하여 최후수단으로서 필요한 최소한의 범위에 그쳐야 한다.

다른 생활영역과는 달리, 사생활 영역에서 형법적 보호의 필요성과 형벌의 필요성을 판단함에 있어서 헌법재판소는 보다 엄격한 기준을 적용해야 한다. 특히 법률이 성생활과 같이 개인의 핵심적 자유영역을 침해하는 경우 이러한 자유에 대한 보호는 더욱 강화되어야 하므로, 입법자는 입법의 동기가 된 구체적 위험이나 공익의 존재 및 법률에 의하여 입법목적이 달성될 수 있다는 구체적 인과관계를 헌법재판소가 납득하게끔 소명·입증해야 할 책임을 진다. 그러나 이 사건의 경우, 개인의 가장 내밀한 부분에 대한 국가의 간섭을 정당화할 수 있는 중대한 법익을 엿볼 수 없다. 따라서 다수의견이 이 사건 법률조항에 의하여 규율되는 생활영역의 특성을 전혀 고려하지 아니하고 개인의 성행위에 대한 형사적 처벌의 문제를 단지 광범위한 입법형성권의 문제로 단순화하는 것은 재고되어야 한다.

마. 또한, 다수의견은 '부녀를 착오에 빠지게 하여 부녀의 성을 취하는 행위를 처벌할지의 여부는 국민의 법의식에 따라야 할 것이고 이 사건 법률조항은 국민의 법의식을 바탕으로 한 것으로서 입법자의 입법형성의 자유에 속하는 부분이다'라고 주장하나, 이는 법치국가의 본질을 오해하는 것이다.

국민의 의사를 대변하는 입법자의 결정도 헌법의 규범에 의하여 법치국가적으로 제한을 받는다는 것이 바로 헌법재판의 기본이념이다. 만일 입법자가 국민의 법의식을 반영하였다고 하여 입법자의 결정이 헌법재판소에 의하여 존중되어야 한다면, 헌법재판은 국민의 여론, 법감정이나 정서를 확인하는 작업으로 전락할 것이다. 물론 헌법재판소도 그의 존재와 권한행사의 정통성을 국민으로부터 부여받지만, 이는 헌법재판소가 구체적인 사건의 판단에 있어서 국민여론이나 국민의 법감정의 구속을 받아야 한다는 것을 의미하지는 않는다. 물론 사안에 따라서는 국민의 여론과 정서를 고려할 수는 있으나, 헌법재판소의 위헌심사에 있어서 유일한 기준은 현행 헌법규범이므로, 국민의 여론이나 법감정은 위헌성을 판단하는 결정적인 기준이 될 수는 없다.

국민의 여론이나 법의식이 헌법의 인간상 및 기본결정과 배치되는 한, 헌법재판소는 국민의 다수로부터도 헌법을 수호해야 하고 기본권을 보호해야 한다. 더욱이 민주국가에서의 법률은 다수의 의사를 대변하는 법적 표현이므로 법률에 대한 위헌심사는 바로 다수의 결정에 압도당한 소수, 법률내용에 동의하지 않는 소수에 대한 보호를 의미한다. 따라서 헌법재판소의 기본권보호는 민주주의의 다수결, 즉 국민다수의 의사에 의해서도 침해될 수 없는 개인의 고유한 사적 영역이 존재한다는 인식에 기초하고 있는 것이다. 이러한 관점에서 본다면, '이 사건 법률조항이 국민의 법의식을 반영한 것이기 때문에 입법자의 형성권이 존중되어야 한다'라고 단순히 입법자의 형성권을 주장하여 이 사건 법률조항을 정당화하려는 견해는 헌법적으로 타당한 근거를 갖추지 못한 공허한 주장이다.

바. 결론적으로, 불순한 동기에 의한 성행위는 도덕과 윤리의 문제에 불과할 뿐, 사회적으로 유해한 행위에 해당하지 않으므로, 국가가 이러한 개인의 사생활 영역까지 규제해야 할 아무런 정당성을 찾을 수 없는 것이다. 이

사건 법률조항은 독자적인 인격체로서 자기 책임 아래 성적 자기결정권을 행사할 수 있는 여성의 능력을 부인함으로써 여성의 존엄과 가치에 반하여 그의 인격권을 침해하고, 나아가 형법적으로 보호해야 할 법익이 없음에도 개인의 성행위를 형벌로써 규율함으로써 개인의 성적 자기결정권을 침해하는 위헌적인 규정이다.

재판관　윤영철(재판장), 한 대현, 하경철, 김영일, 권 성, 김효종,
　　　　김경일, 송인준(주심), 주선회

(2009. 11. 26. 2008헌바58, 2009헌바191(병합) 全員裁判部)

【판시사항】

형법 제304조 중 "혼인을 빙자하여 음행의 상습없는 부녀를 기망하여 간음한 자" 부분이 헌법 제37조 제2항의 과잉금지원칙을 위반하여 남성의 성적자기결정권 및 사생활의 비밀과 자유를 침해하는지 여부(적극)

【결정요지】

이 사건 법률조항의 경우 입법목적에 정당성이 인정되지 않는다. 첫째, 남성이 위력이나 폭력 등 해악적 방법을 수반하지 않고서 여성을 애정행위의 상대방으로 선택하는 문제는 그 행위의 성질상 국가의 개입이 자제되어야 할 사적인 내밀한 영역인데다 또 그 속성상 과장이 수반되게 마련이어서 우리 형법이 혼전 성관계를 처벌대상으로 하지 않고 있으므로 혼전 성관계의 과정에서 이루어지는 통상적 유도행위 또한 처벌해야 할 이유가 없다. 다음 여성이 혼전 성관계를 요구하는 상대방 남자와 성관계를 가질 것인가의 여부를 스스로 결정한 후 자신의 결정이 착오에 의한 것이라고 주장하면서 상대방 남성의 처벌을 요구하는 것은 여성 스스로가 자신의 성적자기결정권을 부인하는 행위이다. 또한 혼인빙자간음죄가 다수의 남성과 성관계를 맺는 여성 일체를 '음행의 상습 있는 부녀'로 낙인찍어 보호의 대상에서 제외시키고 보호대상을 '음행의 상습없는 부녀'로 한정함으로써 여성에 대한 남성우월적 정조관념에 기초한 가부장적·도덕주의적 성 이데올로기를 강요하는 셈이 된다. 결국 이 사건 법률조항은 남녀 평등의 사회를 지향하고 실현해야 할 국가의 헌법적 의무(헌법 제36조 제1항)에 반하는 것이자, 여성을 유아시(幼兒視)함으로써 여성을 보호한다는 미명 아래 사실상 국가 스스로가 여성의 성적자기결정권을 부인하는 것이 되므로, 이 사건 법률조항이 보호하고자 하는 여성의 성적자기결정권은 여성의 존엄과 가치에 역행하는 것이다.

결혼과 성에 관한 국민의 법의식에 많은 변화가 생겨나 여성의 착오에 의한 혼전 성관계를 형사법률이 적극적으로 보호해야 할 필요성은 이미 미미해졌고, 성인이 어떤 종류의 성행위와 사랑을 하건, 그것은 원칙적으로 개인의 자유 영역에 속하고, 다만 그것이 외부에 표출되어 명백히 사회에 해악을 끼칠 때에만 법률이 이를 규제하면 충분하며, 사생활에 대한 비범죄화 경향이 현대 형법의 추세이고, 세계적으로도 혼인빙자간음죄를 폐지해 가는 추세이며 일본, 독일, 프랑스 등에도 혼인빙자간음죄에 대한 처벌규정이 없는 점, 기타 국가 형벌로서의 처단기능의 약화, 형사처벌로 인한 부작용 대두의 점 등을 고려하면, 그 목적을 달성하기 위하여 혼인빙자간음행위를 형사처벌하는 것은 수단의 적절성과 피해의 최소성을 갖추지 못하였다. 이 사건 법률조항은 개인의 내밀한 성생활의 영역을 형사처벌의 대상으로 삼음으로써 남성의 성적자기결정권과 사생활의 비밀과 자유라는 기본권을 지나치게 제한하는 것인 반면, 이로 인하여 추구되는 공익은 오늘날 보호의 실효성이 현격히 저하된 음행의 상습없는 부녀들만의 '성행위 동기의 착오의 보호'로서 그것이 침해되는 기본권보다 중대하다고는 볼 수 없으므로, 법익의 균형성도 상실하였다. 결국 이 사건 법률조항은 목적의 정당성, 수단의 적절성 및 피해최소성을 갖추지 못하였고 법익의 균형성도 이루지 못하였으므로, 헌법 제37조 제2항의 과잉금지원칙을 위반하여 남성의 성적자기결정권 및 사생활의 비밀과 자유를 과잉제한하는 것으로 헌법에 위반된다.

재판관 이강국, 재판관 조대현, 재판관 송두환의 합헌의견

이 사건 법률조항이 부녀만 보호대상으로 규정한 이유는 여자가 남자에 대하여 혼인을 빙자하는 경우에는 남자의 성적자기결정권이 침해될 가능성이 적다고 보았기 때문인데, 남녀는 신체구조가 다르고 성관계에 대한 윤리적·정서적 인식에도 차이가 있는 점을 고려하면, 이러한 입법자의 판단이 남녀를 불합리하게 차별하는 것이라고 보기 어렵다. 또한 혼인빙자의 상대가 음행의 상습없는 부녀인 경우에는 음행의 상습 있는 부녀의 경우보다 혼인빙자로 인하여 기망에 빠져 정교에 응할 가능성이 크다고 본 것이므로, 음행의 상습 있는 부녀를 불합리하게 차별한다고 보기 어렵고, 가부장적 정조관념이나 부녀의 혼전 순결을 강요하는 것이라고 볼 수 없다.

혼인을 빙자하여 부녀를 간음하는 행위는 자신만의 영역을 벗어나 다른 인격체의 법익을 침해하는 행위이기 때문에 자기결정권의 내재적 한계를 벗어나는 것이고, 따라서 이 사건 법률조항이 혼인을 빙자하여 음행의 상습없는 부녀를 간음한 남자의 성적자기결정권을 침해한다고 볼 수는 없다. 또한 남성이 혼인할 의사가 없으면서 혼인하겠다고 속이는 행위까지 헌법 제17조에 의하여 보호되는 사생활에 속한다고 할 수는 없으므로, 남자가 혼인빙자행위라는 부정한 수단을 사용한 이상, 상대방 부녀가 거짓을 알아차리지 못한 과실이 있다고 하여 혼인빙자 간음행위의 가벌성을 부정할 수 없다.

남자의 혼인빙자로 인하여 여자가 속아서 정교에 응하여 피해를 입었다고 고소하는 경우에는 사생활의 영역과 기본권의 내재적 한계를 벗어나 사회질서 침해의 문제로 표출된 것이므로, 이러한 단계에서는 사회질서 유지의 필요성이 당사자들의 사생활을 보호할 필요성보다 훨씬 크다. 또한 개인의 사생활이 타인의 법익을 침해할 경우에는 순전한 개인의 영역을 벗어나는 것이고 기본권의 내재적 한계를 벗어나는 것이기 때문에 그 한도에서 헌법 제17조의 보호범위를 벗어난다고 봄이 상당하므로, 남자가 혼인을 빙자하여 부녀를 간음한 행위를 처벌한다고 하여 법익균형이 잘못되었다고 볼 수 없다. 혼인빙자행위와 정교 동의 및 정교 사이에 인과관계가 인정되어 가벌성이 뚜렷한 경우만 처벌하기 위한 것으로서 합리적인 이유가 있다고 할 것이므로, 평등의 원칙에 위반된다고도 보기 어렵다.

재판관 송두환의 합헌의견에 대한 보충의견

이 사건 법률조항이 남녀간의 은밀한 사통 행위 자체를 처벌하는 조항이라면 모르되, 피해 부녀가 상대방의 위계, 기망에 의한 피해를 입고 상대방에 대한 조사 및 처벌을 적극적으로 요청(이 사건 죄는 친고죄이다)하는 경우를 남녀간의 내밀한 사사(私事)에 불과하다고 하여 국가가 개입해서는 안되는 영역이라고 할 수 없다. 우리 사회의 여성들 모두가 더 이상 헌법이나 법률의 보호와 배려를 필요로 하지 않게 되었다고는 볼 수 없고, 아직도 헌법이나 법률의 보호와 배려를 필요로 하는 소수의 여성들이 존재한다고 보는 이상, 이 사건 법률조항을 지금 시점에서 서둘러 폐기하여야 한다고 할 수는 없다.

이 사건 법률조항은 오직 남성이 여성을 쾌락의 대상으로 여겨 혼인의사도 없이 혼인빙자의 위계로써 기망하여 성관계를 편취하는 반사회적인 행위를 제재하는 것일 뿐인바, 이러한 점들을 무시하고 이 사건 법률조항이 남성의 성적 자기결정권을 침해하는 것이라고 한다면 이는 결과적으로 성관계에 관하여 위계, 기망, 편취의 자유를 인정하는 셈이 될 것이며, 이것이 부당함은 명백하다.

【심판대상조문】

형법(1953. 9. 18. 법률 제293호로 제정되고, 1995. 12. 29. 법률 제5057호

로 개정된 것) 제304조(혼인빙자 등에 의한 간음) 혼인을 빙자하거나 기타 위계로써 음행의 상습 없는 부녀를 기망하여 간음한 자는 2년 이하의 징역 또는 500만 원 이하의 벌금에 처한다.

【참조조문】

헌법 제10조, 제17조, 제36조 제2항, 제37조 제2항

형법 제302조(미성년자등에 대한 간음) 미성년자 또는 심신미약자에 대하여 위계 또는 위력으로써 간음 또는 추행을 한 자는 5년 이하의 징역에 처한다.

형법 제305조(미성년자에 대한 간음, 추행) 13세 미만의 부녀를 간음하거나 13세 미만의 사람에게 추행을 한 자는 제297조, 제298조, 제301조 또는 제301조의2의 예에 의한다.

【참조판례】

1. 헌재 2002. 10. 31. 99헌바40등, 판례집 14-2, 390

2. 헌재 2008. 10. 30. 2007헌가17등, 판례집 20-2상, 696

【당사자】

청 구 인 1. 임ㅇ연(2008헌바58)
　　　　　　국선대리인 변호사 황병일

2. 양○석(2009헌바191)
대리인 변호사 신태길 외 1인
법무법인 로텍 담당변호사 조한직 외 3인

당해사건 1. 대법원 2008도2440 사기 등(2008헌바58)
        2. 서울동부지방법원 2009노1104 혼인빙자간음
        (2009헌바191)

【주 문】

형법 제304조(1953. 9. 18. 법률 제293호로 제정되고, 1995. 12. 29. 법률 제5057호로 개정된 것) 중 "혼인을 빙자하여 음행의 상습없는 부녀를 기망하여 간음한 자" 부분은 헌법에 위반된다.

【이 유】

1. 사건의 개요와 심판의 대상

가. 사건의 개요

(1) 2008헌바58 사건

(가) 청구인 임○연은 2006. 2. 14.부터 2006. 4. 13.까지 사이에 4회에 걸쳐 혼인을 빙자하여 음행의 상습없는 이○희를 각 간음하고, 2005. 9. 22.부터 2005. 10. 2.까지 사이에 4회에 걸쳐 혼인을 빙자하여 음행의 상습없는 김○수를 각 간음하였다는 등의 이유로, 혼인빙자간음, 사기 및 절도로 기소되었다.

(나) 청구인 임ㅇ연은 1심(서울중앙지방법원 2007고단3067) 및 2심(서울 중앙지방법원 2007노4045)에서 징역 2년 6월을 각 선고받아 상고하였고, 그 소송계속 중에 혼인빙자간음죄를 처벌하는 형법 제304조가 헌법상 사생활의 비밀과 자유를 침해하고 평등원칙에 위반된다는 등의 이유로 대법원에 위헌심판제청신청(2008초기196)을 하였다.

(다) 대법원은 2008. 6. 12. 위 위헌심판제청신청을 기각하였고, 같은 날 2심 판결 중 절도 부분이 '컴퓨터 등 사용 사기'에 해당하고 사기 부분 중 일부가 증거가 부족하다는 이유로 파기하였다.

(라) 이에 청구인 임ㅇ연은 2008. 6. 19. 헌법재판소법 제68조 제2항에 따라 이 사건 헌법소원심판을 청구하였고, 그 후 청구인 임ㅇ연은 파기환송심에서 징역 2년 6월을 선고받고(서울중앙지방법원 2008노2023) 상고하였으나 2008. 12. 11. 대법원에서 상고기각되어(2008도8937) 그 판결이 확정되었다.

(2) 2009헌바191 사건

(가) 청구인 양ㅇ석은 배우자와 혼인신고하여 그 사이에 2명의 자녀가 있는 자인바, 2005. 12. 30.부터 2008. 2. 1.까지 사이에 76회에 걸쳐 혼인을 빙자하여 음행의 상습없는 이ㅇ아를 각 간음하고, 2007. 5. 27.부터 2008. 2. 3. 까지 사이에 58회에 걸쳐 혼인을 빙자하여 음행의 상습없는 이ㅇ아를 각 간음하였다는 이유로 형법 제304조의 혼인빙자간음죄로 기소되었다.

(나) 청구인 양ㅇ석은 1심(서울동부지방법원 2008고단3301) 계속 중에 혼인빙자간음죄를 처벌하는 형법 제304조가 헌법상 사생활의 비밀과 자유를 침해하고 평등원칙에 위반된다는 등의 이유로 위헌심판제청신청(2009초기 546)을 하였는데, 1심 법원은 2009. 7. 16. 위 위헌심판제청신청을 기각함과 동시에 청구인 양ㅇ석에 대하여 위 공소사실을 모두 유죄로 인정하고 징역 10월을 선고하였다.

(다) 이에 청구인 양○석은 2009. 8. 11. 헌법재판소법 제68조 제2항에 따라 이 사건 헌법소원심판을 청구하였고, 1심 판결에 대하여도 항소하여 현재 항소심(서울동부지방법원 2009노1104) 재판 중이다.

나. 심판의 대상

이 사건의 심판대상은 형법 제304조(1953. 9. 18. 법률 제293호로 제정되고, 1995. 12. 29. 법률 제5057호로 개정된 것) 중 "혼인을 빙자하여 음행의 상습없는 부녀를 기망하여 간음한 자" 부분(이하에서는 이 부분만을 '이 사건 법률조항'이라 한다)의 위헌 여부이고, 그 내용은 다음과 같다

【심판대상조항】

형법 제304조(혼인빙자간음) 혼인을 빙자하거나 기타 위계로써 음행의 상습없는 부녀를 기망하여 간음한 자는 2년 이하의 징역 또는 500만 원 이하의 벌금에 처한다.

2. 청구인들의 주장 및 이해관계인들의 의견

가. 청구인들의 주장요지

(1) 2008헌바58 사건

형법에 의한 성적 자유의 보호는 의사의 자유를 제압당하거나 자유가 없는 경우로 제한되어야 하는데 혼인빙자간음의 경우에는 그 의사를 제압당하였다고 할 수 없고, 진실을 전제로 한 혼전성교의 강제는 도덕과 윤리의 문제

에 불과하므로 형법이 개인 간의 사생활 영역까지 규제하여서는 안된다. 따라서 남녀 간의 자유의사에 의한 성적 행위를 제재하는 이 사건 법률조항은 청구인의 행복추구권이나 성적자기결정권(헌법 제10조) 및 사생활의 비밀과 자유(헌법 제17조)를 침해한 것이다. 또한 행위 주체를 남성으로, 그 보호 대상을 부녀로 각각 한정하여 차별대우를 함으로써 평등원칙(헌법 제11조 제1항)에도 위배된다.

우리나라의 혼인빙자간음죄와 같이 남녀 간의 자유의사에 의한 성관계를 처벌하는 입법례가 거의 없고, 학계 다수가 이 사건 법률조항의 폐지에 찬성하고 있으며, 1992년 형법 개정시안에서도 폐지키로 예정한 사실이 있다. 우리 사회의 성도덕이나 성윤리가 형법 제정 당시와 많은 변화가 있었으며, 수사실무상으로도 고소인들의 악용 사례가 많으므로 이 사건 법률조항은 위헌선언의 방법으로 폐지되어야 한다.

(2) 2009헌바191 사건

성에 관한 국민의 법의식에 많은 변화가 있어 여성의 착오에 의한 혼전성교를 보호해야 할 법익이 더 이상 인정될 여지가 없게 되었고, 구애수단은 상대의 환상을 유발하도록 과대포장되고 극적으로 연출되기 마련이어서 어느 정도의 기망을 그 요소로 하므로 "지키지 않을 또는 지키지 못할 혼인의 약속을 내세워 상대를 속이지 말라"는 도덕률 준수에 대한 기대가능성은 매우 적을 수밖에 없으며, 이처럼 도덕률 준수에 대한 기대가능성이 낮은 혼인빙자간음행위에 대하여 형사처벌을 규정하는 것은 과잉금지원칙에 위배된다. 또한 혼인빙자간음죄는 남성 우월적인 관점에서 남성과 달리 여성에게만 정조라는 봉건적인 가치를 지키토록 요구하는 여성 비하적인 조항으로 평등원칙에 반한다. 그 외 부분은 2008헌바58 사건과 거의 같다.

나. 법원의 위헌심판제청신청 기각결정이유 요지

(1) 대법원(2008헌바58 사건)

혼인빙자간음죄를 처벌하는 형법 제304조는 성적자기결정권에 대한 필요 최소한의 제한으로서 그 본질적인 부분을 침해하지 아니하므로 헌법 제37조 제2항의 과잉금지원칙에 위반되지 아니하고, 따라서 위 규정으로 인하여 사생활의 비밀과 자유가 침해된다고 볼 수 없다. 한편 위 규정은 사회적 약자인 여성의 성적자기결정권을 보호하려는 정당한 목적이 있고 남성을 자의적으로 차별하여 처벌하는 것이라고 단정하기도 어려우며, 차별의 기준이 그 목적의 실현을 위하여 실질적인 관계가 있고 차별의 정도도 적정한 것으로 보여지므로 평등원칙에 위반된다고 볼 수도 없다.

(2) 서울동부지방법원(2009헌바191 사건)

2008헌바58 사건과 거의 같다.

다. 법무부장관의 의견 요지(2008헌바58 사건)

이 사건 법률조항은 청구인 임ㅇ연의 성적자기결정권과 사생활의 비밀과 자유를 제한하고 있지만 과잉금지원칙에 위배되지 아니하므로 청구인 임ㅇ연의 기본권을 침해한다고 볼 수 없고, 남성만을 형사처벌의 대상으로 하지만 비례원칙에 위배되지 아니하여 평등원칙에 반하는 것도 아니므로, 결국 이 사건 법률조항은 헌법에 위반되지 아니한다.

라. 여성부장관의 의견 요지(2008헌바58 사건)

이 사건 법률조항은 피해자가 부녀로 한정되어 남성에 대한 차별 소지가 있고, 여성을 성적 의사결정의 자유도 제대로 행사할 수 없는 존재로 비하하고 있다는 점 등에서 헌법상 평등원칙에 위배되는 성격을 내재하고 있다.

3. 본안에 대한 판단

가. 혼인빙자간음죄에 관한 입법례 및 입법연혁

(1) 외국의 입법례를 살펴보면, 일본은 현행 형법이나 구 형법에 혼인빙자간음죄에 대한 처벌규정이 없다. 미국은 대부분의 주에서 혼인빙자간음죄가 처벌의 대상이 아니며, 일부 주에서만 간통죄와 마찬가지로 혼인빙자간음죄에 대한 처벌규정을 두고 있으나 거의 기소되지 아니하는 것으로 알려져 있다. 독일은 구 형법에 혼인빙자간음죄가 있었으나 개정 형법에서 폐지되었고, 프랑스는 형법에 혼인빙자간음죄를 처벌하는 규정이 없다. 다만 터키, 쿠바 및 루마니아 등 소수의 국가들만이 아직 형법 등에서 혼인빙자간음죄를 처벌하는 규정을 두고 있다(헌재 2002. 10. 31. 99헌바40등, 판례집 14-2, 390, 396 참조).

(2) 우리나라의 경우 1953년 형법 제정 이전의 의용 형법에는 혼인빙자간음죄에 대한 처벌조항이 없었고, 형법 제304조는 일본 형법 가안의 영향을 받은 것으로 알려져 있다. 1992년의 형법 개정법률안에서 형법 제304조를 폐지하기로 논의된 바 있으나 1995년의 형법개정에는 반영되지 아니하였다.

나. 헌법재판소의 선례

헌법재판소는 형법 제304조에 대하여 2002. 10. 31. 99헌바40, 2002헌바 50(병합) 사건에서 합헌결정을 하였는데, 그 결정의 요지는 다음과 같다. 다수의견은 혼인을 빙자한 부녀자 간음행위는 피해 여성의 성적자기결정권을 침해하여 기본권행사의 내재적 한계를 명백히 벗어난 것으로서 사회의 질서 유지를 위하여 그 제한이 불가피하므로, 형법 제304조는 성적자기결정권에 대한 필요 최소한의 제한이고 그 본질적인 부분을 침해하는 것도 아니므로 헌법 제37조 제2항의 과잉금지의 원칙에 위반되지 아니하고 행복추구권이나 사생활의 비밀과 자유가 침해되었다고도 할 수 없으며, 아직도 우리 사회에는 남녀 간의 성에 대한 신체적 차이, 성행위에 대한 인식과 평가가 다른 것이 엄연한 현실이므로 형법 제304조는 사회적 약자인 여성의 성적자기결정권을 보호하려는 정당한 목적이 있고, 차별의 정도도 적정한 것으로 보여지는 등 평등원칙에 위반된다고 볼 것도 아니라고 하면서, 다만 입법자의 혼인빙자간음죄의 폐지 여부에 대한 진지한 접근을 요구하였다.

이에 대하여, 형법 제304조가 혼인빙자행위를 다른 위계행위와 동일하게 평가하여 처벌하는 것은 헌법상의 과잉금지원칙을 위반한 것이므로 형법 제304조 중 '혼인을 빙자하거나' 부분은 헌법 제10조가 보장하는 인간의 자존과 행복추구권을 침해하여 위헌이라는 재판관 1인의 반대의견과, 불순한 동기에 의한 성행위는 도덕과 윤리의 문제에 불과할 뿐 사회적으로 유해한 행위에 해당하지 않으므로 국가가 이러한 개인의 사생활 영역까지 규제해야 할 아무런 정당성을 찾을 수 없는 것이고, 형법 제304조는 독자적인 인격체로서 자기 책임 아래 성적자기결정권을 행사할 수 있는 여성의 능력을 부인함으로써 여성의 존엄과 가치에 반하여 그의 인격권을 침해하고, 나아가 형법적으로 보호해야 할 법익이 없음에도 개인의 성행위를 형벌로 규율함으로

써 개인의 성적자기결정권을 침해하는 위헌적인 규정이라는 재판관 1인의
반대의견이 있었다.

다. 이 사건 법률조항 개관

우리 형법은 형법 제32장 '강간과 추행의 죄(1995년 형법 개정 전에는
'정조에 관한 죄'로 표시되어 있었다)'의 장에 개인적 법익을 침해하는 범죄
의 하나로 강간죄 및 강제추행죄 등과 함께 혼인빙자간음죄를 규정하여 개
인의 성적 의사의 자유를 보호하고 있다. 그 중 혼인빙자간음죄는 '남성'이
혼인을 빙자하거나 기타 위계로써 '음행의 상습없는 부녀'를 기망하여 간음
함으로써 성립되는 범죄로서 음행의 상습없는 부녀의 성적자기결정권을 그
보호법익으로 하며(헌재 2002. 10. 31. 99헌바40등, 판례집 14-2, 390, 397),
여기서 혼인을 빙자한다는 것은 위계의 한 예시에 불과하고, '음행의 상습없
는 부녀'란 형법 제302조(미성년자 등에 대한 간음), 제305조(13세 미만 부
녀에 대한 간음, 추행)와 관련지어 볼 때 '정조관념이 약하여 특정인이 아닌
자를 상대로 성생활을 하는 자' 이외의 자로서 20세 이상인 성년의 부녀자를
의미하는 것으로 해석된다.

라. 판 단

(1) 이 사건 법률조항에 의하여 제한되는 기본권

헌법 제10조는 "모든 국민은 인간으로서의 존엄과 가치를 가지며, 행복
을 추구할 권리를 가진다. 국가는 개인이 가지는 불가침의 기본적 인권을 확
인하고 이를 보장할 의무를 진다."라고 규정하여 개인의 인격권과 행복추구
권을 보장하고 있다. 개인의 인격권·행복추구권에는 개인의 자기운명결정

권이 전제되는 것이고, 이 자기운명결정권에는 성행위 여부 및 그 상대방을 결정할 수 있는 성적(性的) 자기결정권이 포함되어 있다. 이 사건 법률조항이 혼인빙자간음행위를 형사처벌함으로써 남성의 성적자기결정권을 제한하는 것임은 틀림없고, 나아가 이 사건 법률조항은 남성의 성생활이라는 내밀한 사적 생활영역에서의 행위를 제한하므로 우리 헌법 제17조가 보장하는 사생활의 비밀과 자유 역시 제한하는 것으로 보인다(헌재 2008. 10. 30. 2007헌가17등, 판례집 20-2상, 696, 707 ; 헌재 2002. 10. 31. 99헌바40등, 판례집 14-2, 390, 397 참조).

(2) 과잉금지원칙 위반 여부

(가) 위와 같은 남성의 성적자기결정권 및 사생활의 비밀과 자유도 절대적으로 보장되는 기본권은 아니므로 헌법 제37조 제2항에 따라 국가안전보장, 질서유지 또는 공공복리를 위하여 필요한 경우에는 법률로써 제한할 수 있겠지만(헌재 1990. 9. 10. 89헌마82, 판례집 2, 306, 310 참조), 이러한 성적자기결정권 등에 대한 제한이 그 한계를 넘어 헌법 제37조 제2항에서 정하고 있는 과잉금지원칙에 위배되어서는 아니되므로 동 기본권제한에 대한 위헌성을 판단함에 있어서도 엄격한 비례심사가 이루어져야 한다.

(나) 목적의 정당성

1) 헌법 제10조는 "모든 국민은 인간으로서의 존엄과 가치를 지니며, 행복을 추구할 권리를 가진다. 국가는 개인이 가지는 불가침의 기본적 인권을 확인하고 이를 보장할 의무를 진다."라고 규정하고 있거니와 인간이 도덕과 관습의 범위 내에서 국가의 간섭 없이 자유롭게 이성(異性)과 애정을 나눌 수 있는 것은 헌법이 규정하는 인간의 존엄과 행복추구의 본질적 내용의 일

부를 구성하므로 이성 간의 애정의 자유도 당연히 헌법상의 보호를 받는다. 그리고 이같은 자유도 국가안전보장이나 질서유지 또는 공공복리를 위하여 필요한 경우라면 법률로써 제한할 수야 있겠지만, 남녀간의 내밀한 성적인 자유는 그 자유의 속성상 법률에 의한 제한과는 친하지 않은 속성을 갖고 있으므로 이러한 자유를 제한하는 입법의 위헌성 심사에서도 이러한 특성을 고려하지 않을 수 없다.

2) 이성 간에 성행위를 함에 있어 미성년 또는 심신미약의 부녀를 상대로 한다거나, 폭행이나 협박 등 폭력을 수단으로 한다거나, 여성을 매매의 대상 또는 흥정의 미끼로 삼는다거나, 그 장면을 공중에게 노출시킨다거나, 또는 그로 인하여 위험한 질병이 상대방에게 전염되게 한다거나 하는 등의 해악적 문제가 수반되지 않는 한 이성관계 자체에 대하여 법률이 직접 개입하는 것은 성적 자유에 대한 무리한 간섭이 되기 쉽다. 따라서 남성이 위와 같이 해악적 문제를 수반하지 않는 방법으로 여성을 유혹하는 성적행위에 대해서 국가가 개입하는 것은 억제되어야 한다. 그리고 남성의 여성에 대한 유혹의 방법은 남성의 내밀한 성적자기결정권의 영역에 속하는 것이고, 또한 애정 행위는 그 속성상 과장이 수반되게 마련이다. 이러한 관점에서 우리 형법이 혼전 성관계를 처벌대상으로 하지 않고 있는 이상, 혼전 성관계의 과정에서 이루어지는 통상적 유도행위 또한 처벌하여서는 아니되는 것이다.

3) 여성이 혼전 성관계를 요구하는 상대방 남자와 성관계를 가질 것인가의 여부를 스스로 결정한 후 자신의 결정이 착오에 의한 것이라고 주장하면서 국가에 대하여 상대방 남성의 처벌을 요구하는 것은 여성 스스로가 자신의 성적자기결정권을 부인하는 행위이다. 남성이 결혼을 약속했다고 하여 성관계를 맺은 여성만의 착오를 국가가 형벌로써 사후적으로 보호한다는 것은 '여성이란 남성과 달리 성적자기결정권을 자기책임 아래 스스로 행사할

능력이 없는 존재, 즉 자신의 인생과 운명에 관하여 스스로 결정하고 형성할 능력이 없는 열등한 존재'라는 것의 규범적 표현이다. 그러므로 이 사건 법률조항은 남녀 평등의 사회를 지향하고 실현해야 할 국가의 헌법적 의무(헌법 제36조 제1항)에 반하는 것이자, 여성을 유아시(幼兒視)함으로써 여성을 보호한다는 미명 아래 사실상 국가 스스로가 여성의 성적자기결정권을 부인하는 것이 되는 것이다. 나아가 개인 스스로 선택한 인생관·사회관을 바탕으로 사회공동체 안에서 각자의 생활을 자신의 책임 아래 스스로 결정하고 형성하는 성숙한 민주시민이 우리 헌법이 지향하는 바람직한 인간상이라는 점에 비추어 볼 때, 결국 이 사건 법률조항이 보호하고자 하는 여성의 성적자기결정권은 여성의 존엄과 가치에 역행하는 것이라 하지 않을 수 없다. 이러한 점에서 중앙행정기관 중 여성정책의 기획·종합, 여성의 권익증진 등 지위향상에 관한 사무를 관장하는 여성부장관이 이 사건 법률조항에 대하여 여성을 성적 의사결정의 자유도 제대로 행사할 수 없는 존재로 비하하고 있다는 등의 이유로 남녀 평등의 원칙에 위배된다고 하여 위헌의견을 개진한 것은 시사하는 바가 매우 크다 할 것이다.

4) 이 사건 법률조항에 의하여 보호받는 '음행의 상습없는 부녀'란 '불특정인을 상대로 성생활을 하는 습벽'이 없는 기혼 또는 미혼의 부녀를 의미하므로 이른바 '성매매여성' 뿐만 아니라 같은 시기에 다수의 남성과 성관계를 맺는 여성도 그 보호대상에서 제외된다. 그러나 '음행의 상습 있는 부녀'의 성행위 결정요소 중에는 돈을 벌기 위함이라든지 자유분방한 성적 취향 등 다양한 요소가 개입될 수 있어서 '음행의 상습없는 부녀'와 비교할 때 그들의 혼인에 대한 신뢰의 정도가 상대적으로 낮다는 취지를 감안하더라도 이는 정도의 차이에 불과할 뿐 형법이 이를 구분해 한쪽을 보호대상 자체에서 제외시켜야 할 근거가 되지는 못한다. 오히려 혼인빙자간음죄가 다수의 남성과 성관계를 맺는 여성 일체를 '음행의 상습 있는 부녀'로 낙인찍어 보호

의 대상에서 제외시키고 보호대상을 '음행의 상습없는 부녀'로 한정함으로써 결국에는 여성에 대한 고전적 정조관념에 기초한 가부장적·도덕주의적 성 이데올로기를 강요하는 셈이 되고 만다. 이는 결국 이 사건 법률조항의 보호법익이 여성의 주체적 기본권으로서 성적자기결정권에 있다기 보다는 현재 또는 장래의 경건하고 정숙한 혼인생활이라는 여성에 대한 남성우월의 고전적인 정조관념에 입각한 것임을 보여준다 할 것이다.

5) 따라서 이 사건 법률조항의 경우 형벌규정을 통하여 추구하고자 하는 목적 자체가 헌법에 의하여 허용되지 않는 것으로서 그 정당성이 인정되지 않는다고 할 것이다.

(다) 수단의 적절성 및 피해최소성

1) 가사 이 사건 법률조항에 사회적 약자인 여성의 성적자기결정권을 보호하고자 하는 입법목적의 정당성을 인정해 준다고 하더라도, 아래에서 보는 바와 같이 그 목적을 달성하기 위하여 혼인빙자간음행위를 형사처벌하는 것은 수단의 적절성과 피해최소성을 갖추지 못하였다고 할 것이다.

2) 어떠한 행위를 범죄로 규정하고 어떠한 형벌을 과할 것인가에 관하여는 원칙적으로 입법자의 광범위한 형성권이 인정되지만, 법률이 특히 사생활의 영역을 규율하는 경우에는 그렇지 아니한 직업영역, 재산권영역 등을 규율하는 경우와는 달리 인정되는 입법자의 형성권이 상대적으로 제한될 수밖에 없다. 개인의 성행위와 같은 사생활의 내밀영역에 속하는 부분에 대하여는 그 권리와 자유의 성질상 국가는 간섭과 규제를 가능하면 최대한으로 자제하여 개인의 자기결정권에 맡겨야 하며, 국가형벌권의 행사는 중대한 법익에 대한 위험이 명백한 경우에 한하여 최후수단으로서 필요한 최소한의

범위에 그쳐야 하기 때문이다. 따라서 다른 생활영역과는 달리 사생활 특히, 성적 사생활 영역에서 형법적 보호의 필요성과 형벌의 필요성을 판단함에 있어서는 보다 엄격한 기준을 적용해야 하는 것이다.

3) 국민 일반의 법감정의 변화

특정의 인간행위에 대하여 그것이 불법이며 범죄라 하여 국가가 형벌권을 행사하여 이를 규제할 것인지, 아니면 단순히 도덕률에 맡길 것인지의 문제는 인간과 인간, 인간과 사회와의 상호관계를 함수로 하여 시간과 공간에 따라 그 결과를 달리할 수밖에 없는 것이고, 결국은 그 사회의 시대적인 상황·사회구성원들의 의식 등에 의하여 결정될 수밖에 없다(헌재 2001. 10. 25. 2000헌바60 참조). 그런데 최근의 우리 사회는 급속한 개인주의적·성개방적인 사고의 확산에 따라 성과 사랑은 법으로 통제할 사항이 아닌 사적인 문제라는 인식이 커져 가고 있으며, 전통적 성도덕의 유지라는 사회적 법익 못지 않게 성적자기결정권의 자유로운 행사라는 개인적 법익이 더한층 중요시되는 사회로 변해가고 있다. 성의 개방풍조는 선진 국제사회의 변화추이에 따라, 이젠 우리 사회에서도 막을 수 없는 사회변화의 대세가 되었고 그것을 용인할 수밖에 없게 된 것이다.

결혼을 약속하였다고 하여 혼전 성관계를 맺은 여성의 착오가 국가의 형벌권에 의하여 보호될 수 있는 법익에 포함되기 위해서는, 우리 사회에 아직도 한번의 혼전 성관계가 여성에게는 곧 결혼을 의미하는 성풍속이 존재한다거나 아니면 한번의 경솔한 혼전 성관계도 여성에게는 정상적인 결혼이나 사회생활을 가로막는 결정적 장애라는 사회적 인식이 존재한다는 것이 전제되어야 하는데, 위에서 본 바와 같이 결혼과 성에 관한 국민의 법의식에 많은 변화가 생기나 여성의 착오에 의한 혼전 성관계를 형사 법률이 적극적으로 보호해야 할 필요성은 이미 미미해졌다고 보지 않을 수 없다.

더욱이 다양한 가치관이 존재하는 오늘날의 다원적 사회에서, 혼전 성관계의 동기 중 어떠한 동기가 특히 비난할 여지가 있는 것인가(예컨대, 혼인을 빙자한 간음, 직위를 빙자한 간음, 재산을 빙자한 간음 등)에 관하여도 사회적으로 이를 판단할 수 있는 객관적인 기준이 존재한다고 보기 어렵기 때문에, 혼전 성행위를 유발하는 빙자의 방법과 관련하여 혼인빙자에 의한 간음으로부터만 여성을 보호하고자 하는 것은 더 이상 국가의 과제가 아니라 할 것이다. 결국 "교활한 무기를 사용하여 순결한 성을 짓밟고 유린하는 남성"과 "성의 순결성을 믿고 있는 여성" 간의 대립항은 21세기 한국 사회에서는 더 이상 통용되기 어려워졌다고 할 것이다.

4) 형사처벌의 적정성

가) 성생활에 대한 형사처벌

우리의 생활영역에는 법률이 직접 규율할 영역도 있지만 도덕률에 맡겨두어야 할 영역도 있다. 법률을 도덕의 최소한이라 하듯이 법률규범은 그보다 상층규범에 속하는 도덕규범에 맡겨두어야 할 영역까지 함부로 침범해서는 안된다. 법률이 도덕의 영역을 침범하면 그 사회는 법률만능에 빠져서 품격있는 사회발전을 기약할 수 없게 되는 것이다. 따라서 성인이 어떤 종류의 성행위와 사랑을 하건, 그것은 원칙적으로 개인의 자유 영역에 속하고, 다만 그것이 외부에 표출되어 명백히 사회에 해악을 끼칠 때에만 법률이 이를 규제하면 충분하다. 혼인을 빙자하여 간음한 자는 가정, 사회, 직장 등 여러 방면에서 윤리·도덕에 의한 사회적 비난과 제재를 받을 것이므로 본질적으로 개인 간의 사생활에 속하는 이러한 행위까지 일일이 추적하여 형법이 간섭할 필요는 없다. 그리고 장차 결혼생활의 불행이 예상됨에도 불구하고 남성이 혼인빙자간음죄에 의한 처벌이 두려워 혼인한다면, 결국 형법이 파탄이 자명한 혼인을 강요하는 것과 다름이 없으므로 이를 법률로 강제하는 것은 이점에서 보아도 부당하다.

그러므로, 성인 부녀자의 성적인 의사결정에 폭행·협박·위력의 강압적 요인이 개입하는 등 사회적 해악을 초래할 때에만 가해자를 강간죄 또는 업무상 위력 등에 의한 간음죄 등으로 처벌받게 하면 족할 것이고, 그 외의 경우는 여성 자신의 책임에 맡겨야 하고 형법이 개입할 분야가 아니라 할 것이다.

나) 입법의 추세

개개인의 행위가 비록 도덕률에 반하더라도 본질적으로 개인의 사생활에 속하고 사회유해성이 없거나 법익에 대한 명백한 침해가 없는 경우에는 국가권력이 개입해서는 안된다는 사생활에 대한 비범죄화 경향이 현대 형법의 추세이다. 세계적으로도 혼인빙자간음죄를 폐지해 가는 추세에 있어 대부분의 국가들이 1970년대 이전에 혼인빙자간음죄를 폐지하였다. 일본, 독일, 프랑스 등은 혼인빙자간음죄에 대한 처벌규정이 없고, 미국은 대부분의 주에서 혼인빙자간음죄가 처벌의 대상이 아니며, 일부 주에서 간통죄와 마찬가지로 혼인빙자간음죄에 대한 처벌규정을 두고 있으나 거의 기소되지 아니하는 것으로 알려져 있다.

5) 형사처벌의 실효성

가) 국가 형벌로서의 처단 기능의 약화

우선 과거에 비하여 혼인빙자간음행위가 적발되고 또 처벌까지 되는 비율이 매우 낮아졌다. 최근 5년 동안 혼인빙자간음행위 중 고소되는 사건의 수는 1년에 500건 내지 700건 남짓에 불과하고 그 중에서도 기소되는 사건은 연(年) 평균 30건 미만이며, 고소 이후에도 수사나 재판 과정에서 고소취소되어 공소권없음 또는 공소기각으로 종결되는 사건이 상당수에 이름으로써 형벌로서의 처단 기능이 현저히 약화되었다. 또한 혼인에 대한 약속은 대부분 구두상의 약속이므로 고소인인 여성이 이를 입증하기 어렵고, 혼인을 약속한 사실이 인정되더라도 피고소인인 남성은 간음한 후의 사정변경, 예를 들면 부모의 반대, 성격차이, 심경의 변화 등을 주장하므로 그 범의의 입증이 쉽지 않다. 이렇게 되고 보면 국가는 모든 혼인빙자를 추급해 소추권을 행사하기에는 역부족이어서 선별적이고 자의적인 처벌이 초래될 수밖에 없는데 이것은 법의 신뢰를 손상할 뿐이다.

한편 혼인빙자간음죄를 폐지할 경우 성도덕이 문란해지거나 혼인빙자간음으로 인한 여성의 자살이나 좌절, 방황, 결혼의 포기 등이 더욱 빈발해 질 것이라고 우려하는 견해도 있으나, 이미 혼인빙자간음죄를 폐지한 여러 나라에서 그 폐지 이전보다 성도덕의 문란과 같은 사회적 병폐가 늘어났다는 아무런 자료나 통계가 발견되지 않는 점으로 보아서도 이는 근거없는 우려에 지나지 않는다 할 것이고, 또한 그 동안의 법집행의 실태를 실증적으로 분석하여 이러한 형사처벌이 혼인빙자의 범죄에 대한 일반예방적 효과를 거두었음을 보여주는 자료도 존재하지 아니한다. 결국 혼인빙자간음죄는 행위규제규범으로서의 기능을 잃어가고 있어 형사정책상으로도 일반예방 및 특별예방의 효과를 모두 거두기 어렵게 되었다.

나) 여성의 보호

혼인빙자간음죄로 인한 여성 보호의 실효성도 이제는 의문이라 할 것이다. 과거 우리 사회에서 혼인빙자간음죄의 존재가 여성을 보호하는 역할을 수행하였던 것은 사실이다. 즉, 우리 사회에서 여성은 사회적·경제적 약자였으므로, 혼인빙자간음죄의 존재가 남성들로 하여금 혼인을 빙자해서 간음행위에 이르지 않도록 심리적 억제 작용을 하였고, 나아가 여성이 고소를 취소하여 주는 조건으로 남성으로부터 위자료 등을 받을 수 있었다.

그러나 오늘날 우리 시대의 법적, 사회적, 경제적 변화는 혼인빙자간음죄의 위와 같은 존재이유를 상당 부분 상실하도록 하였다. 우선 여성의 사회적·경제적 활동이 활발하여짐에 따라 여성의 생활능력과 경제적 능력이 향상됨으로써 여성이 사회적·경제적 약자라는 전제가 모든 남녀관계에 적용되지는 않게 되었고, 아울러 여성도 혼인과 상관없이 성적자기결정을 하는 분위기가 널리 확산되었다. 그리하여 군이 혼인빙자간음죄 규정이 없더라도 여성이 진정으로 결혼을 전제로 하여서만 정교할 생각이라면 여성도 자율적으로 결혼 시점까지 그 정교를 하지 않을 수도 있게 되었거니와 확실하게 남성의 신분이나 진의를 확인한 다음에 정교의 시기를 선택할 수도 있게 되었다. 그럼에도 국가가 나서서 그 상대방인 남자만을 처벌한다는 것은 그 자체가 아직도 여성을 사회적 약자로 보아 여성을 비하하는 것이 된다.

6) 형사처벌로 인한 부작용

혼인빙자간음죄는 친고죄로서 고소취소 여부에 따라 검사의 소추 여부

및 법원의 공소기각 여부가 결정되므로, 결국 혼인빙자간음행위자의 법적 운명은 상대 여성의 손에 전적으로 달려 있게 된다. 그 결과, 이 사건 법률조항이 여성의 성적자기결정권 보호라는 목적과는 달리 혼인빙자간음 고소 및 그 취소가 남성을 협박하거나 그로부터 위자료를 받아내는 수단으로 악용되는 폐해도 종종 발생한다. 자기결정에 의하여 자기책임 하에서 스스로 정조를 포기한 여성이 그 위자료청구의 대안이나 배신한 상대방에 대한 보복의 수단으로 국가 형벌권을 이용하고 있다면 이는 국가의 공형벌권이 정당하게 행사되고 있다고는 볼 수 없는 것이다.

7) 따라서 혼인을 빙자한 남성을 형사처벌함으로써 사회적 약자인 여성의 성적자기결정권을 보호하겠다는 이 사건 법률조항은 그 수단의 적절성과 피해의 최소성도 갖추지 못하였다.

(라) 법익균형성

앞에서 본 바와 같이, 이 사건 법률조항은 개인의 내밀한 성생활의 영역을 형사처벌의 대상으로 삼음으로써 남성의 성적자기결정권과 사생활의 비밀과 자유라는 기본권을 지나치게 제한하는 것인 반면, 이로 인하여 추구되는 공익은 오늘날 보호의 실효성이 현격히 저하된 음행의 상습없는 부녀들만의 '성행위 동기의 착오의 보호'로서 그것이 침해되는 기본권보다 중대하다고는 볼 수 없으므로, 이 사건 법률조항은 법익의 균형성도 상실하였다고 할 것이다.

마. 소결

결국 이 사건 법률조항은 목적의 정당성, 수단의 적절성 및 피해최소성을 갖추지 못하였고 법익의 균형성도 이루지 못하였으므로, 헌법 제37조 제2항의 과잉금지원칙을 위반하여 남성의 성적자기결정권 및 사생활의 비밀과 자유를 침해하는 것으로 헌법에 위반된다. 종전에 헌법재판소가 이 결정과 견해를 달리해 형법 제304조(1953. 9. 18. 법률 제293호로 제정되고 1995. 12. 29. 법률 제5057호로 개정된 것)는 헌법에 위반되지 아니한다고 판시한 2002. 10. 31. 99헌바40, 2002헌바50(병합) 결정은 이 결정과 저촉되는 범위 내에서 이를 변경하기로 한다.

4. 결 론

따라서 형법 제304조 중 "혼인을 빙자하여 음행의 상습없는 부녀를 기망하여 간음한 자" 부분은 헌법에 위반되므로 주문과 같이 결정한다. 이 결정에는 아래 5.와 같은 재판관 이강국, 조대현, 송두환의 반대의견과 이에 대한 재판관 송두환의 아래 6.과 같은 보충의견이 있는 외에는 나머지 관여 재판관 전원의 의견이 일치되었다.

5. 재판관 이강국, 재판관 조대현, 재판관 송두환의 반대의견

가. 이 사건 법률조항의 입법목적

이 사건 법률조항은 혼인을 빙자하여 음행의 상습 없는 부녀를 기망하여 간음한 행위를 처벌하는 것이다. '혼인을 빙자하여'란 남자가 부녀를 간음할 당시에 혼인할 의사가 없음에도 불구하고 혼인할 의사가 있다고 속이는 행위를 말하고, '간음'이란 혼인관계 없는 남녀가 의사가 합치되어 정교하는 것을 말한다. 이 사건 법률조항은 남자가 혼인을 빙자한 행위만 가지고 처벌하는 것이 아니라 남자의 혼인빙자행위로 인하여 부녀가 기망에 빠져 정교에 응한 경우, 즉 남자의 혼인빙자행위와 부녀의 정교동의 및 정교 사이에 인과관계가 인정되는 경우에 처벌하는 것이다. 남자의 혼인빙자행위로 인하여 부녀가 정교에 응했다면 부녀가 혼인빙자를 진실로 믿은 데에 과실이 있더라도 처벌 대상으로 되지만, 남자의 혼인빙자행위가 부녀의 정교동의에 아무런 영향을 주지 않았다면 처벌할 수 없다. 남자의 혼인빙자행위가 없다면 부녀의 정교 동의가 혼인의사를 착각한 탓이라고 하더라도 처벌할 수 없고, 남자가 정교 당시에 혼인할 의사가 있었다면 정교 후에 다른 사정으로 혼인할 의사가 없어졌다고 하더라도 혼인을 빙자하여 간음하였다고 볼 수 없으므로 처벌할 수 없다.

이 사건 법률조항은 남자의 혼인빙자행위에 속아서 부녀가 정교에 응한 경우에 남자의 혼인빙자간음행위를 처벌하여 부녀의 성적자기결정권을 보호하려는 것이다. 부부가 아닌 남녀의 정교행위 자체를 처벌대상으로 하는 것이 아니므로, 부녀의 정조나 혼인전 순결을 보호하기 위한 것이라고 볼 수 없다. 그리고 사회의 일반적인 윤리의식이 부녀의 정조나 혼인전 순결을 중시하지 않는 방향으로 변천되었다고 하더라도, 그로 인하여 남자의 혼인빙자가 부녀의 정교동의에 아무런 영향도 미치지 않게 되었다고 단정할 수 없는 이상, 이 사건 법률조항의 존재이유가 없어졌다고 볼 수 없다.

이 사건 법률조항이 음행의 상습 없는 부녀를 요건으로 삼은 것은 혼인빙자로 인하여 정교에 관한 자기결정권이 침해되었다는 인과관계가 뚜렷한 경우만 처벌하기 위한 것이다. 혼인빙자의 상대가 음행의 상습 없는 부녀인 경우에는 음행의 상습 있는 부녀의 경우보다 혼인빙자로 인하여 기망에 빠져 정교에 응할 가능성이 크다고 본 것이므로, 음행의 상습 있는 부녀를 불합리하게 차별한다고 보기 어렵고, 가부장적 정조관념이나 부녀의 혼전 순결을 강요하는 것이라고 볼 수 없다.

이 사건 법률조항이 부녀만 보호대상으로 규정한 이유는, 여성이 약하거나 어리숙하기 때문이 아니라, 여자가 남자에 대하여 혼인을 빙자하는 경우에는 남자의 성적자기결정권이 침해될 가능성이 적다고 보았기 때문이다. 남녀는 신체구조가 다르고 성관계에 대한 윤리적·정서적 인식에도 차이가 있는 점을 고려하면, 이러한 입법자의 판단이 남녀를 불합리하게 차별하는 것이라고 보기 어렵다.

나. 이 사건 법률조항에 의하여 제한되는 기본권

남녀간의 이성교제나 정교관계는 남녀간의 내밀한 사생활 영역에 속하는 것이므로, 헌법 제17조에 의하여 사생활의 비밀과 자유로서 보호된다. 따라서 어떠한 사유이든 남녀간의 정교행위를 처벌하는 것은 사생활의 비밀과 자유를 제한하는 것이라고 할 수 있다. 다수의견은 이 사건 법률조항이 혼인을 빙자하여 부녀를 간음한 남자의 성적자기결정권을 침해한다고 보지만, 동의하기 어렵다. 헌법상 기본권으로 보장되는 자기결정권은 인격의 주체가 자기의 인격을 형성하고 발현하기 위하여 자기 자신에 관한 사항을 자율적으로 결정할 수 있는 인격적 자율권을 말하는 것이다. 어느 남자가 어느 여자를 사랑하고 정교관계를 맺는 것은 자기결정권의 보호영역이라고 할 수 있지만, 혼인을 빙자하여 부녀를 간음하는 행위는 자신만의 영역을 벗어나 다른 인격체의 법익을 침해하는 행위이기 때문에 자기결정권의 내재적 한계를 벗어나는 것이다. 따라서 이 사건 법률조항은 혼인을 빙자하여 음행의 상습 없는 부녀를 간음한 남자의 사생활의 비밀과 자유를 제한한다고 할 수 있지만, 그 남자의 성적자기결정권을 침해한다고 볼 수는 없다.

이 사건 법률조항은 혼인을 빙자하여 음행의 상습 없는 부녀를 간음한 남자만 처벌하기 때문에 남녀를 차별하고 음행의 상습 없는 여자와 음행의 상습 있는 여자를 차별하는 규정이라고 할 수 있지만, 앞서 본 바와 같이 모두 혼인빙자행위와 정교 동의 및 정교 사이에 인과관계가 인정되어 가벌성이 뚜렷한 경우만 처벌하기 위한 것으로서 합리적인 이유가 있다고 할 것이므로, 평등의 원칙에 위반된다고 보기 어렵다. 만일 여자가 혼인을 빙자하여 남자를 간음하거나 남자가 음행의 상습 있는 여자에 대하여 혼인을 빙자하여 간음한 경우에도 처벌한다면, 혼인빙자와 정교 동의 사이의 인과관계가 희미하고 가벌성이 미약한 경우까지 처벌한다는 비난을 받게 될 우려가 있다.

다. 이 사건 법률조항의 처벌대상의 가벌성(기본권 제한의 필요성)

이 사건 법률조항은 혼인을 빙자한 행위가 부녀를 기망에 빠지게 하고 그로 인하여 간음에 이른 경우에만 처벌하도록 규정하고 있다. 이 사건 법률조항의 처벌대상은 부부가 아닌 남녀가 정교하였다는 점이 아니라 남자가 혼인을 빙자하여 음행의 상습 없는 부녀를 기망하여 간음에 응하게 하였다는 점이다. 남자가 음행의 상습 없는 부녀에게 혼인할 의사가 없음에도 불구하고 혼인할 의사가 있다고 속이고 그러한 혼인빙자행위로 인하여 기망에 빠진 부녀의 동의를 얻어 간음하는 행위는, 혼인빙자라는 기망수단을 사용하여 정교에 대한 부녀의 자기결정권을 침해한 것이므로, 이를 처벌할 필요가 있음은 두말할 필요가 없다. 남성이 마음에 드는 여성을 유혹하는 행위는 헌법 제17조의 사생활의 영역에 속한다고 할지라도, 혼인할 의사가 없으면서 혼인하겠다고 속이는 행위까지 헌법 제17조에 의하여 보호되는 사생활에 속한다고 볼 수는 없다.

이 사건 법률조항은 부부가 아닌 남녀의 정교행위 자체에 대하여 간섭하는 것이 아니고, 부녀의 혼전 순결을 요구하는 것도 아니며, 부녀의 정조를 보호하기 위한 것도 아니고, 여성의 성적자기결정능력이 미약하다고 보아 보호하려는 것도 아니다. 남자의 무책임한 기망행위로 인하여 부녀가 착오로 정교에 응한 경우에 기망피해자의 고소에 따라 처벌대상으로 삼는 것이다. 남녀간의 이성교제와 정교행위는 그들의 내밀한 사생활 영역에 속하기 때문에 이에 대한 국가의 간섭은 최대한 자제되어야 하지만, 그들 사이에서 남자의 거짓 언행으로 인하여 여성이 피해를 입고 고소한 경우에는 그에 대하여 수사하고 처벌하는 것은 사회의 질서유지를 위하여 필요하고 마땅한 일이라고 할 것이다.

사회의 성윤리가 변화되어 여성의 정조나 혼전 순결을 중시하지 않게 되었다고 하더라도, 혼인빙자로 인하여 정교에 관한 자기결정권이 침해되는 부녀가 있음을 부정할 수 없는 이상, 혼인빙자 간음행위의 가벌성이 완전히 없어졌다고 볼 수 없다. 요즈음에는 남자의 혼인빙자가 부녀의 정교 결정에 아무런 영향을 미치지 못한다는 주장은 현실의 일면만 내세운 것이어서 받아들이기 어렵다. 그리고 남자가 혼인빙자행위라는 부정한 수단을 사용한 이상, 상대방 부녀가 거짓을 알아차리지 못한 과실이 있다고 하여 혼인빙자 간음행위의 가벌성을 부정할 수 없다.

라. 혼인빙자간음의 처벌 한도(기본권 제한의 최소성)

이 사건 법률조항은 ① 남자가 부녀에게 혼인을 빙자할 것, ② 그 혼인빙자로 인하여 상대방 부녀가 기망에 빠질 것, ③ 혼인빙자의 상대방이 음행의 상습 없는 부녀일 것, ④ 혼인빙자로 인하여 부녀가 기망에 빠져 간음행위에 응하였을 것을 혼인빙자간음죄의 구성요건으로 규정하고, 형법 제306조는 ⑤ 피해자가 혼인빙자로 인하여 정교에 관한 자기결정권이 침해되었다고 고소한 경우에만 처벌하도록 규정하고 있다. 이러한 규정들은 이 사건 법률조항에 의한 처벌대상을 남자의 혼인빙자행위로 인하여 부녀의 성적자기결정권이 침해된 경우로 한정하여 최소한도로 제한하기 위한 것이다. 또한 남녀간의 이성교제와 정교행위는 그들의 내밀한 사생활 영역에 속하는 것으로서 헌법 제17조에 의하여 기본권으로 보장되는 사항이므로, 피해자가 혼인빙자로 인하여 자신의 성적자기결정권이 침해되었다고 고소한 경우에만 국가형벌권을 행사할 수 있게 한 것이다.

이처럼 혼인빙자 간음죄를 친고죄로 규정한 것은 혼인빙자 간음행위의 가벌성이 미약하여 피해자의 처벌의사를 처벌요건으로 추가한 것이 아니라, 남자의 혼인빙자로 인하여 부녀의 성적자기결정권이 침해되었는지 여부가 피해자의 고소에 의하여 구체적으로 문제된 경우에만 질서유지를 위하여 국가의 간섭이 필요하다고 본 것이다. 피해자가 고소한 경우에만 처벌대상으로 삼음으로써, 사생활의 영역에 속하는 정교관계의 비밀과 자유를 최대한 보호하고 그에 대한 국가의 간섭을 최소한으로 줄이며, 부부가 아닌 남녀의 정교에 관하여 여자의 자기결정권에 대한 보호와 남자의 사생활의 비밀·자유에 대한 보호를 조정할 수 있게 된다. 그리고 이 사건 법률조항이 규정한 법정형은 '2년 이하의 징역 또는 500만 원 이하의 벌금'으로서 혼인을 빙자하여 부녀를 기망하여 간음한 행위의 가벌성에 비하여 지나치게 무겁다고 볼 수 없다.

마. 이 사건 법률조항의 법익 균형

이 사건 법률조항이 보호하려는 보호법익은 부녀의 정교에 관한 자기결정권이고, 이 사건 법률조항에 의하여 침해되는 기본권은 혼인을 빙자하여 부녀를 간음한 남자의 사생활의 비밀과 자유이다. 이처럼 기본권이 충돌하는 경우에는 관련된 기본권이 모두 가급적 최대한 존중되고 보호될 수 있도록 법익균형을 도모하여야 한다. 남녀의 자유로운 합의에 따라 이루어지는 정교관계에 국가가 간섭하는 행위는 사생활의 비밀과 자유를 침해하는 것이라고 할 수 있다. 그러나 이 사건 법률조항은 부부 아닌 남녀의 정교행위 자체가 아니라 남자가 혼인을 빙자하여 부녀를 기망하여 간음하는 행위를 처벌대상으로 하는 것이므로, 남녀의 교제나 정교관계에 대한 간섭을 직접적인 목적으로 삼는 것이 아니다. 이 사건 법률조항은 혼인빙자라는 위계행위와 관련된 한도에서만 남녀의 정교관계에 간섭할 뿐이다.

더구나 남자의 혼인빙자로 인하여 여자가 속아서 정교에 응하여 피해를 입었다고 고소하는 경우에는 사생활의 영역과 기본권의 내재적 한계를 벗어나 사회질서 침해의 문제로 표출된 것이므로, 이러한 단계에서는 사회질서 유지의 필요성이 당사자들의 사생활을 보호할 필요성보다 훨씬 크다고 봄이 상당하다. 개인의 사생활이 타인의 법익을 침해할 경우에는 순전한 개인의 영역을 벗어나는 것이고 기본권의 내재적 한계를 벗어나는 것이기 때문에 그 한도에서 헌법 제17조의 보호범위를 벗어난다고 봄이 상당하다. 따라서 남자가 혼인을 빙자하여 부녀를 간음한 행위를 처벌한다고 하여 법익균형이 잘못되었다고 볼 수 없다.

바. 결 론

이 사건 법률조항은 헌법에 위반된다고 볼 수 없다.

6. 재판관 송두환의 반대의견에 대한 보충의견

나는 이 사건 법률조항이 헌법 제37조 제2항의 과잉금지원칙을 위반하여 청구인의 성적자기결정권 및 사생활의 비밀과 자유를 침해하여 위헌이라는 다수의견에 반대하면서, 그 이유를 보충하여 두고자 한다.

가. 형법 제304조는 '혼인을 빙자하거나 기타 위계로써' 음행의 상습 없는 부녀를 기망하여 간음하는 행위를 구성요건으로 한다.

이를 가리켜 흔히 혼인빙자간음죄라고 통칭하여, 마치 혼인을 빙자하는 행위 자체를 처벌하는 조항인 것처럼 오인하는 경향도 있으나, 혼인을 빙자하는 것은 위계의 한 예시에 불과한 것이므로, 기실 형법 제304조는 '위계에 의한 간음죄'를 규정한 것이고, 이때의 '위계(僞計)'란 사람을 적극적으로 기망하여 착오를 일으키게 하고 그를 이용하여 범행목적을 달성하는 것을 가리킨다. 따라서, 이 사건 법률조항은 모든 혼인빙자 행위를 처벌하겠다는 취지가 아니라, 혼인의 빙자 행위가 위와 같은 위계에 해당한다고 판단되고 나아가 그 위계 행위와 간음행위와의 사이에 법률상 상당인과관계가 있다고 판단되는 경우에만 범죄구성요건에 해당하도록 하고 있는 것이며, 이에 의하여 구성요건해당성이 인정되는 경우에도 다시 형법 일반론에 의한 위법 여부의 판단이 뒤따르게 되는 것은 물론이다.

나. 형법 제304조는 부녀의 성적자기결정권을 그 보호법익으로 하고 있다. 그런데, 누군가가 다른 사람의 보호받아야만 할 법익을 침해하는 행위에는 다양한 형태가 있을 수 있고, 크게 보아 폭력적, 강압적 방법과 위계 또는 기만적 방법이 있다고 할 수 있는바, 여성의 성적자기결정권을 침해하는 행위 중에서 강간죄, 강제추행죄는 전자에 해당하고, 이 사건 위계에 의한 간음죄는 후자에 해당하며, 위 두 가지 방법 모두 위법성과 처벌 필요성이 있다 할 것이다.

다. 다수의견은 이 사건 법률조항에 의하여 '남성의 성적자기결정권'이 과도하게 제한된다고 판단하면서, 그 논거로서 '해악적 문제가 수반되지 않는 한 이성관계 자체에 대하여 법률이 직접 개입하는 것은 성적 자유에 대한 무리한 간섭이 되기 쉽다'고 설시하고 있는바, 어떤 부녀가 어떤 남성의 적극적 위계, 기망행위에 의하여 성관계를 가지게 된 후 나중에 그것이 위계, 기망에 불과한 것이었다는 것을 알고 혼인에 대한 기대와 신뢰가 깨어져서 심각한 정신적 고통 및 신체적 후유증을 감당하여야 하게 된 경우에 이를 가리켜 '해악적 문제가 수반되지 않는다'고 말할 수는 없다.

다수의견은 또 이 사건 법률조항에 의하여 '사생활의 비밀과 자유'가 과도하게 제한된다고 판단하면서, 그 논거로서 '남녀 간의 내밀한 성적 자유는 법률에 의한 제한과 친하지 않은 속성이 있음'을 들고 있는바, 이 사건 법률조항이 남녀간의 은밀한 사통 행위 자체를 처벌하는 조항이라면 모르되, 피해 부녀가 상대방의 위계, 기망에 의한 피해를 입고 상대방에 대한 조사 및 처벌을 적극적으로 요청(이 사건 죄는 친고죄이다)하는 경우를 남녀간의 내밀한 사사(私事)에 불과하다고 하여 국가가 개입해서는 안되는 영역이라고 할 수 없다.

라. 다수의견은 나아가, 이 사건 법률조항은 "여성을 유아시함으로써 여성을 보호한다는 미명 아래 사실상 국가 스스로가 여성의 성적자기결정권을 부인하는 것"이며 "이 사건 법률조항이 보호하고자 하는 여성의 성적자기결정권은 여성의 존엄과 가치에 역행하는 것"이라고 판단하였으나, 어떤 법률조항이 특정한 보호의 대상을 상정하고 있다고 하여서 그 보호의 대상이 된 집단 또는 그에 포함되는 개인이 '유아시' 또는 '비하'되는 것이라고는 볼 수 없다. 만약 그렇지 아니하다면, 각종의 무수한 법률 조항들을 통하여 보호대상이 되고 있는 '국민 전체'가 '유아시' 또는 '비하'되고 있다고 하여야 할 것이다. 이 사건 법률조항이 부녀만을 보호의 대상으로 삼고 있는 것은 남성과 여성의 신체적 차이, 사회적 인식 기타 여건의 차이로 인하여 피해의 양상이나 심각성의 정도가 다를 수 있는 것에 착안한 것으로 보아야 할 뿐만 아니

라, 가사 현시점에 이르러 시대상의 상당한 변화를 감안하여 보호의 대상을 '부녀'에 한정할 것이 아니라 '사람'으로 일반화하는 것이 타당하지 않겠는가 하고 생각할 수 있으나, 이는 입법정책적 논의 필요의 여부 문제일 뿐, 위헌 여부의 문제라고 할 수는 없다.

마. 다수의견이 지적하는 바와 같이, 근래의 여권신장, 남녀의 사회적 역학 관계 등 변화에 비추어 볼 때 여성의 특별한 보호의 필요성이 종전보다 감소하였다고 볼 수도 있을 것이다. 그러나 이는 평균적 남성과 평균적 여성을 평면적으로 비교하여 판단하면 족한 문제가 아니며, 우리 사회의 여성들 모두가 더 이상 헌법이나 법률의 보호와 배려를 필요로 하지 않게 되었다고는 볼 수 없고, 아직도 헌법이나 법률의 보호와 배려를 필요로 하는 소수의 여성들이 존재한다고 보는 이상, 이 사건 법률조항을 지금 시점에서 서둘러 폐기하여야 한다고 할 수는 없다.

다수의견이 지적하는 바와 같이, 우리 사회에서 성풍조의 변화가 감지되고 그에 따라 이 사건 법률조항의 형벌로서의 처단기능이 약화되는 추세에 있다는 것은 인정한다 하더라도, 최근 5년 동안의 혼인빙자간음죄에 대한 법무부 통계를 살펴보면, 매년 혼인빙자간음죄 피해여성의 고소 건수가 500여건에 이르고, 수사과정에서 적절한 피해보상 및 합의 등 사유로 공소권없음 처리되는 사례가 매년 200여건, 최종적으로 기소되는 사례만도 매년 20여건 이상으로 나타나는바, 이에 의하면 아직 우리 사회에는 혼인빙자간음행위의 피해자 수가 무시할 수 없는 정도임을 알 수 있고, 따라서 이 사건 법률조항을 헌법재판소 결정에 의하여 폐기하는 것은 이러한 다수의 선량한 피해여성들에 대한 법률의 보호를 포기하게 되는 것이 될 것이다.

바. 다수의견이 지적하는 바와 같이 이 사건 법률조항이 현실적으로 남용

또는 악용되는 사례가 있을 수 있음은 마땅히 우려하여야 할 것이다. 그러나 형사처벌규정의 남용 또는 악용 사례가 있을 수 있다는 것은 이 사건 법률조항에 특유한 문제가 아니라 우리 사법체계 전반에 걸친 문제이고, 따라서 적정한 사법운용을 정비하여 남용, 악용의 소지를 줄이는 방안을 모색하는 것은 별론으로 하고, 이로써 이 사건 법률조항을 위헌이라 판단할 논거로 삼을 수는 없다.

사. 다수의견은 결론적으로 이 사건 법률조항이 남성의 성적자기결정권을 과도하게 침해하여 위헌이라고 판단하고 있다. 그러나, 어느 일방의 성적자기결정권이 상대방의 성적자기결정권을 침해하여서는 아니된다고 할 것일 뿐만 아니라, 이 사건 법률조항은 모든 성행위에 개입하여 형벌을 가하고 그럼으로써 의사에 반하는 결혼까지 강제하는 것이 아니고, 또한 다소 과장된 정도의 구애표현이나 유혹까지 금지하거나 성관계 이후의 사정변경으로 변심한 경우까지 처벌의 대상으로 삼는 것도 아니며, 오직 남성이 여성을 쾌락의 대상으로 여겨 혼인의사도 없이 혼인빙자의 위계로서 기망하여 성관계를 편취하는 반사회적인 행위를 제재하는 것일 뿐인바, 이러한 점들을 무시하고 이 사건 법률조항이 남성의 성적자기결정권을 침해하는 것이라고 한다면 이는 결과적으로 성관계에 관하여 위계, 기망, 편취의 자유를 인정하는 셈이 될 것이며, 이것이 부당함은 명백하다 할 것이다.

아. 이상과 같은 이유로, 이 사건 법률조항이 남성의 성적자기결정권 및 사생활의 비밀과 자유를 침해하여 위헌이라는 다수의견에 반대하는 것이다.

재판관 이강국(재판장), 이공현, 조대현, 김희옥, 김종대, 민형기,
이동흡, 목영준(해외출장으로 서명날인 불능), 송두환

혼인빙자간음죄에 대한 대법원의 판단

☐ 2002도2994

(대법원 2002. 9. 4. 선고 2002도2994 판결)

【판시사항】

1. 음행의 상습 없는 부녀와 정교를 할 당시에는 혼인할 의사가 있었으나 그 후 사정의 변화로 변심하여 혼인할 의사가 없게 된 경우, 혼인빙자간음죄가 성립하는지 여부(소극)

2. 혼인을 빙자한 기망이 있었는지 여부의 판단 방법

【판결요지】

1. 혼인빙자간음죄는 혼인을 빙자하여 음행의 상습 없는 부녀를 기망하여 간음함으로써 성립하는 범죄이므로 혼인빙자간음죄가 성립하기 위하여는 범인이 부녀와 정교를 할 당시 상대방과 혼인할 의사가 없는데도 정교의 수단으로 혼인을 빙자하였어야 하고, 정교할 당시에는 혼인할 의사가 있었으나 그 후 사정의 변화로 변심하여 혼인할 의사가 없게 되었다고 하더라도 혼인빙자간음죄는 성립하지 아니한다.

2. 혼인빙자간음죄의 구성요건은 혼인을 빙자하는 위계로써 음행의 상습

없는 부녀를 기망하여 간음함으로써 이루어지는 것이므로 그 때의 기망은 그 기망행위의 내용이 진실이라고 가정할 때 음행의 상습 없는 평균적 사리 판단력을 가진 부녀의 수준에서 보아 간음에 응하기로 하는 자기 결정을 할 만한 정도여야 한다. 즉, 기망의 수단으로 혼인을 빙자하는 위계를 이용했을 때에는 음행의 상습 없는 평균적 사리 판단력을 가진 부녀의 수준에서 보아 간음 당시의 제반 정황상 그 행위자가 혼인할 의사를 갖고 있음이 진실이라고 믿게 될 만한 경우라야 기망에 의한 간음이 인정되는 것이다. 따라서 혼인의 빙자에 의하여 기망되었는지의 여부는 혼인하자는 언사로 핑계댄 일이 한번이라도 있었다고 하여 바로 긍정되는 것이 아니라, 간음에 이르기까지의 언사와 행위 등 관련되는 모든 정황을 종합 대비하여 우리 사회의 통상적인 혼인 풍속에 비추어서 판단되어야 할 것이다. 그런데 우리 사회의 혼인풍속으로는 혼인할 남자의 나이와 미혼인 여부, 다른 부녀와의 혼인을 위한 교제 유무, 건강상태, 종교, 학력, 재력, 직업, 성격, 취미, 부모 등 가족관계, 그들의 그 혼인에의 찬성 여부 등을 알아보고 정혼하는 것이 통상적이라고 할 것이므로, 그러한 사항을 거의 모르는 상태였다거나 알았다고 하더라도 그 관련 사항들이 그 부녀의 혼인기준과는 현저히 달라 혼인의 성립이 불가능하다고 일반적으로 여겨지는 상태에서 혼인을 빙자하는 말이나 글만을 믿고 바로 간음에 응했던 경우라면 특별한 사정이 없는 한, 그 부녀는 그 혼인 빙자에 기망되어 간음한 것이라고 인정하기 어렵다.

【참조조문】

[1] 형법 제304조 / [2] 형법 제304조

【참조조문】

[1] 대법원 1970. 11. 30. 선고 70도2172 판결

【전 문】

【피고인】 피고인

【상고인】 피고인

【변호인】 법무법인 덕수 외 1인

【원심판결】 서울지법 2002. 5. 24. 선고 2002노1667 판결

【주 문】

원심판결을 파기하고, 사건을 서울지방법원 본원 합의부에 환송한다.

【이 유】

1. 공소사실과 원심 판단의 각 요지

이 사건 공소사실의 요지는, 피고인이 ① 1998. 9. 말 일자미상경 평소 교제중이던 피해자 1에게 혼인할 의사가 없음에도 "너만을 사랑하니 결혼하자"라고 거짓말을 하여 그녀를 속이고 음행의 상습이 없는 그녀와 1회 정교함으로써 혼인을 빙자하여 그녀를 간음한 것을 비롯하여 그 때부터 2001. 6. 30.까지 제1심판결 첨부 별지1 범죄일람표 기재의 일시, 장소에서 같은 방법

으로 64회에 걸쳐 혼인을 빙자하여 그녀를 간음하였고, ② 1998. 10. 초 일자 미상경 피해자 2에게 혼인할 의사가 없음에도 "멋진 남편, 자상한 아빠가 되고 싶으니 기다려 달라"면서 결혼하자고 거짓말을 하여 이를 믿게 한 다음 음행의 상습이 없는 그녀와 1회 정교함으로써 혼인을 빙자하여 그녀를 간음한 것을 비롯하여 그 때부터 2001. 4. 초순경까지 제1심판결 첨부 별지2 범죄일람표 기재의 일시, 장소에서 같은 방법으로 34회에 걸쳐 혼인을 빙자하여 그녀를 간음하였으며, ③ 2001. 5. 19. 피해자 3에게 혼인할 의사가 없음에도 "나는 결혼할 사람이 아니면 절대 관계를 가지지 않는다."라고 하면서 결혼을 하자고 거짓말을 하여 그녀로 하여금 그 말을 믿게 한 다음 음행의 상습이 없는 그녀와 1회 정교함으로써 혼인을 빙자하여 그녀를 간음한 것을 비롯하여 그 때부터 2001. 7. 8.까지 제1심판결 첨부 별지3 범죄일람표 기재의 일시, 장소에서 같은 방법으로 8회에 걸쳐 혼인을 빙자하여 그녀를 간음하였다는 것이다.

이에 대하여, 원심은 제1심이 적법하게 채택하여 조사한 증거들에 의하여 피고인에 대한 이 사건 공소사실은 범죄의 증명이 충분하다고 보아 이 사건 공소사실을 유죄로 본 제1심판결을 유지하였다.

2. 이 법원의 판단

가. 혼인빙자간음죄는 혼인을 빙자하여 음행의 상습 없는 부녀를 기망하여 간음함으로써 성립하는 범죄이므로 혼인빙자간음죄가 성립하기 위하여는 범인이 부녀와 정교를 할 당시 상대방과 혼인할 의사가 없는데도 정교의 수단으로 혼인을 빙자하였어야 하고, 정교할 당시에는 혼인할 의사가 있었으나 그 후 사정의 변화로 변심하여 혼인할 의사가 없게 되었다고 하더라도 혼인빙자간음죄는 성립하지 아니한다(대법원 1970. 11. 30. 선고 70도2172

판결 참조). 또한, 혼인빙자간음죄의 구성요건은 혼인을 빙자하는 위계로써 음행의 상습 없는 부녀를 기망하여 간음함으로써 이루어지는 것이므로 그 때의 기망은 그 기망행위의 내용이 진실이라고 가정할 때 음행의 상습 없는 평균적 사리 판단력을 가진 부녀의 수준에서 보아 간음에 응하기로 하는 자기결정을 할 만한 정도여야 한다. 즉, 기망의 수단으로 혼인을 빙자하는 위계를 이용했을 때에는 음행의 상습 없는 평균적 사리 판단력을 가진 부녀의 수준에서 보아 간음 당시의 제반 정황상 그 행위자가 혼인할 의사를 갖고 있음이 진실이라고 믿게 될 만한 경우라야 기망에 의한 간음이 인정되는 것이다.

따라서 혼인의 빙자에 의하여 기망되었는지의 여부는 혼인하자는 언사로 평계댄 일이 한번이라도 있었다고 하여 바로 긍정되는 것이 아니라, 간음에 이르기까지의 언사와 행위 등 관련되는 모든 정황을 종합 대비하여 우리 사회의 통상적인 혼인풍속에 비추어서 판단되어야 할 것이다. 그럴진대, 우리 사회의 혼인풍속으로는 혼인할 남자의 나이와 미혼인 여부, 다른 부녀와의 혼인을 위한 교제 유무, 건강상태, 종교, 학력, 재력, 직업, 성격, 취미, 부모 등 가족관계, 그들의 그 혼인에의 찬성 여부 등을 알아보고 정혼하는 것이 통상적이라고 할 것이므로, 그러한 사항을 거의 모르는 상태였다거나 알았다고 하더라도 그 관련 사항들이 그 부녀의 혼인기준과는 현저히 달라 혼인의 성립이 불가능하다고 일반적으로 여겨지는 상태에서 혼인을 빙자하는 말이나 글만을 믿고 바로 간음에 응했던 경우라면 특별한 사정이 없는 한, 그 부녀는 그 혼인빙자에 기망되어 간음한 것이라고 인정하기 어려울 것이다. 위와 같은 법리에 비추어 이 사건에서 피고인에 대한 혼인빙자간음죄가 유죄로 인정되는지의 여부에 관하여 아래에서 살펴보기로 한다.

나. 피해자 1에 대한 혼인빙자간음죄 부분

(1) 기록에 의하니, 피고인이 혼인할 의사가 없음에도 불구하고 혼인할 의사가 있는 것처럼 가장하였다는 사실을 인정할 증거로는 피해자 1의 수사기관 및 법정에서의 진술이 있으며, 그 피해자 진술의 요지는, 피고인이 자신에게 결혼하자고 하여 그 말을 믿고 결혼을 전제로 하여 피고인과 사귀면서 정교를 하여 왔는데, 2001. 7. 무렵에 이르러 피고인이 자신 이외에 3, 2과도 교제하면서 정교를 한 사실을 알게 되어 돌이켜 생각하여 보니 피고인은 진실로 자신과 결혼할 의사가 없음에도 결혼하자고 속이고, 자신을 간음하여 온 것으로 판단되어 고소를 하게 되었다는 취지이다.

반면에, 피고인은 피해자 1과 공소사실 기재와 같이 정교한 사실은 인정하면서 수사기관 이래 일관하여 그 피해자와 혼인할 의사가 있었으나 다만 서로간의 가정형편이나 학업 때문에 혼인을 하지 못하고 있었을 뿐이고, 결코 혼인할 의사없이 혼인을 빙자하여 그 피해자와 정교한 사실이 없다고 변소하였다.

(2) 그런데 기록 중의 증거들에 의하니, ① 피고인은 1998. 7. 10. 무렵 길거리에서 우연히 피해자 1을 만나 그로부터 며칠 지난 후에는 그 피해자가 기거하던 오피스텔에서 함께 지냈는데 그 당시 정교를 하지는 아니하였지만 신체적인 접촉을 가졌고, 그 해 8. 14. 바로 그 피해자와 정교를 하였고, ② 그 후 피고인은 1998. 8. 말 피해자 1이 대전에서 카페를 개업하게 되자 직접 대전으로 내려가 개업을 축하하여 주었으며, ③ 피고인은 그 해 9월 중순에는 다니던 학교를 휴학하고 대전으로 내려가 그 때부터 그 해 말까지 피해자 1이 운영하던 카페에서 직원 관리와 재고 및 전표의 관리 등의 일을 맡아서 하는 등으로 그 피해자를 도와 주었으며, ④ 그 후 피고인은 그 피해자에게 카페 운영을 그만두고 공부를 계속할 것을 권유하여 오다가 1998. 12. 무렵

그 피해자가 카페를 그만두고 공부를 계속하기로 하고 서울로 올라가게 되자 그 피해자가 기거하던 오피스텔에서 동거하다시피 하면서 후배의 학생증을 빌려 그 피해자가 피고인이 재학 중이던 대학교 도서관에서 공부할 수 있도록 도와 주었고, ⑤ 피고인은 피해자 1을 만나 교제하면서부터 명절 등에는 그 피해자의 부모에게 선물을 하여 왔으며, ⑥ 피고인은 그 피해자와 만난 지 1,000일이 되는 날에는 이를 기념하기 위하여 장미 꽃다발을 준비하여 기념행사를 열어 주기도 하였고, ⑦ 피고인은 그 피해자가 2000. 8.경 대학원에 진학하게 되자 그 때부터 2001년도 봄 학기까지 수시로 그 피해자가 거주하던 오피스텔에 드나들면서 그 피해자가 학교에 제출하여야 하는 리포트 등의 과제를 작성하는 일을 밤늦게까지 도와주었으며, ⑧ 피고인은 그 피해자를 장차 결혼할 사이라고 하면서 직장 동료들에게 소개하였을 뿐 아니라, 주위의 친구들에게 수시로 그 피해자와 결혼할 예정이라고 밝혀 왔음을 알 수 있다.

그와 같은 객관적 사정에 비추어 볼 때, 피고인이 처음부터 자신과 혼인할 의사가 없음에도 혼인하자고 기망하여 정교를 하게 되었다는 피해자 1의 진술은 피고인이 자신 이외에 다른 여자와 교제하면서 정교를 한 사실을 알게 되자 피고인에 대한 극도의 배신감 내지 복수심에서 내려진 추측이나 판단에 기한 것으로도 보이므로 피해자의 진술을 뒷받침하는 그 밖의 객관적 사정이 더 밝혀지지 않고서는 그와 같은 그 피해자의 진술만으로써 위와 같은 객관적인 사정을 도외시한 채 피고인이 처음부터 그 피해자와 혼인할 의사가 없음에도 혼인할 의사가 있는 것처럼 가장하여 그 피해자를 기망하여 간음하였다고 단정하기 어렵다고 여겨진다. 따라서 원심이 피해자 1의 진술만으로 피고인이 처음부터 그 피해자와 혼인할 의사가 없었다고 보아 이 사건 공소사실 중 피해자 1에 대한 64회의 간음부분을 모두 유죄로 단정한 것은 수긍되지 아니한다.

다만 기록에 의한즉, 피고인은 피해자 1을 만나 약 3년 간 교제하며 정교 관계를 맺어오면서도 피해자 2, 3와 교제하면서 정교를 하여 온 사실이 인정되는바, 그와 같은 사정에 비추어 볼 때 피고인은 피해자 1을 만나 교제하여 오던 중 어느 시점에 이르러 그 피해자와의 관계가 악화되어 그 피해자와 혼인할 의사가 없어졌는데도 불구하고 계속하여 그러한 의사가 있는 것처럼 가장하여 그 피해자를 속이고, 그 피해자와 정교를 하였을 여지도 있어 보이므로 사실심인 원심에서는 그 피해자와의 64회에 걸친 간음행위가 앞서 본 법리상의 혼인빙자 기망행위로 인한 것인지를 가려내기 위하여 더 자세히 심리하였을 것이 기대된다.

(3) 그럼에도 견해를 달리하여 피고인이 처음부터 자신과 혼인할 의사가 없음에도 혼인하자고 기망하여 자신을 간음하였다는 피해자 1의 진술만으로 이 사건 공소사실 중 피해자 1에 대한 부분 모두를 유죄로 인정한 원심판결에는 필요한 심리를 다하지 아니한 나머지 증거법칙을 위반하여 사실을 잘못 인정한 위법이나 혼인빙자간음죄의 법리를 오해한 위법이 있고, 이는 판결의 결과에 영향을 미쳤다고 하겠으므로 이를 지적하는 상고이유의 이 주장은 정당하기에 이 법원은 그 주장을 받아들인다.

다. 피해자 2에 대한 부분

(1) 원심은 피고인이 최초의 간음행위시 이래 결혼하자고 하였다는 피해자 2의 진술을 믿어 이 사건 공소사실 중 피해자 2에 대한 부분을 유죄로 인정하였다.

(2) 그러나 기록 중의 증거들에 의하니, 피해자 2은 대학 2학년에 재학 중이던 1998. 3. 초순경 우연히 길에서 당시 대학 4학년에 재학 중이던 피고인

을 만나 피고인을 알게 되었고, 그 후 자신이 먼저 연락을 하여 피고인과 만나다가 피고인을 만난 지 불과 1개월 정도가 지난 1998. 4. 중순경 서울 도봉구 우이동에 있는 모텔에서 처음으로 피고인과 정교를 하였으며, 그 후 피고인과 여러 차례에 걸쳐 정교를 한 사실, 그런데 그 피해자는 피고인과 사귀는 중에 약 6개월 동안 피고인을 전혀 만나지 못한 경우도 있는 사실, 그 피해자는 피고인을 만나던 중인 2001. 3. 무렵 피고인의 차 안에서 피해자 1과 피고인이 커플로 된 핸드폰 커플요금명세서를 보았으나 이에 개의치 않고 그 후에도 피고인을 만나 정교를 한 사실, 피해자 2은 2001. 4. 무렵 피고인과 다투고 나서 더 이상 피고인과 만나지 않고 있다가 피해자 1, 3로부터 연락을 받고서 비로소 피고인의 행적을 알게 된 사실, 피해자 2은 피고인과 만나고 있던 기간 중인 1998. 7.경 여자친구 1명과 다른 남자 2명과 함께 강릉에 3박 4일간 놀러갔다 왔고, 그 당시 찍은 사진을 피고인에게 보여주기까지 한 사실, 피해자 2은 1998. 4. 무렵부터 2001. 4. 무렵까지 약 3년 동안 피고인과 정교를 하여 오면서도 피고인과 사이에 구체적으로 결혼계획을 세우거나 결혼을 전제로 피고인의 가족에게 인사를 한 적이 없었던 사실을 알 수 있다.

위와 같은 피고인이 피해자 2을 만나게 된 경위, 피고인이 그 피해자와 처음 정교를 할 때까지 교제한 기간과 횟수, 당시 피고인과 피해자 2의 나이 및 신분, 피해자 2이 그 후 피고인과 교제하면서 정교를 하게 된 경위와 그 기간 중 2이 취한 태도 내지 행동 등에 비추어 볼 때 과연 피해자 2이 앞서 본 법리에 비추어 피고인의 혼인빙자에 기망당하여 간음하였다고 볼 수 있을 것인지 의문스럽다. 따라서 원심으로서는 피해자 2이 피고인과 만나 간음에 이르기까지의 사정 및 그 후 간음을 계속하게 된 경위 등에 대하여 더 자세히 심리하여 과연 피고인이 앞서 본 법리에 비추어 공소사실 기재의 일시, 장소의 34회의 각 간음행위 당시 그 피해자가 피고인의 혼인빙자에 기망당하여 간음하였다고 볼 수 있는지의 여부에 대하여 판단하였어야 옳았다.

(3) 그럼에도 견해를 달리한 나머지 피고인의 혼인빙자의 점에 관하여 앞서 본 법리에 따른 심리를 더 자세히 진행하지 아니한 단계에서 이 사건 공소사실 중 피해자 2에 대한 부분을 유죄로 단정한 원심판결에는 필요한 심리를 다하지 아니하였거나 혼인빙자간음죄의 법리를 오해한 위법이 있고, 이는 판결의 결과에 영향을 미쳤다고 하겠으므로 이를 지적하는 취지의 상고이유의 이 주장은 정당하기에 이 법원은 그 주장을 받아들인다.

라. 피해자 3에 대한 부분

(1) 원심은 피고인이 최초의 간음행위시 이래 결혼하자고 하였다는 피해자 3의 진술을 믿어 이 사건 공소사실 중 피해자 3에 대한 부분을 유죄로 인정하였다.

(2) 그러나 기록 중의 증거들에 의한즉, 피해자 3는 대학에 재학중이던 2000. 8. 무렵 스스로 인기투표를 하는 인터넷 사이트에 자신의 프로필과 사진을 올렸다가 피고인과 알게 되어 그 무렵 두 번 정도 피고인을 만났으나 그 후 한 동안 연락이 되지 않다가 2001. 4. 무렵 피고인으로부터 전화를 받게 되어 다시 피고인과 만나게 된 사실, 그 날 그 피해자는 피고인과 술을 마신 후 피고인을 남동생과 함께 살고 있던 자신의 집에 데리고 가서 자신의 방에서 피고인과 함께 밤을 지내면서 정교는 하지 아니하였지만 키스를 하는 등으로 신체적인 접촉을 가진 사실, 그 당시 그 피해자는 다음날 아침 피고인으로부터 아무 남자에게나 그렇게 하느냐고 질책을 받을 정도로 적극적으로 피고인과의 신체적인 접촉을 시도한 사실, 피고인과 그 피해자는 2001. 5. 무

럽 처음으로 정교를 한 후 그 해 7월 무렵까지 8회에 걸쳐 정교를 한 사실, 그런데 그 피해자는 피고인과 만나 처음 정교를 하기 전이나 그 후 피고인과 구체적인 결혼계획을 세우거나, 결혼을 전제로 피고인의 가족을 만나 인사를 한 것으로는 보이지 아니하는 사실, 피해자 3는 피고인과 만나 정교를 하던 기간 중에도 다른 남자와 핸드폰을 이용하여 문자메시지를 주고 받았고, 피고인을 고소한 후에는 다른 남자를 만나기도 한 사실을 알 수 있는바, 위와 같은 피고인이 피해자 3를 만나게 된 경위, 피고인이 그 피해자와 처음 정교를 할 때까지 교제한 기간과 횟수, 당시 피고인과 피해자 3의 나이 및 신분, 피고인을 만나 정교를 한 후의 피해자 3의 행적 등에 비추어 볼 때 과연 피해자 3가 앞서 본 법리에 비추어 피고인의 혼인빙자에 기망당하여 간음하였다고 볼 수 있을 것인지 의문이 든다. 따라서 원심으로서는 피해자 3가 피고인과 만나 간음에 이르기까지의 사정에 대하여 더욱 자세히 심리한 다음 앞서 본 법리에 비추어 그 피해자가 8회에 걸쳐 피고인의 혼인빙자에 기망당하여 간음하였다고 볼 수 있는지의 여부에 대하여 판단하였어야 옳았다.

(3) 그럼에도 견해를 달리한 나머지 피고인의 혼인빙자의 점에 관하여 앞서 본 법리에 따른 심리를 더 자세히 진행하지 아니한 단계에서 이 사건 공소사실 중 피해자 3에 대한 부분을 유죄로 단정한 원심판결에는 필요한 심리를 다하지 아니하였거나 혼인빙자간음죄의 법리를 오해한 위법이 있고, 이는 판결의 결과에 영향을 미쳤다고 하겠으므로 이를 지적하는 취지의 상고이유의 이 주장은 정당하기에 이 법원은 그 주장을 받아들인다.

3. 결론

그러므로 피고인의 나머지 상고이유의 주장에 대한 판단을 생략한 채 원심판결을 파기하고, 사건을 더욱더 심리한 후 판단하게 하기 위하여 원심법원에 환송하기로 관여 대법관들의 의견이 일치되어 주문에 쓴 바와 같이 판결한다.

대법관　강신욱(재판장), 조무제(주심), 유지담, 손지열

혼인빙자간음죄에 대한 하급심의 판단

98노528

(제주지법 1999. 6. 16. 선고 98노528 판결)

【판시사항】

1. 혼인빙자간음죄의 성립 여부에 대한 판단 기준

2. 피고인과 피해자 사이의 성관계가 오늘날의 보편적인 도덕관념이나 사회통념상 진실로 혼인할 의사가 없으면서도 이를 가장하여 혼인을 빙자한 피고인의 행위에 의하여 이루어졌다고 보기 어렵다는 이유로 혼인빙자간음죄의 성립을 부정한 사례

【판결요지】

1. 피고인과 피해자가 성관계를 가지게 된 것이 피고인이 혼인을 빙자하였기 때문인지 여부는 언제부터 두 사람이 서로 알게 되었는지, 각자의 남녀관계는 어떠한지, 성관계를 가지게 된 구체적 경위와 그 전후 사정, 피고인들의 나이, 신분관계 나아가 오늘날의 남녀 정교관계에 관한 사회통념 등이 중요한 판단자료라 할 것이다.

2. 피고인과 피해자 사이의 성관계가 오늘날의 보편적인 도덕관념이나 사회통념상 진실로 혼인할 의사가 없으면서도 이를 가장하여 혼인을 빙자한 피고인의 행위에 의하여 이루어졌다고 보기 어렵다는 이유로 혼인빙자간음죄의 성립을 부정한 사례.

【참조문항】

[1] 형법 제304조 , / [2] 형법 제304조

【전 문】

【피고인】 피고인

【항소인】 피고인 및 검사

【변호인】 변호사 임홍순

【원심판결】 제주지법 1998. 12. 8. 선고 97고단1637 판결

【대법원판결】 대법원 1999. 9. 17. 선고 99도2861 판결

【주 문】

피고인과 검사의 항소를 모두 기각한다.

【이 유】

1. 피고인의 항소에 대한 판단

피고인의 변호인의 첫 번째 항소이유의 요지는 피고인은 피해자에게 신분을 밝힐 것을 요구한 사실이 있을 뿐 원심 판시와 같이 피해자에게 협박을 가하거나 폭행을 가한 사실이 없음에도 원심은 공소사실을 그대로 인정하였고, 가사 피고인이 피해자에게 신분을 밝힐 것을 요구하는 과정에서 어느 정도 협박 등을 가하였다 하더라도 이는 피고인이 혼인을 빙자하여 공소외 1을 간음한 사실이 없음에도 그러한 허위의 사실을 조작하여 부당한 이득을 보려는 피해자의 행위에 대한 정당방위 내지 긴급피난, 또는 자구행위에 불과함에도 원심은 이를 간과함으로써 사실을 오인하였거나 법리를 오해하였다는 것이며, 두 번째 항소이유의 요지는 원심의 형이 너무 무거워서 부당하다는 데 있다.

먼저 사실오인 내지 법리오해 주장에 관하여 살피건대, 원심이 적법하게 조사·채택한 증거들에 의하면, 피해자가 1997. 6. 6.과 1997. 6. 7. 피고인의 집을 찾아와 피고인에게 공소외 1과의 관계 등을 따지고 난 후 다시 1997. 7. 6. 12:00경 피고인의 집에 찾아왔는데 피고인이 집에 없자 피고인의 처인 공소외 2에게 피고인과 공소외 1 사이의 성관계 이야기를 하며 피고인에게 연락하여 자신에게 전화를 하도록 한 사실, 피고인이 공소외 2로부터 연락을 받고 그날 13:00경 피해자와 통화를 하면서 원심 판시와 같이 "야 이 개새끼야. 네 놈의 정체가 뭐야, 할 말이 있으면 공소외 1을 데려와 죽여버리기 전에"라고 말한 사실, 그런데 피해자가 다시 그날 오후 공소외 2에게 전화를 하여 제주국제공항이라며 만나자고 하여 공소외 2가 공항으로 나갔다가 공항에서 원심 공동피고인 들을 배웅하는 피고인을 우연히 만나 피해자가 공항에서 기다리고 있다고 말한 사실, 이에 피고인은 그날 18:00경 제주국제공항

2층 '공항그릴식당'에서 식사를 하며 공소외 2를 기다리고 있던 피해자를 찾아가 "이런 새끼 법대로 잡아 넣어야 돼. 이런 놈은 죽여야 돼. 네 놈 가정도 파괴하고 네 놈은 내 손에 죽을 줄 알아"라는 등의 말을 하고, 원심 공동피고인도 이에 가세하여 "이 새끼 너 사람 잘못 건드렸어. 너 정체를 밝혀. 순 사기 협박 공갈치는 놈이구만. 이런 놈은 죽여야 돼. 이런 새끼는 죽여버려야 해"라는 등의 말을 하여 피해자를 협박하고 피해자의 팔을 잡아 식당 밖으로 끌어내리려고 당겨 폭행을 가한 사실을 넉넉히 인정할 수 있다. 사실관계가 그러하다면 피고인의 위와 같은 행위는 원심 판시와 같이 협박죄와 폭행죄를 구성한다고 할 것이고, 피해자가 피고인에게 '피고인이 혼인을 빙자하여 공소외 1을 간음하였다'는 내용의 진정서, 고소장 등을 각 관련 기관과 언론사에 보내겠다고 말하였더라도 피고인이 이 사건 범행에 이르게 된 동기, 경위 등에 비추어 볼 때 그러한 사정만으로 피고인의 위와 같은 행동이 정당방위에 해당한다거나 긴급피난, 자구행위에 해당한다고 볼 수 없으므로 피고인의 변호인의 사실오인 내지 법리오해 주장은 이유 없다.

다음으로 양형부당 주장에 대하여 살피건대, 피고인이 그와 같이 피해자에 대하여 협박과 폭행을 가하게 된 것은 처자가 있는 피고인이 공소외 1과 부적절한 성관계를 가짐으로 인하여 야기된 사정, 피해자와 합의가 이루어지지 않았고 피해자가 피고인에 대한 엄한 처벌을 진정하고 있는 사정, 그 밖에 피고인의 신분, 나이, 가정환경, 범죄전력, 이 사건범행의 동기, 경위, 결과, 개전의 정 등 이 사건 기록에 나타난 모든 양형조건을 두루 참작하면, 피고인이 피해자, 공소외 1 앞으로 피해 변제조로 각 300만 원을 공탁한 사실을 참작하더라도 원심의 형은 적정한 것으로 판단되고, 따라서 피고인의 변호인의 양형부당 주장 역시 이유 없다.

2. 검사의 항소에 대한 판단

가. 검사의 항소이유의 요지

검사는 원심이 이 사건 공소사실 중 혼인빙자간음의 점에 관하여 무죄를 선고한 데 대하여, 공소외 1, 피해자, 공소외 5의 원심 법정 및 수사기관에서의 일관된 증언 내지 진술기재와 피고인 스스로도 자신이 1996. 12. 21. 피해자 공소외 1을 소개받을 때 굳이 총각이 아니라고 밝히지는 않았다고 진술하고 있는 사정, 피고인이 작성한 서약서의 내용, 피고인이 처와 함께 공소외 1을 찾아가 합의하려 하였고 적지 않은 금액을 공탁한 사정 등을 종합하여 보면 위 공소사실을 명백하게 인정할 수 있고, 혼인 적령기가 지난 두 남녀 사이에서 "사랑한다. 모든 것을 책임지겠다. 우리가 열 여덟 살 어린애냐"라는 말은 혼인의사에 대한 묵시적인 표현이라 할 것임에도 원심은 일관성 없는 피고인의 변소를 취신하여 피고인에 대하여 무죄를 선고함으로써 채증법칙에 위배하여 사실을 오인한 위법을 저질렀다고 주장한다.

나. 공소사실의 요지와 원심의 판단

이 사건 공소사실 중 혼인빙자간음의 점의 요지는, 피고인은 (대학이름 생략)대학교 교육대학원 원우회 동료인 피해자 공소외 1과 혼인할 의사가 없음에도 불구하고, 가. 1997. 1. 6. 23:00경 서울 성북구 정릉3동 (번지 생략) 소재 (상호명 생략) 피고인의 하숙방에서 공소외 1에게 " ('성' 생략)선생을 사랑한다. 내가 모든 것을 책임지겠다. 우리가 열 여덟 살 먹은 어린애냐"고 거짓말하여 이에 속은 공소외 1과 1회 성교하고, 나. 1997. 1. 9. 23:00경 같은 장소에서 가.항과 같은 기망에 의하여 착오에 빠져 있는 공소외 1과 1회 성교하고, 다. 1996. 5. 24. 22:00경 강릉시 안현동 (번지 생략) 소재 송월장 여관 320호에서 가.항과 같은 기망에 의하여 착오에 빠져 있는 공소외 1과 1회 성교함으로써 혼인을 빙자하여 음행의 상습이 없는 공소외 1을 각 간음하였다는 것이다.

이에 대하여 원심은, 혼인빙자간음죄에 있어서 혼인을 빙자한다고 함은 혼인할 의사가 없으면서도 혼인할 의사가 있는 것처럼 가장하는 것을 말하고 나아가 그 상대방이 이와 같이 위장된 혼인의사를 전제로 하여 성관계를 허용한 경우에 비로소 혼인빙자간음죄가 성립한다고 설시한 후, 이 사건에 있어서 피고인이 공소사실 기재의 각 일시·장소에서 공소외 1과 성관계를 가진 사실은 인정하고 있으나 수사기관 이래 원심 법정에 이르기까지 혼인을 빙자한 사실은 없다고 일관되게 부인하고 있고, 공소외 1은 피고인을 1996. 12. 21. 대학원 친구인 공소외 3, 4를 통하여 미혼으로 소개받아 알게 되었고 피고인 자신도 스스로 미혼이라고 소개하였었는데 피고인이 "사랑한다. 모든 것을 책임지겠다. 우리가 열 여덟 살 어린애냐"고 말하였기 때문에 피고인을 결혼 상대자로 믿고 성관계를 갖게된 것이라고 진술하고 있으나 그와 같은 공소외 1의 진술을 객관적으로 입증할 증거는 없고, 오히려 공소외 1이 이 사건 훨씬 이전인 1996. 7. 21.부터 피고인과 공통과목을 수강하거나 원우회 사무실을 같이 사용하면서 알게 되었고, 피고인이 1996. 8.경 대학원생들의 모임인 원우회 회장 선거 때 공소외 1 등 유아교육과 학생들이 그 선거운동까지 적극적으로 도와준 사실이 있는 점 등에 비추어 공소외 1의 진술의 신빙성에 의심이 있다고 판단하는 한편, 가사 공소외 1의 진술을 그대로 받아들인다 하더라도 당시 피고인이 그 주장과 같은 말을 하게 된 정황과 그 내용, 공소외 1과의 관계, 피고인과 공소외 1의 나이·직업·사회적 경험 등에 비추어 피고인이 공소외 1에게 혼인을 빙자하였다거나 혹은 피해자가 위장된 혼인의사를 전제로 하여 성관계를 허용한 경우에 해당된다고 보기 어렵다고 판단하고, 또 피해자, 공소외 5의 진술 등은 공소외 1부터 전해들은 것이거나 위 성관계 이후의 정황에 관한 것으로서 공소사실을 유죄로 인정할 충분한 증거가 되지 못하고, 달리 공소사실을 인정할 증거가 없다는 이유로 범죄의 증명이 없는 경우에 해당한다고 하여 형사소송법 제325조 후단에 따라 무죄를 선고하였다.

다. 당심의 판단

검사가 유죄의 자료로 들고 있는 증거들로 공소외 1, 피해자, 공소외 5의 원심 법정 및 수사기관에서의 증언 내지 진술기재와 제반 사정들에 대하여 차례로 살펴본다.

(1) 공소외 1의 원심법정 및 수사기관에서 증언 내지 진술기재

우선, 공소외 1과 피고인 모두 원심 법정 및 수사기관에서 그들이 1996. 7.경부터 방학기간 동안 수강하여 학위를 취득하는 계절학기 대학원인 (대학이름 생략)대학교 교육대학원에 재학하고 있었는데 피고인은 체육교육학을, 공소외 1은 유아교육학을 각 전공한 사실, 피고인과 공소외 1은 1996. 12. 21.부터 1997. 1. 14.까지 대학원 건물 근처에 있는 식당 겸 하숙집인 '전주식당'에 다른 학생 10여 명과 하숙을 하고 있었던 사실, 피고인과 공소외 1이 3회에 걸쳐 공소사실 기재의 일시·장소에서 성관계를 가진 사실, 피해자는 공소외 1의 먼 친척으로서 1983. 3. 1.부터 강릉시 소재 (유치원 이름 생략)유치원 원장으로 재임하고 있고, 공소외 1은 1987. 3. 1.부터 (유치원 이름 생략)유치원에 근무하여 현재에 이르고 있는 사실을 다툼이 없이 진술하고 있다. 그런데 공소외 1은 자신이 위와 같이 피고인과 3회의 성관계를 가지게 된 데 대하여 원심 법정 및 수사기관에서 다음과 같이 증언 내지 진술하고 있다.

즉, 공소외 1 자신은 1996. 7. 21. 유아교육과에 입학하였는데 1996. 12. 21. (대학이름 생략)대학교 교직원식당에서 대학원 친구인 공소외 3, 4로부터 우연히 피고인을 소개받았다. 소개받을 당시 공소외 3, 4가 피고인을 미혼이라고 하였다. 그 때 피고인도 전주식당에서 하숙을 하고 있음을 알게 되었고, 그날 밤 일행 모두 같이 노래방에 가서 놀고 하숙집으로 돌아왔는데 피고인이 방도 구경할 겸 자기의 방으로 가자고 하여 피고인을 따라 갔다. 그 때 피고인에게 결혼을 하였느냐고 물었더니 미혼이라고 대답하였고, 왜 결

혼을 하지 않았느냐고 물으니 얼굴이 빨개지면서 결혼을 하지 않은 이유를 말하지 않았다. 피고인은 공소외 1 본인에게 유아교육과에서 제일 예쁘고 키도 크다며 사귀고 싶다고 하였고 애인이 있느냐고 물어 애인이 있다고 하니까 먼저 차지한 사람이 임자라며 앞으로 잘해 보자고 하며 헤어졌다. 그 후 피고인이 원우회 회장이고 대학원 선배여서 자주 만나고 친하게 지냈는데 그러던 중 1997. 1. 6. 23:00경 피고인 이 방으로 찾아와서 자기 방으로 오라고 하여 갔더니 " ('성' 생략)선생 같은 사람을 다른 사람에게 뺏기고 싶지 않다."고 하면서 방바닥에 눕히려고 하여 이를 거절하자 "사랑한다. 내가 모든 것을 책임지겠다. 우리가 열 여덟 살 어린애냐"고 말하여 피고인을 결혼 상대자로 믿고 성관계를 가지게 되었다. 그 후에도 여자의 운명이라 생각하고 두 차례 더 성관계를 가지게 되었다는 것이다.

이에 반하여 피고인은 수사기관 이래 당심 법정에 이르기까지 자신이 공소외 1을 알게 된 것은 1996. 8. 초경 대학원생들의 모임인 원우회장 선거 때 알게 되었고, 그 때부터 피해자는 피고인이 유부남인 사실을 알고 있었으며, 서로 좋아서 성관계를 갖게 된 것이지 혼인을 빙자한 사실은 없다고 부인하고 있다. 살펴건대, 피고인과 공소외 1이 성관계를 가지게 된 것이 피고인이 혼인을 빙자하였기 때문인지 여부는 언제부터 두 사람이 서로 알게 되었는지, 각자의 남녀관계는 어떠한지, 성관계를 가지게 된 구체적 경위와 그 전후 사정, 피고인들의 나이, 신분관계 나아가 오늘날의 남녀 정교관계에 관한 사회통념 등이 중요한 판단자료라 할 것이다. 이 사건에 있어서 객관적인 제3자로서 공소외 1과 같이 유아교육과 대학원생이었던 원심 증인 전윤선의 증언에 의하면, 피고인이 1996. 8. 초경 대학원 여름학기 원우회장 선거에 나섰을 때 공소외 1 등 유아교육과 여학생들이 그 선거운동을 해 주었는데, 피고인이 원우회장으로 당선된 후 유아교육과 여학생들이 원우회 사무실을 자주 사용하면서 그 사무실에 공소외 1을 비롯한 다른 여학생들과 피고인이 같이 있을 때도 있었고 공소외 1과 피고인 단 둘이 있을 때도 있었던 사실을 인정할 수 있는바, 그렇다면 피고인과 공소외 1이 서로 알게 된 때는 공소외 1의 진술과는 달리 1996. 8. 초경이라 할 것이며, 뿐만 아니라 남자관계에 대하여 공소외 1은 수사기관에서 진술할 때 피고인이 애인이 있느냐는 질문에 대하여 사실은 애인은 없었으나 선을 본 사람 중에 마음에 드는 사람이 있어 그 사람을 염두에 두고 애인이 있다고 답하였다는 취지로 진술(수사기록 234장)하였다는 것인데, 원심 법정에 제출한 진술서에는 대학원을 졸업하면 결혼하기로 정혼한 약혼자가 있었다고 진술(공판기록 150장, 151장)하고 있는 사정, 피고인의 당시의 나이에 비추어 오히려 결혼을 한 사람으로 보아야 함이 통상적이라 할 것인 점(전윤선 역시 1996. 8. 초경 피고인이 결혼했다는 것을 알았다고 증언하고 있다) 등에 비추어 보면, 전체적으로 공소외 1의 증언 내지 진술기재의 신빙성에는 의심의 여지가 있다고 판단된다.

가사 공소외 1의 진술내용을 그대로 받아들여 피고인이 공소외 1에게 자신을 미혼으로 소개하였고 성관계를 가지기 직전에 "사랑한다. 모든 것을 책임지겠다. 우리가 열 여덟 살 어린애냐"고 말하였다 하더라도, 공소외 1 스스로 피고인을 소개받은 1996. 12. 21.부터 최초로 성관계를 가진 1997. 1. 6.까지 사이에 연인 기분으로 데이트를 한 적도 없고 피고인, 공소외 3, 4 등과 같이 노래방에 몇 번 다녔으며, 하숙집에서 식사가 제공되지 않아 밖에서 열 번 정도 피고인과 단둘이서 또는 공소외 4, 전윤성 등과 같이 식사를 하기도 하였고, 피고인이 공소외 1의 하숙방에서 텔레비전을 보거나 둘이서 같이 통계학 특강 문제와 체육교육과의 과제물을 작성하며 의논한 일이 있을 뿐이라는 것으로서 공소외 1이 진술하는 피고인과의 당시 친밀도는 통상적인 대학원 동료로서의 관계로 보이고 결혼을 전제로 한 특별한 관계로까지 진전되었다고 볼 수 없으며, 첫 번째 성관계를 가지게 된 경위 역시 공소외 1이 1997. 1. 6. 피고인으로부터 꼭 자신의 방으로 와달라는 말을 듣고 피고인의

방에 갔다가 피고인이 "('성' 생략)선생 같은 사람을 다른 사람에게 뺏기고
싶지 않다."고 하면서 갑자기 불을 끄고 방바닥에 눕히려고 하여 저항을 하
며 "이러시면 안돼요."라고 하였더니 피고인이 완력으로 누르면서 "사랑한
다."고 하였고 "이러시면 안돼요. 모든 것을 책임질 수 있어요."라고 하자
"우리가 뭐 열 여덟 살 먹은 어린앤가. 모든 것을 책임질테니 걱정 말아요."
라고 말하여 결국 성관계를 가지게 되었다는 것인데 그와 같은 대화내용은
결혼을 전제로 하지 않은 남녀라 할지라도 처음 성관계를 가지면서 있을 수
있는 대화내용에 불과하다. 그리고 공소외 1이 피고인과 세 차례 성관계를
갖는 동안 5개월 상당의 시간이 있었고 두 사람 모두 결혼을 할 나이치고는
상당히 늦은 나이어서 결혼을 전제로 성관계를 가졌다면 서둘러 피고인과
사이에 결혼을 언제할 것인지, 어떻게 할 것인지, 양가 부모들에게 언제 결혼
의사를 밝히고 인사를 할 것인지 여부 등에 관한 구체적인 이야기가 오고 가
야 할 것임에도 그렇지 않았고(공소외 1도 원심 법정에서 이를 인정하고 있
다), 서로 특산물과 초콜릿을 주고 받았을 뿐 1997. 1. 14. 종강 후 헤어져 각
자 고향에 내려간 이래 세 번째 성관계를 가질 때까지 사이에 한 번도 만나지
도 않았고 그 밖에 통상적으로 상대방을 결혼할 사람으로 정하였을 때 나타
날 수 있는 어떠한 언행을 보인 바도 없다(공소외 1의 어머니인 공소외 5는
원심 법정에서 공소외 1이 1997. 5. 하순경에 이르러서야 남자가 생겼으니
결혼하겠다는 말을 하였다고 진술하고 있다).

게다가 공소외 1이 처음 피고인을 소개받았을 때 피고인이 나이가 많은
데도 불구하고 결혼을 하지 않은 이유를 물었으나 피고인이 대답을 하지 않
았다는 것인데 만 39세 가량 되는 남자를 결혼 상대방으로 여겼다면 성관계
를 갖는 5개월의 기간 동안 다시 한 번 그 확실한 사유를 확인함이 통상적이
라 할 것임에도 그러한 행동조차 보이지 않았고 그러한 관계에 불과한 피고
인을 택하기 위해 대학원 졸업 후 결혼할 예정이라던 약혼자를 쉽게 포기해

버렸다는 것도 쉽게 납득할 수 없는 사정, 당시 피고인은 중학교 교사로서 만 39세 가량이고 공소외 1은 만 34세 정도의 유치원 교사로서 양쪽 모두 상당한 사회적 경험을 가지고 있어 성관계에 대하여도 스스로 분별력 있는 판단을 할 수 있다고 보이는 사정, 만약 공소외 1이 피고인을 곧 결혼하여야 할 상대방으로 생각하였다면 그 동안 직접 피고인이 고향인 제주로 찾아가 피고인의 신분 등을 확인하는 것이 통상적으로 예견되는 행위라 할 것임에도 성관계를 세 차례나 가진 후에 비로소 먼 친척 겸 자신이 근무하는 유치원 원장인 피해자를 제주로 보내었으며, 공소외 1의 결혼 상대방으로 피고인이 적절한 사람인지 여부를 확인하러 갔다는 피해자가 1997. 6. 7.경 피고인에게 찾아가 작성받은 서약서(수사기록 124장, 공판기록 148장, 225장)는 피고인이 더 이상 공소외 1을 만나지 않겠다는 것이 주된 내용으로서 결혼 상대로 생각하였던 남자에게 처자가 있음이 밝혀진 데 대한 책임을 추궁하는 내용이라고는 보여지지 않는 사정 등 제반 사정을 종합하여 보면, 오늘날의 보편적인 도덕관념이나 사회통념상 피고인과 공소외 1 사이의 3회에 걸친 성관계가 진실로 혼인할 의사가 없으면서도 이를 가장하여 혼인을 빙자한 피고인의 행위에 의하여 이루어 졌다거나, 피고인이 혼인의 의사를 위장했고 공소외 1도 피고인의 위장된 혼인을 전제로 해서 비로소 성관계를 허용했다고 보기는 어렵다 할 것이다.

(2) 그 밖의 증거자료

피해자나 공소외 1의 어머니인 공소외 5의 원심 법정 및 수사기관에서 증언 내지 진술기재는 모두 공소외 1로부터 전해들은 것이나 성관계 이후의 정황에 관한 것들인데, 앞서 본 바와 같이 공소외 1의 증언 내지 진술기재를 믿지 않는 이상 이를 전제로 한 피해자, 공소외 5의 증언 내지 진술기재 역시 신빙성이 없다.

그 밖에 공소외 1, 공소외 1의 부모, 공소외 1의 올케 등이 연명으로 작성한 각 사실 증명서, 정갑수가 작성한 사실증명서 역시 성관계 이후 정황에 관한 사정을 기재한 것들로서 1997. 7. 16.경과 1997. 7. 22.경에 피고인의 처와 누나가 피고인과 함께 또는 그들만이 공소외 1의 집을 찾아와 피고인의 잘못을 인정하였다는 내용이나, 이는 공소외 1 측이 1997. 7. 11. 서울지방검찰청에 이 사건 고소장을 접수하자 피고인이 교사 신분상의 불이익을 입을 것을 우려하여 원만한 화해를 시도하는 과정에서 그렇게 말한 것으로 보일 뿐이고 그 사실증명서 자체에도 혼인을 빙자하였다는 직접적인 기재는 없다. 그리고 피고인이 공소외 1, 피해자 앞으로 각 300만 원을 공탁하기는 하였으나 이를 가지고 피고인이 혼인빙자간음의 범행사실을 자인하였다고 보기 어렵고, 공탁서에 기재된 공탁사유 역시 피해자와 합의하에 세 차례 성관계를 가진 사실이 있어 위자료로 제공한다는 취지로 기재되어 있다.

(3) 결국 위와 같은 모든 사정을 종합적으로 고려해 보면, 이 사건 공소사실은 범죄의 증명이 없는 경우에 해당하므로 그러한 취지에서 무죄를 선고한 원심판결은 정당하고 거기에 검사가 주장하는 사실오인의 위법이 있다고 할 수 없다.

3. 결 론

그렇다면 피고인과 검사의 항소는 모두 이유 없으므로 형사소송법 제364조 제4항에 따라 이를 모두 기각하기로 하여 주문과 같이 판결한다.

판사   김상균(판사), 강선명, 조정현

아내 강간죄에 대한 법원의 판단

70도29

(대법원, 1970년 3월 10일 선고, 70도29 판결)

【판시사항】

처가 다른 여자와 동거하고 있는 남편을 상대로 간통죄 고소와 이혼소송을 제기하였으나 그 후 부부간에 다시 새출발을 하기로 약정하고 간통죄 고소를 취하한 경우에는, 설령 남편이 폭력으로서 강제로 처를 간음하였다 하더라도 강간죄는 성립되지 아니한다.

【판결요지】

처가 다른 여자와 동거하고 있는 남편을 상대로 간통죄고소와 이혼소송을 제기하였으나 그 후 부부간에 다시 새 출발을 하기로 약정하고 간통죄고소를 취하하였다면, 그들 사이에 실질적인 부부관계가 없다고 단정할 수 없으므로 설사 남편이 강제로 처를 간음하였다 하여도 강간죄는 성립되지 아니한다.

【참조조문】

형법 제297조

【조 문】

【피고인, 상고인】 피고인

【원심판결】

제1심 경주지원, 제2심 대구고등 1969. 12. 11. 선고 69노482 판결

【이 유】

변호인의 상고이유를 보건데, 원심이 지지한 1심판결이유에 의하면, 피고인이 간음한 여자는 그 아내인 공소외 1로서 간음당시 법률상 부부의 신분관계는 해소되지 않았어도 동녀가 이미 이혼소송을 제기하였고, 또 피고인은 공소외 2란 다른 여자와 동거중이라 실질적으로는 피고인과 공소외 1은 서로 상대방에 대한 성교승낙의 철회 내지 정조권 포기의 의사표시를 철회한 상태에 있었으므로 이러한 상태하에 있는 동녀를 간음하기 위하여 폭력으로 그 반항을 억압하고 강제로 그를 간음한 이상 강간죄에 해당한다고 판시하고 있다.

그러나 기록에 의하면, 공소외 1은 피고인을 간통죄로 고소함과 동시에 이혼소송을 제기하였다 하여도 그는 1심법정에서 본건 간음사건이 일어나기 이틀 전에 피고인으로 하여금 공소외 2를 보내고 서로 새출발을 하기로

협의를 한후 고소를 취하하였다고 진술하고 있음이 뚜렷하므로, 이런 정으로 보면, 피고인과 공소외 1과의 사이에 실질적으로 부부관계도 없고 따라서 서로 정교승락이나 정교권 포기의 의사표시를 철회한 상태에 있었다고 단정하기는 어려울 것임에도 불구하고, 만연 피고인에게 정교청구권이 없다는 것을 전제로하여 피고인의 본건 간음행위로 강간으로 다스린 것은 필경 증거를 그릇 판단한 것이 아니면 강간의 법리를 오해한 위법이 있고 이는 판결에 영향이 있다 할 것이다.

대법관   김영세(재판장), 김치걸, 사광욱, 홍남표, 양병호

2008도8601

(대법원, 2009년 2월 12일 선고, 2008도8601 판결)

【판시사항】

법률상 혼인관계에 있기는 하나 혼인관계가 파탄에 이르고 실질적인 부부관계를 인정할 수 없는 경우, 처가 강간죄의 객체가 되는지 여부(적극)

【판결요지】

혼인관계가 존속하는 상태에서 남편이 처의 의사에 반하여 폭행 또는 협박으로 성교행위를 한 경우 강간죄가 성립하는지 여부는 별론으로 하더라도, 적어도 당사자 사이에 혼인관계가 파탄되었을 뿐만 아니라 더 이상 혼인관계를 지속할 의사가 없고 이혼의사의 합치가 있어 실질적인 부부관계가 인정될 수 없는 상태에 이르렀다면, 법률상의 배우자인 처도 강간죄의 객체가 된다.

【참조조문】

형법 제297조

【전 문】

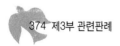

【피고인】 피고인

【상고인】 피고인

【변호인】 변호사 오민웅

【원심판결】 서울고법 2008. 9. 5. 선고 2008노1462 판결

【주 문】

상고를 기각한다. 상고 이후의 구금일수 중 145일을 본형에 산입한다.

【이 유】

상고이유를 본다.

1. 채증법칙 위배 주장에 대하여

이 부분 상고이유의 주장은 원심의 전권사항인 증거취사와 사실인정을 나무라는 취지인바, 이 사건 공소사실에 대하여 피고인의 유죄를 인정함에 있어 원심이 유지한 제1심의 채증 과정을 기록에 비추어 살펴보아도 거기에 채증법칙을 위반한 위법이 있다 할 수 없다.

2. 강간죄의 객체 주장에 대하여

혼인관계가 존속하는 상태에서 남편이 처의 의사에 반하여 폭행 또는 협박으로 성교행위를 한 경우 강간죄가 성립하는지 여부는 별론으로 하더라도, 적어도 당사자 사이에 혼인관계가 파탄되었을 뿐만 아니라 더 이상 혼인

관계를 지속할 의사가 없고 이혼의사의 합치가 있어 실질적인 부부관계가 인정될 수 없는 상태에 이르렀다면, 법률상의 배우자인 처도 강간죄의 객체가 된다(대법원 1970. 3. 10. 선고 70도29 판결 참조).

원심은 그 채용 증거들을 종합하여, 피고인과 피해자는 서로 별거를 하다가 이 사건 발생 전날 의정부지방법원 고양지원에 협의이혼신청서를 제출한 사실 등을 인정한 다음, 피고인과 피해자가 아직 법률상 혼인관계에 있기는 하나 실질적으로는 혼인관계가 파탄에 이르렀다는 이유로, 그와 같은 상황에서 피고인이 피해자의 의사에 반하여 강제로 성관계를 가졌으므로 강간죄가 성립한다고 판단하였는바, 앞서 본 법리 및 기록에 비추어 살펴보면, 원심의 위와 같은 판단은 정당하고 거기에 상고이유의 주장과 같은 강간죄의 객체에 관한 법리오해 등의 위법이 없다.

3. 양형부당 주장에 대하여

피고인에 대하여 징역 10년보다 가벼운 형이 선고된 이 사건에서 원심의 양형이 너무 무겁다는 사유는 형사소송법 제383조 제4호의 규정상 적법한 상고이유가 될 수 없다.

4. 그러므로 상고를 기각하고 상고 이후의 구금일수 중 일부를 본형에 산입하기로 하여, 관여 대법관의 일치된 의견으로 주문과 같이 판결한다.

대법관   김능환(재판장), 양승태, 박시환(주심), 박일환

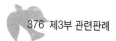

(부산지방법원. 2009년 1월 16일 선고. 2008고합808 판결)

【판시사항】

필리핀 국적의 처가 생리중임을 이유로 성관계를 거부하자, 남편이 가스 분사기와 과도로 협박하여 처의 반항을 억압한 후 1회 간음한 사안에서, 법률상 처를 강간죄의 객체로 인정한 사례

【판결요지】

필리핀 국적의 처가 생리중임을 이유로 성관계를 거부하자, 남편이 가스 분사기와 과도로 협박하여 처의 반항을 억압한 후 1회 간음한 사안에서, 강간 죄의 보호법익을 성적 성실을 의미하는 여성의 '정조'가 아닌 인격권에 해당 하는 '성적 자기결정권'으로 보아 법률상 처를 강간죄의 객체로 인정한 사례.

【참조조문】

성폭력범죄의 처벌 및 피해자보호 등에 관한 법률 제6조 제1항, 형법 제 297조

【전 문】

【피고인】 피고인

【검 사】 유진승

【변호인】 변호사 감덕령

【주 문】

피고인을 징역 2년 6월에 처한다.

다만, 이 판결 확정일로부터 3년간 위 형의 집행을 유예한다.

【이 유】

【범죄사실】

피고인은 2008. 7. 26. 11:00경 부산 남구 우암2동 194-113에 있는 피고인의 집에서, 처인 피해자(필리핀 국적의 외국인)가 생리기간 중이어서 성관계를 거부하자 위험한 물건인 가스분사기와 과도(칼날길이 12㎝)를 피해자의 머리와 가슴에 겨누고 죽여 버리겠다고 협박하면서 피해자의 유두와 음부를 자르는 시늉을 하여 피해자의 반항을 억압한 후 피해자의 옷을 모두 벗게 하고 1회 간음하여 피해자를 강간하였다.

【증거의 요지】

1. 피고인의 법정진술
2. 피해자에 대한 검찰 및 경찰 각 진술조서

3. 피고인에 대한 경찰 및 검찰 각 피의자신문조서 중 각 피해자의 진술기재 부분

4. 피해자 작성의 고소장

5. 액체형 레이저 가스분사기 사진, 피의자가 찢어서 버린 피해자의 의류 사진

6. 수사첩보보고서, 수사보고(과도 및 상황재연 등 사진촬영)

【법령의 적용】

1. 범죄사실에 대한 해당법조 및 형의 선택
성폭력범죄의 처벌 및 피해자보호 등에 관한 법률 제6조 제1항, 형법 제297조(유기징역형 선택)

2. 작량감경
형법 제53조, 제55조 제1항 제3호

3. 집행유예
형법 제62조 제1항
법률상 처를 강간죄의 객체로 인정한 이유

1. 피고인이 판시 범죄사실과 같이 그 처를 강간한 점에 대하여 검사는 형법상 강간죄의 성립을 전제로 특별법상의 특수강간죄로 기소하였다.

2. 이에 대하여 피고인은 범행을 모두 자백하고 변호인 또한 법리 등에 관하여 특별한 의견을 제시하지 아니하였다.

3. 그러나 부부 사이의 강제적 성관계를 형법상 강간죄로 인정할 것인지

의 여부에 관하여는 의견이 나뉘므로, 당원은 이 사건 사안에 대한 법률적용에 임하여, 논점에 관한 그간의 자료를 검토 및 숙고한 다음 별지와 같이 부부 강간에 관한 견해를 제시하고자 한다.

【양형의 이유】

1. 피고인은 결혼정보회사를 통하여 2006. 8. 30. 필리핀 국적의 피해자와 혼인한 다음 그로부터 4개월간 동거하였다. 그러나 피고인이 생활비를 주지 아니하는데다가 주취상태에서 폭행 등 학대를 계속하므로 피해자는 더 견디지 못하고 가출을 한 후 김해에 있는 플라스틱공장에서 노동에 종사하면서 생활하여 왔다. 그러다가 출입국관리사무소 직원에게 불법체류자로 붙들려 2008. 7. 15. 다시 피고인에게 인계되었다. 그때부터 5일 정도는 합의에 의하여 성관계를 하는 등으로 두 사람 사이에 이렇다 할 문제가 없었으나 7. 21. 부터 피해자의 생리가 시작되면서 이를 이유로 피해자가 성관계를 거부하자 피고인은 자신의 성적 욕구를 참지 못하고, 거기다가 컴퓨터에 몰입하는 등 게으름을 피운다는 사정을 들어 그녀를 제압하려는 복합적인 의도에서, 판시와 같은 폭력적인 수단을 동원하여 강간을 한 것이 이 사건 범행이다.

2. 고국과 가족을 떠나 오로지 피고인만 믿고 당도한 먼 타국에서, 언어도 통하지 않고, 친지도 없어, 말할 수 없이 힘들고 외로운 처지에 놓인 피해자를 처로 맞았으면 피고인으로서는 마땅히 사랑과 정성으로 따뜻이 보살펴야 함에도, 필리핀에서 결혼식을 거행하고 혼인신고를 한 후 국내에 피해자를 데려다 놓고는 제대로 부양은커녕 피해자로 하여금 갖은 고초를 겪게 함으로써 급기야 그나마 정을 붙일 수 있는 피고인 곁을 떠나 가출할 수밖에 없게 함은 물론 열악한 상태에서 근로자로 일하도록 계속 내버려두는가 하면, 모처럼 당국의 협력으로 피해자를 다시 만났으면 위로와 휴식으로 정상적인

혼인생활을 유지할 수 있도록 노력하여야 함에도, 자신의 부당한 욕구 충족만을 위하여 처의 정당한 성적 자기결정권의 행사를 무시하고 가스총과 과도로 위협하면서 유두를 자르겠다든가, 죽이겠다든가 하는 차마 사람으로서 생각할 수도 없는 행동을 서슴지 않고 자행한 피고인의 그와 같은 행동은 이를 도무지 이해할 수도 용인할 수도 없는 것이다. 이는 처인 피해자에 대하여도 부끄러운 일일 뿐만 아니라 외국인인 처에 대하여는 그가 한국인이라는 점에서 부끄럽고 참담하기 이를 데 없는 소위라고 아니 할 수 없다. 피고인은 죄질 불량한 이 같은 범행에 대하여 엄한 벌을 받아 마땅하다.

3. 다만, 피고인이 이 사건 범행을 모두 시인하고 비록 뒤늦은 후회이긴 하나, 다시 태어나면 '동물'이 되겠다는 등의 통렬한 자기반성으로 자신의 잘못을 깊이 뉘우치고 있는 점, 피해자가 한동안 가출하였다가 돌아온 데다가 피해자 역시 남편인 피고인과 그간의 사정에 대한 대화와 적절한 의사소통을 위한 노력을 게을리 한 것으로 보이고, 피고인에게 과거 아무런 범죄전력이 없는 점, 이후 피해자가 피고인에 대한 고소를 취소하여 피고인에 대한 선처를 바라고 있는 점 등의 정상을 특별히 참작하기로 한다.

4. 그 밖에 피고인의 연령, 성행, 가정환경, 직업, 범행의 동기, 그 수단 및 결과, 범행 후의 정황 등 공판에 현출된 모든 양형조건을 종합하여 법률이 정한 그 형기의 범위 내에서 피고인의 이 사건 범행에 대한 형을 주문과 같이 정하여 선고한다.

판사　고종주(재판장), 김태규, 허익수

편자소개

양현아

서울대학교에서 학사와 석사과정을 마치고,
미국 The New School Social Research 에서 사회학 박사학위를 받았다.
『가지 않은 길, 법여성학을 향하여』(사람생각, 2004)
『성적 소수자의 인권』(사람생각, 2002)
『강제로 끌려간 군위안부들 IV-기억으로 다시 쓰는 역사』(풀빛, 2001)
『군대와 성평등』(경인문화사, 2009) 등의 편자이며,
포스트식민주의, 페미니즘 이론, 피해자 증언 방법론, 일본군 성노예제,
가족제도 등에 관해 연구해 왔다.
서울대학교 법학전문대학원 부교수로 재직 중이며
국가인권위원회 인권위원으로 활동하고 있다.

김용화

숙명여자대학교 대학원 졸업, 법학박사.
성폭력, 가정폭력, 성매매 등에 관한 논문이 있다.
현재 숙명여자대학교 법과대학 부교수로 재직 중에 있으며,
법여성학, 여성관련법, NGO와 법 등을 강의하고 있다.

공익과인권 19
혼인, 섹슈얼리티(Sexuality)와 법

값 21,000원

| 2011년 5월 16일 | 초판 인쇄 |
| 2011년 5월 23일 | 초판 발행 |

기　　획 : 서울대학교 법학연구소 공익인권법센터·한국젠더법학회
엮 은 이 : 양현아·김용화
발 행 인 : 한 정 희
편　　집 : 신학태 김지선 문영주 안상준 정연규 김송이
발 행 처 : 경인문화사
　　　　　서울특별시 마포구 마포동 324-3
　　　　　전화 : 718-4831~2, 팩스 : 703-9711
　　　　　이메일 : kyunginp@chol.com
　　　　　홈페이지 : http://www.kyunginp.co.kr
　　　　　　　　　　http://한국학서적.kr
등록번호 : 제10-18호(1973. 11. 8)